近代报刊文献辑录丛书

JIUSHIGUANGZHC

旧时广州

张伟

孙莺

上海科学技术文献出版社
Shanghai Scientific and Technological Literature Press

图书在版编目（CIP）数据

旧时广州 / 张伟主编；孙莺选编．—上海：上海科学技术文献出版社，2023
ISBN 978-7-5439-8701-2

Ⅰ．①旧…　Ⅱ．①张…②孙…　Ⅲ．①广州—地方史—通俗读物　Ⅳ．①K296.51-49

中国版本图书馆 CIP 数据核字（2022）第 208385 号

选题策划：张　树
责任编辑：王　珺　詹顺婉
封面设计：留白文化

旧 时 广 州
JIUSHI GUANGZHOU
张　伟　主编　孙　莺　选编
出版发行：上海科学技术文献出版社
地　　址：上海市长乐路 746 号
邮政编码：200040
经　　销：全国新华书店
印　　刷：常熟市人民印刷有限公司
开　　本：720mm×1000mm　1/16
印　　张：26.75
字　　数：407 000
版　　次：2023 年 1 月第 1 版　2023 年 1 月第 1 次印刷
书　　号：ISBN 978-7-5439-8701-2
定　　价：118.00 元
http://www.sstlp.com

一座无法预估储量的文献富矿

——《近代报刊文献辑录》总序

张　伟

书、报、刊，是近代中国文献中传统的三大类，也是各大图书馆中最为看重的三大常规收藏。窃以为，就文献的丰富性和原始性而言，三者所占比重应该是书、刊、报，逐级加重，也即报纸是分量最重的。虽然，仅就单纯数量来说，书最多，刊其次，报最少，然而很多问题不能只看表面，要作多层次分析研判。

关于书、报、刊三者具体的存世量，我曾在一个采访中以上海图书馆为例说到这个问题："如果单就中文文献而论，上海图书馆收藏的近代文献不单是在中国，在全世界都可能是最丰富的。就以期刊为例，1949 年以前，到底出版了多少种期刊，这个数字一直是不清楚的，学界一般估算，大概有五万多种。上海图书馆收藏了一万八千七百多种，三分之一强；报纸大约有一万种，上海图书馆收藏了三千五百多种，也是三分之一强。单行本出版得最多，截至目前，还没有一个确切的统计数字。北京图书馆（现在叫中国国家图书馆）很多年前出了一部《民国时期总书目》，著录了十二万种，主要统计北京图书馆、上海图书馆和重庆图书馆的近代文献。现在此书有了增补本，著录大约二十万种……后来各大图书馆又做过一个普查，从晚清一直到 1949 年，单行本大概一共出了六十万种。"以上述统计来看，似乎单行本书籍的出版数量最多，但问题并不这么简单。即以近代期刊而言，虽然只有5万多种，但每种期刊所出期数差别很大，每期的页数也各不相同。正常情况下多数期刊一般会出十余期或几十期，当然也有仅出一期即告终刊的，但也有出版几百期甚至近千期的，如近代中国出版周期最长的政论刊物《东方杂志》，从1904年一直到1948年，四十余年间共出版了48卷816期刊物，而当年影响最大的电影刊物《电声》杂志，从1932年到1941年，十年间共出版了901期，为民国时期出版期数最多的电影刊物。如此一算，几万种杂志的内容篇幅就非常惊人了。至于报纸，一般大报多为对开，小报则为4开，每期报纸起码2张4页，多达十余张几十页的也较多；而且，多数报纸，特别是大报，出版年份相对都比较长，存续时间几年甚至十余年的也并不在少数。如著名的《申报》，创办于1872年4月30日，至1949年5月27日始告终刊，前后总计经营了77年，历经晚清、北洋政府和国民政府三个时代，经历了辛亥革命、五四运动、北伐战争、抗日战争和解放战争等各个历史阶段，全面记录了晚清和民国时期政治、经济、军事、外交、文化等各方面的情况，总共出版了2万7千多期。其他像《新闻报》《大公报》《时报》《民国日报》《时事新报》《商报》《新华日报》等报纸，名重一时，且都出版了十几年至几十年，从各方面展现了近代中国历史的发展轨迹。书籍出版周期较长，一般叙述论证的是一年前甚至几年、几十年前的事情，侧重理论和完整性；期刊则以半月刊、月刊、双月刊为多，也有旬刊、周刊甚至三日刊的，反映论述的多为一月或数月前的事情，文章长短不拘，涉及面也较为广泛；而报纸一般以日报最具代表性，以迅捷报道当下发生的新闻时事为最大特色，也有相当数量的以双日、一周为出版周期的小报，以报道百姓身边事为特色，大量刊登社会新闻，专述市井小事，从衣食住行到吃喝玩乐，将市民百姓的开门七件事一网打尽。所谓文献的丰富性和原始性，报纸当然独执牛耳。我在为《小报图录》这本书作序时写道："上海是中国新闻界的重镇，尤其在晚清、民国时期，几乎撑起了新闻界的半壁江山，而这座'江山'，其实是由大报和小报共同打造而成的，大报的庙堂气象、党派博弈与小报的江湖地气、民间纷争，两者合一才组成了完整的社会面貌。要洞察社会的大局，缺大报不可；欲了解民间的心声，少小报也不成。大报的'滔滔江水'和小报的'涓涓细流'，汇合起来才是完整的、有着丰富细节的‘江天一景’。可以说，少了这一泓‘涓涓流淌的鲜活泉水’，我们的新闻史就是残缺不全的。”强调的正是由大报和小报共同组成的新闻界，在反映报道新闻时事方面所起的不可忽视、甚至难以替代的重要作用。可以说，在犹如大海般丰盈的近代报刊中，蕴藏着解开各时期、各领域疑难问题的密钥，它们是一座无法预估储量的文献富矿，默默等待着有志、有心和有力的开掘者，各领域、各阶层的人士都可能在此寻找到自己喜爱的宝藏。

另外，还必须指出的是，报纸除了新闻报道的版面，还拥有极其丰富的各类副刊，且副刊的主编可以立场各异，其版面言论甚至可与报纸老板和社论的倾向各行其道，互不相同。这就使当时报纸副刊的面貌呈现出丰富多彩、风格多样的特色，成为新闻史、文学史等各学术研究领域不可或缺的一个重要方面。同时，由于报纸版面多，存续时间长，一种报纸往往会有几十种甚至上百种的副刊，几百上千种报纸加在一起，其副刊总数可谓令人眼花缭乱，以致难以准确统计；至于各种副刊上的文章，其数量自然水涨船高，更令人生畏，望而却步。我曾经接待过很多大学和社科院等机构的教授、学者，他们带领自己的学生来图书馆看书，专门研究报纸副刊，每个学生分配一至数个课题，天天翻阅报纸，但几乎少有能坚持到底的。毕竟在如今纷繁喧闹的社会，让年轻人一坐数月甚至数年，青灯黄卷，天天与旧报纸为伍，确实很不容易。进入 21 世纪以后，各种数据库的研发上市如雨后春笋，给大家带来了查阅海量文献的希望。但问题并非如此简单就能解决，由于各种原因，能随意方便利用各种数据库的科研人员并不算多，而且，即使数据库在手，全局视野、文献分析、辨别真伪、提炼课题等等问题，都是横亘在研究人员面前的难关，非常考验人。此外，还有一个现象也值得我们注意：现代作家的作品，几乎都是先在报刊上发表，然后才结集出版的，其中由于种种原因长期散佚在外，始终未能结集出版的也为数不少，即便是鲁迅、茅盾、巴金、老舍、郁达夫、徐志摩、沈从文、钱锺书、张爱玲等一流作家的佚作，近年来被学者从报刊上发掘钩沉出来的也所在多多；至于非主流作家的一些重要作品，或因湮没报海，无人知晓，逸出学界视野，或因乏人关注，不被重视，长期默默无闻。这些都有待于我们从近代报刊这座文献富矿中去辛勤打捞。

《近代报刊文献辑录》这套丛书，正是基于此而推出。我们想用自己的力量和资源做一些力所能及的工作，为学界提供一些打基础的砖块，为大众奉献一些有营养的读物，如能有助于大家，受到欢迎，那是我们最高兴的事。

2022 年 5 月 24 日于沪南上海花园

前　言

《旧时广州》这本书，与《旧时上海》《旧时北平》同时出版，为“旧时系列”之一。2021年出版了《旧时书肆》《旧时书事》《名家书单》。“旧时系列”计划以三地为一辑，故亦名之为“三城记”。北平、上海、广州为一辑，南京、杭州、苏州为一辑，昆明、重庆、桂林为一辑等。

“旧时系列”所有文章皆选自近代报纸杂志之原刊原文，择其善者而分类编排。所谓善者，是指选文兼具文献性、文学性、掌故性。以文献性而言，很多文章出自作者初次发表之刊物，而非后人所编之全集和选集，故个别字句与后世通行之文章略有出入，对于近代史研究者而言，完全可将本书视为一手文献。以文学性而言，本书选文皆文采斐然，绝非枯燥之学术论文，亦无岸然说教之气，字里行间，藏着某种共通的情感，悲喜皆动人。以掌故性而言，本书选文涉故人往事、遗址旧迹，于今虽物是人非，然文中仍能依稀看见当年旧色，带着些许苍茫凋敝，令人怅然。

就文献性之“个别字句与后世通行之文章略有出入”而言，以鲁迅《匪笔三篇》为例，此文原载于1927年《语丝》第148期：

要夸大地说起来，此类文章，于学术上也未始无用。我记得Lombroso所做的一本书（大约是《天才与狂人》，请读者恕我手头无书，不能指实）后面，就附有许多疯子的作品。然而这种金字招牌，我辈却无须挂起来。

而在李新宇、周海婴主编的《鲁迅大全集》中，该段首句为“要夸大地说起来，则此类文章，于学术上也未始无用”。

嫦被殴，大哭不已，归家后，以为大汉等所殴者为妙玲，故尚自怨无辜被辱，不料翌早复接恐吓信一通，按址由邮局投至，遂知昨晚之被殴，确为寻己，乃将事密报侦探，并告以所疑人，务使就捕雪恨云。

《鲁迅大全集》中，该段末句为“并告以所疑之人，务使就捕雪恨云”。

再如郁达夫的《劳生日记》，刊于《创造月刊》1927 年第 1 卷第 7 期，其 1926 年 9 月 29 日（旧历）日记：

午前在床上，感觉得凉冷，醒后在被窝里看了半天《痴人之爱》。早餐后，做《迷羊》，写到午后，写了三千字的光景。头写晕了，就出去上茶楼饮茶。一出屋外，看看碧落，真觉得秋天的可爱。三点多钟去中山大学会计课，领到了一月薪水，回来作信与兰坡，打算明早就去汇一百六十块钱寄北京。

原刊中的“回来作信与兰坡”，在后人编选的《郁达夫日记》中被改为“荃君”，即其妻孙荃。“兰坡”为孙荃的字，亦不错。然本书编选校对以原刊原文为准，故此处遵照原文“兰坡”。

冯自由之《革命逸史》中《区凤墀事略》一文，不长，仅三百余字，然与 2016 年新星出版社所出版之《革命逸史》相较，出入甚大，如：

孙中山之汉文教师区凤墀，为广州有名之基督教宣教师，中山在檀香山基督教学校毕业后，尚未能阅读华文书报，返香港乃拜区为师，发奋学习国文。

新星版中，少了“尚未能阅读华文书报”句，为：

孙中山之汉文教师区凤墀，为广州有名之基督教宣教师，中山在檀香山基督教学校毕业后，返香港乃拜区为师，发奋学习国文。

再如末句：

其婿尹文楷初与中山同操医业于广州冼基东西药局，后因党祸牵涉，乃迁寓香港。中山眷属仍留居尹家九年云。

新星版中少了“中山眷属仍留居尹家九年云”句，为：

其婿尹文楷初与中山同操医业于广州冼基东西药局，后因党祸牵涉，乃迁寓香港。

以上略举几处，仅为说明本书选文皆出自原刊原文，绝无深究他者讹误遗漏之意，如有冒犯，特此致歉。

本书选自数千种近代报刊杂志，如《申报》《语丝》《宇宙风》《古今》《现代》《新都周刊》《逸经》《万象》《新语》《小说月报》《妇女杂志》《一般》《南国月刊》

等。其中有近十篇文章选自《逸经》，盖《逸经》社长简又文、主编陆丹林均为粤人，故《逸经》登载之文，很多与粤地的风俗饮食、故人旧事、风物景致有关，如陆丹林之《潘达微》《广州十三行》《广东的香肉与龙虎会》、简又文之《广东人过新年记》《高剑父画师苦学成名记》、冯自由之《革命逸史》《苏曼殊之真面目》、廖苹庵之《舞狮的艺术》等。

《逸经》是简又文于1936年在上海创办的半月刊。简又文，字永真，号驭繁。广东新会人，世居广州。父简寅初，为中国同盟会会员。1917年，简又文自广州岭南学堂毕业后，赴美留学，入欧柏林大学，获文学学士学位，再入芝加哥大学深造，获宗教教育科学硕士学位。1921年，简又文回国，历任广州市教育局局长、北平燕京大学教授、北平今是学校校长、山东盐运使、铁道部参事、广州市社会局局长、国民政府立法委员等职。1934年春，简又文与香港基督教青年会干事杨玉仙结婚，在沪西自建寓室，取名“斑园”。“斑”字取自妻玉仙、女玉华之两“玉”字，中加简又文之“文”字而成。《逸经》的编辑部和发行部均设在斑园中。

①

“逸经”之名，取义“汉时，经书之出自屋壁，未置博士肄习者，称逸经”。《逸经》封面刊名，取自《石门颂》碑。

在创刊号中，自任社长的简又文谈及为何创办《逸经》：

记得在前年春间，林语堂、陶亢德、徐吁诸君和我数人共同创办《人间世》小品文半月刊。中间，因编辑与营业两方面意见分歧，波折屡起，而进行乃遭阻碍。勉强维持至契约期满，我们决定不继续办下去了。于是林君乃与我商定自己另起炉灶，各办期刊，必使事权统一，免再受气，而力谋发行方面之改良，务求编辑理想之实现。彼此相约实行

① 时任西北军前敌政治部主任的简又文，《良友》1927年第20期。

分工合作的原则，以收异途同归之效果。不久以前，《宇宙风》已在林、陶二君主持之下出而问世，雄视文坛了。而我们另外几位同志所创办的《逸经》文史半月刊，经过几个月的筹备，如今也要同读者诸君行初会礼。[①]

《逸经》主编为谢兴尧。谢兴尧，笔名五知、老长毛、尧公等，四川射洪人，毕业于北大文史系，与简又文为研究太平天国史之同好，彼此投契。谢兴尧曾忆及当时情形：

我所搜集的清方史料和当时私人杂记等，他都没有见过。他似乎是美国哥伦比亚大学的博士，在国外多年，搜集了许多有关太平天国的外人记载，有些是曾经参加过太平军的洋将写的，有些是在中国传教的外国教士写的，对于太平天国革命运动皆亲见亲闻（当然，外国人谈中国事，总是隔一层，有的还很荒唐）。这些材料，都是我见所未见，闻所未闻。我们互相协作，使彼此研究深入一步。同时我们感觉到，必须先搜集各方面的材料，方可进行研究，因此我们便想办一个杂志，以研究太平天国为目的，公开的征求史料，后来我们便创办了《逸经》文史半月刊。[②]

《逸经》有四位编辑，陆丹林、胡肇椿、李应林和明耀五。时陆丹林为《道路月刊》和《国画月刊》的编辑，胡肇椿为上海博物馆主任，李应林为上海市平民福利事业管理委员会总干事，明耀五为《世界军情画报》及《图文画报》的主编。

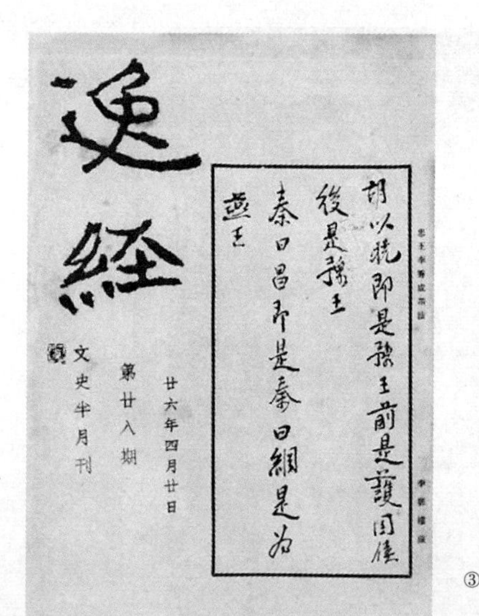
逸経

文史半月刊

第廿八期

廿六年四月廿日

胡以晄即是豫王前是護國侯
後是豫王
秦日昌即是秦日綱是為
燕王

[③]

《逸经》的推销和代售则交与陶亢德，以陶亢德自办之人间书屋作为逸经社址及总经售处。

正如谢兴尧所言，《逸经》办刊目

①《〈逸经〉的故事》，简又文，《逸经》，1936年第1期。
②《自传》，谢兴尧，《堪隐斋杂著》，三晋出版社，2010年12月刊行。
③ 忠王李秀成墨迹，刊载于《逸经》1937年第28期封面。

的为“研究太平天国”，故《逸经》虽为掌故期刊，然实以太平天国史为主，亦获得不少从未发现之太平天国史料，如江西胡友棠之忠王李秀成的亲笔字条及干王洪仁歼的自述等。

1937 年第 28 期《逸经》之封面，即为太平天国忠王李秀成之亲笔墨迹。简又文特对此加以说明：

本期的封面插图真是珍贵罕见之品——太平天国忠王李秀成的亲笔墨迹。这几行字是由李鄂楼先生所藏的《李秀成亲供别录》手卷中摄影而得的。今先以此珍品披露，俾读者先睹为快。下期《逸经》春季特大号将登一篇《吴中文献展览会中之太平文物》，详述此手卷兼及其他太平文献多种。[①]

初创《逸经》时，简又文与谢兴尧有分工，即北方作者由谢兴尧负责约稿，如周作人、俞平伯、萧一山、谢国桢、谭其骧、王重民、傅惜华、徐一士等；南方作者则由简又文负责约稿，如柳亚子、冯自由、刘成禺、冯玉祥、郁达夫、赵景深、许钦文等。

②

①《逸话》，简又文，《逸经》1937 年第 28 期。

②《新八仙过海图》（何仙姑姚颖、铁拐李老舍、韩湘子郁达夫、蓝采和俞平伯、张果老周作人、曹国舅简又文、汉钟离丰子恺、吕洞宾林语堂），汪子美作，《上海漫画》1936 年第 5 期。

本书所节选之冯自由《革命逸史》，最初是以连载的形式在《逸经》上刊出，另有刘成禺之《洪宪纪事诗本事注》，皆初刊于《逸经》，此后才辑成专书出版。

《逸经》作者皆文史大家，名重一时，故《逸经》之稿酬和一般刊物不同，尤重于内容质量的高下，字数只是作为参酌，且从不拖欠稿费，每期出版即付，包括印刷费、制版费、职员薪金等亦每月清结。对于作者的各种要求，《逸经》皆从之，如周作人要求保留原稿，不得沾污，编辑只得委事务人员誊钞一遍，以副本发排，原稿奉还。

1937年1月，《逸经》刊出第二十二期时，谢兴尧辞去主编之职，赴河南大学文学院执教，《逸经》遂由陆丹林主编。

陆丹林，字自在，号非素，别署枫园、杰夫、凤侣、清桂、紫枫等。陆丹林是广东三水人，早年在广州培英学校读书，参加了同盟会，后赴上海谋职，能文会书擅画，与张大千、李叔同、郁达夫等人交好。

《逸经》创办之宗旨，即以学术研讨与商榷为主，绝不与人笔战。正如简又文在《〈逸经〉之已往和将来》中写道：

①

我们为实行“文人相重”的口号，故不与人相骂。首先我们不自动骂人。其次，纵然有人以恶语相加，我们只置之不理，绝不回敬。如是，只有一方动嘴，那能成为相骂呢？我们甚至不与人家辩论，因为一涉辩论便有主观，便不能得到真理，结果，只显出那个牙尖嘴利和笔锋厉害而已。但如果有善意的规谏、劝勉、指教、质问或研究、讨论的话，我们必定欢迎和答复，愿彼此开诚布公共同商榷。②

从《逸经》“猺獞之争”来看，简又文此言绝非空话。

---

① 时任《道路月刊》编辑主任之陆丹林，《道路月刊》1927年第20卷第2期。
②《〈逸经〉之过去与将来》，简又文，《逸经》1937年第25期。

1936年，王斤役在第十三期的《逸经》上发表《福建云霄之猺獞[1]》之文，言及《云霄厅志》卷三有“猺獞”一节，猺獞即今之客族：

土人称之曰“客”，彼称土人曰“河老”。

猺獞以狗为图腾，“自称狗王之后，各画其像，犬首人身，岁时祝祭”。与人兴讼，“一人讼则众人随之；一山讼则众山随之”。

王此文引起了轩然大波，客家人质疑其说讹误，南洋各处客属侨胞纷致函《逸经》，如爪哇泗水黎公耀、巴达维亚陈隆吉等，提出不同看法。《逸经》遵其“开诚布公共同商榷”之办刊宗旨，对来函逐一回复并刊登于《逸经》。

黎公耀在《关于猺獞与客族问题之讨论》[2]中认为“云霄猺獞拜狗头人身之习俗是畲民，不是客人”，客人是河南省人，在辽金元外患之时随岳飞南迁至梅县和永定等地。

《逸经》回复黎公耀云：

一查王君文内最惹人误会者，即是“猺獞即今之客族”一语，但随即引用嘉庆廿一年《云霄厅志》云：“土人称之曰‘客’，彼称土人曰‘河老’”。可见王君之意，所谓“客族”乃与云霄“土人”相对之称，与两粤湘闽南洋诸地之所谓“客家人”，迥然不同。且王君题目是《福建云霄之猺獞》，全篇所言亦只限于云霄一地，无涉及云霄猺獞以外各民族之意。所不幸者，云霄土人称猺獞曰“客”，而国内许多同胞亦被普通人称为“客家人”。称谓淆乱，误会易生。但细读原文，当知猺獞虽是云霄的客族，而其他各地之客族则不是云霄之猺獞，犹之著者王君是福建人，而凡福建人不尽是王君。此浅显逻辑，稍具常识，必能了解。至于云霄之猺撞是否确被土人称之为“客”，则是修志者之责也。愿识者一研究之。

……

此外本刊又已去函该文原著者详加解释，因王君籍隶闽南漳州，所见所闻，当较确切。并另行特约对于客族源流有研究之专门学者，执笔著文以发挥此问题。再因《云霄厅志》以“畲寇猺撞”混为一谈，而畲民确有拜狗之俗，

---

① 此为旧时蔑称，即今瑶、壮二族，为保留文献原貌故，此处不做改动。下同。

②《逸经》1936年第19期。

诚如大函所陈，故在本期复先行发表柳云先生《关于畲民》一篇民俗研究，足供参考，尚望勿吝赐教为荷。

谨复。

编者

彼时诸学者纷在《逸经》上撰文，对此商讨，如欧阳飞云之《关于〈福建云霄之猺獞〉》、沈寒流之《客族源流考》、翁春雪之《说猺》，皆引经据典，有条有理，而非彼时文学纷争常见之人身攻击与恶语谩骂，殊为难得。

《逸经》一共出了三十六期，刊行于世。但据郑逸梅回忆，《逸经》实际上有三十七期，因战事发生，第三十七期无法销行，仅留了清样本一册，为陆丹林所独有，成为真正的绝版孤本，弥足珍贵。

《逸经》第三十七期为秋季特大号之"章太炎特辑"，谈章氏的有四篇，为何晓履的《从章太炎说到满清文字狱》、姜馥森的《章太炎与梁任公》、俞友清的《章太炎的暮年生活》、徐法秋的《余杭章太炎先生语录》。其他篇目有周味山的《宋人文学中之国难词》、胡怀琛的《明日本诗僧绝海》、萧一山的《太平天国诏旨钞》、伍承组遗作《山中草》续稿、陈抱一的《怎样欣赏西洋画》、吴宗慈的《太后下嫁考实之研究》、卫聚贤的《戏剧中净丑旦生起源之研究》、胡行之的《记诸葛锅》、陆丹林的《民初悍吏陈景华》、温一如的《记林心吾》、小郎的《林文庆》、冯自由的《革命逸史》续稿、德珊的《杨家将故事之历史背景》、何慧青的《援越抗法光荣史》续稿、李伯琦的《洪宪金币》、徐中玉的《游崂杂记》、郭子雄的《牛津的各种学会》、廖次山的《古学考与新学伪经考的剿袭问题》、董作宾的《升平署杂碎》、许钦文的《小工犯》、吴拶曼公的《时务报》、大华烈士的《阴阳风》、李汉青的《李太白中国人非突厥人》、许云樵的《太平余众亡暹始末记》、吹薗的《王铁珊先生佚事补》、简又文的《高剑父名作淞沪浩劫小记》等。

此后《逸经》曾与《西风》《宇宙风》合并为一，名《逸经宇宙风西风》，1939年，陆丹林离沪赴香港，创办了《大风》杂志，为《逸经》风格之继承刊物。

以上仅以《逸经》一刊为例，略数往事耳。实则本书选文之《宇宙风》《一

逸經 宇宙風 西風

非常時期聯合旬刊

發刊詞

陸丹林

①

般》《新语》《万象》等刊物，皆历经人事沧桑，亦可细细道来。

另，彼时民国文风，处在由文言文而白话文之转变过程，许多文人常以文言风作白话语，标点符号运用常常是一逗到底，如以今人之眼光审视百年前之文，自然觉得处处不顺。写作本是率性之事，与作者彼时彼地之情感起伏人生跌宕有关，一逗到底，亦或是句句分号又怎样？何必拘泥于标点之正误。故本书编辑原则之一，即只修订明显的错别字，除此之外，均保留原刊原文之貌。特此说明。

孙莺

2022 年 8 月 17 日

①《逸经宇宙风西风》创刊号封面，1937 年 8 月 30 日刊行。

广州旧事
PART 3

广州战记 PART 4

PART 1

广州风物

粤中之天产

1922

——许廑父①

粤中特产以水果为最，而米、谷、茶叶、烟草、豆、麻等农产物亦颇饶足。水果之著者为荔枝湾之荔枝、新会之橙、潮州之橘柑及甘蔗等，皆有名于时。

荔枝湾在省城之西偏，流水一泓，清雅宜人，两岸所栽皆荔枝树也。初夏之交，轻风微拂，佳景天成。满城士女驾扁舟荡轻波，容与其间。归则满载荔

②

① 编者注：许廑父，名与澄，字弃疾，又字一庵，别署颜五郎，萧山浦沿许家里村人。1920年为粤督莫荣新的秘书，后寓居上海，由《民权报》主笔何海鸣推荐，以《八仙得道传》出名。曾主编《小说日报》。1929年受会文堂作品局之邀，续编蔡东藩未尽的《民国通俗演义》后两集。抗战时期，曾任浙江茶叶运销处主任，浙江省建设厅厅长秘书等职。1953年病逝于杭州。

② 图注：广州荔枝湾。刊载于《商报画刊》1932年第7卷第10期。

枝而返，亦韵事之一也。

荔枝种类至繁，而大红袍、铁叶二种最普通，然其最贵之品实非荔枝湾所产，而在增城，名曰挂绿者，以柄际微看绿色一点，故以为名。此种荔枝最为贵重，增城全县只有一树，而此树又为雷击其半，故产数益寡，其状与他荔枝亦无大殊异，惟洁白如玉，入口略饶清香，不细辨亦不能知也。

友人语余，此为前朝御用之物，官吏采以贡献者，以他荔枝易腐而此独能经久至数月不坏，洵为珍品。余在粤时，有增城知事馈军民两长各十六粒，其余有八粒者、有四粒者，计共得百余粒而已。皆用精巧玻盒盛之，每四粒为一盒。据粤友云，市上无此项卖品，故无价值可言，大约每粒价格总非一两不可云。亦可谓骇人听闻矣。

新会橙亦不甚多，市品类属赝货，真正出新会者，橙底必有小圆圈作脐状，此易辨也。潮州所产之柑子及甘蔗则颇多，柑有蜜柑与雪柑两种，质细味甘，除供给粤人外，且多销行于外省及南洋各埠焉。

柚子一种出产尤富，然最佳之品却不出于粤，而出于广西容县之沙田，俗称柚子之佳者必曰沙田，而真正沙田出品又甚少，粤中所售已多赝品，矧外埠耶。

此等产物，皆驰名于世界，为无上之珍品。此外尤有薯蓣一种，色白质细，味不甚甘，粤人凡疾病则绝米食而食此，以其质松易消化也。（按：粤中薯蓣性质与外江薯蓣大异其色，其味其质皆绝然不同，故外江以薯蓣为病人禁品，而粤人则反之。）

○ 原载于《申报》1922 年 2 月 16 日

广州食话

——禹公

谚有“生在苏州，食在广州”之语，可见广州人食之研究是甲于全国者。记者亦曾一次旅居广州，知之颇详，兹录一二于后，以供阅者。

广州人酷嗜甜味，无论烹制何种菜式，咸以洋糖为主，完全甜食亦甚欢迎。广州城内有街名曰惠爱，其中卖甜品之店者如炖牛奶、莲子茶、奶露、蛋露、杏仁茶等，不下六七十间，于是亦足以推测广东人之嗜甜味矣。

其制菜之方法，千变万化，不若吾苏之呆板。牛肉一物，在苏人制之，不出十种，而在广东人则指不胜屈，兹举例以明之：滑牛、菜软牛、蚝油牛、羌芽牛、辣椒牛、牛抓、滑蛋牛、清炖牛腩、卤牛、汾酒牛、牛蛋等。以上就其最普通者言之，至若不闻其名者，尚不知几许，广东人制菜之妙，可见一斑矣。

广州生活程度高，是以食物昂贵，况且经过多次军队之蹂躏，更不堪问矣。无产平民饿死于途者，常见不罕。鸡子每斤至少需洋八角或十角，鸭子亦不下六角，其余如海味、海鲜等，价格之昂，令人吐舌，中等人家亦难一尝佳味，何况无产之平民乎？

广州食品，单论菜式之最贵者，名生翅。生翅来自日本者居多，价值每碗现成者六七十块，二三十块者已属下乘矣，所以许多人咸知其名而不知其味也。

广东人食品虽肯研究，而卫生一道间亦有不顾及者，例如狗、猫、鼠等污秽之物，亦作美品待之。更有所谓龙虎会者，法以最毒之蛇杀之而与黑猫共同煮之而成，记者亦曾试尝之，其味确鲜美无比。照土人说，此为补气血之妙品，但是否属实，姑听之。

广州之云吞亦著名之食品也，其制法大异吾苏，有鱼皮云吞、蛋皮云吞、鸡肉云吞等名词。所谓鱼皮云吞者，是以鱼肉打成云吞之皮也；蛋皮者，是以鸡蛋和面打成之云吞皮也。云吞之馅大概以叉烧、猪肉、鸡蛋种种为之，其汤则以大地鱼、猪尾骨、瑶柱等煮成，可称绝味。但其价格不甚昂贵，大抵每碗只需铜元六枚或八枚左右，此又可见广东人做生意之肯用本也。

○ 原载于《申报》1924 年 12 月 21 日

——钟敬文[1]

轻红酽白，雅称佳人纤手擘。

——东坡词

这实在使我时常想起来有点懊恨，为什么不生在那周汉故都的秦豫之乡，又不生在那风物妩媚的江南之地，却偏偏生长在这文化落后、蛮獠旧邦的岭南呢？虽说在这庾岭之阳，南海之滨，也尽有南越南汉未荒的霸迹，白云西湖挺秀的河山，足以供我们低徊游眺，少摅爱美好古之怀，但翘首北望，毕竟不免于爽然自失呵！

然而，生息在这样边徼的壤地，略略可以叫我们感到满意的，却不能不数及饮食之事了。我用不着把岭南一切乡土风味，一一地加以指述，但略举叙一二有趣故事以当暗示便得了。昔者苏东坡被贬南来，食蚝，觉其味美，戒语他的儿子北归时休要告诉人家，恐怕他们因此求谪岭南。这是一条谁都知道的佳话，我再来另举一个大家不大晓得的民间传说吧。

俗传宋末，帝昺给元番追赶南下，一晚，行到我们海丰南山岭，腹甚饿，

① 编者注：钟敬文，广东海丰人。笔名静文、静君、金粟。曾任《民间文艺》《民俗周刊》编辑。1935 年赴日本，在早稻田大学文科研究院学习。抗日战争期间辗转各地任教。1949 年任北京师范大学教授。著有散文集《荔枝小品》《西湖漫拾》《湖上散记》等。

野人以饭菜（油尖米饭和粗鳞针[1]）进之，帝食次，觉风味大佳，因叹道："玉饭送金汤[2]，何必作君王？"好了，不抄了，别使馋吻的朋友听得垂涎吧。

在凡百水果都很繁盛的岭南之区，最使我爱吃的一件，该无过于荔枝了。谈到荔枝，我们总要想起唐宋两位艺术家的故事吧。这两人，一是李三郎的妃子杨玉环，她生长于西蜀，却酷嗜我们岭南的荔枝，"一骑红尘妃子笑，无人知是荔枝来"，确是当年情事迫真的写照呵。后来妃子死去，三郎一回见岭南所进荔枝，想起他从前的爱侣，还禁不住为她凄然饮泣呢！一是东坡，他是个著名饕餮的学士，他贬到我们岭南来，竟像是天爷爷特赐他一场饱吃的好机会一样，他在许多食品中，尤特别喜欢荔枝，"日啖荔枝三百颗，不妨长作岭南人"，这不是此老馋态自行证实的绝好"招供"吗？

你们有不曾见荔枝的朋友吗？我想总该不会有吧。因为至少你们是可以从罐头的食物里见到的，虽然在那里的已经少变了形态，而且仅仅是它的肉身。若你们万有不曾见过它来的，那末，你们要从文字里求满足时，最好是去看白居易那篇简短的《图序》。因为他写的虽不必十分相像，但总算得其近似了（听说宋朝的蔡襄做过一部《荔枝谱》，不知内容说的怎样，我既没有见过，也就不便多说了）。

荔枝的为物，我们不必待啖喝了它的雪白的嫩肉和香洌的甘浆而后，才知道它是果中的佳品，便是起初看了它的外形，已够知道它是很"艺术"的了。柿红的果皮上，印着龟甲似的花纹，这不是很美观的么？它种果皮，或过粗糙，或伤平滑，或色泽不佳，方之于它，真有上下床之别呢！记得前人把龙眼子叫做"荔枝奴"，这若然只限于生熟的时期前后来论，我也可以不必多说，若含有两者性质上比拟的意思，那末，我就不能首肯了。因为像那样土劣的龙眼子（只有苍蝇最喜欢的东西），就是做它的奴婢也有点不配呵！这么一来，也许有人要说我把荔枝看得太名贵了，但我想若平日赏识过它的，至少也不该说我在这儿撒谎吧？

我们这里荔枝上市的时候，大约是在大地如火炉般热烘着的五六月。这

---

① 作者注：粗鳞针，鱼名。
② 作者注：粗鳞针，体肥腻，煮之常浮出许多黄色油珠于汤上，即所谓"金汤"也。

时，杨梅、李子等已渐渐过去，黄皮子、山梨等又多俗而寡味，荔枝总算是一种当行出色的水果了。我们当日影已斜的午后，或银月初上的黄昏，独自的或多人的，坐在那清风徐来，绿荫如盖的树下，吃着这一颗颗晶丸般的荔枝，比起古人“浮瓜沉李”的故事，不知谁要风韵得多？

犹记得数年前，曾以荔枝一筐馈送某女郎，简上附以诗云：“眼前三百堪销夏，纤指无劳雪藕丝。”实在的，这种风味，即比之杜甫所盛称的“公子调冰水，佳人雪藕丝”也何须多让呢？

吾粤有著名的荔枝湾，其地荔枝夹岸，白莲满塘，相传是南汉时候的昌华旧苑。每当夏季，荔枝繁结，避暑游人，云簇于此。我数年前客广州，正值岁暮天寒，不是它轻红高挂招徕游客的时候，所以无缘打桨一至其地，畅尝所谓仙城风味。这件事，现在回想起来，还觉得很为可惜呢！

一四，七，一九，写于饱啖荔枝之后

○ 原载于《东方杂志》1925年第22卷第19期

广州的茶点

1927

——王文元

时间真是个奇怪的东西。无论是悲哀或是快乐，当其时，总觉得没有什么意思吧，但是，一经了它的冲刷，一切都可以变成为甜蜜的梦。

当初独自两手空空地跑到广州，见过温州洋中的险浪、厦门口外的渔船、香港山上繁密的灯火、黄花岗下夕阳里的坟墓，那时，但觉得无味，引动愁绪。险浪使我心底震撼，渔船象征了我的命运，繁密的灯火为我更衬出了海天的黑暗，夕阳荒冢惹起了我身世的悲凉。然而时过境迁，我做梦也似地又回到北京的小胡同里。有时东奔西走得疲倦了，倒在藤椅中闭紧了眼睛回想起来，一切都入了画境、梦境、诗境。就是那一脸横肉的旅店主人，扣住了我的行李，打起广东官话对我说“不行，一共五块钱，三天一算是我们的规矩……”的一幕，当初我在肚里暗哭，但现在想来，他也已变成了戏剧中的犹太人，只觉得他凶狠得可笑！

讲到在回忆中觉得最津津有味的，当然要推广州的茶点了。加之在北京连极坏的饽饽都吃不起，所以更使我时时想念到它。现在姑且把它写出一点来罢，也算是“画饼充饥”的意思。

谁想得到呀，在赤化了的地方竟会有如许的清闲？如果一个人从没到过那边的，凭了他的直觉想来，也许要以为广州的一切都是热的忙的罢。不错，广州的确是比各处来得热些忙些，但同时它那里的清闲处，也远非“白化”了的

“首善之区”所能及的。

广东人爱艺术的天性，也许是谁都知道的，他们的日常生活差不多也有点艺术化的了。广州人就是连吃饭都似乎有趣味的成分，他们每天只吃两顿饭，一餐在上午九时左右，一次在下午三四点光景。至于早上、午后、晚上这三个正是我们江浙地方吃饭的时候，他们却吃茶点。

初到广州的人，最惹得注目的，除了长堤一带大洋楼之外，大概就是这些茶室（注意，并不是北京胡同里的那种）了。它那建筑极讲究，类系高大漂亮的房子，式样是中西合璧的，西式的外形而饰以狭长雕花的玻璃窗，内中的器具差不多全是洋式的，桌子上都是大理石面，陈设颇整齐清洁，有西湖上之别墅风。茶市每日三次，非市时吃客很少的；但一到市时，则携烟筒，拖木屐，各式各样的人都来了，而尤其是工人模样的为多。

茶资便宜之极。起初我不知道，只是徘徊门侧不敢进去，进而复出者有好几次，每回总是怕钱不够。后来还是跟了一个熟人才进去的。我一共吃过三处，构造布置大同小异，楼是一统的，惟暗中分数厅，每厅墙上均有木牌标出“三分厅”“四分厅”等字样。若在三分厅坐下，则每碗（用有盖的茶碗，不用茶壶）三分（小洋）。桌面上放有各色的点心及瓜子，均盛于小碟中，我有一次一连吃了五碟，茶则一喝即尽。伙计对我似乎有点奇怪的样子，心想“哪里来的外江佬？”。我时而环顾左右的几位善喝茶者，见他们茶则一口一口地啜，瓜子则一颗一颗地咬，前后的时距是很长的。至于他们吃那圆的月形饼，则月半到三十，大概起码也要一刻钟。我想这种地方，如果请岂明先生去，定能胜任而愉快的，我则太无“生活的艺术”了。然而，尽量的大嚼，亦殊别有风味。

点心的种类多极，大概已经是东西“文明”的混合物了。早晨普通吃的是早茶饼，薄而圆的，中有“早茶饼”三字，味不坏，价亦便宜。惟我最喜欢的是油酥饺，及一种不知名的油煎的咸味的圈子饼。油酥饺与江浙的略有不同，形小而皮张较薄，分赤豆沙与绿豆沙的两种，味以绿豆沙的较美。其他的圆的、方的饼儿多极，我都叫不出名字，味道大多是甜的。

除茶室之外，广州还有种甜品店，亦颇有趣。甜品中主要者有莲子汤、蛋汤、豆沙汤、蛋卤等，价极便宜而味颇适口，且陈设精雅，大率桌上搁以鲜花，无聊时随便去吃些，真是说不出的悠闲与舒服——这也许是我个人的感觉。

在烦忙的现代人中，这类调剂的地方是缺不了的。人们于剧忙之后去找一处比较清闲些的地方来喝喝茶、咬咬瓜子，这是何等需要的事呀？因之这类清闲的场所，就在比较热些忙些的广州出来了。这也许就是酒精在现代文明中起来的原因吧？

在广州二十多天，借来的三分之二的钱，多是吃了的，结果则落得一场胃病，及这么一点淡淡的甜蜜的回忆。

二月十七夜写

○ 原载于《语丝》1927 年第 126 期

南华纪游

1931

—— 林竞①

十一月五日，晴，下午微雨。

（此间天气较上海热，相差约一月。）

今日由香港至广州。早八时起，收拾行箧（此次只带皮箱一只，简便之至），清算账目，由栈房派人送余登舟。舟名“佛山”（香港省城之间计有船六艘往来，由港赴省时刻为上午八时及下午十时两班，由省至港为下午四点半及上午八时两班）。

船费：

西餐房（一等）专食西菜，由七元至三元五角；唐餐房（二等）中菜西菜均可吃，由四元二角至二元；唐餐楼由三元二角至二元；尾楼二元二角至二元；大舱二元至一元。

余坐西餐房，每间两铺，颇宽洁，到船后始知有所谓唐餐楼。唐餐楼者，即中餐楼也。价较廉，且可食中菜。连日食西菜颇觉生厌，至是颇为懊悔。福建以南，往往以“唐”代表中国，至于西北即皆以“汉”代表中国，足见汉唐

---

① 编者注：林竞，名维瑞，字烈敷，浙江平阳人。毕业于日本东京政法大学。曾任青海省政府委员兼民政厅厅长、甘肃省政府委员兼民政厅厅长、浙江省参议会秘书长。著有《西北丛编》《新疆纪略》《西北旅行记》《中国必能复兴》等作品。

两代声威之所届，方向各有不同也。

八时开船，西人来收船价，付以六元，并不用船票，因中途并无停泊处也。十一时许过伶仃洋，十二时过长州炮台（广门），形势甚壮。一时三十分，经黄埔军官学校，见门口书“革命者来”四个大字，颇为醒目。旁有俱乐部一所，建筑颇美丽。中山纪念碑竖在大方台之上，亦颇庄严，舟行者经此，精神为之振肃。

①

过此为滘洲，有塔，即所谓海鳌塔是也。与对面之某塔，遥遥相望。此种建筑，增加地方美丽不少，于平原少山之地尤为相宜，古人谓关于气脉，余则谓关于艺术，然其足以补地理之缺陷，亦应提倡之一事也。斯时见有划龙船者，鼓噪而前，已而询诸同舟者，谓船新造下水，故有是举，非关节令也。

二时到海珠，一路岛屿星罗，港水澄静，风景甚佳。须臾靠西堤码头，余住亚洲酒店，登岸即是。有接客来引导，行李交挑夫搬运，索价六角，予以四角，仍觉奇贵。

亚洲酒店为广州最大旅馆之一（广州、香港所设酒店与北方不同，盖一边卖菜，一边住人，地位较优于旅馆），余住三楼，每间一日七元五角。因旅客住满，无小房间，只得暂作一日之阔佬再说。

在船中遇某君，盖自上海与余同船者。略与谈，知余认识证如，便直述其本人此次赴南京求差未成以及不愿为商而愿为官，甚至托余向证如为谋一书

---

① 图注：黄埔军校全景。刊载于《图画时报》1927 年第 371 期。

记。今晚在亚洲酒店，有一同姓之侍役亦向余作无效力之请求，殊令人大为惊奇。此种态度，谓之具势利心理，未免看不起人，只得笑其愚直耳。

到寓后电询证如兄，已赴梧州布置军事，以张发奎已入桂界也。又询王平叔兄亦不在，在寓寂寞甚，洗澡后用饭。饭毕，徒步长堤一带，商店繁多，大半皆系饮食所，俗所谓“食在广州”者，信然！沿街来往者多短衣，否则西装，穿绸缎长袍，百不得一，故俗又有“穿在苏州”之谚也。

至先施公司购零物，饮雪藏豆精一杯，时微雨至，乃返。

十一月六日，雨，今日住广州。

昨夜蚊子扰不能睡，旋见床顶挂一帐，乃急放下，始就寝。闻广东终年有蚊，亦一特产。早电约王平叔兄据称尚未到署，下午乃雇小车（即黄包车）往省政府访之，正投片间而平叔兄刚由余寓返来，相见甚欢。略谈广东政局，并悉证如兄晚间方能由梧州返来。

别平叔后，车至长堤怡香茶居，拟作消磨时光办法，并考察社会情形。此间以天气炎热之故，茶楼颇为发达。闻其内容有两种：一曰茶室，则做日、夜两市，专售粉面、点心，亦有兼售酒菜者，价目每客由半角至二角；一曰茶居，则做早、午、夜三市，售粉面、点心、饼食，茶价由一分六厘至七分二厘，间有聘瞽姬女伶弹唱，或备留声机以娱乐者，则价略贵。怡香居亦一著名之处，惜余不知习惯，至时，早市将散，仅聆一出，费资一角。女伶名瑞华，剪发，短衣窄袖，长裤宽裆，皮革丝袜，丰韵颇佳，此间时装大都如是，若上海、苏、杭等处所著之短旗袍，务令胸突臀翘，形成曲线者，殊不多见也。

已又至大新公司购胰子二枚，粤人称曰“枧”（音干），余疑系“硷”字之变音。公司楼上有游艺场，购票入（价四角，粤人称票曰“飞”）。有京戏，有粤戏，尚有武术及菊花会等。京戏座只有三人，想系天雨之故，而粤人恐亦未必嗜此也。武术已终。菊花有数十盆，未见佳者，想系地土不宜之故。

粤剧场有听众数十人，见一老妇人，足穿皮革，仅有三寸，一少女扶之行，在绝对多数女子大足便便之中而见此硕果仅存之金莲，颇觉奇特。若陕甘一带，则不足奇也。余疑系汕头一带人，或云广东大家多有之，未知孰然。

粤剧唱、做、布景均极幼稚，唱音间亦有激越清脆动人之处，然为后台锣鼓丝竹之音所埋没，极为可惜。余想至少要减去后台之音量三分之二才好。总之，北京梆子与秦腔，源流实同，唱做亦略似，而后台则清浊轻重大异，故秦腔百闻不厌，而梆子则觉俗不可耐也。

粤伶最重服装，争奇炫新，每袭或数百金，然皆任意剪裁，窄短褊促，既非古装之雅致翩翩，又无新派之曲线婀娜，盖纯重色艳新鲜，而不重姿态也。

夜饭后，觉腹微痛，精神极疲，和衣睡至十时起，始作日记。颈癣昨日痒甚，今日购药皂洗之，又用佛山药膏涂之，觉较好。惟日前左手跌伤，近日转痛。

十一月七日，晴，住广州。

早步行沙面游览，是地在广州西南，卓立珠江中，面积约数千亩，由西堤筑桥通之。桥口有西兵守卫，入口处，沿路均有铁丝网，度系民十四年沙基惨案时所设置者。沙面之成为租界，系起自咸丰七年，因教案中英构衅，英法联军攻广州，挟粤督叶名琛西行。至咸丰十年，中英法再订和约，遂将此地租与英法两国，共出资经营费三十三万，英出五分之四，法出五分之一。故其领地，英居三分之二，法居三分之一。西面属英，东面属法，均有桥通之，各国领事馆、洋行以及侨民均居之。树木参天，风景幽绝，四围濒水，均砌以石条，环植榕树，枝干虬结如怪石，绿叶苍浓若翠盖，颇觉超尘绝俗，别有境界。

返寓后闻省政府已来电，乃电知王平叔。须臾平叔来，谓证如已返，偕余同至东山俱乐部用午膳，并与证如见面。证如以事权不专，而环境又不甚好，颇示消极，惟以张发奎事起，责无旁贷，不得不努力支持。余以时局如斯，只有勉力为之，若在官而不能尽官职，与不在官而日欲过官瘾，其耻相同也。

饭后偕平叔兄游黄花岗，谒七十二烈士及邓仲元先生、伍博士秩庸之墓。附近尚有朱执信、喻大将军[①]及许多名人墓，未及详览也。七十二烈士墓，建筑颇伟丽庄严，墓后有台，上立一自由神，其石块均系海外各党部赠送，每部一

---

① 编者注：喻大将军即喻培伦。

块，均有刻字。足见为子孙而死者，只受子孙之禋祀，为天下而牺牲者，应受天下人之崇拜，其间固不容丝毫假借也。旋购照片数枚归。

又至观音山，登五层楼。山居广州极北，形势最高。楼又居山之北，故一览全城，了如指掌。其山顶今建中山纪念碑，去楼约二百余步。山根即旧总统府，曩日陈炯明叛变，兵围观音山烧总统府，即其地也。楼系明洪武十三年永嘉侯朱亮祖所创建。相传未建时，海潮常啸，建后遂止，故名镇海。所谓五层楼，乃俗称也。后烬于火。嘉靖十五年提督张经重构，顺治间又被兵燹，化为灰烬。七年，平南王尚可喜又重建之，然禁止登临。光绪间，中法事起，彭刚直来粤筹防，因在楼上供祀文武二圣，始任人登眺。自龙济光督粤，又复禁止登览。旋因年久失修，栋榱摧朽，近日市政府复重修整，改为市博物馆，陈列各种动物标本、矿石、字画、古币、砖瓦、陶器、雕刻、烈士相片之类，虽不足言博，然亦有可观者。余见有蜘蛛、蟹及畸形牛，最为奇特。

旋至第一中学校。该校经费十二万元，尚不足以资扩充，学生约八百余，教职员及学生组织一自治会，以处理学校行政事，学生颇具自治精神。前岁梁漱溟兄为校长，大加整顿，梁去，其友黄艮庸继之，继续努力，

①

声誉颇佳。地址为旧日广雅书院，规模极大。岁久失修，今渐塌圮，视之殊觉痛惜。该院为清粤督张之洞所创，中间计五进，最后为无邪堂，有匾书“经正无邪”四字。左右为东斋西斋，各有斋舍甚多，又有池塘楼阁亭榭之胜。东斋有周濂溪祠，其旁有张文襄石刻像；西斋有岭学祠，祀两粤历代学者及流寓诸人，苏东坡亦在其列。旧日东斋居广东学子，西斋居广西学子，跻跻跄跄，盛极一时。藏书及出版均极宏富，为近代两粤文化发源之地。

---

① 图注：广州博物馆。刊载于《良友》1930 年第 51 期。

十一月八日，晴，今日住广州。

早，兵工厂厂长黄骚君（字深微，生长于美国）来，相与作兵工厂之游，由球江坐汽船西北溯石井河，计一时许始达，询其里程，仅十有余里，盖汽船机旧，速度骤减，且又上水也。两岸见山阜起伏，均无林木，惟水傍河涘，颇多荔枝及松树（松木不宜于湿地，而此间多种于水边，奇甚）。

兵工厂始创于光绪十七年粤督张之洞任内，其后三十三年岑西林督粤复增建一部分，始名兵工厂，今改为兵器制造厂，现有工人二千余，专制步枪、水机关枪、空中炸弹及子弹等项，无烟药，亦系自制，则另设一厂，距此尚有数里。

黄厂长介绍其处长冯君导观各厂，先至厂之右面各部分参观，计有溶铜室、碾铜室、制造机关枪零件及子弹壳室、机关枪装配室。此一部分为旧有者，机器甚旧，且因无经费添置新机，故有许多机件均用手工制造，甚不经济也。机关枪旧仿马克西姆，近乃仿照德国最新式者，自名曰十七年式，数日始成一枝。机关枪子弹壳由铜坯而至子弹，须经十余道手续，此种子弹本与步枪弹相同，惟因步枪弹需要太多，不能不求简捷方法，故省去手续三次，而子弹头遂不如机关枪之尖锐，而效力亦较薄弱矣。旋又至厂之左面各部分参观，计有制步枪子弹及步枪机件室、枪托室、子弹装药室，此一部分乃岑西林时代增设，故机器较新。有自动机数架，每一工人可司三四架，较之用手工，快慢真不可以道里计。据马君言，本厂所用铜铁均购自英，煤炭购自日，药水各国均有，所出枪机，较汉阳为佳。汉阳所出虽多，然都不可用，盖完全为应付军队之要求而已。

全国兵工厂据德工程师言，所出之品，无一可用，比较言之，以沈阳为最完备，巩县机器亦较新，其他均不可用。黄厂长亦言，与其制许多仅足自杀而不能杀人之枪，倒不如一切停止，改为普通工厂为妙。余亦云，全国各厂，各行其道，愈制造，以后愈无法统一，倘为国防计，以后最好努力于海军及航空军之建设，此种创始之事，尚可力求美备也。

此外有化验室及治疗室、试枪室。试枪照例须去四百米突，其标的圆径为十五生的，此间则相离只二百米突，其圆径亦相同，中国事之不切实有如此者。

十二时，黄君留午饭，饭后一时，附近各工人均纷纷上工，盖厂本建有工人住房，相去不远，近以人数增添，各工人有自赁房屋者。黄君又导余至无烟药厂参观，坐汽船往，相距本厂约二三里，因药性易燃，故隔离须远也。

制药之法，手续颇繁：第一道，将棉花用梳打洗净，至是渐成粒状，已可燃烧，再以"以脱"和之，放入机器内搅拌，棉花至是乃成为面条，又置机切成末，烘干，再入磨光，变为黑色，而药乃成。据黄君言，此厂及制枪厂均为德工程师设计，颇具匠心，所择地点亦佳，屋外树木花草，尤极繁茂，外人见之，几忘其地为制造杀人之工厂，在办事之人，亦觉尚有一线生意，不至苦闷。

黄君前后两次办厂已五六年，闻前任办时，月开支二十余万，每年出枪尚不及万。现在年出枪约万枝，而开支十余万云。

夜，陈证如兄约至东山俱乐部吃蛇肉，闻烹制者为江孔殷之厨子，羊城最负盛名者。此地吃蛇，不曰吃几尾，而曰几副，每副三条，蛇各不同，俗谓一条主上焦、一条主中焦、一条主下焦，至少必须煮一副，不能单食一二条也。每一桌席约需蛇十副。蛇有卖胆者，有不卖胆者，胆之价，较贵于蛇肉，每副约一元余，无胆三四角足矣。胆泡白烧酒饮之，谓可去风，吃蛇者大半兼饮蛇胆酒也。

烹蛇之法：剥皮后，将蛇煮熟，再将蛇肉剔去（蛇骨必须丝毫不粘，否则毒人），切成细丝，宛如干贝，味亦甚似，无怪乎俗人谓干贝即蛇肉也（干贝乃蛤蜊之一种，吾温俗名牛角蚶，以其壳色黑，而形又似牛角也）。和鸡丝及各种料酒煮之，各色相混，莫辨蛇肉。苟在座不相告，只知为干贝鸡丝汤而已，焉知其即凶恶丑怪而为世人所望而却步之长虫哉。吃时用火锅，再加以香菜、菊花、油炸面疙瘩、柠檬叶（可以去毒，味香）、炸粉条、生菜，胡椒和之，其味鲜香无比。是日各人均吃五六小碗，再不思吃他物矣。

亦有以果子狸和蛇肉煮者，然均不能缺鸡，故酒楼上常见有"蛇、果子狸、鸡丝三会，海碗一元八角"之纸条，此殆即俗所称"龙虎会"者是。而果子狸乃山中野狸之一种，并非猫，则不可不纠正者。是日共烹蛇八副，共二十四条，一桌之费不下五六十金，亦云奢矣。在酒楼吃者，烹调无此精佳，价亦稍廉。

○ 原载于《新亚细亚》1931 年第 2 卷第 4 期

艇仔粥

——张亦庵[1]

近来上海的广东食物馆子流行着一种所谓“艇仔粥”者，在上海人看来，或者会觉得这个名目太新奇而莫名其妙，就是久居上海而未返故里的广东人也会不甚了了。我在此不能不先做一点小小释名的工作。“艇仔”者，小舟也，即相等于上海人之所谓舢舨，杭州人之所谓划子。“粥”，就是粥，无需解释。可是为什么粥也而要冠以艇仔之名呢？原来这一种粥与鱼生粥、及第粥是同类，不过材料的加减有不同，而创制者则为广州的一部分艇户，在艇上烹煮，在艇上售卖的，而其为味也，的确比之寻常的鱼生粥来得可口，所以得名。

考鱼生粥之制，其配合的材料是鱼片、肉饼、猪肝、猪粉肠（即小肠）、鸡蛋、正菜（这是一种干咸菜，在广东店有得卖的）、油条、芫荽（上海人称作香菜）、葱、酱油、熟花生油、胡椒粉。而艇仔粥呢，却删去了毫没意思的猪肝、粉肠不用，而替以香脆的花生肉、海蜇丝、虾子三样。先用人仔煲（这是一种很大的近乎圆柱形的瓦罐）把鸡和粥一齐煲，据说每煲用鸡两三只。到吃的时候，再将其余的材料配备在碗里，然后将粥浇上去。芫茜、葱、胡椒、虾子、花生等东西则放在粥之后。艇仔粥的形状，水分比较鱼生粥更少，可咀嚼的部分竟占了十分之六七。花生、海蜇、虾子，就完全是它的特征。售卖艇仔粥者

① 编者注：张亦庵，原名张毅汉，笔名亦庵等，广东新会人。清末由粤东到上海，就读于工部局华童公学，后从事写作，作品多见于《小说大观》《小说画报》《小说月报》等刊物。

以荔枝湾一带为最有名。

荔枝湾这个地名很会令人向往，实则其地远不及西湖，上海的丽娃栗妲仿佛似之。不过在荔枝湾则大树很多，水更污浊，两岸破旧败坏的建筑物不少，水上的船只颇为拥挤，而每日更有一个时候有许多粪船络绎不绝而已。

①

广州的有闲阶级好行乐，而广州市内又没有什么水上可供游乐的地方，于是荔枝湾便被宠幸而得名；近年在附近的岸上更有所小高而夫球场之设，而艇仔粥便大行其道。

除了很短期的南国所谓隆冬之外，每个晴明的星期六和星期日或休假日的下午，有闲阶级们便约情侣，叫艇仔，浮游于这不足二里的荔枝湾里。

艇仔租价，连划艇者的工力，每小时不过小洋一二毛，艇仔粥则每碗一毛，像我这样食量的，不空肚的时候可吃两碗，空肚的时候则非吃三碗不可。

○ 原载于《申报》1932 年 10 月 9 日第 17 版第 21376 期

---

① 图注：街头鱼生粥摊。刊载于《良友》1931 年第 57 期。

岭南纪行 1933

——朱偰[1]

京沪道上

民国二十二年七月一日，余将有岭南之行。年来浪迹天涯，历览山川名胜，深觉读万卷书易，行万里路难。自非趣昭意广，兴高采烈，具汗漫以极周通，吾未见其有得也。读太白“登高望四海，天地何漫漫。霜被群物秋，风飘大荒寒”之句，可想见其气概，益觉诗人三昧，益从流离中来。

余自二十一年欧游东归，方拟云游中区。尝闻岭南山重水复，牂牁之流自夜郎东来，一泻千里，以入于海。而桂林山水又号称甲天下，因于暑期省亲之便，决意往游，兼以吊陈元孝、屈翁山诸子之旧迹也。遂于七月一日晚十时，发自南京下关车站，搭夜车径赴上海。

七月二日，晨六时，抵上海北站。抗日之役，疮痍未复。到站后，寓于西藏路一品香旅馆。午后，表姊丈沈汝兼君来访，因偕往其寓所，谒见其母氏并表姊，子女已成行矣。晚归自霞飞路，白俄侨寓极多。

九时，赴南京戏院看电影，全为金元世界。散时误行至福州路，已近十二

① 编者注：朱偰，字伯商，浙江海盐人。历史学家朱希祖长子。曾任教于中央大学、南京大学，曾任江苏省文化厅副厅长、江苏省文物管理委员会副主任等，参与南京明城墙的保护工作。著有《金陵古迹图考》《金陵古迹名胜影集》等作品。

时，而行人比肩接踵，途为之塞，上海之为人间地狱，信然。盖自西方物质文明东渐，大都市仅有其皮毛，即西欧本身，亦渐失其昔日之教化。工业革命以来，基督教之仁爱精神丧失殆尽，操纵一切而为万事之源者，厥为黄金。人生死为黄金，役役为黄金，于是暗杀、绑票、荒淫、流离，无所不至。人非为目的自身，而浸沦为手段矣！《西方文明没落》（*Untergang des Abendlandes* 书名，数年前行一时），盖欧人亦已见及。

七月三日，上午，赴中国旅行社访袁厚曼君，接洽船票事。袁君约往海军青年会西餐。下午归一品香旅馆。傍晚，表姊丈来寓，偕往北四川路新雅饭店小酌，倾杯极洽。十时归一品香。

七月四日，晨八时起。上午中国旅行社遣人来取行李，因付旅费。午在福禄寿用饭，并赴冠生园饮橙汁。六时，赴新关码头，欧兰偕行，袁君送至滩上，搭渡轮驶黄浦江，登坎拿大皇后号邮船。此船系英国 Canadian Pacific Steamships Ltd. 经营，与日本皇后号、亚细亚皇后号、俄国皇后号同为姊妹船，航行坎拿大与菲列宾之间。船长六百四十四英尺，宽七十七英尺有半，载重三万二千三百吨（Displacement），有烟囱三，船身作白色。头等、二等极富丽之致，有花室、音乐室、大餐间、吸烟室、跳舞厅、画室、图书室、会客室、游泳室、纸牌室、儿童游戏室等，穷奢极欲，无所不届。而三等则居船尾下层，房舱狭小，无电扇，无自来水，空气不通，令人气闷欲窒，而饮食尤劣。一切夫役均用华人，盖华人俭苦耐劳，可恣意加以剥削。船上英人对待华侨尤令人发指，凡一切简陋粗劣之器具食物，均以与华客，剥削苛刻，无所不用其极。

余初不知英船如此刻薄，以前曾搭法邮、意邮、德邮，三等设备皆优于英美船之三等远甚，而船上人员循循有礼，招待惟恐不周，又与英美船判若天壤。就中尤以意邮船公司（Lloyd Triestino）最为佳良，而船费亦与英美船相埒，在美金未跌以前，且较英美船为廉。案：欧洲中产阶级较多，贫富无英美之悬距，而资本家之掂斤播两，恣意剥削，亦以英美为最。奉劝吾国来往旅客，切莫再受大腹贾之剥削矣。

夜十时上船，遥望黄浦滩边，灯火万点，灿若繁星，十里洋场之魔窟中方酒绿灯红，轻歌曼舞，度其纸醉金迷之生活也。

南 航

七月五日，晨醒舟声辘辘，与汩汩水声相激，登甲板而望，盖已出黄浦江，过吴淞口，入扬子江矣。两岸平芜渺渺，一碧无际，盖崇明岛及江南岸也。途遇亚细亚皇后轮，鸣笛为礼。船行久之，始出江口，浊流渐灭，一望碧海青天，漫漫无涯。

午刻，航过钱塘江口，有小岛兀立水心，其后远山横黛，若隐若现，盖龛赭诸岛，五年前归里时朝夕相对者也。自此入舟山群岛，港屿纷歧，秀色可挹。山上都设灯塔，夜航过此，灯光闪射，倏起倏灭。盖南岭自大庾东驰，历武夷、雁荡、天台、四明诸山，万里磅礴，而入于海，散为舟山群岛，暗礁起伏，潮汐上下，为航海之畏途。船过此，每有向导为之指示。

傍晚凭栏观海滨落日，云霞沃荡，幻景极为离奇。黄昏散步甲板之上，海天夜色，幽邃无际，为之流连久之。

七月六日，晨兴登甲板，海风浩浩，沁人脾胃。本日天气微阴，近午而沛然雨作，风浪渐大，盖已近台湾海峡，昔人所谓落际是也。午后，在甲板上摄影多张。入晚海上灯塔隐现，盖已过汕头，抵粤海境矣。

黄昏，伫立船首，本日为夏历十四，略有云翳，月色朦胧，波光潋滟。极目远望，但见海天幽处有极微之黑点二三，继入月影中，则辨为帆船。是何兴高采烈之词人，当此月夜，放舟黑水沦涟漫漫浩浩之中，不觉天地悠悠，人生如沧海之一粟耶！

广九途中

七月七日，夜极酷热，舱中不可久留。起视夜色尚幽，晓光未启。北望群山黯黯，间有水灯闪射，回首南望，则残月已斜，寒光万丈。知已近九龙，回舱整理行装。及再上甲板，则舟已入峡口，宛在四围山色之中。东望晓光朦胧，云影变幻，因摄影二幅，题为“九龙曙色”。

八时上岸，即搭广九铁路赴广州，有所谓英段，有所谓华段，英人势力之大，视上海又加甚矣。九时，车开，过隧道凡三，行于湖滨，远山环抱，苍苍凝翠，景色极佳。归后按图索骥，始知为历源港，系海湾而非内湖也。从此平野沃壤，直达东江，沿途植物有芭蕉、棕榈、荔枝、木棉、榕树之属，与浙西一带又异其趣。

①

车过东江，遥见天际危岭突起，云影离合，盖即罗浮山。旧传蓬莱有三别岛，浮山其一也。太古时山自东海浮来，与罗山合，崖巘皆为一体，然体合而性分，其卉木鸟兽，至今有山海之异，浮山皆海中类云。

翁山《咏罗浮曲》云：

可怜罗浮山，离合亦有时。

天雨罗浮合，天晴罗浮离。

盖罗浮乍合乍离，变态不定。

屈翁山《望罗浮诗》云：

大小麻姑雨过时，白云开处见春姿。

芙蓉影满三千镜，紫翠光生四百眉。

瀑布东西金灭没，石楼高下玉参差。

当年坐卧青霞石，乱长苔花不可知。

---

① 图注：广九路李朗车站附近风景。刊载于《铁路协会会报》1920 年第 99 期。

东樵南望即南樵，苍翠相连似不遥。
乱着峰眉深浅色，争飞瀑布短长条。
曾从玉女窥明镜，亦上麻姑弄紫箫。
多谢白云情太甚，飞来一片屡相要。

翁山咏罗浮诗颇多，其《登罗浮绝顶奉同蒋王二大夫作》有云：

天鸡一咿喔，扶桑日半白。
海日长三丈，元黄始一隙。
光明未丽天，外体已赫赫。
摇荡二石楼，烧空如琥珀。

传沧海日出之神，盖翁山数登罗浮，游遍四百峰，故其吟咏最得其真。异日有便，拟专访名山，一游洞天，庶不负此行。

午抵广州，赁车径赴东山龟岗三马路二十号，登堂拜见父母。自去秋以来，家人频经离乱，散之四方，故家君诗云“一樽离合家人酒，廿载浮沉倦客衷”，今日重逢，倍觉欢欣。饭后聚家常，罗香林君来寓，留共晚饭。

黄昏月上，共赴珠江荡月，今夜值望，月色极佳。行至农林局前，榕树成荫，凉爽如秋。沿江多蛋户，或谓古百越散发文身之遗氏；或谓蒙古人入粤，独蛋户不服，因削其户籍，驱之江海，不准予科举乡试。今日珠江沿岸及荔枝湾一带犹多蛋户，惟已多与汉人混合矣。

因赁舟二，容与江心，波光月影，悠悠似练。江系珠江支流，南浦上有作狮子戏者，锣鼓之声不绝。沿江浓荫蔽月，全系热带景象。须臾，过东山游泳池，出至湾口，江面颇寥阔，水上风来，溽暑顿释，因伫立船首，高歌“乘兴轻舟无远近，白云明月吊湘娥”。夜阑露冷，始兴尽归去，抵东山寓所已十一时矣。

广　州

七月八日，晨兴，奉家母赴东山市购物，更随家君至李沧萍君家。李君系东江诗人，据闻颇有功力云。午后，偕欧兰及倞弟搭车至静海路，步游沿江一带。广州市政颇佳，街道亦整洁，临街多有三四层楼，下为游廊，可避风雨及酷日。归至海珠桥，系胡汉民题额，势如长虹，横跨江上，每晨起桥，以通巨舶。桥施以银色，至为奢华（按：德国工业发达，铁路桥梁，随处皆是，但以银色甚昂，多不施银而仍其本色）。

珠江宽不及黄浦，而河中船舶栉比，舳舻相属，其两岸之繁华亦不亚于申江之滨，中国人自己建设之都市，以此为巨擘。然此不过为表面之物质文明（所谓Civilisation）而已，细考其生活内部，则鸦片公卖、赌博公开、捐税奇重、币制纷歧、当局舞弊营私、人民纸醉金迷，以言文化（Kultur）则犹未也。

黄昏归寓。灯下与家君谈屈翁山诗。翁山为岭南三大家之一，与陈恭尹、梁佩兰齐名，其诗磅礴雄浑，气象万千，萧山毛奇龄称其诗廓然于天地之间，独抒颢气，濩濩落落焉，一切齷与龊不以间口。盖翁山云游四方，为东西南北之人，自非局处一隅之小儒所可几及。与陈元孝相比，则挺拔过之，而含蓄不及。家君搜藏关于翁山诗文极富，《诗外》《文外》《易外》而外，有《广东新语》《皇明四朝成仁录》及其晚年之《文抄》十卷（多出于《文外》外），为时人所未及见，拟作屈翁山年谱及其著作考，并以所作《屈大均传》见示（载中山大学文学院专刊第一期）。因诵《道援堂集》（鸳湖徐氏刻），高歌朗吟，不觉时已子夜矣。

越秀山

七月九日，晨七时起。上午，北京大学同学陈良猷及陈元柱君来访，约十二日同游白云山。上午，偕季武弟及欧兰同游越秀山。先乘车至财政厅，游中央公园，有喷水池，中峙观音及善财童子，园中榕树、木棉，浓荫夹道。

木棉为广州市花，翁山《木棉花歌》云：

广州城边木棉花，花开十丈如丹霞。

烛龙衔日来沧海，天女持灯出绛纱。

尝闻花开于一二月间，开时喷霞吐雾，绵连不断。再前过中山纪念堂，拾级上越秀山，一称观音山，故阮元学海堂故址今已改建中山纪念塔。家君《越秀山杂咏》诗云：

白石阶除碧瓦当，规模欲盖大功坊。

阮公事业成何用，旧迹俄空学海堂。

学海堂故址今已片瓦无存，粤人之于古物保存，何漠然哉！登中山纪念塔，望全城烟树回环，气象宏丽。下塔循山径至镇海楼，楼凡五层，巍峙越秀山左。山在城内正北，耸拔二十余丈，上有越王台故址。家君《越秀杂咏诗》云：

低徊愁上越王台，北望中原郁不开。

百尺高楼空镇海，珠江滚滚暗潮来。

楼乃明洪武初永嘉侯朱亮祖建，俗名五层楼，矗立云汉。成宏间烬于火，寻修复，后屡圮屡修，至今规模尚在。因登最高楼，凭栏而望，山川形胜，一览无遗。

楼西有龙纪光故垒，残迹宛然。家君《粤秀山杂咏》云：

摩天军垒起元戎，转眼云烟帝业空。

半壁西南撑未了，千秋东北恨无穷。

后之视今，犹今之视昔，沧海桑田，曷其有极！午归东山。灯下，与家君谈诗。家君今日得珂罗板印岭南三大家墨迹，举以见示。十一时睡。

华林寺及荔枝湾

七月十日，晨起，北京大学同学文昌王鸿德君来访，赠家君民国六年《琼山县志》二十八卷二十六册，留午餐。下午，偕王君搭车至财政厅，更转车赴十一甫，至西来初地，游华林寺。寺在城西南一里（今城已拆，寺介繁华街市之中）。梁普通七年，西竺达摩禅师从本国来，泛重溟，凡三周寒暑，至此始建。清顺治十一年宗符禅师重修，环植树木，蔚成丛林。今者寺宇已废，尽作建筑宅基，惟有五百罗汉堂硕果仅存，禅宗发祥之地，所余遗迹只此矣。进罗汉堂，有西服革履戴夷冠者，旧传为马可孛罗，盖元时西域与欧洲未分，凡而来者，皆目为释氏也，确否待考。更有达摩尊者，亦系五百罗汉之一。环视一周，遂出寺。

赁车至荔枝湾，茗饮于漪澜堂，素社在焉。多临水结屋，竹几芦窗，幽静绝尘。从此买棹沿荔枝湾而前，画舫相属，闻或燕客于此。两岸多荔枝及榕树，青林垂影溪流萦碧。王君购糯米荔枝，核小而汁甘，啖食至佳。

①

过粤汉铁路桥下，至西郊游泳场，两岸多蛋户水居，各有舟楫，不通车马，盖东方之 Spreewald 也，而蛋户之与 Wenden 亦有相似之处。

归至沙面带游览，今辟为租界，其面江一带，榕树参天，浓荫匝地，其后则为草场，佛桑花盛开，棕榈成行，蕉叶披离，全然热带景象。

归至六月廿三路，民国十四年上海五卅惨案发生，粤人奋起反抗，工人学生，列队游行，至沙面对岸东西二桥之间，高呼口号，乃英、法、日帝国主义者伺众已集，开机枪扫射，死者累累，所谓“沙基惨案”是也。今日桥口立有石碑，大书“毋忘此日”。帝国主义之狠毒有如此者。异日河山重整，沙面之租界必扫除无疑。

傍晚，谢别王君，归东山。本晚家君设燕宴请新妇欧兰，并请吴敬轩、朱谦之、谢贞盘、李沧萍、罗香林、梁嘉彬、罗霈林诸君为客。十时客散，略谈即睡。

七月十一日，晨七时起。上午，诵《翁山诗外》。傍晚，赴朱谦之、吴敬轩、李沧萍三君之燕，合家至越秀山南越酒家，其地在镇海楼西，新建四层楼，凭栏远眺，景色极佳。暝色渐增，由夕阳而入夜景。家君有诗云：

倚天楼阁起穹窿，眼底江山落日中。

绣壤高低笼暝色，远波明灭动微风。

一樽离合家人酒，廿载浮沉倦客衷。

多谢主人情意重，为浇块垒乐融融。

---

① 图注：广州荔枝湾。刊载于《良友》1935 年第 107 期。

当时云山云海，极变幻之致。同席除余全家及三主人外，尚有谢贞盘、罗香林二人。宾主畅饮，尽兴而散。

十一时睡。

白云山

七月十二日，晨兴即赴陈良猷君之约，游白云山。白云山为南越主山，在广州北十五里。南海诸山，以衡山为太祖，以庾岭为少祖，所谓“喷奇石于韶英，发叠巘于三峡，气象万千，莫能名状”。至于中宿，则有南北二禺，南禺三十六峰，北禺三十二峰，若相抱焉。其南禺之山，向南以之东，奋而为白云，耸而为粤秀，落而为禺，又落而为番，“庾岭千里之势至珠江而气止焉”。白云山凡三十余峰，每当秋霁，有白云蓊郁而起，半壁皆素，故名白云。山多流瀑，有大小水帘，志所称“重重挂玉帘”是也。

九时，赁汽车出发，过黄花岗，有七十二烈士墓。闲读报章，有标题作《秋容惨淡吊黄花》者，颇饶隽味。东至沙河，赴瘦狗岭（按：宜改作苍狗岭，白云山遥遥相对）军校，有所谓两广盐运使特务团者，友人陈元柱在团中为文书，一切草创，但军纪尚佳。南北军校对峙，竞讲武备，设能合力御侮，捍卫山河，固祖国之幸也。

茶毕，即赴白云山，游于云泉山馆。馆故蒲涧寺故址，处白云山麓，临蒲涧水，旧传安期居此，始皇遣人访之，太白诗所云“秦帝如我求，苍苍向烟雾”是也。记称安期将李少君南之罗浮至此，采菖蒲一寸十二节服之，以七月二十五日仙去。今郡人多以是日采菖蒲，沐浴灵泉，以期霞举。

屈翁山《鹤舒台诗》云：

英雄多羽化，高尚更安期。
岂乏留侯舌，羞为霸者师。
登台驾元鹤，涉海握神芝。
父老菖蒲会，千秋空尔思。

寺依岩结屋，临涧造阁，多用巨竹构成，覆以芦席，蔽以藤萝。其中几净窗明，青葱满目，下临蒲涧，水声盈耳。登临茗饮，超然出俗。馆有三贤祠，祠苏轼等三子，配享者颇多。流连久之，乃绕出馆后，有月洞门，上镌“云泉”二字。其前石磴数百级，由此而上，可直达摩星岭。惟时已近午，即行九曲竹桥而下，归沙河镇，用著名之沙河粉。

以午后一时，再上白云山。过云泉山馆，循石磴而上，仰望满山白云，极闲远之致。行可数百级，过滴水岩前，悬崖嶙峋，去地百仞，山水下注，瀸微不断。因绕出石梁，行滴水岩上，登白云山前峰。遥望番禺万户栉比，三水交流，镇海楼、越秀山，不盈一瞥，而河南黄浦一带，尽在掌握中矣。盖南海形胜，负山面海，牂牁西注，扶胥东绕，故自秦汉以来，二千余年，虽人事变幻，而形势依然。此番禺之所以能纲纪岭南，中国盛时，更足以控制重洋也。畅望久之，乃越岭而行，趋驿道，祝融肆虐，衣衫尽湿。岭南号称“火房”，洵非虚语！

行行久之，绕过高岗，又拾级而下，山回路转，在悬崖下林木深处，得一古寺，窅曲深奥，阴幽出俗。山门前怪石上题“红尘不到”，洵得其真。寺额称“云岩古寺”，其前有楼数楹，今废。入山门，过如来殿，悬崖下有郑仙殿，祠安期生，相传安期得道于此，香火不绝。更进有曲廊精舍，壁悬南粤使者阮元题石拓安期生像，鹤发童颜，栩栩欲仙。凭栏而望，下临深壑，万木参天，一望苍苍。远眺晴峦叠翠，景色宜人，因咏一律云：

红尘不到万山中，飞阁流丹夺鬼功。

古寺深深依绝巘，层楼兀兀起穹窿。

云岩霞举怀安子，丹井飞升有葛翁。[①]

浮岛蓬莱方十语，东皇太乙思鸿蒙。[②]

在寺茗饮久之，始寻路诣白云古寺。遥见摩星岭下半山中，石坊高峙，盖系新修。行山径，屈曲久之，始闻水声潺潺，渡石梁，即入寺门，方鸠资兴工。从殿基东南望，坊外三水交流，良畴千顷，形势之佳，即非通风鉴者，亦能领略。寺后有泉，清可鉴人。从此拾石级而上，道已半毁，攀藤附葛，始登摩星岭之巅。环山数百里地，尽入一望中。罗浮、鼎湖、西樵诸峰，亦历历可

---

① 作者注：浮邱系白云山麓，有丹井，旧传为葛洪练丹处。

② 作者注：蓬莱有三别岛，浮山其一也。太古时山自东海浮来，与罗山合。

睹，盖于此而畅望岭海间形势，了如指掌矣。有七律一首，录之如下：

白云山上白云栖，万古萧条粤水西。
滴水岩前惊瀑急，摩星岭上觉天低。
三江出没千峰外，一气青苍万壑迷。
自是岭南形胜地，称雄海峤镇苗黎。

从摩星岭迤逦缘岭脊而下，过峰峦三四，山巅有废垒遗墟，中有二人窥探，疑为盗匪，幸有陈君戎装相伴，得无他虞。前行渡悬崖，壁立千仞，《羊城古钞》卷二《白云山》一则云：（按：钞自屈大均《广东新语》）

山巅为摩星岭，岭半有寺，亦曰白云。左一溪曰归龙，其上飞流百仞，盘舞喷薄，陈宗伯潴以为湖。湖东北为楼馆十数所，环植荔枝梅竹之属，名云淙别业。下有古寺二，右景泰，左月溪，林径水石皆绝异，黎太仆譬之仙女见人，散发垂腰，而姿态自远绝，不染烟火之气，亦一说也。月溪下有九龙泉，流为大小水帘，志所称“重重挂玉帘”处。

按：《广东新语》系清初时作，所载古迹名胜今多已不可考，上引一则中所谓“九龙泉，流为大小水帘”，以地势度之，或系所过悬崖，惟今夏雨少，不见泉流耳。从此缘危岩直下，渡溪抵能仁寺，处深壑之中，禅室静绝，超然出尘。山植芭蕉、木棉，一望蓊翳。

从此缘旧路行，再抵云泉山馆，乘车归城，途遇急雨，回首白云山，已在烟雾之中。抵寓时雨犹淅沥未止也。

中山大学

七月十三日，晨八时起，上午随家君赴中山大学第一医院校长室，访家君初来广州时居处。窗外翠竹掩映，清幽绝尘，家君诗中所谓“篱落朱花媚，冈峦翠竹滋。散忧耽夕景，缅往掩秋帷。灯火虚窗夜，棠棣照眼时”即指此景。访吴敬轩，不遇。更赴中山大学访朱谦之，参观文史研究所。校中标语口号，触目皆是，入其中，宛如身在教堂，非复庄严之学府矣。

十二时回寓。

下午读《道援堂集》。

七月十四日，晨八时起，上午，写白云山纪游。傍晚，偕欧兰至越秀山南越酒家定筵席，拟于十六日燕客。

七月十五日，晨八时起，上午读《道援堂集》，并《中山大学文学院专刊》第一集，内有南明广东先哲书画真迹六幅。为张穆画马、高俨山水、陈恭尹隶书、王应华草书、何栻草书及屈大均行书，并各系之以家君所作之传。该刊除三四篇可列入学术研究外，余不过为报章及百科全书式之文字，未足跻于学术之林也。

午后，本拟出游，因天雨作罢。灯下，续读《道援堂集》。

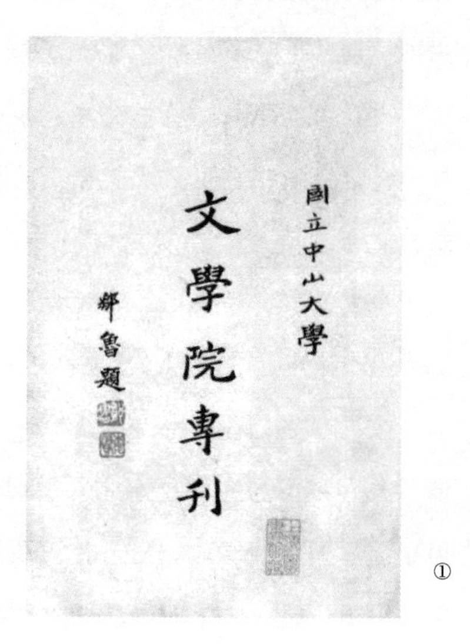

①

七月十六日。晨八时起，陈元柱君来访。上午随家君及仲安姊、季武弟并欧兰至中山大学第一医院校长室，在会客室及篱落花阴，摄影多张，并便访德医 Martin，现任医学院院长，约星期三往访。

傍晚，赴越秀山南越酒家，设宴请客，到者为朱谦之、李沧萍、陈良猷、陈兀柱、王鸿德、吴敬轩诸君，并家人六人。王君高唱京调，精充气足，在粤南聆此京剧，颇有江城司马之感。十时，尽兴而散，奉家母及姊弟饮冰，归东山已十一时矣。

七月十七日，晨八时起，上午读《道援堂集》，并阅翁山《广东新语》。午后，修书多封。傍晚，至江滨散步，清风徐来，溽暑顿释。

羊城八景

七月十八日，晨八时起。上午，偕欧兰访海珠之胜，则已填平，与岸相连，今日仅余破宇败垣，点缀于机船轧轧间而已。按：东海鱼珠，为羊城八景之一。

所谓羊城八景，因时代而异，《宋州志》八景为：扶胥浴日、石门返照、海

① 图注：国立中山大学文学院专刊，1935 年第 1 期。

山晓霁、珠江秋色、菊湖云影、蒲涧濂泉、光孝菩提、大通烟雨。《元志》八景为：扶胥浴日、石门返照、粤台秋月、白云晚望、大通烟雨、蒲涧濂泉、景泰僧归、灵洲鳌负。《明志》为：粤秀松涛、穗石洞天、番山云气、药洲春晓、琪林苏井、珠江晴澜、象山樵歌、荔湾渔唱。清《广州志》则为：粤秀连峰、琵琶砥柱、五仙霞洞、孤兀禺山、镇海层楼、浮邱丹井、西樵云瀑、东海鱼珠。

《羊城古钞》：鱼珠在羊城东四十里相对冈之南，四面皆水，中有卷石，圆净如珠，盖类海珠然。北一山像鱼张口向珠，因名。旧筑炮台其上，今废，云云。

按：海珠在广州正南江中，当今乐安新街口，云羊城东四十里，疑误。惜今已填筑，有名无实矣。

又赴西濠口，为广州极繁盛之处。

十二时归寓。傍晚赴东山游泳场游泳，水颇温暖，视德国北海之风涛汹涌，不可久留者，全异其趣。

黄昏归寓。

七月十九日，晨八时起，上午诵《道援堂集》。傍晚，随家君至竹丝岗云庐应德国医学教授 Martin 之约，氏现任中山大学医学院院长，携女 Ilse 于四月来华，卜居竹丝岗，宅后有大花园，在凉亭上用茶点，熏风习习，溽暑顿释。氏询中国文化久之，对于古铜瓷器特别爱好，以所购古鉴、铜盘、瓷瓶见示，并请鉴定。

六时，归寓。

七月二十日，晨八时起。上午读屈翁山《广东新语》并《道援堂集》。傍晚，方欲访罗香林、梁嘉彬二君，梁君适至，谈至黄昏。晚至江干散步，榕树成荫，颇为凉爽。灯下，读《广东新语》。

七月二十一日，晨七时起，赴沙面为家君定购 Empress of Russia 船票，定本月二十六日开航，约下星期一或星期二往取。傍晚，偕季武弟先访梁嘉彬君，继偕往访罗香林君，二人邀往小北门外北园小酌。罗君有客自桂林来者，赠以红豆十颗，鲜艳夺目，罗君求题诗，因题：

未有红豆恨，难忘遗世忧。

春风久消歇，相对空悠悠。

座间有王越君和一首。诗毕，驱车往北园。时已黄昏，园中荷塘曲径，辽廓幽深。在凉亭小酌，四周篱篁缭绕，蕉叶披离，至饶逸趣。

夜深始归寓。

七月二十二日，晨八时起，上午，读《广东新语》，并《萝岗游草》，系今年一月三日邹海滨、温丹铭、罗鷫月、吴敬轩及家君游罗岗洞观梅之作。家君诗已载《国风》，其余诸作未见。

傍晚随家君并仲安姊、欧兰赁汽车至竹丝岗，邀Martin教授父女至永汉路越香村小酌。马氏健谈，酒量亦佳。饮毕，步游中央公园，归寓已近十一时矣。

六榕寺、光孝寺及怀圣寺

七月二十三日，晨起，北京大学同学陈元柱君来寓，拟偕游六榕寺、光孝寺及怀圣寺。六榕寺，旧名净慧寺，在府西北半里。梁大同三年，广州刺史梁誉及僧昙裕建舍利塔，曰宝庄严寺。五代南汉，为长寿寺。宋端拱中，改名净慧。旧传达摩曾到僧堂一宿，至今绝无蚊蚋。塔后毁，元佑中郡人林修始重建千佛塔。赵叔盎记塔高二十七八丈，八棱九层，掘地时，古井九环列基外，与丈尺合。复得古鼎，藏剑三镜一，铦莹如新，瘗佛牙舍利其下。绍圣间，苏轼至，颜曰六榕，内有潇洒轩。明洪武六年，毁其殿庑，创永丰仓，惟存塔及观音殿。八年，住持僧愈坚重建佛殿，改寺门东向。二十四年，并入西禅寺。永乐九年，复还本寺，匾曰“六榕”，广人呼为“花塔寺”(《广州府志》)。

十一时抵寺门，东向，额书“六榕”二字，并绍圣口年眉山苏轼题一行。进山门，为大殿正作道场，法鼓梵呗，威仪整肃。绕出殿后，仰望高塔九层，直上云霄。塔作八棱，缀以金钟，每当高风永夜，宝铎和鸣，铿锵之声，闻于远近。折而南，入寺园，有石坊一，额书“曹溪法凡”四字，前有玲珑山石，园中古木参天，竹影迷离。于东厢进罗汉斋，素食颇佳。再前有荷花池，渡曲桥以至东坡楼，上有东坡石刊像，下有东坡书石刻“六榕”二字。

浏览一周，即从寺西门出，游光孝寺。光孝寺，在城内西北一里，本尉陀元孙建德故宅。三国吴虞翻谪南海居此，废其宅为苑囿，多植苹婆苛子，时人

①

称为虞苑，又曰苛林。翻卒，妻子还吴，施其宅为寺，匾曰“制止”。东晋安帝隆和中，罽宾国三藏法师始创为王苑朝延寺，又曰王园寺。刘宋武帝永初元年，梵僧求那罗跋陀，飞锡至此，始创戒坛，立制止道场。初师至此，指苛子树谓众曰此西方诃梨勒果之林也，宜曰苛林制止，立碑预谶曰：后当有肉身菩萨于此受戒。

梁武帝天鉴元年，智药三藏自西竺国携菩提树航海而来，植于坛前，志曰：“吾过后一百七十年，当有肉身菩萨，于此树下开演上乘。”普通（武帝年号）八年，达摩初祖自天竺至此，唐正观间，改制王园为乾明法性寺。高宗凤仪元年，六祖慧能与僧论风旛，薙发菩提树下，遂开东山法门。其后建风旛堂、大鉴殿、内鉴阁。神龙元年，西域般刺密谛三藏于此译《楞严经》，宰相房融笔授，宋经略使蒋之奇建轩曰“笔授”。会昌五年，改乾明法性为西云道宫。宝历间建大悲幢。五代南汉铸铁塔二座于寺之东西。宋太祖建隆三年，改为乾明禅院。徽宗改为崇宁万寿寺，后又改寺为宫观。高宗诏改报恩广孝禅寺，后易“广”字为“光”字，“苛林”为“诃林”。元延佑间，建斋僧大镬。明洪武十五年，始设僧纲司，颁发印信，置官正副二员。正统十年，御赐《大藏经》十二函。成化八年，敕赐光孝禅寺匾额。宏治七年，僧定俊鼎建四廊。万历十九年修建敕经楼。欧虞部大任辈于西铁塔旁开诃林诗社。三十一年，修复六祖戒坛。天启六年，募缘赎地一十四所，创建禅堂三座，房庑十间，并赎回伽蓝堂五祖堂地，修复其古迹。见存睡佛阁（唐神龙间建）、瘗发塔（唐凤仪间建）。崇祯九年，卢给谏兆龙重修，增

① 图注：六榕寺之六榕塔。刊载于《旅行杂志》1935 年第 9 卷第 11 期。

以石栏杆绕之。十四年，李象蒙建亭于殿左。国朝顺治六年，天然禅师开法于此，重修睡佛阁风旛堂敕经楼方丈笔授轩。十一年因兵燹颓废，东莞人蔡元正请平靖两藩重建。僧今释碑记田地塘税三十五顷零（《光孝寺志》）。按：光孝寺为岭南第一古刹，具有近二千年之史迹，且为禅宗发祥之地，但今已零落不堪，正中佛殿已为广东法科大学所占，其东偏亦改为小学，但余睡佛阁一座，尚属寺有。

到寺门，颜曰“光孝古寺”，有曲径通幽，引至睡佛阁，中供卧佛，楼上光线幽暗，呈衰颓之象。西入法科大学正门，颜曰“诃林”，书法遒劲。后为大殿，院中有大榕树五株，枝叶披离，浓荫满院。绕出殿后，至菩提树下，古干槎枒，相传即梁武帝天鉴元年智药三藏自西竺国航海携来者，其叶有尾，与他树不同，即与西欧之菩提树，亦略有异。所谓“光孝菩提”，系宋《广州志》“羊城八景”之一。僧言以菩提叶浸水中，二旬后取出暴日中干后，透明如轻纱，用以夹书中，可免虫啮云。因采撷一二，即西入操场，访铁塔。塔系南汉大宝六年铸造，凡七层，下承莲花座，高二丈二尺，遍镌佛像。据屈大均《广东新语》卷十一文语二铁塔铭云：

玉清宫使德陵使龙德宫使开府仪同三司行内侍监上柱国龚澄枢同女弟子邓氏三十三娘以大宝六年岁次癸丑五月壬子朔十七日戊辰铸造，永充供养。

其东面一塔，系大宝十年铸造，铭文较长（见《广东新语》）并雕刻盘龙，惜未及见。按：南汉迄今近千余年，而二塔完好尚在，洵足宝贵。

浏览久之，乃出至菩提树下，憩于瘗发塔前，缅想六祖论风旛遗事神往久之（能辞五祖去，度大庾岭，遂至广州法性寺。时印宗方说涅盘经，不能决，能进曰：非风非旛，仁者心动。一座尽惊，延之上座）。盖华林寺为禅宗之始，光孝、六榕二寺皆六祖受戒禅受衣钵之所，于禅学上关系极深。惜粤人崇尚物质，蔑视古迹，以致名刹荡尽，惜哉！

出光孝寺南行至光塔街，游怀圣寺。怀圣寺，在府城内西二里，唐时番人所创，内建番塔，轮囷凡十有六丈五尺，广人呼为“光塔”。明成化四年，都御史韩雍重建，以所留达官指挥降阿都剌等十七家居之。相传塔顶旧有金鸡，随风南北，每岁五六月，番人率以五鼓登绝顶呼号，以祈风信；不设佛像，惟书金字为号，以礼拜焉。洪武二十五年七月，金鸡惟（？）飓风所堕，送京贮内库，复以铜易之，亦堕于飓风。万历庚子重修，易以葫芦。康熙八年，亦堕于飓风（《广州府志》）。寺宇今已无存，在陋巷中望之，惟见古塔矗立，作圆柱形，直上穹苍，凡分二层。其上古树披离，苔藓苍苍，别饶古意。此外尚有回回学校及礼拜堂一所，他已无存矣。按:此寺为回教圣地，《羊城古钞》卷三《回回坟》一则云:

旧志唐开海舶，西域回教默德那国王谟罕默德，遣其母舅番僧苏哈白赛来中土贸易，建光塔及怀圣寺，寺塔告成寻殁，遂葬于此。

按：回回坟为回教圣地，俗称“响坟”。自唐迄今已千余年，西域诸国服其德化，每航海万里来粤，以得诣坟瞻拜为荣，虽极尊贵者至此，亦匍匐膜拜于户外，极其诚敬。是则怀圣寺系回教在中国发祥之地，其关系于文献亦殊重大矣!

下午四时归寓，罗香林君来访。灯下诵《翁山诗外》。

七月二十四日，晨八时起。上午，记六榕寺及光孝寺。傍晚，偕欧兰至江干散步，雷电交作，风雨骤至。夜有火警，半天皆赤，驰往观未果。十二时睡。

七月二十五日，晨八时起，上午记怀圣寺，读《羊城古钞》。午后，梁嘉彬君来寓，谓罗浮山之游可成，并约明日同游澳门。灯下，记怀圣寺至终。

岭南之经济民生

七月二十六日，晨八时起。上午，会同梁嘉彬君赴青年会报名，游罗浮山。更至天官里惠福一巷访高信君，纵谈粤中经济及民生情形。据谈，广东经济情形颇富，年赖华侨汇回巨款，加以苛捐重赋，故政府收入之多，甲于西南。而华侨之远涉重洋，亦划分势力范围:

新会、台山、开平、恩平，是谓“四邑”，其人大半至美国、坎拿大、墨西哥、古巴、南美经商，其中尤以台山人赴美者最多，以故四邑多巨富。惟年来经济衰敝，而美金又狂跌，故华侨竞汇回巨款，其用途不外三种:（一）为子女婚嫁，极事铺张;（二）造洋楼，于是四邑郊市，甲第连云;（三）购田地，结果地价飞涨，而生活程度亦高。其未至外洋经商者，遂有冻馁之虞。而政府聚敛，又不问民生疾苦，无论贫富，筑公路每男子捐五元，不付者惟市长、村长是问。又如田地陈报，手续费即须每亩十五元，而为官者层层剥削，强半中饱。知县须费巨款买得，而县教育局长、公安局长等亦复如是，结果上下行贿，有系统的集中于有权势者之手，而存入外国银行。于是国际汇兑失其均衡，港洋飞涨，而毫洋则以信用不固、纸币滥发，竟至一元半换一港洋，开未有之纪录（综计广州市面流通货币，有所谓港纸、港洋、大洋、毫洋、铜仙，行市日日变换，登记于各钱庄牌上）。近来华侨受经济恐慌及墨西哥排外影响，相率归国，外汇骤减，来源已去，如此剥削，恐不出数年，非崩溃不止。

番禺、南海、顺德、香山是为一组，其人多至檀香山、菲列滨一带经商，并多投资开百货公司，永安、先施之资本，半受操纵。

潮汕、梅县、琼州及雷州之南部又为一组，多至南洋经商，有远至非洲及 Mauritius 者，与福建之厦门、泉州人，均分南洋势力。惟近受胶皮业影响，亦日趋衰颓。

高州、廉州、钦州较为贫瘠，而北江一带尤甚，故其民多当兵，且流为盗匪，视东部沿海一带，相去远矣。

下午，出发游澳门，另见《澳门纪游》。

七月二十八日，拂晓，舟入珠江，自澳门回广州。

八月一日至七日，游罗浮四百峰，探白鹤、黄龙、华首台诸胜，登老人峰、玉女峰，度铁桥，入浮山，观分水嶼瀑布，夜宿飞云顶，观沧海日出，详见《入罗浮记》。

归 航

八月十五日，未曙即起，本日来粤已一月有七日矣。拜别高堂，登车径向九龙。年来牢落天涯，侍奉日少，自十八年赴欧以来，倏已五年。此五年中，仅去夏归航，在旧都小住二十日，以迫于生计，又即南下，继事定又北上，小住二周，皆极仓卒。此次得暂聚匝月，至为欣慰，然不须臾又须离别，人生如露，离合频仍，念之怅怅。

十一时抵九龙，渡香港，换船票登法邮 AndreLbon，住二二四号，安顿行李毕，偕欧兰游香港，散步半山。五年不来，旧迹已模糊矣！四时，船开，出九龙湾，向茫茫大海东去，两侧渔舟点点，盖去陆犹未远也。

八月十六日。晨兴，碧海无波，风光至佳。在甲板上散步久之。午后，渐有风浪，天际渔舟隐隐，盖近汕头矣。夜在甲板散步，倾听风涛声。本日系夏历六月下弦之末，海天夜色，幽邃如漆。十时下舱就寝。

八月十七日。沿台湾海峡北航，傍晚至舟山群岛，云霞灿烂，斜阳似血。一路云山黯黯，兴想天台雁荡，不禁神往。午夜已近扬子江口。

八月十八日。十一时再抵上海，登岸，上海公安局索护照，余告以欧兰系本国人，从广州来，以本国人从本国港口至他一港口，何须护照？不可，则予以结婚证书。再不可，则证以结婚戒指，皆无效。余知局员故意留难，不可理喻，此辈专恃势弄权，阻碍行旅，与九龙海关如出一辙。尤以护照检查员陈某骄横特甚，出言不礼，余因斥为洋奴，往返久之，则扣留行李，谓须至公安局交涉，遂至一品香暂住。

午后，由上海航政局出函证明结婚，方始放行，然为时已晚，行李不及取出，不得不在魔窟之上海多住一宵。

翌晨启程返南京，遥见钟山云崖苍苍，如久别之故人，颔首言旧。下午六时，于斜日苍黄中进城，二月岭南之行，于此暂告结束焉。

二十二年九月五日，于明故宫东

○ 原载于《国风》1933 年第 3 卷第 7 期

说屐

——吴家盛

日本人穿木屐，广东人也穿木屐，但两者不一同。在形式上，广东的屐是平底的，底下并不装凸起木条子（日本屐之屐齿可以脱下来换，以桐木制，质轻而细密。男用者不衬底，女用者则衬以棉花垫，并绘以色彩）。脚指的带子钉法亦异，广东的皮带是横钉的，只一条，日本的却是纵钉成分叉状。在用法上，日本视为唯一的足部用品，广东人只当作拖鞋（广东有一种旗下屐，即旗妇之屐，屐板中凸出一块木头来）。

木屐古已有之，《图书集成》“履”部：

木屐，三代以后曰木屐，伊尹以草为之名曰屐，秦世参用丝……

“屐”的意思，据《释名·释衣服》：

屐，搘也，为两足搘以践泥也。帛屐以帛作之如屩，不曰帛屩者，屩不可践泥也。此亦可步泥而浣之，故曰屐。

《本草》李时珍曰：“屐乃木屐之下有齿者……”（按：日本之屐有前后两齿，可以拔出来换。在晋时已经有了，见《世说》。但现在中国已不见此型。）

古人的“屐”，是“履”的通称，如草屐、锦屐之类，现在却指木做的屐为“屐”。

屐在广东是一般人常穿的，除了婆妈穿屐外，商店伙计、清道夫、小贩都拖着屐做事。中产者虽很少穿木屐出街，但也不反对别人穿屐外出。至于学生，对于屐也抱一种很满足的态度，在宿舍里固然拖着屐，在操场上抛篮球也拖着两片儿木板。至于穿屐浌浴，那是屐的“天赋责任”。

穿了木屐，在马路上，慢慢的拖呀拖的摆着走，表示着“满不在乎”的神气，这在西关（富户住所，保存着广州旧有风格的地方）是一般婆妇和妹仔（丫头或养女）通常的态度，穿了绣花平底软鞋便不相同了。屐是带有“散文”的神情风格的，而绣花平底鞋却是一种风流才子的风花雪月文字。屐之穿着，叫“散屐”，可见是要带懒散的神气的。

记得我第一次穿木屐，是住在一个公共的会所宿舍里，那时正初回故乡。单人铁床侧放着的一双木屐，因经了多次穿着，脚汗和浴室水汽蒸渍变了黄暗色。皮带，木屐上的，虽是用车轮旧橡胎做的，也磨得破烂了。看了它一眼，没有想到用它。晚上想洗澡，我自己那双皮拖鞋，发见皮拖鞋的底子烂了，正坐在床上想着穿不穿拖鞋呢，听见外面传来轻脆槖槖之声，由门口，看见一个披了浴衣，木屐拖啦拖啦进了浴室。我也瞧瞧床下那双木屐，它有点向我歪嘴，散散漫漫的。于是我穿上了木屐，似乎木板和脚有点异样感觉，脚指伸在带内，有些不紧不松的拘束。但是两天以后，我已经大大方方拖了木屐，在屋外，或者花园、饭堂，甚至街上走，带着悠闲的态度。

有一种人在见客的时候，总要把木屐脱了，换上皮鞋，而在闲居的时候，却又非穿木屐不可，这是绅士家风。如《南越笔记》所记（《粤中尚屐》）：“粤中婢媵，多着红皮木屐，士大夫亦多尚屐，沐浴乘凉时，散足着之，曰散屐。”又“……广州男子轻薄者，多长裙散屐，人皆呼为裙屐少年以贱之……”

沐浴乘凉时才散足着之，但是工人、女仆便在工作时也着之，并且有一双木屐穿，已算是下层的不大“穷光蛋”味的了。

《南越笔记》中，有一段记屐的好坏及用木料的：

散屐以潮州所制拖皮为雅，或以枹木为之。枹木附水松根而生，香而柔韧，可作履，曰枹香履。潮人刳之为屟，轻薄而软是曰潮屐。或以黄桑苦楝亦良。香山土地卑湿，尤宜屐，其良贱，至异其制以别之。新会尚朱漆履，东莞尚花绣屐，以轻者为贵。

厦门有棕屐，屐高而特重，以攒木为之。

广州的卖屐店，在门口挂了许多屐，排成图案，屐都是上了种种色漆的。

○ 原载于《现代》1935 年第 6 卷第 3 期

到白云山

1935

——沈起予[1]

昨天还是浩浩荡荡的一群，今天便只剩我一人。同路人们都在此四散了，我还硬着头皮，留在这不识路径不懂话的地方，想多看看这所谓革命的策源地——而今几乎是读经复古的策源地。

外面，雨下了又停，停了又下。一块块的乌云遮住天空，闷得人时时要使劲地透一两口气。室内，衣被零乱堆着，皮箱上才抹过的霉，现在早又长得白蓬蓬的了。隔壁一家撑天的酒店紧紧逼在窗前，把陈旧的房间遮得更暗更黑。偶一回首，一只老鼠狡狯地从角落的一堆水果渣上跑过去了。心里异常寂寞。想着号称这有五十余年厂史的老栈房也许真有五十余年不曾修造过，致房屋有这末旧，这末脏。而且似乎常常有外江佬来往之故，里面的伙计竟学会了要酒钱，但一面又老保持着广东茶房的那套懒和傲。在这时雨时郁闷的天气中，我想着不会有人来，同时也不知道到哪儿去好，我只一人呆在床沿上，心里郁积着一股浓厚而漠然的愁闷，因之，我既不曾注意到门外的脚步声，也不曾听到有人与茶房打话，而直到 T 教授自己掀开门帘进来时，我才像闷坐在牢里的人

① 编者注：沈起予，四川巴县人，曾用笔名起予、绮雨、沈绮雨。毕业于日本京都帝国大学。1927 年回国，加入创造社、抗敌协会，1930 年加入左联。曾任《光明》半月刊主编、《新蜀报》《新民晚报》副刊编辑、上海群益出版社主任编辑。著有《火线内》《飞露》《残碑》《人性的恢复》《怎样阅读文学作品》；译有《欧洲文学发达史》《艺术哲学》《文学修养的基础》等作品。

突然遇着了探访者似的，真真喜出望外了。

T 教授是在国外时的同学。大学时代已经蓄上的胡髭，现在更加蓬蓬，因之人也似乎跟着老了几分。想着从前各自进的学院既不同，回国后又不曾通过一次信，而现在一知道我到了广州，竟肯在这样的天气中前来相访，我的惊喜，不能不更加一倍。

“今天想出去玩么？”谈过见面话，又劝了我调换旅馆等后，T 教授便这样引诱我。这自然是万分高兴的事，但我又怕中途淋雨，自己虽然不要紧，而对对面的白长衫子却应得有点顾虑。可是 T 告诉我，在这梅雨时节的广州，只有让雨来怕人的，若人去怕雨时，那便会每天都不能出门一步。而且在这近乎热带的地方，雨也并不怎样为难人，原因是有雨点，地便湿，但雨一霁，路就干。

“那末到那里去呢？”听了 T 的说明后，我便站起预备穿衣服。

“白云山得去看一下，这是广州附近唯一的好地方，而且顺便又可以到黄花岗。”

可以到黄花岗。白云山我不知是怎样的宝贝地方，可是黄花岗这名字，却在我当小学生的时候，就像圣地似的吸引着我。能那样迸着热血来打倒媚外的满清政府的七十二烈士的英勇，固然是吸引我的最大理由，但单就“黄花岗”这三个字也勾我憧憬不置了。啊！黄花岗，这几个字的意义真美，声音真响亮！假如率性单称为“七十二烈士墓地”之类时，我想一定要逊色得多了。总之，一想着今天竟能够实现我久欲凭吊一次的那种宿愿时，我便高兴地踏上了 T 教授的雇好了的汽车。

一瞬，街上成排的房子一阵后退，汽车向着东山一带急驰而去。我始终带着虔敬的心境望着前方，看那到“圣地”之路，看那逐渐送到眼前来的一切新的景地，有时竟忘去了回答旁边 T 教授的谈话。不久汽车向左一倒拐，便完全走进乡境了，可是柏油路依然是那末光滑、整洁，两傍成荫的树木时时在头上交叉，汽车走过，便像穿进了绿叶扎成的洞窟。附近时时有绿油油的修竹在一起一伏的丘陵上长着，一股风送来一阵气味真香。

“枪毙人大概就在这些地方干的。”旁边 T 忽然这样告诉我。一回头，我见着他正弯下腰来，手从窗口上指住我刚欣赏着的有竹林的丘陵，而且不知怎的，他那含笑的面孔，似乎也在讥讽我心中的瞎赞赏一样。

“常常要在深更半夜的时候，提出犯人来在这些竹林旁边干……”收回手来，T教授又这末补了两句。我默然了。心想着这世界连风景也常在欺骗人。记得初搭上西江而正在感叹自然界的伟壮时，河中便冲来一只死尸；初到梧州而正在佩服市街的整洁时，墙上便出现了枪毙人的告示。而今又……啊，可是这是自然界的过么！

但不久汽车终于驶到黄花岗侧面的口子上了。T向车夫交涉，要他暂在此地停一下。可是不幸得很，在我们刚在几个花坛间打了一转，仅把高耸着的自由神和七十二烈士的石砌碑坊略加一瞥时，车夫便不耐烦起来了。

“其实并没怎样好看，这不过仅在历史上有点意义罢了。”看我似乎还有些恋恋的样子，T也在旁这样说。于是我只好把细细游览的机会放到下次，又随着T搭上汽车了。从此以后，两旁现出来的大都是碑，是墓，是高耸的纪念塔，是空洞的石亭子之类，而T也不断地为我说明某处埋着某将军，某碑是纪念某烈士，某处是红花冈，某地是万人阱。

约莫一刻钟，车才到了一个名“沙河”的小镇，此处有公共汽车直达，据说就是广州名物“沙河粉”的产地。再从镇口上向左走，便是到白云山的路。沿途栽着伞盖形的热带植物，附近时时有小的石狮石马之类零乱躺着，似乎都是那些荒废的古坟遗留下来的。车再向前走，那些矮小的山堡上正有许多累累的坟冢被发掘着，待一问T教授，才知道直到山腰一带的土地已被中大收买为农学院的第二林场，因之其中的古坟都得限期迁出，倘若过期尚有未迁葬者，则统由学校自动发掘，现在正是迁葬的期间。

可是T继续告诉我，奇现象就在此发生了，原来这白云山一带是号称粤中的风水地，所以在这纷纷迁葬的期中，竟忽有一位“有力者”在林场的范围内看中了一块地方，要农学院为他保留下来作为坟地。对这种一面要人迁出，而同时又有人要赶进的奇事，现在农学院正在不知作何应付。

因为T教授谈到了大学的事，这时我便问及学院中的读经复古的情形。关此，他说这当然是文学院的中国文学系顶糟，其中简直没有文艺思潮或文学概论之类的课程，所设立的讲座，统是东一个“赋”西一个“词”的家伙。更奇怪的，是那位不准用“她、它”“底、地”而提倡读古文的系主任却喜欢着西装。据说曾有学生问他为何既要复古而又爱穿新式衣裳而使他红过脸。T 教授又说，不特学生对这位系主任不满，即别系的教授们也颇对之抱反感。有一次因为别系的教授监视考场而容许了学生在试卷上横写之故，竟互相大发了一场冲突。

在我们这样的漫谈中，车即在山下的白云酒家前停住了。这酒家是一种旧式游园的建筑，一进去便见着东是一亭，西是一阁，有荷池，有小桥，有回廊，更有不少的木区和对联之类。待穿出这酒家后，我们才走上了登山的石梯路。可是，不幸我们刚走了一程，久停的雨又下起来了。于是我们即刻躲到旁边一个岩壁上的亭子内去。就在这里，T 又说了些关于山上的庙，庙的来源，及在山上时时出没的强盗等类的故事。而最使我惊异的，是在 T 的另一些谈话中，我竟听出了他在同学时代的不曾有过的许多新的见解。这时我怀着感慨的心情，时而四顾后面的山峰，山峰果然也算雄壮；时而往下俯视，下面是延展着的青葱的阡陌和起伏着的堡垒似的丘国，而从这一面落下来的两线，似乎也加快加长了些。山脚的白云酒家在林荫中隐现着，稍下一点的清溪上的一所瑞士风的建筑（据说名“倚云别墅”），更似一幅美丽图画。处在这居高临下的境地上，我的心境不禁又爽快了。怪不得自私者竟想在死后也要把尸体拖到这里

①

① 图注：白云山的倚云别墅。刊载于《旅行杂志》1935 年第 9 卷第 11 期。

来，怪不得葬了若干年的洪秀全也要被后来的权贵者赶走——虽然他们的主意并不是要到这里来死看风景！

待雨稍停，T便引我下山到倚云别墅小酌。一走进去，我才知道这是一个带佛教性的名“素社”的团体的设立，室内有地毡，有沙发，有富丽的帷幔，壁上除了油画之外，还挂有“肃静”一类牌示。旁边有精巧的游泳池和凉亭，依着水溪的高下而建成的游园中，还置了不少珍禽异兽和花草。一切都很清幽，但与白云酒家比较起来，则又一切都很现代化。不久，白衣侍者便拿着簿子来要我们签名和问菜。一看其章程，才知道他们并不是纯粹营业，而是除了社员之外，仅招待高尚游人的。这样，我们便在富丽静洁的客厅中，很舒服地吃了一餐有“鸡三味”和“双蒸酒”等的饭，才在叫化子的追赶中回了家。

○ 原载于《太白》1935年第2卷第10期

两粤纪游 1936

——谢刚主[1]

阳朔归程

假若在九十月的天气，树叶未落，橘柚初黄，有两三个知已朋友，乘着一只小船，带着几瓶老酒，从桂林到阳朔去，两岸有极曲折的高山，江水一清见底，坐在船边上，看着山，吃着酒。要是嫌口中乏味的时候，马上唤前面的渔舟，买一条鱼，在十几分钟内可以烹熟下酒。如果看见前边的山色好，又可以马上下船，上山游览。红叶满山，桂树成林，时有幽兰的香味吹到鼻端，极清爽的空气吹着襟袖，这是怎样有趣的事呀！

我虽没有在秋天游山，但是暮春的天气是游过的。我记得去年同朱逷先先生在四月初旬，一同溯富春江直上，游严子陵钓台。在严州乘船，看见两岸布满了嫩黄的菜花，菜花的深处，露出弥漫的山色。船到七里泷，山势便天矫起来，几十步路便有一个水湾，碧深的富春江，激湍飞流，一泻直下。两岸的青山如同翠壁，山坡上开了无数的红杜鹃花，夹着翠绿的松林，有时有几棵雪白的梨花相映着，又娇嫩，又好看。

① 编者注：谢国桢，字刚主，晚号瓜蒂庵主，河南安阳人。著有《明季奴变考》《清初东北流人考》《南明史略》《清开国史料考》《晚明史籍考》《明清之际党社运动考》等，编纂《清初农民起义史料辑录》《明代农民起义史料选编》《明代社会经济史料选编》等。

那时，我们到了钓台和谢皋羽痛哭之处，我与朱先生说：“我若是失足江流，就与吾家皋羽公同归了。”那时正是“一·二八”之后，所以朱先生说：“你如果投江，我便与你开追悼会。”

时间过得很快，由孟春而徂秋，现在又到滔滔盛夏了。二十一晚上，我们就由高中全下船去。夜中十二点钟，一钩残月从月牙山畔出来，照着漓江，江水面上映着一道白光。我在船舶上站立多时，一直看到月色朦胧才回船去。

在半夜中，只听见打桨的声音，及至醒来，已日上三竿，船已开出好几十里路了。可惜蓬舱太小，骄阳迫人，如同置身蒸笼，实在热不可耐，幸而在夕阳中，我坐在船边上，濯足中流，看着两岸的山色，山旁树林中有两三人家正在那里做饭，我体会得“渡头余落日，墟里上炊烟”的风景，足以消释这一天的郁闷。

到了夜晚，船泊在野港荒湾，船家烧了一锅热茶，用大砂壶盛着，我们与船夫围着砂壶，同坐在船头，听他们谈乡下的故事。这样的生活一直过了四天四夜，到二十五日下午才到梧州。在广西大学住了一夜，第二天下午四时便乘汽船赴三水。船到三水的时候，已经夜深三时，由广三铁路工友招待我们到广三车站。我看见前次撑船的小朋友，穿着一身烤绸衣服，在这里吃吃笑笑，但我们已没有机会坐他的船了。

自从我们到梧州，天气骤热起来，既到了三水，热不可当。虽在微明的天气，我们只吃得一碗粥，还是汗如雨下。这是我生平的第一次冒暑。

广三火车六时开行，九时即到广州。

荔子湾头

我这次旅行，本与徐森玉、虞和寅、王以中三公作伴。既至广州，住在新华酒店，便与竺藕舫先生可桢在一起。我初到广州，就患足疾，徐、竺诸公去罗浮山游览，我一人独游广州。二十八日晨，到豪贤路去访梁廷灿兄，他在中大图书馆服务，因腿上生疮，在家休息。多年不见的朋友，晤谈自然高兴。在他家中吃了午饭，下午五时，他请他的朋友张君，同我去游荔枝湾。

乘车到湾头，雇了一只瓜皮小艇子，艇中仅可容两三人，但里面陈设却极精致，座位也很舒服。初下船的时候，是一道小河，两岸有许多茶肆，后来河身慢慢的宽起来，直通珠江，两岸种着许多荔枝树。在夕阳欲下的时候，一对一对的摩登男女，打桨前行。如果在四五月天气，鲜红的荔枝便会自己落到爱人的怀里。这是如何够人艳羡呵！

河中弯曲的地方很多，小船可以游到绿荫深处。长条拂着绿水，绿叶如同屏幛，在那里情话，真是再好没有的了。河中有许多贩卖食物的小船势如穿梭的来往，艇家粥和椰子雪糕最为出名，我一样都吃一点。再往前去，河身越宽，陈列着一排花船，那便是紫洞艇。在昔羊城繁华之日，每到下午紫洞艇上的游客都坐满了，里面可以竹战，可以招妓侑酒，声歌彻夜，直到月落乌啼，客才散去。如今繁华的程度大不如前，船也少了一半，排列着的也不过三五十只而已。过了紫洞艇就到珠江铁桥，水势更大，小舟在那里漂荡着，放乎中流，大有飘飘欲仙之势。回忆西子湖边的游艇，在暮春时光，夕阳天气，看着淡淡的远山，软软的柳丝，和乐的春波之上漂着许多的有情的爱侣，粉白黛绿，打桨来往，这固足使人留恋，但是桨声灯影，水调笙歌，还没有荔枝湾头那样迷人呢。

夜中我到张君劢先生处畅谈竟夕，并承惠借路费百元。二十九日访吴汝强先生和梁思庄女士，承他夫妇的厚意，雇了一辆汽车约我游观音山中山纪念堂。纪念堂建筑极为壮丽。由此山下，游五层楼，现在改为博物馆。在观音山下一个酒家里吃午饭。下午同游黄花岗，展拜先烈的遗迹。由黄花岗到白云山，有祠祀苏东坡，泉水在祠旁经过，山脚下全是竹林；取泉水烹茶，坐此听泉，最为舒服。由白云山再到中山大学游新址，校舍系宫殿式建筑，全校面积约有一万多亩。据农学院的计划，五年以内可以供给农科的开支，十年以内就可以供给全校的经费，这在吾国可谓最大的学校了。由校回新华酒店，已下午五时。三十日，吴三立先生约我参观徐信符先生藏书，所藏多为粤中乡贤名著。承他指示关于搜辑学海和广雅书院的材料，至为感谢。吴君邀我在双门底番菜馆吃晚饭。

关于粤中的风俗，我现在补述几句。广东人最喜欢饮茶，但与其说他们饮茶，毋宁说他们吃肉。每到茶馆里面，五味杂陈，包饺俱备，也有甜的，也有咸的。很好吃零食的我，看见这些奇品糕点，不肯不吃，但每吃一回必要泻一次肚。他们那里每天要喝三次茶，就是早茶、午茶、晚茶。茶馆共分三等，最好的叫茶室，其次的叫茶居，最次叫茶楼。茶室每饮一次，要花一块多钱。茶楼价目最廉，但地方也很干净，就是劳动的朋友们，每到散工以后，也到茶楼里来喝茶。我曾见一个茶楼的沙发上坐着一位赤足劳动的工人。并且我们在傍晚时候，走上马路，也可看到劳工的住户在那里吃辣子鸡。人人皆可得到优厚的物质享受，这便是与北方不同的了。

是日晚，徐、竺、王诸公都由罗浮回来。那时我们定的我与竺藕舫先生、王以中兄乘意邮由九龙赴上海，徐、虞二公则由广州赴长沙，由平汉路回平。我们随于三十一日早由广州到九龙，在弥敦旅馆住一夜。明晨十一时就乘意邮Cauts Rossu赴沪，虽然二等经济舱，但舱位极为洁净，每天有四顿西餐可吃，比芝沙丹尼船好得多了。

九月三日下午二时，船到上海，同住宿于新亚酒店，价目较贵，地方也较为安静。在上海共住了三日，访商务印书馆王云五先生和开明书店王伯祥先生，到陈乃乾先生处询江南的藏书家。又到爱文义路①一四九五里访瞿凤起先生，参观铁琴铜剑楼藏书。可惜他们的书全都藏在箱子里面，仅仅看了几部明版丛书和《虹月归来图》，并承凤起先生厚意约我到常熟参观铁琴铜剑楼。

五日下午，陈乃乾先生约我和王伯祥、瞿凤起诸先生在一枝香晚餐。座中识姚石子先生，约我到张堰，可惜在外时间勾留过久，未能前往，只好俟诸异日。王以中兄先回甪直，同他的夫人在苏州等我。我遂于初六日九时乘京沪车到苏州，住三新旅舍，以中夫妇已早到了。午间在观前广州食品公司吃饭。下午一同到吴苑品茶，地方幽洁，品茶的人大半闲情逸致，十足表现三吴的风味，与广州的茶楼又不同了。

到护龙街文学山房，遇见书肆主人江杏溪，同游逸园。以中兄因有约他往，晚间江杏溪约在观前吃晚饭。

初七日早，与以中兄乘汽车赴常熟。

---

① 编者注：爱文义路即今日北京西路。

常熟铁琴铜剑楼

常熟这地方本来是鱼米之乡，文风很盛，从明代以来，就有不少的藏书家，如杨氏万卷楼、钱氏绛云楼、述古楼、毛氏汲古阁，我们是知道的了。到了清代，还有稽瑞楼陈氏、爱日精庐张氏。当道咸时，铁琴铜剑楼主人瞿荫棠先生绍基喜欢藏书，那时黄丕烈士礼居和汪氏艺芸精舍的书刚刚散出，其中宋元秘本一半归聊城海源阁杨氏，一半归了瞿氏。瞿氏自荫棠先生至良士先生，已保守了四代，现在良士先生的公子旭初、凤起诸君都能爱惜古书，克绍箕裘。数十年中所称的海内四大藏书家，丁氏、陆氏、杨氏和瞿氏，三家的书已风流云散，惟有铁琴铜剑楼巍然独存，这是可以佩服的一件事呀。

瞿氏是常熟的大族，自明季瞿式耜以后，代有闻人。他们的家在罟里村，聚族而居，大约有二三百家。罟里距城十二里路，四面菰蒲，桑麻盈野，是一个充满了诗人意趣的地方。昔日由城里乘小船，飘荡两点钟的工夫，便可到了。村中有书可读，有饭可吃，夕阳时候可以到村外田陇散步。

这次我们来虞山，是先到城内新乡前访瞿良士先生，承他的招待，由旭初先生作陪，乘公共汽车同往。可惜在民国初年，因为避乱的缘故，好书全运到上海，其次的都在城内，家里的人也不敢在乡下住，仅留下一座空洞藏书楼了。

楼凡前后二楹，仅剩下几十个书柜和几个古雅的楠木书桌，陈设着非常有次序。要是在插架完足的时候，可以无限量的在那里翻阅书籍。前三年，袁守和先生来常熟的时候，本要照一个相，但因光线太暗，没有照成。我们从楼上下来，看见院中生了无数秋海棠和几株桂花，野趣盎然。在楼下古雅的书斋中，坐了半天，仿佛置身在嘉道的时候，我心里想着："我假若有这样好的藏书楼，我终身也不出去问世了！"

下午五时，我们由藏书楼走到野塘桥边等候汽车。瞿旭初君说："自修筑公路，我家里的田地划归了公路里来的已经有二百多亩，小户人家有两三亩田地，就划完了。现在簇新的汽车来往的开行到上海或苏州去，乡下的大姑娘也知道买城里的桂花油和新式花样的绸缎了。"

六时车来，到城，同游言子墓和公园，在公园饮茶小憩。晚上在瞿家便饭，看顾千里、龚自珍所藏的六朝及唐碑。次日，以中兄夫妇同游虞山，我随乘汽车到苏州搭车北上。

余记初八日从苏州行后，下午五时到南京，因为时间关系，未能去看京中好友，随乘平浦车一直北行。我买的是来回票，仍坐的三等车，在茶房车上找了一处可以安稳睡觉的位置。火车开的一站一站的过，许多乡下同胞因为不肯花几个运动费，只好坐在车的角壁间，在那里打盹。三等车是没有纱窗的，车厢里污秽不堪，在车中过了两夜一天，满身灰尘如同囚犯。

初十日上午九时十九分就到旧都了。秋风萧瑟，凉气袭人，由街市上送来的凄凉叫卖声，和晚上壁间蟋蟀络纬的鸣声，声声送到我的耳朵里来，我一人在那里玄想着：

一、同是中国地方，到广西为什么要入口证？二、桂林风洞山卖米粉的，自我们去后不知买卖怎么样？三水撑船的小朋友还在那里吃吃的笑么？三、平浦的道路有两夜一天的光景，不为不长，为甚么不加置三等睡车？国家是以人民为单位的，难道吾国的老百姓，只有纳税的义务，而没有乘三等睡车的权利？……

我是常常在那里想着。

民国二十四年九月十五日属草，二十一日早写毕，于旧京达子营之佣书堂

○ 原载于《禹贡》1936 年第 4 卷第 12 期

全盒和糖果

1936

—— 亦庵①

在上海新年称作“百果盘”的那东西，广东叫“全盒”。近年所见的全盒跟我幼年时所见的，已经渐渐不同了。形式或制度的不同，尤其次，最重要的是其内容的变迁，这也许又属于中年人的感慨之一种吧，我知道小朋友和年青的人们对于这件事会不感觉什么的。

现在我们所见的全盒内容，其唯一尚未变去的内质就只有中央一格的红瓜子（但有一部分居沪的人家已经上海化而改用黑色西瓜子的了）。

照我们广州的习俗，每个全盒，除了中央一格装着的是瓜子之外，其余装的全是糖果，不像别处的百果盘里糕饼、枣子、豆等，夹夹杂杂全有。

从前一般的全盒只有两种形式，一种是圆的，一种是八角形的。木质加漆，颜色和所描绘的花纹不一，以福州漆制的为上品。尚有一种顶讲究的，里头的分格盒子是描花的瓷质，外廓是红木的，上面盖着玻璃的盖子。后来有人把它的形式改成各种模型，或者像秋叶，或作四方，但是我觉得这些新式花样都不很高明。后来又有几家糖果饼干公司特制的全盒出售，那更充满着伧俗的广告气氛，如果客堂中一陈此物，便增加了不少商业化的都市色彩。

① 编者注：张亦庵，原名张毅汉，笔名亦庵等，广东新会人。清末由粤东到上海，就读于工部局华童公学，后从事写作，作品多见于《小说大观》《小说画报》《小说月报》等刊物。撰有《戏院印象》《喜筵点滴录》《谈故宫春梦》《橡皮喇叭》等文。

“糖果”的观念，现代人同从前的又不尽相同了。从前所谓糖果，是完全地道的国货，而且完全是由水果和糖煮饯而成的，绝对没有用到现在的所谓糖果内所含的及拉丁胶 Gelatine、香料、颜料等东西。

说到糖果，我便想起那种老法糖果的制造法了。老法糖果的色彩最普遍的有下列的几种：糖莲子（这大约是价值最昂贵的一种）、糖莲藕、糖椰角、糖椰丝、糖橘饼、糖金橘、糖瓜角（这是冬瓜做的）、糖马蹄（荸荠也）、糖仁面（这是广东特产的一种果子）、糖天冬、糖姜、糖茨菇、糖佛手、糖荷兰豆等。至于其制法，大概都无二致。

因为幼年时曾寄居在一家糖果栈（制造糖果的作场）里，那便是有名的济隆新栈（这家济隆最著名的是糖姜，在当年，不特他们的糖果在国内有很大的销场，他们的糖姜每年销到国外的很可观，有好几十万的生意），所以对于他们制造糖果经过的手续常得看见。

在某些果子市价最便宜的时候，他们便大批买进，临时雇请一批女工来做洗涤剔割的工作。依着规定的形状切好了，散布在工场里，让它把水分略微风干，然后入镬。镬是很大的，大约有五六尺的口径，里面煮着糖汁（用的是什么糖我可忘了，似乎是用蒲包装着的土制白糖）。果子倒进糖汁里，由一位技师用一枝像船桨的东西把它搅着拌着，待到若干时候便捞起来让它风干凝结。从镬里捞起来的时候最惹得起你的食欲，那时的糖果全是透明而且热香喷喷的。等到干结了之后便成为不透明的了。

这样的老法糖果比较现在的时式糖果，色香味都有不及之处，不过在那个时候的孩子们，做梦也想不到陈皮梅、樱花糖、棒糖等东西，而自从舶来的糖果销行之后，我们日常的生活又多了一个大漏卮。虽说已经有国人自制的新式糖果，可是其原料和器械取自何处，其包装的纸张、瓶罐等是否完全国产亦十分值得注意。

在老法的糖果里我最不爱吃的是糖橘饼和糖金橘，这是一点附带的声明。

○ 原载于《粤风》1936 年第 2 卷第 2 期

广州的三个特点

1936

——孙福熙[①]

广州，“广州”这个名词，对于我是觉得浑身舒服的。

这一次旅行到这可爱的广州，我见到三个特点，也就是三个新的发见：

第一，我发见这广州的地面是铁做的。广州的自来水管多露出在地面上，沿着马路，如懒蛇的伸展，到了人家的门口，一条是伸进区家去了不提，这一条伸进了邝家的门，从头门进二门，经过客堂，曲曲折折的到了厨房，另一条从楼梯沿上，到了二楼的黄家。如果街路对面姓张的要装自来水，就在这门口的马路上面横伸过去一条铁管。每一条街上就有许许多多的横管，人力车拉过来，先爬上这条铁管，又立即爬下，一条街上有好多次，好比低栏赛跑的样子。倘若广州的地面不是铁做的，何以自来水不藏到地下去呢？

说到赛跑，广州有一种汽车的赛跑，为其他城市所未见，这是我第二个新发见。广州的公共汽车是商办的，各公司各路各自为制，形式与办法颇不一律，也因为这个缘故，前面的公共汽车飞奔的前进时，后面的另一公司的公共汽车，就视若无物的超越过前车。广州的公共汽车照习惯是不按站停车的，乘客要下车必须拉铃预告，所以，即使是同为第一路的车，停站上下客的时候，后面的车就飞奔的超越过去。两个大汽车在街上并行是常见的，加以对面来

① 编者注：孙福熙，浙江绍兴人。曾主编《北新》半月刊。先后在国立西湖艺术学校、浙江大学、中山大学任教。著有散文集《山野掇拾》《归航》《大西洋之滨》《北京乎》等。

的，于是马路上常见三个公共汽车并行。

这种赛跑好看是好看的，不免使观众惊叹。

第三件新发见是关于报纸的。艺风社在广州举行展览会，各报多有记载与批评，我因为要多买几份报，预备留存，所以到报馆去买，发行部要我每份一毫钱。我说："不是有定价每份五个或八个铜子吗？"他的回答说昨天的就贵了，如果更早就更贵。"纸贵洛阳"原是古已有之，如此贵法，乃是闻所未闻。走到别家时，有说两毫一份的，有说七毫一份的，那就不是新闻了。有一个新闻是在另一个报馆。楼下排字房的旁边，两个排字工人对卧在一盏灯火面前吸烟雾；上楼以后，烟枪更多了，吸烟的大约是编辑先生了；到了三楼，是总编辑先生的房间，上下一体，与排字工人一样的卧在灯火的面前抽烟。从上到下，或者说从下到上，至少有十一支烟枪。我之说十一支者，并不是硬把八九支凑成"十"的齐头数之意。

如果烟枪可以抗敌，那是"顶呱呱"的了。

广州的好处多得很，但不在本篇的范围之内，所以没有写出来。

广州确实很好的，好的是广州的人，并不是广州的这一块地。然而，还是说，好的是广州的地，却没有好的广州人来治理它。说广州的人好也可以，说广州的地好也可以，总之，如果填补了那个缺点以后，这广州便成了人人觉得浑身舒服的广州了。

我心中想写这篇文字的时候，恐怕有人要误会我有什么作用，所以想加一行批注：我的这篇文字，如果使有关系的广州人幡然改革，那是我的最大荣誉；或者有人勃然震怒，捉了我去枪毙，那也不失为发生了效力，比三块钱一千字的代价大得多了。

现在局面完全变了，捉了我去枪毙，想必是希望不到的了；"幡然改革"，那是当然的事，用不着我多说了。

这篇文字的代价，除三块钱一千字以外，还赢得谄媚当局的嫌疑。但我希望只是如此，不希望这篇文字还有使人勃然震怒的效力。

作者附注：

常听人批评文字说"用泪写成"或者说"满纸血泪"。我这篇文字是用汽水写成的。在火车上如此炎热，花了我三瓶汽水，方才写了这些文字。又写了这点附注，又花了我一瓶汽水。如果有稿费的话，请将这附注的字数也计算在内。

○ 原载于《论语》1936 年第 95 期

茶与粤人

1937

——山石

粤人好饮茶，现在我特来说茶与粤人。茶为常绿灌木，高五六尺，秋日开白花，实三角形，其叶可烹为饮料，古谓之“苦荼”，又名“槚”，又名“荈”。考之古籍，《神农本草》有曰“茶味苦，饮之使人益患，少卧，轻身，明目”，《食经》亦有曰“茶茗久服，使人有力悦志”。是远在纪元之前，吾人已采茶为饮料，不过当时饮者尚少，至唐时始盛。江南诸省皆产之，其种类不一，制法亦异，大别为红茶、绿茶两种。唐开元间（公历七百三十年左右），饮茶已成为民间习尚，白居易诗所谓“前月浮梁买茶去”，浮梁即今江西地，可知当时商品中已有茶之一类。再看唐人陆羽之《茶经》以及唐建中时之茶禁，则茶之为用已日见其广，以至于宋，居然成立茶市，由此种茶市产生无数茶引，而茶业遂随茶引而推销各地。粤省地接赣闽，唐宋又有市舶司之设立，是以茶业与乎饮茶之风气遂起于其时。由唐迄宋，以至现在，达千余年，粤人嗜之弥笃。吾人试观粤省之茶楼、茶室、茶庄以及嗜茶之大众，便见一斑。

单就广州市来说，茶楼达一百六十余间，茶室一百三十余间，大小茶庄不下六十余间，茶点粉面行大小七百余家，其他汕头、潮州、惠州、江门、北海、海口、公益、石岐以及各县市乡镇之茶寮，仍未经估计，想其数当不在少。

茶楼、茶室之在广州可谓随处有之。茶市有早、午、夜三市之分，有只做午市者，有兼做早、午两市者，亦有早、午、夜三市兼营者。所售食品，饼面包点，花样极多，随时交换。所谓星期美点，亦有不单是经营茶而兼售酒菜者。至于每届中秋，多有兼营月饼者。茶价最高者每位二毫，或一毫半，次则一毫，再次三分六、二分四，或分八、分二不等。

各茶楼向来生意颇好，惟数年来，亦因不景气影响，生意颇呈冷淡，于是各茶商遂有补救办法，增聘女职工，以图刷新营业阵容，而营业遂亦因以补救不少。其不聘女工者，亦以平卖招徕，或以唱女伶为号召，惟一般有伶癖之茶客，向少大食，以故收效甚微。而且广州市民之饮茶真是为饮茶而饮茶者多，远不及四乡之饮茶当殰，虽然亦有为食而往茶楼或茶室者，大抵以在机关服务之军政界人物为多。

在广州市中，每当午炮一响，各机关落班，其时永汉路、惠爱路一带之茶楼茶室，愈见畅旺。此外则西濠口一带之茶楼又为工商界中人集合之地，大抵军政界中人多藉茶楼然后食晚饭，商界则值此为交易谈判之所。惟听说工界则不少以饮茶为名，躲懒为实。若教育界则除平日不计外，最盛行茶楼生活者饮为暑假、寒假。因为暑假、寒假时候，一般教育中人，大约找饭碗多向茶楼找朋友，此际永汉路之涎香、吉祥等茶楼，真是济济多士。除学界外，则度茶楼生活者多为有闲阶级，大抵一杯在手，谈天说地，约由世界大势而至个人是非，而至饮食男女等等问题，皆为谈话之资料。然亦有所谓殰茶者，其著者所谓冇人坐到冇人，淡水冲到淡水，此种滋味，迥非急性所能问津。然广州人虽殰茶远不若潮州人之甚。

我看潮州人饮茶，若极有分寸。以家居言，客至，端茶请客，茗盘之上，端起几只小茶杯，如果客人是内行，则当举杯到口之时，必细斟慢酌，一若无限滋味也者，然后谓之有研究；若一举而尽，则谓之外行。潮人所用之茶壶尤为讲究，据说茶渍越多，茶壶越有价值，多至不要茶叶而饮时有茶味者为珍品，甚之讲身价财产亦以茶壶为对者，闻家藏有多渍之茶壶，亦一体面之事。其重视大抵如此。

至于广东各市镇，茶市之经营，上等为茶室，次则为茶楼，再次则为炒粉馆。茶室虽开列食单，几有食品送来，茶楼则有伙计随听叫卖，至于炒粉馆多为车夫及其他苦力品茗之地，茶价最廉，俗呼为八厘馆。

粤人嗜茶之习确较别省为甚，故饮茶一项之消费亦较别省为多。据说粤省平均每年每人消费茶叶约二磅，换言之，即粤省以三千万人口计，每年约要六千万磅茶叶。根据《大公报》发表之中国茶叶消费量，每年为八万万磅，则粤省实占十三分之一，然则粤省产茶多少？

据调查所得，产茶之县凡四十有六，其产名茶之区则有十五县，若河源之桂山茶，兴宁之箭竹顶、水罗塘、朱子莱、富竹经，乐昌之白茅，防城之白砑绿、双峰绿、那勒绿，茂名之黄塘、张王洞、出瑞龙，灵山之狮子岭、四洲山，信宜之龙山，和平之九连，陆丰之南斜、南峰凹、刘厝场，鹤山之生茶、熟茶，封川之白舄，始兴之红娘、清水，仁化之白毛，乳源之红茶，揭阳之炒茶。总计每年产额约一百三十余万斤。

其较次者有番禺、南海、高要、清远、惠阳、琼山、澄迈、定安、文昌、琼东、乐会、临高、儋县、崖县、万宁、陵水、感恩、昌江、连平、紫金、罗定、新兴、高明、三水、四会、从化、开平、梅县、五华、平远、龙门等三十一县。年产额亦只二百余万斤，合计此数，当然不能供给，是以不能不仰给外地，不能不向外采购，于是福建之红茶、安徽之绿茶、江西之二色，就向粤省源源而来。

昔时三省茶叶之来，以江西河口为集中地，然后沿赣江南下至大庾岭，用劳工挑过莫林关，再由南雄沿北江运至广州或黄埔。计由茶田至口岸，水陆路程二千四百余里，费时阅一二月，甚形梗滞。最近粤汉路通车，而各方交通又日形便利，已不见此现象。

现在运茶之情状，其可得而述者，如茶由山户制成后，即售与茶贩，而茶贩又转售之茶号，或由茶号自行派人入山设庄，就地收集。如属江西、安徽两省，则多运九江再运，然后到粤；如属闽茶，则由厦门直运。计现在普通红茶每箱（每箱约五十斤）约值十五元至二十元，其特品如闽之星村小种，每箱估计七十五元，赣之武宁估计三十六元。由九江运粤者运费每担约五元，厦门来者运费每担约一元五角。

近年闽赣皖三省当局，对茶叶出口都有统制，其价钱又日见高昂。然而粤人似未尝计较此点而少饮其茶也，总之茶与粤人，可谓结缘深矣，即作者行文至此，又有人唤我饮茶去，只得再谈几句。近来好谈卫生者流，每喜喝开水，而不好饮茶，此种风气无异反常，抑亦减却不少诗趣，若就采茶制茶工人来说，还要影响国民经济，而况茶是我国主要输出品之一。即就卫生而论，绿茶中如龙井之类，据说含有不少“维他命”。所以我对于茶是持二元论，将开水代替，我不主张；以茶为唯一消遣，如潮、福人一样，我亦不主张。

○ 原载于《社会科学》1937 年第 6 期

南国琐话

——姚苡[1]

百业成灰念未灰，头胪如斗又南归。

楚声格磔桄榔老，水国凄迷豆子稀。

幽梦愿随轮铁远，奔心欲逐马蹄回。

澧兰湘芷匆匆过，更向白云高处飞！

这是我从武昌到广州的粤汉车中所哼哼唧唱起来的一首歪诗。因为借口于手边没有诗韵，所以到底十灰有没有押错了五微，这于我倒满不在乎。在过湘粤交界的砰石时，夜幕展开了，月光水似的清凉，虫声鬼似的啾叫。火车走入乱山中，一条江水亮悠悠地无声然而流动。据说这乱山便是骑田岭，南岭支脉之一；这条水便是北江，和东江、西江同是粤省重要的水道。当火车的汽笛呜呜地叫着，如一只长蛇爬过土堆，教乘客们无端旅思顿生，于是坐起来看月或者望水，怎么也睡不下了。

自乐昌、英德以下，广州的近郊渐渐出现了。如果你是北方人，走惯了平汉线、津浦线及陇海线的，这时望望这广州的近郊风景，除树木葱茏与田土肥沃之外，将诧异于徘徊在高空的白云那么富于忧思，田间的流水也弯弯地显出

① 编者注：李拓之，福建福州人。原名李点，字弛云，号无辩，曾用名李又曦、李公绰，笔名柳依、姚苡、纵横、李景侗等。二十世纪三十年代中期开始在福州、重庆、上海等地的报刊上发表小说、诗等，著有《埋香》等。

无限柔润之意来。这不是平汉线、津浦线及陇海线两边的黄土泥所可比，但又不像京沪线那么繁丽，沪杭线那么细腻，甚至不像岳州至郴县一段的粤汉路那么土色粗糙，且带红色的纯然一片刚劲之气。总之，广州近郊的风景，从田间，从草际，从树丛，从云堆，从水畔，它已经告诉你，广州是刚劲与秀丽，兼而有之。

地理与人文倒不无关系吧？虽然我并非纯粹“地理条件说”的机械论者。但我踏进广州，正如踏进长沙一样，感到一股活力。那重浊音的广东话，令我记起急促性的湖南话来。不必说，湘粤两省是土壤相接的，为了这，湖南人与广东人的性格颇有相同之点。从来有人以为中华民族性最优良的便是湘粤两省人，或许不至于认为过论吧。假如这话颇有根据，那么，湘女的坚贞与粤男的硬朗老早传播于中外人们之口了。自然，这是指湘粤两省人文的特质，并非就一般而论。也许长沙和广州恰是都市的地方，较之邻县边镇的湘粤人，其坚贞与硬朗恐又未免随而逊色些吧？

这所谓“民族性最优良”的解释，除了坚贞与硬朗之外，说得鲜明点，就是团结、勇敢、吃苦、富于反抗；同时，没有叩头打拱的奴性和损人利己的自私性。湘粤两省人，是最有希望的中国人啊！

我于快意过湘粤交界之余，心中央着这么一线光明似的理论开始和广州觌面了。也许我首先带了这副有色眼镜去看广东人，所以，我在广州很舒服了许多日。这革命的策源地，这闹过暴动的血碑石，这国父的故乡，这康梁的儿时钓游之地，这海陆丰的澎湃，东莞的蔡廷锴与惠州的陈炯明呀……我的脉搏跳动着，去细看广州可还有这些赫赫动人的痕迹？我踏过东山区，那是“猛人”的住家，林木荫蔽如世外桃源；我踏过胡汉民路，车马喧阗不亚于上海的大马路。最后，我登上黄花岗了——出了东郊，首先看到红花岗四烈士（林冠慈、陈敬岳，余二人忘记了）的坟，其次看到史坚如的塑像，其次看到朱执信的祠堂，终于登上黄花岗了——君不见黄花黄，姓名万古生幽香！我捧着严肃的颗心，踏着兴奋的步伐，两旁是“车马到此停止”和“行人到此脱帽”的牌示。天际的云堆高卷，四山的风阵轻吹，我们徘徊在七十二烈士的坟前，直至于二小时之久了。

①

上海的电影女明星、摩登小姐、健美的运动员及娇贵的高才生之类，她们常喜欢拍照片。如果稍为留心，便看见亭亭倩影之旁多半是遮遮掩掩如蒲扇如手掌似的东西。这东西就是棕榈树。我起初莫名其妙，拍照片何以独在棕榈树下？后来听说，她们所以偏喜欢棕榈树者，恰为了表明自己是老牌的南国女郎，而这棕榈叶子如蒲扇如手掌者，恰是“热情的象征”之意，初不仅取其“富有诗意”而已。这实在你不说我不知道，你越说我越糊涂了！江浙小姐要冒牌做南国女郎，这倒并非这么简单容易，只要你站在棕榈树下或拉过叶子来遮遮掩卷脸孔就得？第一，江浙小姐就该把眼眶变大些，眼皮变厚些，眼珠变黑些，眼睫毛变长些，其他条件还是次要的事。真的，大眼睛是南国女郎的唯一标志，这并非细迷迷一双阖线眼的江浙小姐们所可望其项背甚或冒取而代之的了。

鲁迅君《在酒楼上》那篇小说，吕纬甫居然遥遥记起阿顺的一双眼睛：“非常大，睫毛也很长，眼白又青得如夜的晴天。”这写的恰是南国女郎的眼样。这么说来，所谓南国女郎的眼色也还可以遥遥想见的吧？

广州市上所多的是三蛇酒和四蛇酒。但我却没吃过龙虎斗。善吃是广东人的特长之一，蛇肉、猫肉、狗肉不必说了，便是秽如老鼠，臭如蟑螂，都可以含笑下咽的。街摊上就出售一种火炙蟑螂，据说是水中所产。每当秋风处处，渔家网起，这种水蟑螂就倒了霉，去头，剥翅，拔脚，最后是烧身。原因是它

① 图注：广州黄花岗七十二烈士之墓。刊载于《良友》1929 年第 36 期。

身上分泌一种脓汁，为广东人所喜食，如蚜虫之于蚂蚁，尾后穷追，牢牢而不可拔了。此外，广东菜是有名的，想大家都已吃过，不必我来多嘴了。但当我和友伴踏进广州市的银龙酒家时，除了一样的咸鱼、屈鸡之外，特别有十七八龄女郎当招待员，捧过茶盅之后又是热手巾，加以“酣爬担”的广东话，颇教我们一时难以应付。这和上海的“大三元”“清一色”相比，更显得在广州的广东人格外善于做生意了。

喝茶是广州人的艺术。广州的茶馆几乎遍了街巷，早上喝茶，午后喝茶，晚上也喝茶。带了一家人男男女女上茶馆，在广州是毫不为奇的事。因此，广州的茶食就大见其出色当行了。通常似乎任何食品都可以当茶食吧，如糖果、瓜子、花生、炒豆子，以至糕饼、肉包、烧卖之类。往往即使在白昼，在黄昏，或在深夜，街墙外是一阵“牛酒面包咧咧……杏仁卷酥咧……五香橄榄咧……”悠悠的腔调唱得那么津津有味，口水都给唱出来了。虽然我不大懂广东话，但即是听不懂的人，也晓得那一定是在卖非常好吃的东西。有一次，我居然半夜起来开门了，为了实在听得不耐烦，要看看到底是些什么对象。丁丁当当的门铃声把初到广州的友伴惊醒了，他问我做什么？我不做声，待买进了许多卷酥、香糖分半与之之后，于是乎我们这才一齐安心，伏伏贴贴睡下了。

广州天气是不愧名为温暖的南国的。九月的秋深，十月冬早，大家都还薄袖单衫，毫不以霜风为意。在夏秋两季里，雷雨是常见的。每当舌梢微燥，街尘轻飏的时候，陡的一忽闪光，如金蛇穿过远远的丛林去了，这是电，打得人发眩哩！接着是一阵惊雷，擂鼓似的震得耳聋。于是暴风雨来了，淋得你没头没脸的落水鸡一样。待雨过后，鼻孔里走入泥土气味，扑面是榕树风阵阵时，这才轻飘飘什么热意都消。有人说，广州的暴风雨实在暴得像样，所以，久惯于南国生活的人，一旦看到江浙一带的闪电或北国的雷声，就不大够味儿了。这样的，在“迅雷不及掩耳”的暴风之下过客如我者，越发于匆匆躲入黑暗的榕荫之余，感到自己已经是疲乏了的躯体的渺乎其小。

二月二日，写

○ 原载于《宇宙风》1938 年第 63 期

赋得广州的吃

1942

—— 柳雨生[1]

离开自己羁留着的孤岛香港已经逾三个月了，三个月来，行旅中的悲欢哀乐的印象很多。等到住定和生活安闲之后，老是想找一个机会把它多少写一点儿出来，但是每天动笔的时候，便又觉得有一种无兴味的感想发生。现在勉勉强强的写下去，大约也还是人类的感情作祟，多少我所遇到的事情、印象、感念，有一部分仍旧很深刻的记忆着，不容易完全忘怀也，但是也只能这样，随便抓到什么材料就零零碎碎的写一点，写完即止，并不想创造什么题材了。此行最先到广州，那么，就先留下一点广州的影子罢。

"吃在广州"，这句话不知道是从什么时候有的，但是在我很小的时候，就常常听到许多乡人谈起。我自己虽然也是粤人，可是出世的地方在故都北平，长大后又有多少年在江南，对于广州的感念，可说奇少。民国十七年曾经回去过一次，那时候正值北伐告成后，住了不过一年，又回到上海来。所以最近这一次我由香港到广州去，中间间隔离了十三年，许多平淡的事在我看来，都觉得新奇可喜了。

这里开头提到吃在广州的话，所以不妨先从吃的方面说起。"吃"当然包括饮食两方面，本来是人之常情，不过是目前这个艰辛的生活环境里而高谈饮

① 编者注：柳存仁，曾任《大美晚报》《西洋文学月刊》编辑，曾任教于光华大学史学系。著有《西星集》《中国文学史发凡》《怀乡记》等。

食，不免有一点儿奢侈罢。却又不然。因为照我的思想，总是觉得饮食也够得上艺术的一种，不过这种艺术在中国的情形通常是平淡的，无名的，不自利而利人的，并且也常常是非职业性的。职业的饮食家就是庖丁，通常称为大师傅或二师傅的，那是酒楼或公馆里面的事务，这里姑不深论罢。但是平常的家庭里面的女太太，也往往有精于烹调的，随便弄几味清洁而又美味的菜，异香扑鼻，又经济又好吃，不由得你不食指大动。这里当然也并不是专指广东菜而言。事实上，我对于吾乡广东菜向来并没有顶大的好感，广东点心尤其不爱，直到最后才稍微改变一点我的成见。我所习惯和爱嗜的饮食，恐怕还是以江南方面的居多。我在香港居留的时候，和一位苏州友人沈君同住。我并不很讲究饮食，沈君则不然。他在一个银行里任职十余年，素来生活淡泊，也不讲究房屋，也不讲究衣着，除了买些喜欢的书籍杂志之外，大部分的收入，完全而用在维持全家的生活上面。但是他对于饮食的烹调和味道，却很注意。他的老太太，平日是吃斋念佛，戒忌荤腥的，却为我们不吃素的人烧得一手极好的小菜。每逢三五个朋友聚会，吃吃饭，闲谈天，大约不过十块钱的样子，她便很热心的替我们做去，很可以有七八样适口的鲜美的菜吃。这里并不见得十分奢侈，只是适合人生的口腹的需要而已。

然而这只是我个人的癖好，广东的饮食又当别论。在广州，别的特点也许还不算怎样显著，而吃的方面则极为有名。在民国纪元以前，康南海环游世界的时候，他在意大利看到古代罗马伟大的建筑的遗迹，危垣断墙巍然矗立，不禁发生一番议论。他说的大意是，一个民族的文化发达到相当程度之后，他们的努力的对象不免向奢侈的一方面去发展。这种发展有的可以说是好的，有的却是不好的。他以为，在衣食住三项，最上等的是奢侈的建筑，因为它除了富丽堂皇的外观之外，还有实用的目的。像欧洲的古代建筑物，都可归入这类。其次是奢侈的衣服，因为它有较长时间的用处。只有食的方面的奢侈才真正的奢侈。他叹惜中国人的饮食，特别是广东的饮食，为世界冠，而其他方面，则不逮外国远甚。南海的观察和认识，可以说是很深刻的。他是我们广东人，广东的饮食，说它是为世界冠，或者不免过分一点，然而从这里也大概可以看到它的美味适口了。

依照我个人的嗜好，广东的饮食本来不值得怎样去多谈它。但这也许是因为我久住北方和江南的关系罢，既没有很多的机会去尝试，未能细细的咀嚼，慢慢的欣赏，也就无从道出它的佳处了。但是许多外省的朋友们，都颇爱吃所谓广东菜，即如上文所提到的沈君，他对于广东馆子的脆皮炸鸡和红烧鲍脯，就常常称道不置。我最近这一次在广州虽然住的时候不多——只有四十天，但是因为和许多亲戚朋友们久别重逢的关系，不免多少有些饮食宴乐的应酬。据说，现在广州的饮食业，比起从前已不算什么发达了，有些"老广州"的人们甚至觉得他有点儿近乎萧条。但是从我的观察看来，还可以认为很高明的。特别是从香港返到广州的人，许久没有尝着较好的饮食了，一旦回到自己的故乡来，即使是乡土的观念向来很薄的我，也不能不有一点莼鲈之思罢。

今日粗说广州的食品，想把它分为三种，曰粥、菜、点心。在广州吃面食是不免逊色的，虽然广东朋友们还有很多不肯同意这点，那是因为他们足迹不离广东的缘故。凡是在北京居住的广东同乡，吃惯了大碗的炸酱面、打卤面或是苏州馆子的鳝背面的一类的面食的，对于广州、香港那些又黄又细团揉在一起的面饼煮出来的汤面，早已不会发生什么兴趣了。就算是护短一点，也至多觉得在广州所吃的面，汤汁比较的够味，配料比较的丰富而已。但是配料和汤汁并非就是面的本身，广东人煮面用的配料或汤好，那是因为他们所做的其他的菜肴好的缘故，和面的本身并没有什么关系。只有在北京吃面条儿，配料是异常简单的，汤汁就是煮面时用的平常的开水，决无衬托形容的作用，但面的质地却和南方的相反，又爽又滑，颜色又是雪白的，切上一碟红萝卜丝和绿黄瓜丝拌着，加上一勺热香上冒的卤，不由得不叫你垂涎三尺。这样好吃的面，当然你要吃两大碗。但是在广州，即使是最大最新式的酒楼的窝面，客人也都是用很小很小的碗盛着它，慢慢的随着谈话夹上一二箸而已，决不会狼吞虎咽。可是在北京和长江流域其他的城市呢，面就无疑的变成主要的食粮了。

广东的面比较的可口的，恐怕只有蚝油捞面一种，那是有点儿像江南吃的拌面的，其实也未必怎样可口，不过还不妨一吃而已。记得香港有一家有仔记面家，在中环砵典乍街（这个街名很难念，自然是译音，原来本是人名，鸦片战争时英国的一员统帅罢，通常汉译为濮鼎查）。这条街还有一个名字叫做石板街，因为是上山的路径，完全用长条的石块砌堆起来的，一块整齐的一块碎的，走起来很不便利。但是颇有些人不怕麻烦，每天去那儿去吃一碗最著名的蚝油捞面。这面的好处恐怕仍是在汤。它的汤大约是用很多脂肪的肉骨和大虾米熬的，味道非常鲜甜。这里的面虽然也是黄黄的，但是煮起来也相当的滑爽，一小碗捞面，连汤带面，至多四分钟可以吃完。这家面铺主人，又提倡薄利多卖主义，售价很便宜，每碗不过两角，所以生意鼎盛，也不是没有原因的。香港战事平定之后，这家“有仔记”仍旧恢复营业。铺里只点着几盏像豆瓣大小的油灯，映照着吃客们的面庞。面的价钱也涨了三倍。话愈说愈远了，不如还是谈谈广州最好的吃食罢。

还是就讲广州的粥罢。粥本来是大众食品，原无足奇，但是广东人吃粥，除了一碗白稀饭之外，还有许多佳美的配料在一起烧煮。最著名的似乎是鱼生粥，里面的配料有生鱼片，有江瑶柱，配细萝卜丝，有“薄脆”（一种炸过的面制的食品，非常的酥脆），有时候还有海蛰皮。这种鱼生粥的制法，不过是在煮滚了白粥之后，把这些配料很快的完全倒进锅里面，略微烫熟，立刻就盛出取食。这种滋味当然是很鲜的，但有时也不免有过生未熟之弊，未必适口。我自己就是不甚喜欢吃此种鱼生粥的人。这里忽然想到一件相似的事情。我有几位潮州朋友，他们平常嗜食的东西就颇可怪。据说有一种海边捉来极细的虾，嫩极，他们都是生吃的，味才叫鲜美呢，煮过的不甚好吃了。此亦可为吾乡吃鱼生之一种副署。然而我总是觉得煮熟的较为可爱，这里面未必有什么熟食卫生的主张，不过第一是向来对那种腥鲜的口味有一点儿怕，第二则不忍看见那些腥东西的样子耳。有时候看见一盘白切鸡，同座的人吃了都说很鲜嫩，非不知其适口。忽然看见鸡脖子上面还有几缕鲜血，就有些儿不好意思下手了。这大约也只是顺自然之情，没有什么奇怪，只是一点也不愿看缢女图的猫哭耗子的感情而已。

所以我比较喜欢吃粥，并不是鱼生，而是“鱼片及第粥”。这个及第粥的名字，至少要包括三种不同的猪肉类做配料，通常为猪肉（切碎，弄得和肉圆相似）、猪肝和猪腰。但是常常于上列三种之外，还要加上猪肠、猪肚。另外，最好还有一个新鲜的鸡蛋打在每碗里面。这些猪肉和猪肝等配料，都是放在白粥里一齐煮熟的，鸡蛋则在半熟时放入。鱼片呢，平常是切成一小碟子，拌些姜丝、胡椒粉和酱油，等到粥从锅里盛出来之后，把它一齐倒到碗里，用匙羹搅上几搅，等到那些鱼片由生嫩的颜色变到发白的程度，就是熟得可吃了。这样的一碗粥，在自己家里也可以做，在广州的大小粥店里，用很便宜的代价，也都可以吃到。虽然各家的配料都是差不多的，但是仍要看煮烧的火候和调味的高下。在阴雨蒙蒙的季节里，闷坐在市楼的一角，看完了自己爱读的几部书籍，正待苏散一下精神的时候，忽然你的太太端上一碗热气腾腾的鱼片粥来，这个大概是没有方法拒绝的罢！许多人侈谈精神，不重物质，有的人却又相反，菲薄精神。这原是一柄两面锋的利刃，自古迄今，原有许多场官司，不过我的意思，则以为此种争端大可免掉。精神的饥饿和物质的需要，本来并不会冲突的，它们只是相利的，一贯的。不过每一方面，都不必苛责就是。一位普罗列塔利亚渴望吃得一碗好粥，吃到之后，就欢喜赞叹，这就叫人生。

粥之余，顷便谈谈点心。广州点心的特点不外乎它的巧小玲珑和种类奇多。什么是巧小玲珑？每入一间广州茶楼（在广州，像陶陶居、莲香、占元阁、惠如楼都很好），必可看到伙计们捧着大盆的各式新制好的点心，走来走去，任人选择。每一小碟，至少一件，至多呢，却也不过三件。如果要像在南京夫子庙的雪园吃灌汤包子，一笼十二个，那是从来不会有的。并且，点心的样式，又是新奇而巧小的居多，在那里所谓大的鸡肉包子，一碟一个的，还不及夫子庙的包子一半大。

至于种类呢，虽然不外包、饺、饼、糕、酥……等几种形式，然而它们的花样几乎是三五天就是换一换的，比起京沪的广东馆子，式样还要多个几倍。外省朋友们通常以叉烧包子代表广州点心的全体，这个，有时候至多只能认为“以类举，以类求”而已。

最后的一样应该谈吃菜，这虽不完全是奢侈，但是作专指营养滋料丰富的多寡而论的文字，我自知也决不擅长。好在奢侈的食品我也是同样的不甚清楚，虽然平常所论的“广州的吃”，向来是以包翅、熊掌、三蛇龙虎等佳肴做代表的。那么，我就只能谈谈普通的了。芥蓝炒肉片很不错，土鲮鱼的味道佳美，此外的菜，老实说我都不甚喜欢。难道除此之外就没有好吃菜了么？这未免有点矫情罢。不过写文章的人平常都不大谈到他们的饮食，好像都是得道的神仙似的。我愧未能做伯夷叔齐，却来侈谈饮食的，大概在有道之士的眼中看来，罪行已经不只矫情一点而已了矣。

○ 原载于《古今》1942 年第 7 期

食在广州乎？食在广州也！

1943

——张亦庵

某杂志里有位先生的一篇短文，谈及“食在广州”的问题，说广东菜不但烹调得法，而且色香味三者俱全。他指出了广东菜的优点和缺点，论优点，可以占全世界第一位，缺点是少变化。此外又列举了许多地方的菜色而为上海所能吃得到的。结论是“与其说食在广州，毋宁说食在上海”。因此知道这位先生是老饕中人，否则安得如此精详细到？

在食论食，鄙人以为该文所论，尚颇有点值得商量之处。“食在广州”这句话里所指的“食”，我以为不一定专指菜肴而言，应该连一切可食之品都包括在内，菜肴仅居食道之一而已。

食之品，可大别为二：一为天然的，一为人工的。而菜肴只是人工的食品中之一品，未足以概括所有食品。人工的食品，除了菜肴之外，尚有点糕饼、蜜饯、糖果以及其他杂食之类。

啊，说到了这些，不由我不想起广州燕塘外沙河那里的沙河粉、荔枝湾的艇仔粥（上海虽亦有以艇仔粥之名目出卖，但迥非此物）、九龙城的馄饨面（港九阔人往往乘好几块钱的汽车去吃一碗馄饨的）、广州各大茶居特约“三姑”手制的薄皮粉果、河南成珠的小凤饼、佛山的盲公饼（断非所谓高桥松饼之流所能望其项背）、沙湾的炖奶露，又如广州所制萝卜糕、芋头糕（上海制者尚可差强人意），济隆、万隆所制的干湿蜜饯糖姜（这两家所制的糖姜，远销欧美，现在上海有粤人所设之新万隆者，不制糖姜，而专销广东方法制造的广东乳腐），广茂香之咸脆花生，十七铺一带的蜜饯番薯干、草果（即是陈皮梅的远祖前身）、麦芽糖。这些东西，绝非他处所有，有亦远不能及。这些食品，大都不必以色取悦于人，而香味之美，则无以复加。

①

至于天然出产之食品，在果品中则荔枝固已名闻世界。上海虽亦有广东运来的荔枝买得到，然而品斯下矣。不知荔枝之中，种类亦甚繁，最佳者为糯米糍，肉厚汁富，而核小得像绿豆红豆；桂味亦佳品；次为黑叶，为槐枝，为大肉荷包。上海所能购得者，多是低级趣味的大肉荷包之类，盖佳品产量不多，未能供应运出外埠。至于增城挂绿，则为无上上品，不惟笔者未经寓目，即老于广州者亦未必人人能吃过。据闻增城仅有二树为此种。皮壳鲜红，而络以绿丝一线，其色其香其味，异凡品。帝制时代，每年结实，由地方官择其优者若干枚，专驿入贡。可怜当时尚没有飞机，所以皇帝得尝此果，已在“一日色变，二日香变，三日味变”之后了。

此外如石硖之龙眼（即桂圆）、白糖甜黄皮，花埭之杨桃、番石榴等皆极可口。至于上海人所习见熟知的香蕉、甘蔗，在广州只当作最寻常的贱品。莲藕、荸荠之类，则只合拿放在小菜中充当起码的配角，绝对不能当作水果而登大雅之堂。

广州菜肴之腴美，蒸制得法，固其一因，而得天之厚，也是一个重要的条件。同是一只鸡，除了烹调方法不算，其天然的肉味，广东所产的鸡总比别处的好。上海的浦东鸡已算有点资格，然而比之信丰鸡依然望尘莫及。鸡如是，

---

① 张亦庵。刊载于《文华》1929 年第 1 期。

猪亦如是，甚至田鸡亦莫不如是。由此看来，可见得不只关乎烹制，而饲养方法亦有关系了。菜蔬中的白花芥，爽脆清嫩，也是绝品，这又关于土壤气候与培植之得宜了。

在上海而吃广州的食品，似乎尚有点隔靴搔痒。未曾到过广州者，真不容易体会到食在广州的一个“在”字的奥蕴。

以天产而论，固然各地都各有其名产，如洞庭山之白沙枇杷，奉化的玉露水蜜桃，天津的良乡栗，天津、烟台的苹果、葡萄、对虾，浙东一带的蚶子，阳澄湖的毛蟹。这些东西，断非广州所能有，即如雪里蕻味，到了广州，也成为上珍品。醉蟹一只，其价值在广州约等于一鸡。以烹调的方法而言，各地也各有其特殊出色的技巧，如炒鳝糊一味，如糟鸡，如酱肉，则断非广州厨役所能办得好。不过以天时、地利、人和（鼎鼐调和之和）三者合并而论之，则确实不能不让广州为独步。

话得说回来，目下我们正在忙着轧油轧糖之不暇，户口米尚不足以充饥，正应该共苦而尚未到同甘的时候，说了这一番谈饮谈食的废话，未免有点身在十字街头，遥想象牙之塔之感。画饼望梅，徒然令人气沮。因为读了某先生的几句话，使我觉得如鲠在喉，吐之为快耳，不敢作美食主义之提倡也。

○ 原载于《新都周刊》1943 年第 2 期

岭南异味录

1943

——倚虹

广东的烹饪，一向具有它独特的风格，无论从色香味去看，全是无懈可击的；而且花色之多，也是允称独步。怪不得上海的广东馆子如此走红。现在且不谈这些，单谈几味奇得近乎发怪的菜肴，至于这是文明或是野蛮，没人敢说。

蛇

“外江佬”（粤人称外省人之谓）以为吃蛇是奇怪的事，其实在广东人看来，大不了如江南人吃鳝一样，本来也用不着奇怪。捉蛇，杀蛇，煮蛇，全有专门人才，而且是世袭的，说不定有千年以上的经验呢。至于筵席上切好煮熟的蛇，绝不会再挺起腰来向你吐舌头。而且，在广东，吃河豚和毒蛇而丧生的可称绝无仅有，因为会庖制的人多。如果外江佬吃了蛇，要谈虎色变，广东人可不当它一回事呢。杀蛇的刽子手确有教生物学博士解剖节足动物的资格，他们手足敏捷，经验充足，蛇笼一打开，在那蛇还来不及伸头吐舌，早已一手把蛇头，连上下颚一起捉住（注意：蛇非大蟒，可吃的普通是二寸径，三四尺长的），很快地右手把一支极锋利的竹片，向蛇颈下一割，然后把破皮向后用力一拉，整块蛇皮，好像除去笛子的布套一样，从颈至尾拉了下来，再把无皮蛇放到水中，等它挣扎得筋疲力尽，奄奄一息，再捉来用竹片向它肚子上一划，托的一声把蛇胆挑出来，不经人手，立刻放在杯中，以便泡制三蛇酒（一种清凉去毒剂)。

至于烧蛇肉，笔者却不大赞同。譬如上海人吃鳝丝、鳝糊，以鳝为主，配菜很少，所以吃鳝有鳝的味道。而广东人吃蛇，不知是否太考究，一斤蛇总有五斤以上配菜，如两只鸡，几斤鲍鱼，此外又是冬菇、火腿、江候柱(干贝)，结果煮出来一锅子“全家福”，真正的蛇味却尝不到了。沪上有龙凤会一味就是鸡与蛇一同烧的，不知可有人吃得出蛇是什么味道，除了一丝一丝，和鸡肉差不多之外?

猴　脑

吃猴脑是最野蛮的一道菜，可是它价值非常贵，要上等的筵席中才有。一定有人要猜，吃猴脑顶多像吃陆稿荐中有卖的红烧猪脑一样，其实大谬不然。吃这味菜的桌子上，要有一个洞(这个洞的另一用处，是藏一边炉——火锅)。菜来了，是一只活生生的小猴子，全身缚在布袋中，露出一个小头，头上的毛早已雉得光光了，袋子先藏入洞中，洞中露出半个头来，正好一个天灵盖。酒馆的伙计(堂倌)用特制的工具，灵熟的手法，当众把猴子的天灵盖像揭柿子盖一般起出来，猴子是缚得不由挣扎与叫喊的，呈现在大家面前是一腔如豆腐一般白嫩的脑子，这时主人就提起汤匙说:“请，请!”用汤匙向脑门中勺取脑汁，它生的时候不像熟的时候那末凝固，一勺即得，可是仔细一看，脑子还在跳动呢。加了些调味品，就可放入口中，据说又嫩又滑，非常甘美。而且因猴子头小脑子有限，每人只能尝一点点，所以更加可贵了。吃完，脑空了，猴死了，吃客也不过舐舐舌头。这种可怕的吃法，多少胆小的人还不敢举筷，实大足以表示中国人的“吃的文化”。不过倒底太野蛮，已渐渐为时代淘汰，无人问津了。

胎　鼠

未出生时及刚出生的小生物，肉是甘脆肥美的，广东人自然不放过这类东西了。上海有卖的乳猪，就是出生不久尚未断乳的小猪，至于胎鹿也是“大八珍”之一，想其味一定很可口了。至于胎鼠，却使人闻之胆寒。据说此本非广州土产，而是从福州传来，也是作为筵席之珍品。白老鼠也是由专门人才豢养的，及至大腹便便，尚未“临盆”之际，刚巧有人要吃（足见他们一定养了不少的老鼠），就把母鼠剖腹，取出小鼠，乘热放在碟上，即供客人食用。客人夹了胎鼠，那粉红色的小生物还在蠕动，蘸了味酱，如吃抢虾一般又松又脆地吃下去。每桌虽只有十只，可是数十桌一起宴客，想也不容易找到的。而且小老鼠拿出来的时候，一定要只只活的，死了没有人要吃。不过剖子宫取胎儿，只要差不多足月，胎儿也很足以独立呼吸了，剖腹手术之精，由此可见。未知此味，尚有人吃否？我想心肠软一点的人，怕是想着了它也要食不下咽的。

三　鞭

上海静安寺路有一爿酒家，去冬还有三鞭出售，广告称之为滋阴补肾。不错，广东人全是这末说。你猜，什么叫鞭呢？有人以象形的猜法猜它是西菜里的牛尾。不对，并不是这个，而是牛羊猪雄性的生殖器。论吃客的心理，这些不高明的部分一定不会有人吃的了，可是广东佬却恬不为怪，把它和了上汤，或加入鸡肉、火腿来炖，炖成又酥又滑为止。论它的效力，说是滋阴补肾，我却不以为然。市上的贺尔蒙制剂，大家都知道是从睾丸及卵巢中提出来的，而生殖器只是工具，只是桥梁，海绵体组织中没有什么贺尔蒙的，吃三鞭而想补肾，这正是中国医药的传统的妙想，以为他物之长，必可补己之不足，可是弄了半天，也不过是吃了一锅牛羊猪鸡的“大杂烩”。虽然它没有贺尔蒙，但是又肥又甘，于人身不能说无益，至少它是最好的牛猪“肉”汤，为口福计，倒不妨吃一次试试看。

狍　狸

是和大花猫一样的动物，生物学上是属虎科的，形状大小和猫相去无几，全身作花斑似豹，故又曰“狍狸”。许多人误以为广东人吃猫，其实吃的是狸，不过它太像猫就是了。这道小菜在粤人心目中也是平淡之极的东西，据说也很鲜。可是笔者也以为它烧得太复杂，和了蛇一道烧叫“龙虎斗”，总不免又是冬菇、鲍鱼之类了。

杀狸很残忍，因为不像杀鸡一样，一刀了之。有人说狸眼可以治目疾，而且要活的，所以有狸出沽的酒馆，常有人来预定狸眼。在杀狸的时候，先把它在笼中捉牢，然后用一支竹管，五分左右径的，把一头沿边削尖，弄得像铁店里凿圆圈用圆凿一样，向狸的眼套上，用力一拍，眼已入竹管，立刻不经人手地放入杯中。送到病人面前，拌一点红糖或白糖，把它生吞下去。此后才把狸杀了。

田　鼠

田鼠是中山县的乡下菜，不知广州城里有人吃吗？捉来的田鼠，有乳猪一样大小，全身灰白色，杀死，剖腹，剥皮之后，还要经过相当泡制。剥鼠皮也很有趣，只须四肢近趾处割一圈，颈部也割一圈，用力向后一拉，整块皮也可以撕下来，可惜毛头太短，不然也该可以做皮大衣吧。各式做完，用竹片把它前后两肢捉对儿地撑起来，一如南京板鸭，然后把它用绳吊在井中，离水面五尺处，隔了七天，就可取出来吃了。吃时好像宁波鲞鱼一样，是加了肉红烧的，肉头很厚。不过，最好君子远庖厨，不然，看了这只“大板鼠”以及田鼠的头，会使人不敢下咽的。

以上的几色小菜，算不算奇怪的呢？若果把它装了玻璃瓶，进博物馆恐怕也有资格。又假如我备一桌酒菜，上面的几道菜全在里面，我请你起筷，说：“唔好客气，自已嚟啦！”你要怎样呢？可是别害怕，这些小菜找不找得到还是问题，而且，点不点也由你，虽然“百粤是荆蛮之地”，可是，吃还是要在广州呀！

○ 原载于《万象》1943 年第 3 卷第 6 期

咸酸甜

——张亦庵

“咸”“酸”“甜”是三个形容词，可是把它们连接起来就成为粤语里的一个某些食物的专用名词，这个名词，恐怕要在广州居留过的人，或者在上海而老一辈的广东人才懂得，因为近年来这些东西虽然有一部分仍然存在，但是已经摩登化了，非复本来面目；有一部分则已经消减了，而且它们的集团已经拆散得七零八落了。

所谓“咸酸甜”者，是指摊头或者挑担的小贩所卖的某一些零星食物。这些食物自有其传统习惯上的范围，虽不很严，但大体上总没有很大的出入。

顾名思义，他们所卖的食物，当然咸的、酸的、甜的都有。这种味道所包含的食物的范围已够广阔，而实际上还不止此，连辣味的东西也包括在内。

这种摊贩上的食品，既不足以充饥解渴，亦不足以作肴馔，登大雅，只不过是妇人孺子们嘴里闲着无事时吃吃的消闲杂食，孕妇们咽酸作恶时尤其适合。

主要的是酸姜、荞头及椰子片。酸姜者，以嫩姜去皮切成薄片，荞头则是一种类似葱状的菜物的近根一部。此二物均用盐、醋腌之。酸姜与椰子片同食，味尤隽。此外有好几种果子、菜蔬都可以用同样盐渍而成异味，如咸沙梨、小李子、芥菜头、菜花、辣菜（此菜须蘸芥酱，掺以炒香芝麻同吃）、卷心菜、桃子、黄瓜、辣椒、刀豆等。还有干制的咸姜、甘草梅子等；又有酱制的杂果以及山楂糕等。摊子上又往往燃着一个小炭炉，上面一小锅的汤水，以为泡吃海蜇皮及鱿鱼片之用。购食者就摊子上取一双筷子，自己拣取浸在水盆里的海蜇皮或鱿鱼，放在锅里泡熟了，然后蘸上一些海鲜酱和酱油而吃。鱿鱼除了汤泡之外，又可干煨，随你的便。现在上海也有了单独卖鱿鱼的摊子，而海蜇皮则没有这样的吃法。

我这里顺带谈一谈吃鱿鱼。鱿鱼是乌贼之类的海中动物。制干成脯，味极鲜美，品质大有优劣之分，最好的要推九龙（即香港的九龙）吊片，形小而肉薄，而厥味之鲜美，则断非他品所能及。广鱿也是有名的。普通摊子上卖的，只是最劣之品。最劣之品本来也有相当鲜美的味，然而上海人的吃法，却先行将它用水泡得发涨，把它所有的原味完全泡了出来，这种鱿鱼便淡泊得同海参一样，徒觉其嫩滑，而不复有什么味道，烹调的味道，全靠作料。上海摊子的鱿鱼不用汤泡热而用油煎，煎熟了再加点酱料之类。你所吃到的，全然不是鱿鱼本来的味道了。广东的摊贩或粤菜的鱿鱼，除了干煨之外，也未曾不先用水泡浸，不过泡浸有一定的程度，大概浸至鱼身开始酥软为止，所以保持其原味也。

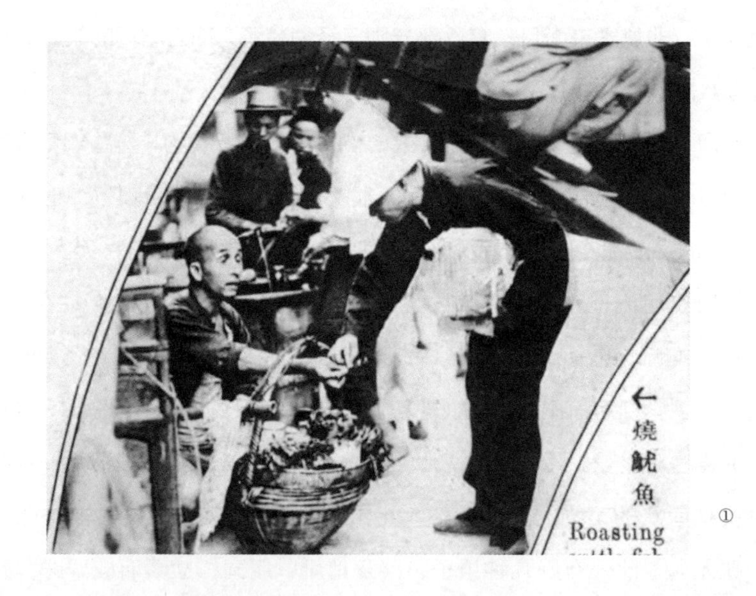

①

咸酸甜担子所卖的酱制果子又名草果。草果是总名，分类的叫起来则有酱

① 图注：街头烧鱿鱼。刊载于《良友》1931 年第 57 期。

榄、酱木瓜、八珍梅等等。是由酱园里把一些销路剩余而价钱廉贱的果子倾入酱缸里，加上一点糖，让它浸渍得腐烂了，变色了，酱和糖的味透入了，便成为酱果。此法似乎传自潮州。把各种不同的酱果混合装在一个瓦制的黑盅子就叫做草果。我幼年时候，草果每盅售价不过三分六，一毫钱一盅的是大盅的了。摊贩所卖的，大概不是混合的而是分类的，因为要按枚计价而不是整盅躉卖。

我在民国初年有一次回到香港，发见了一种幼年时在港粤所未听见过的新食品的名目，叫做“香港什么顿陈皮梅”。“什么顿”似乎是店号，更似乎是香港的一个地名，细考之，却又不然，大概当时一般人都喜新，尤其震惊于带一点洋气的东西。“香港”二字已够洋味，再加以一个可解不可解之间，类似许多英语译音而以“顿”字作结的“什么顿”，岂不近乎华盛顿之类而大可惊世骇俗？我买了一包看看，外面有相当的装潢，里面每一颗都分别用一层印有商标的纸和一层蜡纸包裹。拆开来看时，颜色就同当时那种一个铜板买四五颗的酱梅子差不多，尝它的味道，完全同草果里的酱梅子一样，不过加上一点酱橘皮是真的。一个颇大的纸盒子里，满满装着不过十颗八颗，纸头的容积倒占了几乎一半以上，卖价呢，港币一毫，生意居然大好。我想有许多吃陈皮梅的人未必会知道它在酱缸里的本来面目以及它在草果盅子和咸酸甜摊子上时候的身价的。

一点装潢，一点广告，换上一个动听的名称，际遇着一个喜新好异的时代，酱缸里撩起来的腐烂东西也会走红，真是什么东西都有它的不可限量之处！

○ 原载于《新都周刊》1943 年第 27 期

记荔枝湾

1943

——浩波

望着窗外的毛毛雨，忽然线条粗起来了，接连不断地落个不休。这是江南一年中最令人烦闷的季候。

破落户出身的子弟，时常欢喜说起他自家祖先的家世，无非借此宽解：现时虽苦，过去曾经写意过来。我也想效法一下，在这窘人的摆不脱的梅雨所在，回想到同时异地的岭南，天气正好，荔枝初熟的景致，展开一幅简单的速写，当作又一次的旅游。因之，我想起广州的荔枝湾。

位在亚热带的广州，经年气候都不算很冷，就是在冬季，也从不见到冰雪。所以游荔枝湾，其实也并不限于夏季。几乎经常地，在那妩媚的自然的怀抱里，地母从那水汪汪的温湿的眼底，蕴藏着微笑，低低絮语，软软地抚慰着那些青年男女，过客旅人。凡是到广州的几乎没有一个人不看到珠江，因而没有不想到城西那珠江突出的一小角的荔枝湾。它的声誉早已吸引着远近的游人，谁不想找出点时间去欣赏一下？比方说，有谁到了南京而不想去秦淮河？到了杭州而不走到西湖边上的呢？

人们知道秦淮河，也许因为那里的歌女很不错，人杰而地灵，很够得去捧场一下。而西湖，却不但因着那一片明艳的清流，还有周遭的古塔、萧寺、庄园、别墅，真是名山胜水之乡，配合着名公巨卿优游之所，那倒是地灵而兼人杰，不需号召，自然相得益彰，相映或更以为趣了。

荔枝湾却不然。因为同属珠江的一个源流，每每有从那在大江中生活的人们所遗弃的渣滓浮沉着，而且水颇混浊，湾畔既寻不到歌女的咿呀，也不像西湖似的可以随处浏览，登高望远，临流买醉。但它在岭南中还依然久享盛名，至今不坠，现在虽然已经历劫，大约还是一样足以吸引游人流连的罢。

以果物作地名的荔枝湾，是多么馨香的一个好名儿呀！单只为了荔枝，东坡居士就有“日啖荔枝三百颗，长此愿作岭南人”的歌咏，而太真妃子则更不惜特派专使，远远的从唐朝都城飞骑沿驿奔驰递取，如果那时有飞机运送的话，我想太真一定更心满意足。因为无论如何的飞骑迅速，荔枝摘下三日即色香味俱损，已不是它原来的面目了，所以贵妃生日虽然进到荔枝，而且又即谱成《荔枝香》的曲调，还不过是隔靴搔痒，得不着“恰到好处”。

读者请闭目遐想，倘使有一个所在，夹岸嘉树成荫，高可数丈，那全是常绿的乔木，在羽状复叶的丛中，点缀着朵朵青色的繁花，或累累朱红的果实，倒映到一湾流水里，丛丛密密，真假交错。而人们则沐着通体的清风，扁舟一叶，容与中流，那是怎样的一种境界？而且兴之所至，还可以舍舟登陆，可以任意择一树的佳果，目赏着碧如漱玉的树叶，赤似流丹的果皮，口啖着白如羊脂的肉，咽着甘芳多汁，视觉、嗅觉、味觉都得到稀有的满足，量尽而去，所费代价，只不过戋戋二角（那时每斤一角左右）。其实即或不然，小舟随波徜徉，游人在舟中任意坐卧，看看两岸雄伟的树丛，映在水里，也已大有满地都是荔枝，令人有俯拾即得，齿颊生芳之概。就只这一些简单的轮廓，还不值得它久负盛名？而身历其境的，岂不真有人间天上之感！

因此荔枝湾上，总是艇仔如织，而每一艇上，又莫不嵌满了游人，像小鱼般一队队的游来浮去。

什么东西吸引住他（她）们？

第一，是岭南天气，温热的时期太长久了。海面上微弱的风，也足以荡涤人们的尘襟。再则沿海居民，对于涟漪的碧水，向来寄与无限的亲热和爱好。……而这荔枝湾，沿岸水浅处，可以便利学习游泳；深远些，接连着珠江，可以作划船的练习和比赛。经验丰富了，不妨大着胆儿和久惯水中生活的船夫们一较身手。即不然，懒洋洋地轻摇慢唱，逍遥自得的放乎中流，和三五同好高谈阔论，绝不会遇到任何阻碍。虽则是短期间的，无拘束的自由自在的海上生活，那趣味足够使人留连忘返。临末，荔枝湾虽而没有靓妆艳唱的歌女，偶尔或者也会遇到三两个“盲妹”，轻舟款乃的被摇近前来，细声请问：“可要唱一支歌曲吗？”你可以花几角钱，听一支粤讴或什么的，歌声送到水里，会有更摇曳生姿的音浪打回向耳鼓，另是一番情趣。否则远远地传来一声声女嗓的半高音：“要鱼生粥伐？”“好靓嘅鱼生粥！”也够勾起你的馋涎欲滴。稍稍靠近了，那净洁而黄色光闪闪的木板上，摆着一盘盘的鲜明鱼片，淡咖啡色的吊片鱿鱼，和翠绿惹人的香菜……在柔弱的炊烟上，从粥煲里盛起一碗碗香喷喷的“艇仔粥”，也足供游人大快朵颐。那就是远播盛名于沪上的一种。而其实，吃过广州艇仔粥的人们，见到上海所出售的很有似是而实非之感呢。如果不是路途的不便，能到广州去尝一下异味，也许不见得算辜负了一生的罢！

广州的水果颇不少，我最爱拿荔枝剥肉浸在“双蒸酒”里两三小时，然后像吃“杨梅烧”的法子去吃它，使果香与酒香合而为一，那真是美妙无比。还有一个吃香蕉的法子我也是爱，拿九分熟的剥肉泡在滚粥汤里，香甜而微带酸味，比吃山楂糕胜过多多了。在荔枝湾，口渴了的时候，应时的水果艇也会川流不息地浮来浮去，花并不高的代价就可以满足了你的胃口，还有比这更自然自如的游玩吗？可爱的荔枝湾呀！几时我再能够从怀想走到实境？也许实境或者还不如这怀想的富有诗意，那么，我还是不如结束了这一片缅怀的心情。

○ 原载于《万象》1943 年第 3 卷第 2 期

吃在广州 1947

——克昌

以前我在上海的时候，对于粤菜一向很感兴趣，好在上海不缺少粤菜馆，无论大的小的，有名无名，一股脑儿都是我的好去处。那时我常向人夸口，竟以粤菜的欣赏者自居。然而我那时是否真能欣赏到粤菜，到现在终究成了问题了。现在我总算见到了粤菜的“庐山真面目”，可是它所给我许多新奇的感觉，跟我旧有的都很不融洽，这也许是“橘逾淮而北为枳”在闹的鬼吧！

广州的酒菜馆用酒楼的名称的极少，大多称为酒家。有些称为酒店的，那便是旅邸，而不是买醉之所了。统计这里的酒家，倒也不下百余家，营业都相当繁盛。其中有少数固然规模宏大、装饰富丽，不过所谓宏大富丽，在上海只是二三等之列罢了。其余都像上海普通饭店式的酒家，装饰虽不富丽，倒也简单朴实，而且所备酒菜都经济实惠，这是中下等人最喜欢光顾的。还有一种最不惹人注意的酒家，往往躲在污秽的街市里，铺屋大多陈旧得乌烟瘴气，说是建筑物太古老，倒又并不，只是有些不坚固。他们大多还有楼厅，踏上去摇摇欲坠，顾客们不能挺起胸来走路，否则准会震得每一个人心跳。像这一类酒家，生意却出乎意料的好，一则因为价廉物美，二则据说他们有几味著名的拿手菜，在大酒楼中是绝对尝不到的，所以他们也拥着大量的顾客，这些顾客，不想而知，是经验丰富的老吃客了。

不论大小酒家，第一个招揽生意的要素是女招待，她们的手段和面貌，完全可以影响店中的营业，所以有些大酒家，不惜重金聘用了许多美貌机警的女招待，再在报上登一段动人的广告，生意自会源源而来。这些女招待有规定的服饰，尽可自由打扮。她们穿的衣服，质料不必讲究，式样必须入时，颜色也非常鲜艳，有的更配上些高贵的首饰，外表完全和大家闺秀无异。我记得有一次去某酒家参加一个朋友的宴会，进门才坐定，就是一位艳服的女人送来一碟糖果，那时我还以为她是朋友的亲属，在帮着招待，不觉下意识的直立起来，恭恭敬敬的接受了过来，后来再坐定一观察，才知她是女招待，也许她那时正在暗笑我不见世面哩!

她们遇到有大宴会的时候，预先排定岗位，分头招待。来宾一进门，当然捧茶递巾，殷勤一番。当坐席的时候，每桌必定有一人负责伺候。每逢大汤、鱼翅这类东西递上来，不劳客人动手，必须由她配给。据说有些更讲究的，简直每一样菜都由她统筹统配，谁一吃完，就再给他添上，总之，不会使客人停嘴，直到那个菜配完为止。不过从自己碗里送到自己口里，这段过程还得自己动手。这种配给制度，使离菜远的客人不会觉得“鞭长莫及”，使贪吃的人不致抢菜，使是那些口大肚大而又不好意思举着筷子连吃的人觉得这样最是实惠，但是这势必消减聚食的兴趣了。

如果不是宴会，而遇见单身或是少数顾客去小酌，那么她们招待的妙术就在这时应用了。要是顾客不十分高兴的话，她们至少不使他感到寂寞；要是顾客高兴，那么她们服侍周到的程度，也就随了客人的兴致而增加。很多女侍是歌女甚至是妓女所改充的，当豪客们酒酣耳热的时候，要求她们一献旧艺，也绝无吝色。她们的动机，谁说不是为了忠于职业——为她们酒家招揽顾客。那么，这种精神，谁又说不是可嘉的呢？去年，有一班好事者闲得发慌，想找些事干，结果选举了一位侍林皇后，买些花篮花盾堆满了她所服务的那家酒家的门前，放了一串长长的爆竹，完成了她的加冕典礼。这种淫靡的风气，不在奢华的上海滋长，而在广州盛行，却是一件奇事，也许这是受的香港的熏陶吧!

次要的招揽要素才是酒菜问题，惟其因为属于次要，所以不大为人注意，当然在同业间，也没有竞争的需要。一般说来，大酒家的酒菜未必比小酒家的好。粤菜在量方面讲，比了沪菜轻得多了。我在每次参加宴会，家里必定给我预备些补充食物，这倒并不是我的胃口太大，可能是广东人的胃口太小吧？在质的方面讲，除了几味别的地方所没有的特别菜外，其他就没有什么可取了。像狗、猫、乳猪、猴子之类，惟有在粤菜中找得出，同时在粤菜中，也惟有这些东西算是上品。但是江浙人听了或许会咋舌，其实煮熟后，一样是菜，所谓可怕，无非是心理作用。

譬如像蛇，普通都像鳝糊一样烧法，不过切成的丝，比鳝糊里的更细，所以煮熟后吃起来，除了滋味不同之外，根本和鳝糊没有什么分别。滋味鲜美与否，那看厨子的手法而定。我只觉得吃过蛇以后，嘴里留有一股清凉的味道，好像吃过些微薄荷一样。

至于猫、狗、猴子之类，目前酒馆里不常有，除非特别定办。猫和狗，尤其是狗，因为明令禁食，要吃也只能偷吃。据说狗肉很香，所以又叫香肉，能治疟疾。在抗战的时候，广东省政府内撤，正当那里疟疾流行，一时又无法措置大量药品，于是只得解禁食狗肉，结果确有相当成效。

猴子很少人吃，从前听说广东人吃猴子，先是生吃它的脑子，然后烹煮，询之粤人，都说不听见这种吃法，毕竟这样太野蛮了。

乳猪就是小猪，最大不过二尺长，再大就不够嫩了。它唯一的烧法就是烤，把整只乳猪剖腹去脏，放在火上烤得表皮发脆，颜色像叉烧那么鲜红就成。最好吃的就是那层皮，既香且脆，但是不坚锐的牙齿，恐怕难以胜任。里面的肉淡而无味，广东人自己也说不好吃，大概这是算作附属品的。广东的风俗，结婚的次日，男宅用乳猪送到女宅，表明新娘婚前的贞操，沿流至今，变成不可不送。而且在喜酒筵席上，还必定有乳猪作为一道菜。讲究的酒家，先把那脆皮除下，切成薄块，照旧覆在肉上，看去仍是完整的一只递上席面，等客人吃完那层皮，拿下去剖割第二层，另装碟子递上，第三次再把其余最次的肉装上，一连串好像在解剖室里实验。除了上的那些佳品之外，像鳖、鹑、鹧鸪等，也都算是很名贵的。

上海的酒菜，上菜是很有顺序的，最先总是四冷盆，大多是预先就摆在桌上，接着是热炒，最后全鸡、全鸭一类质量较好的，都算大菜。客人看见大菜上得差不多，就通知上饭，好像是剧终的尾声。但是粤菜里，却没有冷盆、热炒、大菜的分别。冷盆根本没有，一开始就是炒类，那些属于大菜之类的，也不一定放在最后，所以什么时候应该上饭，很不容易捉摸，而且等到上饭，往往已没有适于过饭菜了。在散席前的一盆水果，却非常精美，冬天有橘、橙、香蕉，现在就有荔枝，过些时候有龙眼，都是应时的鲜果。如果说这是粤菜的尾声，那么比沪菜的强得多了。

粤菜到了上海，面目已经更改了，但是却有青出于蓝之势。在质量方面，上海的粤菜都胜过这里的。我不敢说我的感觉是绝对准确，但至少因为上海是文化萃集之地，什么都得讲究些哩！当然，想探求粤菜的真味的，又不是这样讲法了。

广东人有一种习惯，叫做“饮茶”。所谓饮茶，意思是上茶楼吃点心。他们以为每天上茶楼，是一件极普通的事，也有上了瘾的，每天早午晚上茶楼三次，好像成了功课。所以，茶楼的营业，可以和酒家并驾齐驱，因为这样，酒家大多兼设茶楼，而茶楼也大多就是酒家。许多穿着香云纱短衫裤的短打朋友，一早就到茶楼，向门前的报摊，租了一份报纸，到里面一坐，对着清茶读报，想用茶的清香，涤尽那弥漫着的火药味。未成年的小侍女们，托着饼点兜卖，茶客可以随意选食，也不用当时结账，等到离座的时候，一起结账。凡是带着女友同去的，那时，就得小心，因为茶楼一看出他们的关系，很可能多算一些，那时男方绝不会细算，即使知道，也不肯因此争论，所以这种心理战术，十之八九可获胜利。

广州的西餐馆并不多，但是都还像样，当然不能跟上海、香港的相比。

南国的暑天来临得特别早，但热度距离最高峰还有一段路程。应运而生的冰室，现在正像雨后春笋，但因为它们随着暑热而消长，生命势必是短促的，所以规模都小得可怜，装饰也千篇一律，最注目的，是当门口的一座制冰大机器，那便是他们的大广告。

粤人日常的饮食，起初很多使我觉得新奇的，现在日子一久，也就“如入鲍鱼之肆”，非但不再以为可怪，偶然也还模仿一下。

他们每天的餐数和时间，是很值得研究。最可怪的，是上午十点钟便吃午饭。我起初想，十二时吃的才是午饭，十时吃的一定称为“巳饭”了，后来知道他们不懂什么“午饭”“巳饭”，实实在在叫做“晏朝”。顾名思义，我觉得这两个字虽然有些意思，但是还不能十分满意。因为“晏朝”不过是“晏的朝饭”的意思——广东人虽没有这解释过，而事实上很多人家的确没有早午餐这一顿，必须空着肚子等晏朝的——而晏朝却是早、午两餐的混血儿，那么既可称“晏朝”，为什么又不可称为“早午”呢？除非这也是沿用父系姓氏而假使早餐是它父亲的话。这些还得留待专家查考。他们的晚餐受了晏朝的影响，不得不略微提早，普通都在四点钟左右。到了晚上，临睡之前又有一餐奇怪的东西，叫做“消夜”。这一餐类似点心，可是也不能缺少，到底因为每天两餐是太少了，夜间饿得睡不着觉，又是何苦来呢？至于消夜吃的东西，不外是馄饨面啦，芝麻糊啦，绿豆沙啦……尤其是甜的，他们最喜欢。此外有一种叫“糖水”的，是用豆腐衣和白菜煮成的甜汤，也是消夜的佳品。

看他们那种习惯，对于早起早睡的人是很不相宜的，但是不妨把“消夜”改“消晨”，那不就是吴中的农村生活吗？现在广东人也大多已经改良，每日三餐的时间和北方无异，只是“消夜”仍旧省不了。

这里的菜场，从早到晚，都有市面，上午九十点钟和下午三四点钟较盛，因为主妇们预备午餐和晚餐，大多随时买菜，尤其她们视晚餐较午餐的重要，所以下午的菜市更盛。我曾经到菜市参观过，觉得水产物特多，尤其是鱼，种类繁多，非生物学家恐怕很难知道每一种的名称，什么大鱼、生鱼、鲩鱼、鲮鱼……上海人都听得到吗？虾蟹都新鲜而价廉，鳝、鳖、龟、蛇也都很普遍。此外，还有一种和蚯蚓相仿的东西，叫做“禾虫”，颜色像毛虫一样鲜艳斑斓，我从不曾尝过，因不值得为了这种使人作呕的小东西鼓起勇气来！

蔬菜的种类比较少，很多吴中有的，而这里没有。如果是吴中有而这里也有的，成熟的季节都比较吴中为早，而且体态特大，初来的人都不能认识。菠菜、苋菜、翁菜都长二尺左右，茎的直径长约半寸，说它们是吴中产的祖宗也无不可。至于这里有而吴中没有的菜，也不胜枚举。我最喜欢芥蓝和白菜心两种，鲜嫩而且清脆，可惜都要在秋冬才有。夏季瓜类最多，胜瓜、节瓜、苦瓜，都是北方所没有的，但味都不佳。我倒很想念着上海的豆，毛豆、菜瓜和夜开花呢！奇怪的很，面筋、百页和豆腐干一类可以自制的东西，这里都没有，不知他们不会做，还是不肯做。线粉只有上海运来的线粉干，总算豆腐衣倒会做，只是比百页还厚韧。

我记得上海的主妇都异口同声的说：“不会相骂，不会抢抢夺夺的，是不能上菜场的。”这种情形在这里可说绝对没有。这并不是说这里的菜贩公道，他们也照样看人讨价，凡是穿得漂亮的人和外省人都是他们敲竹杠的对象，讨价总在原价的二三倍以上，不过价钱一经讲定，称过重量，就再没有什么异议了，否则大家作罢，不可能有重讲重称，抢一把，饶一些的事情。同时买多买少，绝对自由，就像买一两半两猪肉，也不会给人笑话。如果买马铃薯或鱼菜，菜贩还可以代为去皮，黄豆芽和绿豆芽总是预先代你理得像火柴一般的整齐，这些在上海办得到吗？

这里家常菜的烹调法也和江浙不同。他们看见他省人用一斤肉做一个菜，都会耸肩。他们最喜欢把各种不同而量少的东西，东拼西凑，做成几个奇怪的菜，味道倒还可口。榄仁、杏仁、菱、藕，甚至药铺里的陈皮，都是他们做菜的好材料，这不由得不使我奇怪的。他们每餐不能没有汤，因为在动箸吃饭之前，必须先习惯地喝几匙汤，如果同桌有客，那末主人必先招呼一声“饮汤”，客人即使不喜欢，也得勉强喝。这个汤是不放盐的，所以淡而无味，但是他们却口口声声的“好甜！好甜！”意思很鲜。如果发现是用猪肉煮的汤，那更视如琼浆，因为平常都是用蔬菜煮的。那些煮去了味的猪肉或蔬菜，从汤中捞起，也得算一个菜，吃的时候，非蘸酱油不可。主人或客人拿起饭碗，都要互相招呼一声“食饭”，主人招呼客人吃菜，就不说“请”而说“起筷”！在几大碟正菜之外，往往有一小碟的腐乳、萝卜干，或咸菜，作为点缀，这个不伦不类的东西，我至今不明白有什么作用。

别看广东人常常从细处着眼，他们倒是极注重营养的。无论对于什么食物，都知道对身的益处，什么补脑啦，补肾啦，补血啦……即使说不出一定补什么，也得说一声：“好有益嘅！”一到夏天，就只听见说什么解毒，去湿，清凉……吃到油煎或油炸的东西，只是摇头说“好热气！”要是不幸生了热疖，准会说是这油煎物的毒素哩！

“吃在广州”这句话，不知羡煞了多少饕餮，可是我已吃在广州一年有半，经验并不使我对广州有半点留恋，惟有那终年对着我的水果，一刻不停的甜润着我的喉舌，使我不忍向它们说一声“离别”。好吧！不妨长作岭南人吧！

○ 原载于《新语》1947 年第 12 卷第 15 期

广东的香肉与龙虎会

1948

——陆丹林[①]

我是广东人，谈述广东的名肴，绝非地域观念的“自我宣传”，只是“敝帚自珍”的身边写述而已。广东名肴的烹饪，它不特注意色、香、味的综合，更注意它的实际性。主菜的质量是比较丰富，配料是极力的减少。每一味菜有每一味菜的味道，甚至它的配菜也与主菜的味道相配合。比如炒鲳鱼片吧，它的配菜，无论是冬笋，或是芥蓝，或是白菜，但是这些配菜也有鲳鱼的香味。原来他们是用浸过鱿鱼的水来炒熟那些配菜，故配菜中便满含着鱿鱼味了。主菜与配料味道融合，这是粤菜烹饪的技巧。

粤菜的炖汤也有它的特点，它是清澈而没有一些油腻，入口清香润滑，味极鲜美。这种制汤方法是粤菜馆所擅长。

但是，我现在要说的，并不是琐谈酒家（茶馆）里什么的普通筵席，因为酒家里日常供应食客（或定菜）所享用的肴馔，在我看来，多是普通的菜。最低限度，我个人的直觉与经验的所得结果，以为粤菜的名肴有它的特殊点，而

① 编者注：陆丹林，字自在，号非素，斋号红树室。广东三水人。同盟会员。南社中坚人物。曾主编《人之初》《国画月刊》《蜜蜂画刊》《道路月刊》等刊物，编有《中国美术年鉴》。抗日战争期间赴香港，编辑《大风》期刊。1931 年与黄宾虹、贺天健、钱瘦铁、郑午昌等人发起创立“中国画会”。1934 年创办《国画月刊》。与符铁年、张大千、张善孖、郑午昌、谢玉岑等为“画中九友”。著有《革命史谭》《革命史话》《艺术论文集》《美术史话》《孙中山在香港》等作品。

这些名肴，似乎没有普遍推到各地的享用。反过说，甚至有些人误会这些食品是野蛮人的食品，这未免只知一五而不知一十了。

在动物中，兽类作食品的烹饪，猪、牛、羊在全国中的比较可说是最普遍的了。但是猪、牛、羊的味道，绝不能够和狗肉相媲美。若果他是尝过狗肉味道的，那就感到什么猪、牛、羊等肉都是很平常的了。只就红烧狗肉来说，当着炉火熊熊烹调的时候，香气远闻数里，人们嗅着，真有“垂涎三尺”之感。这是凡是吃过狗肉的人，都感到狗肉是无上的滋味。郑板桥因一嗅着煮狗肉的香味，被骗给那盐商即席写字，便是一个明证。因此粤人们叫狗肉做香肉，顾名思义，便可以推想它的美味了。不过吃狗肉有一个禁忌，即是凡是吃过狗肉之后，三小时以内，请勿吃绿豆汤，不然，狗肉与绿豆汤和合，胃部要发胀的，那时轻则痛苦，重则有生命的危险，这是吃狗肉的人应牢记着。

说到粤人的吃狗肉，他们并不是什么的狗类都可以拿来屠宰的。第一，疯狗或有病的狗不吃的；第二，老的狗是在绝对的屏弃之列，因为粤谚有“老狗嫩猫儿，吃死没人知”的民间经验之谈，故老的狗、幼的猫都没有人吃的；第三,一般精于吃狗肉的，必选用那一乌毛的狗，至于那些白毛、杂毛的狗，比较的少人去吃，洋狗是不吃的；第四，狗的重量是选择每头七八斤至十二三斤的居多，其他过大过小的是例外；第五，吃狗肉的期间是在秋冬间，夏季气候酷热，是很少人屠狗的。

烹饪狗肉的配料，是些附子、陈皮、大蒜、豆豉、生姜、油豆腐、腐竹等，共同红烧或清炖，约文火煮一小时的时候，便可以上盐吃。而最普通的，是放在砂锅里用炉火热着的来吃。香肉，是广东（连广西也在内）的名肴之一。

第二的名肴，便是龙虎会。所谓龙虎会的美味，非亲自吃过的人，不能够知道个中的滋味。吃龙虎会的季节是在冬季，春夏间是没有人吃的。它是冬令的补品，在粤、港、澳间，每年冬季，许多酒家都有常备龙虎会来应客。所谓“龙”者，指三蛇（过树龙、饭匙头、金脚带三种蛇）而说；“虎”呢，是指果子狸（野猫）。有时并把黑肉竹鸡汇合烹饪，而改称“三蛇龙虎凤”了。蛇、狸、鸡都是去皮骨拆丝来清炖，配料是冬笋丝、木耳丝、陈皮、火腿丝等，等到上盘吃的时候，有时还加些柠檬叶丝，加增香味。

龙虎会的烹调，多是清炖作羹，像吃鱼翅分小碗来吃。有些从没有吃过蛇肉的人，听见别人吃蛇，多有怀疑的感觉。若果主人向没有吃过蛇的客人说："这是蛇羹！"客人多不敢尝试。因有些人联想到蛇是毒物，或者是不洁的动物，甚至与狗肉般，同被某阶层的人所视作不该吃的动物，怎好去吃它呢。但是，要是当主人的宴客，一声不响，由侍役在宴会中途把蛇羹送上来，大家吃得津津有味，感到异常的鲜美了。等待全席告终，主人宣布今日的菜有一味是龙虎会的时候，内幕揭穿，有些从未吃过蛇的人必定说"真是鲜美滋味"！有些呢，是马上感到不安的样子，认为是别人给他开玩笑，而把这些不堪入口的食物故意愚弄他的。

其实呢，这三种过树龙、饭匙头、金脚带的蛇，的确是毒蛇，不过其毒是在牙床分泌的毒液，它身上的肉绝没有毒素存在的。捕蛇的把蛇捕获之后，马上即把蛇的牙脱掉，那就原来有毒的蛇也变了无毒的了。还有蛇胆也在宰蛇时先行取出，把它放在酒里和饮，味极甘凉，没有一些苦味。故老相传是有祛风去湿的功效，广东有许多药店特制三蛇酒、蛇胆陈皮、蛇胆姜等发卖。

冬季吃蛇，它所配制的果子狸（也有单独清炖果子狸的）、黑肉鸡等，都是滋补品，在一般食者的经验，蛇肉含有丰富的磷质，它不只是蛇肉的鲜美可口，冬季吃蛇，比之羊肉，补益较大。

在我的实际经验，否，不只是我个人的经验，许多广东人或其他省的人，而有机会吃过狗肉、蛇肉的，都必公认狗肉蛇肉的美味。这种美味，自然不是没有尝试过的能够领略得到。故此可以说狗肉和蛇羹，都是广东的名肴，不过不是酒家菜馆经常供应的普通名肴罢了。

或有人说狗与蛇都是不洁的动物，是初民时代的食品，现在二十世纪的时期还把它来吃，诩为珍馐，是蛮性遗留的象征而已。说得振振有词。但是，我们细想，如果吃狗蛇说是蛮性的遗留，那么，那些吃生跳跳的抢虾、用湿泥包烧熟的叫花鸡等，便是文明社会里高尚的食品么？

广东还有几道名贵的菜，如响螺、山瑞（甲鱼的一种）、海狗鱼等，在粤菜中也是有名的，它们的味道也极鲜美可口。如果在广东珠澳一带上馆子的话，有机会的时候不妨试试。至若粤桂所独有的日常便肴，如烧猪尤其是乳猪、叉烧，卤味尤其是柱侯食品，那是一年四季天天经常供应的熟食，佐饭妙品。惟有腊味的香肠、腊鸭、金银肝之类，却惟冬天有北风时的腊味才是可口，而受人欢迎。到了仲春以后，极少人再吃腊味，夏秋间更无人的了。因为在暑期的吃香肠，是吃用火烧熟的而不是腊干蒸熟的，两者分别得很清楚。在广东要是有人在暑期吃腊肠，人们必讥讽他是个不识时务的“大乡里”（犹言不懂事的乡下人）的了。狗肉、蛇肉、腊味等，都有“不时不食”的时间性所限制的呢。

○ 原载于《旅行杂志》1948 年第 22 卷第 1 期

PART 2

广州风土

旧时广州

南海程生

1918

——陈君韬[1]

广州城内某街，南康绍酒庄，每岁腊，兼制年糕以应客。店主人及其二子，皆有力，娴技击，隶督标营中。店主妇年四十余，亦殊悍。四人者，恃其力，恒侮客滋事，坊邻恶之久矣。

某日，一少年衣旧缎袍至店市糕，视少年才二十许，两手苍白，貌良怯弱，出银角二，店主人既受之入抽屉中矣，忽谓银伪，取与少年易。少年曰："君既知为伪银，胡不早言易？既入屉矣，安知非君以伪银乱吾真乎？市肆无此例，必不可。"店主人乃拍案大詈，正扰攘间，其二子各挥刀自内出扑少年，店主妇亦弃手中粉，两手坚握少年臂而牵之。少年笑曰："我来市糕，非与若拚命，何汹汹为？"肩略耸，瞥坐沿壁最高之酒坛上。凡售绍酒之店，积酒既多，每将酒坛沿壁层累而置，以省容积。少年所踞之坛，去地已九尺。少年曰："若合四人以敌吾，且持械，谁复能当？顾若既嗜武，吾亦无妨与若戏。"乃解坛上一篾箍跃下地，时店主人已手持木梃，少年既下，四人合力扑之，刀梃纷乱中，不闻少年声。一刹那间，四人已聚为一团，四人之发为篾箍贯穿成结。店主妇之头破于木梃，血流如注，店主人及其二子遍体鳞伤矣。少年负手当门立，笑曰："何如？若好武，同居省城而不识南海程生，若其毋恃武力以侮

① 编者注：陈君韬，为陈炯明的上校参谋长。时陈炯明为粤军总司令及广东省省长、内务部长、陆军总长。

客矣。”

大佛寺者，广州巨刹也。春秋佳日，游人颇繁。寺内一烧火头陀，操湘音，短身广膊，凶悍多力，然居寺深处，人不恒见也。某年，生偕友人春游至寺，花木幽深，信足游眺。至一庭，阒寂无人，异常精洁。闻树后磔磔笑声，转面见一黑矮头陀，蹲踞树下，两手各弄一巨铁丸，每丸重可三十斤，抛左手之丸而右手接，抛右手之丸而左手接，连互抛接，兔起鹘落，丸本滑泽，闪闪作光。生立观已久，头陀未知也。偶回顾睹生，狞笑曰：“居士解此耶？”遽以一丸掷击生。生愕然，疾接握之，举示头陀曰：“此丸如腐，乃胜弄乎。”视之，握中铁如镕，铁汁点点自指缝间出。徐曰：“继自今，愿和尚勿躁急也。”头陀俯首去。

惠爱街旧将军署照壁前，有广场，日方午，小贩群集，布地售物，拳师卖药者，亦几以是为老店。场地甚宽，恒有数拳师分隅演武，不相妨也。某年，拳师周雄汉来，携徒一人，自恃技高，独据其地，禁他拳师至是售药，虽有抗者，辄受创也。一日，生偕友之市，过广场，闻锣声甚宏，因止观焉。周为粤之琼州人，力殊巨，演单棍甚佳，而语言间颇欺广州人不武。生曰：“此人自不弱。”友以周之诽也，怂生惩之。生曰：“不可，我不胜彼，益张其焰；我而胜彼，于吾何加？徒绝彼之生路，示吾人之量隘耳。”生之旁一老者闻之曰：“郎所言，固极当理，然昔周之凌侮他拳师，数亦伙矣。此子武而不仁，日久恐为地方蠹。况习俗移人，一般少年习视之，不将咸恃力以为暴乎？郎果自量能胜也，曷少惩焉。”因举周已事具告之，生曰诺。时周使棍正酣，夭矫出没，飒飒有声，忽闻生呼曰：“老周被盗矣。”周使棍如故，少顷又闻呼曰：“老周被盗矣。”渠身上一时表及银三元一角、钱三十六文被盗矣。周棍止，棍端陡指生胸，生迎之以中指，指适与棍端遇。周持棍而颠，生曰：“丈固健者，亦曷知广州人之不武，丈方使棍，身被盗而不省，何足言攻人？丈休矣。此非丈用武地也。”释指而周仆，生以镖及银钱还之。周大惭起，携其徒，卷包遁去。

自城市设立警察以来，奸宄虽稍敛迹，而警士未受教育者，不法之举，每有所闻。某夜二鼓后，城内某街有一少女独行，姿致楚楚。时道僻夜静，行人绝稀，女过警士旁，警士遽脱裤举其阳以示女，且以手握女臂。女惊羞而啼。

距女行处十丈许，一少年闻声至，睹状，厉声叱之曰止。警士手忽垂，噤不能言。少年视女行，亦逶迤自去。明晨，警士疲不能行，视所立处，石寸裂矣。人询警士状，始知昨夜之少年，盖程生也。

生之乡有关壮缪祠，灵应夙彰，香火甚盛。某岁乡人以祠地太狭，集资重建，规模极宏。正殿之梁，长凡二丈六尺，经约二尺，纹理坚实，材质甚重。将上梁，例择乡中子弟之父母双全，年命佳美者，两两配对，八人舁之。遍择仅得四人，舁不能举，其余或年命未合，或力弗任重。董其事者，相顾焦忧，终日无策。生适至祠，笑曰："此如许事，亦张皇耶？吾年命尚无不合，任吾何如。"父老曰："即加阿昭，亦五人耳，配对更难。"昭盖生之小字也。生曰："否，吾一人足任之，不烦觅对也。"以巨绳缚梁腰，只手挈入祠，置于起重机之下。

生之友，铁城刘君，就学于长洲陆军学校。校友王君、马君、谢君皆擅技击。马用双刀，舞时但见白光如球。王用单棍，四人持梃围攻之，炊许不能着一棍于王身上。刘时语生，辄称道之。日者，生至长洲省刘，时为星期日，刘引生游于长洲公园，道遇王、马，偕谈甚欢。王、马前知生能，而颇轻其怯弱，则纵谈技击，生但唯唯。公园邻船坞，路侧置旧铁汽罐，罐大三围，厚约七八分，马遽至罐夹口处，两手擘之，裂缝二寸。王亦前擘，增阔二寸余。刘邀生擘，生辞焉，竖中指，贯插铁罐成三孔，大小略与机钻之旧孔同。王、马相顾咋舌，自是在校，鲜言技击矣。

广州地低湿而民居密，每当三四月之交，疠疫辄起。某年，疫尤盛，居民多迎神舞狮以禳之。古药洲坊人议舞狮三日，先期预告经过路线。所过之街，间有店户高悬青菜于衢中，附以花红。悬处高丈许，备狮过而采之，谓之采青。粤俗舞狮，往往随以军械及娴技击之人，遇事辄成斗。古药洲之狮本为禳疫，则未备此。第一夕，狮至仙湖街采青，城外南胜里坊人之狮适继至。南胜里者，回教徒聚居之所，其狮悬斑白须，随从诸壮士携带武器至伙，声势甚豪。睹古药洲狮落落无备，遽前攘立，腾踔采青。坊人哗曰："此青为古药洲狮设，非为若辈，何能强夺？"曰："夺则夺耳，彼欲必得，盍先比武。"古药洲诸人大愤，以青为他狮所夺，辱且不祥，而自审无备，斗必不敌，又势不能下，则羞愤气结，莫知所可。生之居，近古药洲，是夕偕友随狮游观，是时遂出而劝南胜里诸人曰："若狮之至，未预告人，既坊人未为若备，何能争采？舞狮为禳疫计，若反以不祥贻人，谁则能堪，曷还之。请以明夕来，俟坊人再为若备何如？"不听，生复曰："一菜之微，刃梃从事。血气之私，何足云武。禳疫善举，乃以相戕，亦复何心？"对曰："青必不还，汝再饶舌，将先殪汝。"生怒曰："吾自始不欲以武凌人，然顾不愿理为力屈，吾坊即无械，安见遂不敌？"乃前立两坊人之中央曰："战也。"南胜里狮伙首出一人，持双刀猱奔生，才交手，两刀皆入生握，生足起，其人已仆八尺外矣。生以刀与古药洲坊人。第二人持铁扒续进，横扫生胁，生略闪，其扒落空，左手格扒杆，杆断，右手疾进，提其人之肩，亦掷之于八尺外。第三人出，广颡长身，使七节钢鞭，迎生向击，运鞭如风。忽鞭末一节蓦为生掣，振臂一举，其人洞胸矣。而持单棍之第四人继至，生距之以鞭。鞭棍叠触，阁阁有声，未几，棍与其人悉为鞭所卷缚，气息咻然，不复能起。之四人者，南胜里壮士之秀也，而俱不敌，于是骇愕气馁，仅闻喧骂之声，无人敢出而抗生矣。生前，径执其狮首，付古药洲诸人曰："如南胜里诸人而服过者，明后二夕，须尽人随吾狮以行。既毕，狮首始可返，否则吾将重惩之，不仅如今小试也。"南胜里坊人无法，遂如约。

〇 原载于《小说月报》1918 年第 9 卷第 7 期

广州的忌讳

1926

——彭植仁

广州在中国也算得是一个大的城市，人口商业也不弱，但风俗习惯就很坏了，讲到迷信，就住家商场也有十之七八是拜神的，现在科学时代，还是这样情形，的确可怪得很。这算小事，还有无意识的忌讳，在广州发现的也不少，我也将广州的忌讳发表出来，和诸君谈谈。

汤

因“汤”和“劏”同音，劏是很残忍的事，无论哪一个人都是很惊慌的，故此广州的人为避免起见，就叫“汤”做“顺”了。有时劏鸡也叫顺鸡，或有时食餐饮汤，也叫饮顺，倘初来广州的人听着，真莫明其妙了。

书

读书本来是很好的事，但广州人因嗜赌成性，最怕就是“输”，因为“书”和“输”同音，故避忌了，“书”作“赢”字或“胜”字。至于“通书”（历书），也叫“通赢”、“通胜”，“读书”也作“读赢”。你想广东人的赌性，真非他省所能及呢。

肝

不过内脏之一，本来无可忌讳的，但因为“肝”与“干”同音，广州人最怕就是干，第一怕就是“荷包干”（钱袋），故就将“肝”字来作“润”字，叫“猪肝”也作“猪润”，“豆干”作“豆润”。唉！真无智极了。

茶

是日常的饮料，有什么好忌讳呢？不知无知识的人偏偏拿来作迷信的笑话。“茶”和“查”是同音，故凡查得的事，必须要好消息的（太平）。故盗匪们就拿来作忌讳了，譬喻饮茶，他们也叫“饮太平”。这只是盗匪们的忌讳，很少人知道的，故还不算十分通行罢。

血

是破了头或被人打伤才有的，故广州人为着避免起见，就讳它作“红”，什么猪牛血也叫做“猪牛红”，有时受了伤只叫“流红”，不叫“流血”呢。

吹 箫

是平常的事，但倘给那些政客听着，就很不满意了。因为“吹箫”和“取消”相谐，故被政客听着，就以为取消他们的官职（打破了饭碗），故此他们很忌人吹箫呢。

孩子的名

我国的迷信要比他国厉害得多，什么都说有鬼神，木偶大石也说有鬼神。呵！真好笑。这虽是无智的人的话，但广州的小孩子的名，每每叫做“阿猪”“阿狗”“阿牛”，这是甚么缘故呢？原来有些人，因谓生育几个子女，也养不长大，故此后来就避了“人”的观念，叫他的子女的名做“阿猪”、“阿牛”、“阿狗”……表示他是很贱的，不怕鬼神来侵扰的，或者希冀可以成人，这都是妇人们的主见罢。

以上七种的忌讳，是我常常听着人谈的，这些见解和无意义的忌讳，真不值识者一笑，平时看来不过是相悬的习惯，但其实于文化有很大的阻碍，愿阅者诸君设法革除罢。

○ 原载于《妇女杂志》1926 年第 12 卷第 3 期

广州风物杂忆

1927

——钟敬文

回忆，是甜美的。在当前觉得平平凡凡，甚至于丑陋或惨苦的事物，过后思量，也会感到甜味与可爱，何况在当时就已是很有风趣的呢？离开广州，忽焉二十多天了。这个南中国有名的都市，在我眼里，可嫌恶的事物自然多着，但足以教我爱悦而为之系心的，也就不会不有呢。在那里时，偶有闲逸，常想提笔写点东西，把眼前可爱而易于漫灭的印象扣留着。可是，不知是慵懒，抑或兴致不高，几度都不曾写下只字。现在，人是回到故乡来了，幽居无事，听窗外雨声滴沥，只添惆怅。稍一涉想，那异乡风物，都纷纭现上心来。就这样的随兴纵笔记写一些不好么？

幼年时，读《渔洋精华录》，《歌舞冈绝句》云：

歌舞冈前辇路微，昌华故苑想依稀。

刘郎去作降王长，斜日红绵作絮飞。

渔洋老人的诗是最能摄写特殊风物的，这首绝句里末行“斜日红绵作絮飞”更写得多么凄艳动人呢。歌舞冈今不知在何处，注家谓“南越王陀登高处”，想或在粤秀山上。昌华故苑，则说者谓即今的荔枝湾。这两处都有巨大的木棉树。此外，海珠公园、中央公园及附近六榕塔一带也有。《岭南杂记》云：

木棉花，大可合抱，高可数丈，叶如香樟，瓣极厚，一条五六出。正二月开大红花，如山茶而蕊黄色。结子如酒杯，老则拆裂，有絮茸茸，与芦花相似，土人取以作裀褥，女工不能治。

春日，花开的时候，一朵一朵殷红地点缀在古怪屈曲的虬枝之上，煞有一种繁华丰美的风致。到春阑了，伊的花也阑了，残英烂朵，纷披地上，不免使多心人微感到凄伤的情味。

某君有《题越秀山红棉古寺》一绝，语颇哀美，抄了出来吧：

越台壁垒矗山青，古寺红棉户久扃。

几度春残人不管，子规啼与落花听。

桄榔，是热带的产物。《虞衡志》云："直如杉，又如棕榈。有节如大符。一干挺上，高数丈，花数十穗。"《草木状》谓："皮中有屑如面，木性如竹，紫黑色有文理。工人解以制奕枰。"《述异记》云："西蜀石门山，有树名桄榔，皮里出屑如面，用作饼食之，与面相似，因谓之桄榔面焉。"

如果这不是扯谎，或"出屑如面"的话不错，那么在中国境内，除广东外，川中也有这种树，说不定云南、广西等处也有。

在广州，我所见的是长在中央公园内，直干矗立，与棕树没有多分别，我看了，就遐想到南洋群岛一带地方，那种特殊的风景与情调，因而为之神驰不已。南洋，我是久有志到那里逛逛的，但终为俗累所苦，未能成行。所以每见到这种热带的方物，免不了怅然于心了。这种树在中国文艺里是从来不曾给人歌咏过的，《粤讴》中的一篇《桄榔树》，怕要算是绝无仅有的奇迹了：

桄榔树，我知到你系单心。

你生来有个种心事，我一见就消魂。

你在瘦地长成，又无乜倚凭，

是真情种，故此有咁样情根。

我想人世有敢样情根，你真正恶揾！

树犹如此，我怨只怨句情人。

我近日见郎心带不稳，

一条心事，要共几个人分。

舍得佢学你咁样子单心，

我就长日有恨。

唉！真，真正不忿，

要把花神问：

你唔肯保佑我郎，

学你咁样子心事，

我就话你系邪神！

（知到，知道也个；种那，种也；乜，什么也；咁样，这样也敢；敢样同此；恶揾，难寻也舍；得意，犹若得也；佢，他也；有，读日；无有也，不忿，未详；唔，不也；话，说也。）

把菱角挖空，直贯以竹竿，竿上置小木块，菱角的一面开小孔，系线于竹竿上，由小孔透出。先纺其线，使尽缠于竿上，然后用力一抽，竹竿和小木块即旋转不已。这种玩艺俗谓之“菱角车”，我少时很喜欢玩弄它。自入学校，从事于学生生活以后，这种富于诗情的儿童趣事，别来已不觉十多年岁了。《格物论》云：“凌，蔆也，一名芰。生水中，叶浮水上。茎有刺。或四角，或三角，或紫苞，或青苞。肉白，生啖甘脆，蒸熟能饱人。”我们这里的，多为黑色的两角菱。在广州的，据我所见（在市上所见）则为红色与青色，形象也是两角的。岂明先生《茶话》中有“菱角”一条，记述得颇详细，虽为越中的而说，但也尽足以供我们参考呢。

广州的菱塘，我只于游荔枝湾时见了一回，在市上的菱角则往往可看到。这种形象小巧、色彩鲜丽的东西，杂陈在许多蔬菜的中间，直是别致了的。我常以为蔬果中，有两种最宜于入画的，就是茄与菱角。可是自己不是画家，只能够在心里感到这样的画意而已。有时在街上看见的，兴致很高，回到寓里，便叫老妈子特地买了一些回来作蔬。

某君《羊城竹枝词》云：

欲采新菱趁晚风，塘西采遍又塘东。

满船载得胭脂角，不爱深红爱浅红。

多么令人醉心呢，这种“菱塘晚泛”的风味，可惜我没有份儿尝一尝吧了。

谈到菱角，不免令我连带的忆起蕹菜呢。蕹菜，与菱角一样，同是生长于池塘中的，也许有的种植在园地上，《辞书》上说它“茎柔如蔓，中空，俗称空心菜。叶似菠菜，秋开白花，嫩茎叶可食。"《南越笔记》对于"蕹"条叙云：

广州西郊为南汉芳华苑地，故名西园。沃土宜蔬，多池塘之利。每池塘十区，种鱼三之，种菱、莲、茨菰三之，其四为蕹田。蕹无田，以篾为之，随水上下，是曰"浮田。"

蕹塘，在西郊的，我还没有见过，我所习见的，是在东郊外附近长庚里一带。由我们的寓所行出数十步，环着便有几个大小不等的池塘。那里是风景很不坏的地方，时常有年青的男女艺人带着画具到来写生。有一个池塘的边沿种着几枝白莲，五六月之交，莲花一朵一朵的开放着，在那碧绿的池水上，微微的因风摇曳。我一度过此，便要为伊留恋了许多时分。尤其是在月朗星疏的夜晚，独自一个的在那长满黄竹的池上，徘徊着，低吟那陆鲁望的两句诗"无情有恨何人见，月白风清欲堕时"，心中不禁悠然而空灵了。莲池南边两个池塘，便是蕹田所在。我们（我和同住的两位同乡）一回亲见两个老农夫赤裸裸浸立在池塘中间，在经营着那范蕹的篾界。我起初以为他们这样的区分——把蕹菜在池面上局成了一方块一方块的——是故为多事。后来，想到他们所以如此的，或为主权上的关系，因而就没有什么话说了。

蕹菜是长得非常迅速的，大约在不久的时间，我们就在餐事中用到那亲眼看见正在种植的它了。我是喜欢一个人在清寂的地方散步的，所以常常我来往着在那蕹塘的旁边，当烟雾之晨，或风月之夜。我遥想到古代的隐者，耕田种菜，以自外于人世，而淡然过其清静的生活。这种高举，在现在社会情况之下，是不容我们追踪的了！交鸣的金铁，已搅动了静默的云水，我们的时代是战斗着的呀！这样想过了，只好继以一阵深长的嘘呼。秋风起了，我这游子又将离家了。等我再徘徊于蕹塘之边时，我的心情，也许将跟着那碧绿的蕹菜更有什么改移呢。

我不想往下写了。虽然广州的风物还有许多可忆可记的。荔枝呢，是岭南出名的产品，而且我对它有特别的爱好，要写是很可以的。但我从前已经为它写过了两篇东西，现在又来说到它，恐怕有人要骂我是"荔枝痴"吧。

素馨花，为广州有历史与地理关系的花，本来是大值得一写的了。可是我在广州这么久，却不曾见过伊一面，怅惘是有的，回忆却无从说起了。倒是在故乡幼年时，有些关于伊而可供追忆的故事。我借了太果[1] *The First Jasmines* 的后半段，来代诉说自己的衷情吧：

Many a glad day has come in my life, and I have laughed with merrymakers on festival nights On grey mornings of rain I have crooned many an idle song. I have worn round my neck the evening wreath of bakulas woven by the hand of love. Yet my heart is sweet with the memory of the first fresh jasmines that filled my hands when I was a child.

其他，也许还有什么深值得忆起的，但我是这样疲倦了，暂时只得休吧。别日如果有兴味，“再来一次”未始非很可能的呢。

二七，八，一〇，在南京岸上的故乡

○ 原载于《一般》1927 年第 3 卷第 2 期

---

① 编者注：即印度诗人泰戈尔。

客音的山歌

1927

——敬文

略略留心过中国方言的人，怕都要知道我们广东有三种很不相同的方言吧。这三种很不相同的方言就是本地话（亦曰广东话）、福老话、客家话。说本地话的叫做本地人，说福老话的叫做福老人，说客话的叫做客家人。本地人（亦名广府人）所占居的地域，为广州各属与两阳一带及其他各地；福老人所占居的地域，为潮州各属与惠州近海一带及其他各地；客家人所占居的地域，为嘉应州各属与惠州北部一带及其他各地。

现在且单谈一谈客家人的来历和生活吧。

广东的客家人（其实，客家人的足迹不仅限于广东一省，像福建、江西等省的南部，也有了他们），据清末黄公度的考证和近人章太炎的证明，知道他们乃是一种从中原南来的民族。去年嘉应人黄延凯君，做了一篇关于客族是否为中原遗种又一证据的文字，把《水浒》《儒林外史》《红楼梦》等书中和现行客话相同的二百余个语词，摘录了出来，并且说道：

总观近日吾国文化潮流澎湃中，提倡改革文学的学者，莫不推白话文为国语正宗，而白话文中，尤以《水浒》《儒林外史》《红楼梦》等书为模范。然我们读上举的几部书，觉得其中许多人情风俗、谚语俗话和我们客族方言没有什么大分别。今特地提出大家研究。如果《水浒》确为南宋时流行的小说，则这篇未未始不能指证出客族是宋高宗南渡时候，陆续迁到广东来的。

这大概可以使我们明白客家人的一点来历了。

至于客家人的生活，因为他们所处的环境的关系，所以每日作业于田野山岭间的很占多数。并且男女俱出，没有“男子事于外，女子事于内”之严厉的差别。至少我们这里一带客家人的情形是如此。他们的性质大都简朴耐劳，很少慵惰浮夸之态，即此，犹保存着古代原人的风气。这些，都颇和他们山歌的产生有点关系。

我们广东，对于贵族的文艺，能够为中国文学史上生色的，虽为数很少，但论到民众的文艺，它却是一个金碧辉煌的宝库！单就俗歌说吧，刚才所举的三种方言中，除普通形式的民歌和儿歌十分地发达外，各还有一种独特出色的歌，如本地话的粤讴、福老话的畲歌、客家话的山歌，其他，如猺、蛋等民族，也都各有他们丰富而特殊的民歌。任是哪一个省份，恐都比不上我们吧！所以“粤俗好歌”这句话，并不是什么过分的赞词呀！

前清时候，文人如王士祯、李调元之流，都谈到我们广东的山歌，并且把它采摘一些记在他们的著作里面。到了《人境庐诗集》的作者（黄公度）居然把这种鄙野的山歌杂入了自己的作品中。但他们（只黄公度算作例外）多泛认它为广东一般的民歌，而不知道它是客家人独自擅坛的一种歌谣呢。

这种山歌，据我所知，像云南、江苏、浙江、广西等省都有。格式略如诗歌中的七言绝句，但首句间或作三言，这是各地大体相同的。每首歌词完后，也有另附以尾声的。其尾声，短者如“斐……”，长者如“嗳嗳嵩，乃乃磅，磅隆嵩隆乃嗳哟”，这样之类，不一而足。黄公度说“每一词毕，辄间以无辞之声，正如‘妃呼豨’，甚哀厉而长”，说的便是这类尾声了。

它有种特异的表现法，便是双关语，或曰廋词，又曰隐语。这种双关语在晋宋的民歌中十分盛行，是文艺上一种富于意味而且很有价值的东西。山歌中如：

前日与妹一笼鸡，
今日分做两路啼。
猪肝心肺落镬煮，
两付心肚来待我？

"啼"，作"啼叫"的"啼"解，亦作"啼哭"的"啼"解。"猪肝心肺"，作猪的"心肝肺"解，亦作人的"心肝肺"解。关于这些话，我前年曾写过一篇歌谣的一种表现法——双关语，说的颇详细，此处不多谈了。

《诗经》中"起兴"的法子，它也很多用，但用法却有两点不同的地方：一、只借物以起兴，和后面的歌意了不相关的；二、借物以起兴，兼略暗示点后面的歌意的。

第一例，如：

河里石子生青苔，
乌蝇为食人为财。
鲤鱼因为茶箍水，
我今因为祝英台。

注：乌蝇，苍蝇也。茶箍，即茶子榨油后，其粕所做成之饼块也，俗用以药鱼，故句中如此云云。

第二例，如：

竹篙打水两爿开，
问娘转去几时来？
三箩冇谷丢落海，
唔得团圆做一堆。

第二类所举，颇有点像比喻。但细玩之，又不似有意的运用，而只是偶然兴会的话，所以我们仍不妨把它看作起兴。我想，如要恰当一点的说，不如称它做"兴而比也"吧了。

至于内容，大都取材于情爱与性欲方面，所以它的篇章，十之八九是情歌。表现情爱，表现得很真挚的，如：

扇子拨来圆叮当，
你夫打你我痛肠。
一心都想来去救，
恐怕雪上又加霜。

描写性欲，描写得恰好的，如：

桐子打花无叶开，

叔系嬲连一回来。

乳姑唔系银打个，

裤头唔使锁匙开。

注：乳姑，乳房也。

其他，关于别种题材之作，虽有，但却很少好的。举个例吧：

姜公八十初行运，

年少家贫心莫焦！

曹王英雄今何在？

蒙正当初处瓦窑。

这种情歌，固然有若干确是应用于实际的，但也不见得全部分是如此。因为他们有“对歌”的风俗，白昼相遇于山野，黄昏围坐于村町，两人对唱，或多人竞唱，歌声大作，调戏杂兴。所以有些艳词，只为嘲谑而起，并不是什么真实的情歌。

新造遮子四方花，

头颅唔戴手来揸。

行路唔看高低下，

唔知阿哥合那侪？

新做凉帽四方花，

头颅唔戴手来揸。

行路唔看高低下，

唔知阿哥合那侪？

这便是两首过路男女相嘲弄之词了。

一九二六，七，二，初稿

○ 原载于《语丝》1927年第118期

你晓得唱木鱼么

1928

——何修文①

你要把我们认为高尚美妙的文学作品去感动社会里的旧式妇女，这是绝对不会发生效力的，因为程度与嗜好的不同。我们向社会仔细去观察，便晓得旧式妇女最喜欢的，只有这两种文学（能够令她们无意识地牺牲了多少眼泪的文学），叫做鼓儿词与弹词。

广东妇女爱好的弹词和普通的不很对，她们别立有一个名称叫做“木鱼”。木鱼的好处是没有弹词那么长篇，也没有枝枝节节的说白。要是拿个例去准对一下，弹词便是长篇的章回小说，木鱼便是短篇的小品文艺。虽然木鱼也有纯粹说理和抒情的，但这是占极小的一部分，那大宗的还是像故事诗的体裁，就是弹词的一类。

你们无论走到哪一块地方去，只消在广州的范围内，都可以使你们在旧式妇女群众里听到她们唱这些声调。你们无论看到哪一个旧式的女子，尽管问问她：“你晓得唱木鱼吗？”她总是这般回你：“晓得的，只是我唱的不好。”你要是懂得找那四十岁以上的老年妇人请她唱那些木鱼，她大概是不会令你失望，便高高兴兴提起嗓子慢慢地唱她所熟习的木鱼了。她们唱的并没有一定的节拍和高低，只随着字音婉转地唱去，这便会令咱们听到十分和谐的音调。她们唱

---

① 编者注：何修文，广东会城人。1922 年曾创办《新星》月刊，编著有《琴谱精华》等作品，曾任《江门民国日报》副刊《曙光》主编。

得起劲了，在唱那悲哀凄凉的地方，她们的心弦共鸣了，她们便把那蕴蓄在心坎里的情愫，通通交给泪珠滚到外面。真正的文学总是会感人的，不论它是怎样缺乏技巧的功夫，只要有人读了它能够震荡他的心弦的都是真正的文学。

"木鱼作得太粗浅了，不值得我们顾盼的。"许多广东的文学家都应该有这样的话。但是我们认为有价值的高尚作品，可能令许许多多的妇女去欣赏吗？倘若你不是一个固执己见的妄人，应该掉转你的主观用多少兴味去领略这种文学，因为你要细细地尝过那点滋味，才知道它是甜的还是酸的苦的辣的呀！听我唱来：

雪梅祭墓

夫丧黄泉泪未收，清明节近又添愁；准备纸帛前往坟头烧，免教冷落这山幽。她想夫在九原空怅望，只为妾守闺门有万种愁。想必是芳草萋萋铺满冢，黄茅绿葛长在那山头。怎能走到他坟墓，把那满怀热泪，尽量挥流。

爱玉近前来问她："姐呀！为因何事锁住眉头？敢问妹妹有甚么粗言开罪你？待吾谢过，免姐烦忧。或许耽搁姐你青春无着落，还是那两位公婆待你不周？莫不是家中多淡薄，还是那亲邻欺压你荏弱女流？姐呀！有甚么事情告诉我，苦乐同分替姐解忧！"

雪梅含泪忙答道："妹呀！几件事情都不真，只因今日清明节，没人陪伴上他山坟。生前虽未同衾枕，死后怎能看作陌生人？"

爱玉闻言把话说："姐姐何须苦伤心？这便和你上堂告诉去办些祭品上山坟。"

商量已定登堂禀，白发公婆多欢心："媳妇啊！你身上不要穿那粗麻服，还要打从小路走去，免得惊动歹人！"

雪梅跪下将言禀："媳妇前去自会留神。公婆不必多忧虑，我祭扫夫坟就转身。"

当时拜别走向街头去，只见杨柳垂丝景象新。看看步出荒郊外，又见雨色连云动她的心。正是清明时节纷纷雨，你看路上行人欲断魂。岭上莺啭细细响，涧底蛙鸣处处音。又见牧童吹那短笛子，凄凄切切越发伤神。他们说道："牛背稳，可笑那争权夺利人！"多少富家的儿女，衬红穿绿弄笑颦。也有三三两两去寻春，慢慢踱着向前进。你看那新死了丈夫是这样哀哀哭，也有些年年扫墓你道多么殷勤？还有幼年孩子没父母，手拿纸帛乱纷纷。也有些不知坟堂何处是，就向路旁烧纸表他的诚心。我想世间多少人悲切，真是一度思量泪满襟。

过了许多坟和墓，抬头不觉到她夫坟。上前忙把青苔拂，悲哀痛哭泪淋淋。忙下礼，苦加增。“夫呀！你在黄泉听我言陈：我是雪梅秦氏女，爹娘指腹与你订婚。可怜我未逢夫面今日把空房守，菽水承欢侍你老人。今天我俩上坟来祭奠，略表夫妻的情分。万望你有灵来飨纳，免令我俩泪痕深！”

“初杯酒，恨未成双！亏我十指纤纤炷炉香。坟前品物般般有，怎么不见我夫尝？须知薄酒家无酿，祈鉴飨，酒筛坟台上！夫呀！你在九原可晓得我这般凄凉？”

“二杯酒，泪盈腮，血泪如珠滴坟台。当前酌满杯中酒，且作今时合卺杯。一念至诚同日醉，无可奈，亲爱人何在？夫呀！跟你同归地下，方得开怀！”

“三杯酒，怨无缘，纸钱纸帛迎风卷。夫呀！你且将盘费带落黄泉！”

祭已罢，闷沉吟，敛衽低头嘱咐君：“君呀！爱玉妹妹已怀孕，愿无灾难产下儿男！一则白发公婆有靠倚，二来教我有点慰安。”嘱罢两人情惨戚，抬头只见日落西山。爱玉伤心偷自苦：“姐呀！就让哭死不能教他复生，劝姐不要多怀恨，黄昏只怕路难行！”

雪玉两人移步走，含愁忍恨出山阴。一心似箭归家急，可怜孤月照着那新坟。

木鱼的词多半用广东方言做成，而且是妇女的口吻，非常难读，这篇经过几番修改，才成功了这种半文半白的体裁，其中太欠解与太陈腐或不叶韵的所在，删改不少。原文是从妇女的手抄本录出，坊间没有刻本售卖。因为它是妇女的手抄本，别字很多，我敢相信，除掉喜欢研究下乘（？）作品和“做工不吃饭”（这话似乎欠通）的我，再没有一个广东人能够把它弄清楚。

一九二八，六，二，写后附志

○ 原载于《妇女杂志》1928 年第 14 卷第 12 期

校点《粤风》后记（节选）

1929

——左天锡

《粤风》四卷（清·李调元辑）

已经是两年前的事，东方图书馆刚刚开幕的时候所给予我的最饱和的愉悦，要算那时几个月内我从中搜集到的不少的关于粤歌的有趣的材料。

本来那时我已有意校印《粤风》（见《刘三妹故事》与《粤风续九》及《粤风》文，北大研究所《国学门》月刊一卷五号），却因有许多书籍一时不能见到，许多问题不能即时解决，便中途搁置。一直等到去年暑期脱离湖南某校的教务再走上来上海的旅程时，偶然从旁的刊物上看到《文学周报》广告的目录（二百五十五期《重编〈粤风〉引言》），才知道我尚来深感兴趣的《粤风》已由钟敬文君重编出来了，这是多么使我感到愉快的事，我想在那时恐怕再没有比我更这样一路地从楚尾而到吴头的记挂着《粤风》的了。

我到上海进旅馆的当晚，便从四马路寻到五马路一直找到亚东书局，买到我一路馋想着的《粤风》。这样小小的册子一到手时的确使我惊异，以为《粤风》决不至稀薄到这个怪可怜的样子，但也随即了然是割裂出一部分而另一部分是要等翻成白话再印的缘故。这虽然是太可不必，却不失其为钟君个人的美意。而最使我失望怅惘的，是从顾颉刚君的序以至全书中的许多不是不可以免除的粗率和舛误。这使我对于《粤风》觉得仍有校印的必要。并因此而涉及

《粤风》的本身诸问题，以及与粤歌有关的各节，以向来所集的材料，写为此篇。

我最初看到粤歌而感到愉悦的印象的，是民十在长沙城南书院时读梁绍壬《两般秋雨盦随笔》“粤歌”的一段，觉得梁氏所谓“词必极绝，情必极至”，确实不是过誉。而且从“歌辞不必全疋，平仄不必全叶，以俚言土音衬之”这一点去看，不特是可以窥见诗歌产生的初型，和穆尔顿（R. G. Multon）认为是文体的基本原素的“谣舞”（Ballad dancl）一类（苗人的跳月便是最显明的例子），就是在诗歌的规律的解放的意义上，也有极不可漠视的价值。

搜集民间歌谣是近几年来文坛上最热烈的一种工作。我们固然很盼望最近有搜集粤省以及各地的现时流行的歌谣的各种集子出现，而这种总结旧账的工作，也正值得我们去做。一方面仍然可以给我们研究文学史、民俗学和爱好歌谣的人们以不无少补的方便。

在过去的历史中谈到民歌而为人们所乐道口中若有余沫的，怕没有更有胜于谈粤歌的罢，若明屈大均的《广东新语》，清王阮亭的《渔洋诗话》、梁绍壬的《两般秋雨盦随笔》、李调元的《南越笔记》《雨村诗话》《粤东笔记》、黄公度的《人境庐诗草》、花溪逸士[①]的《岭南逸史》和近人徐可仲的《清稗类钞》（按：此书《粤歌》一节，多抄自《南越笔记》）等，多喜欢从事征引，赞赏不遗余力（可惜他们大都是用欣赏的眼光挑选一二句。近人胡怀琛君编的《民歌研究所》举粤歌多系残缺不全，就是因为他取材于这些诗话或笔记的缘故）。而从事有组织的记载的，最前而又较完备的要算清吴冉渠的《粤风续九》，不过现在却只能看到陆次云的《峒溪纤志志余》和李调元的《粤风》两种罢了。

这两种书都同时被收在李调元辑的《函海》里面。在这学术思想极端专制的两百多年（相当于《志余》出版之时）以前，居然有人留心那些“其词淫，其思荡”的“侏离之音”（王阮亭语），不可不说是一个可注意的奇迹。不过《志余》所收不多，而后起的《粤风》却比较的丰富多了。两书的内容如下列：

《峒溪纤志志余》（一卷），（清）陆次云撰：《苗歌》（九首）在《粤风》里，

① 编者注：《南国月刊》中此文原刊为“梅溪逸士”，然《岭南通史》作者黄岩，字峻寿，号耐庵子，花溪逸士。故此处似为左天锡误笔。

统入粤歌；《猺歌》[1]（三首）；《狼歌》（一首）唱答各一节；《獞歌》（一首）《流幼扶放城》；《蜑歌》（四首）。

《粤风》（四卷），罗江李调元鹤州辑解：卷一《粤歌》，睢阳修和原辑（二十八首，又附《蛋歌》三、《沐浴歌》一）；卷二《猺歌》，潼水赵龙文原辑（二十首，又《布刀歌》一首）；卷三《狼歌》，东楼吴代原辑（唱、答各十一节，又《扇歌》《担歌》各一首）；卷四《獞歌》，四明黄道原辑（《进山踏歌》一章七节，附《流幼扶放城》一首）。

因此我们要顺便在此回溯一下搜辑粤歌的历史问题，那末，我们就可以发现李调元虽然对于粤歌有十二分的爱好与珍惜，甚至于在《童山诗集》《粤东皇华集》里面有多少是模仿粤歌谣体裁而作的诗歌，但从民众口中写录出来的（朴社出版的《粤风》，顾颉刚序谓："在歌谣上则有明代的杨慎和清代的李调元。杨慎著有《古今风谣》一书，是歌谣专书的鼻祖。不过从书本上搜辑，实际仅有古歌。到了李调元，才敢更进一步，从民众口中写录出来。不能不说是极大胆的创举。"）决不是李调元的创举，这一点不可不辨。我们且看：

峒溪歌谣数种，约数百篇，兹各取其一二，以概其余。次云得之王大司成阮亭先生者。先生题其篇端曰："余旧闻粤西獞猺之俗，以歌自择配偶；然不知其歌辞为何等语也。顷宋牧仲郎中贻《粤风续九》一卷，凡粤西狼、獞、猺人之歌悉备。其词淫，其思荡，其语乃古艳与古乐府差近，亦删诗不废郑卫之遗意也。此书为浔州司理睢阳吴冉渠所辑。其云：'修和惟克甫者，托名子虚也。'"先生之言如此。噫！微先生好奇领异，云何以得全《纤志》一书。谨志其缘，俾天下闻所未云者，知所自也。

——《志余》陆次云自叙

这不是明明白白的在《粤风》以前已经有了搜辑歌谣的《峒溪纤志志余》，而且实际从民众口中写录些歌谣出来的，不是还有更前的吴冉渠吗？我们只要看《粤风》卷一，便显然写着"睢阳修和原辑"。而《志余》的著者，更尤其明白地说出他那书是"各取其一二"于《粤风续九》。

① 编者注：左天锡在此原文中均作"猺"、"狼"、"獞"，盖彼时皆沿袭旧时用语，为保持原文之风，不作修改。

因此，我们与其说从民众口中写录些歌谣出来的创举归根于李调元，那末，还毋宁归根于《粤风续九》的采录者吴冉渠还比较妥当些吧！与其说是推崇李调元的“创举”而珍贵《粤风》，还不如说是追悼亡故的《粤风续九》是而珍重《粤风》。

“峒溪歌谣数种，约数百篇”，这是多么丰富值得我们仰望的一部民间歌谣集，纯粹的民间歌谣的采录者，二百数十年前的吴冉渠真要首推一人了！

我们只要留心到《志余》所有的，《粤风》都已收入这一点上，那么，无论《粤风》的一部分是直接或间接抄自《粤风续九》，总可以说是和它发生有很重大的关系。就是《粤风》之成，也未始不是《粤风续九》给它的一个有力的暗示。

复次，我们在此说一说《粤风续九》出版的年代，以及《志余》的《粤风》的出版年代的先后。

要知道《粤风续九》出世的年月，是一个最无凭借的难得确切解答的问题。不过我们已经从陆次云的《峒溪纤志》《志余》的自叙上知道他那用作蓝本的《粤风续九》是借自王阮亭的。因此，我们不难找得一个不致十分错误的解答。

> 粤俗好歌……同年睢阳吴井渠（井，疑系“冉”字之误）为浔州推官，采录其歌，为《粤风续九》。
>
> ——王渔洋《池北偶谈·艺谈·粤风续九》

《池北偶谈》自序为康熙辛未（即康熙三十年，民国纪元前二百二十年，公历一千六百九十一年），阮亭自称和冉渠同年，那末，《粤风续九》在那时已经出世，至少隔现在（一九二八年）已经不止二百三十七年了。

至于《志余》出版的年代，虽较《粤风续九》为后，然而有《池北偶谈》时，《志余》当已出版，大约隔现在也在二百三十七年以上。

《粤风》的出世的年代，据比较可靠的证据，至早当在乾隆甲午（三十九年）迄丁酉之顷（四十二年，民前百四十年，公历一七七八年），和吴冉渠的《粤风续九》约要相隔八十七年。那时李调元刚好三十七岁到四十岁。（按：嘉庆八年，李氏寄袁子才书：“先生今年八十八，调今年六十六，老皆至矣。”可见李氏生于乾隆三年也。）

从乾隆甲午起，李调元才到过两广。他到广东，却有两次。第一次是甲午年的五月，他受命为副主考，随同正主考官王懿修到广东去典试，但刚走到三水县时（同年九月），又接到放广西学政的命令，便又折往广西去了。（《童山文集·奏典试广东消差褶子》）不过他在广西并没有住多久，便提升考功司员外郎了，这就是第二年的事。（同书）

第二次便是丁酉年（四十二年）的冬季，他到广东赴学政任。在这以后的两年内，因为考校岁试，他跑的地方非常之多。

> 窃臣于四十三年二月初三日自省起程前往肇府考校所属文武生童岁试，以次接考罗定、南宏、豁州各属。闰六月十六日，回省考试府属。又九月初十日自省起程，岁试潮州、嘉应、惠州、三属。本年正月十一日回省，即于二十一日自省起程，考试高州、廉州、需州、琼州四属。共考过十府三州。
>
> ——《童山文集·奏考竣岁试情形褶子》

他又说：

> 予自甲午典试广东，惜所览仅五羊城而止。岁次丁酉之冬，复来视学，此古太史辖轩乐访之职也，遂得遍历全省诸郡县。
>
> ——《童山文集》

这样的机会，当然是搜集民歌最好的机会了，确实的，他自从有了这个机会和粤民歌接近了以后，他不但对于这些民歌十分爱好，还仿效这种体制作过不少的歌。他在刚到两广的时候便已这样了，我们只须读《童山诗集》便可以察出一个显然的痕迹。在那诗集的甲午的下半部，不独有《淘鹅谣》《花燕》《青雔》《采珠曲》《踏潮歌》《浪花歌》《蕉布行》等是显然的例，而类似的作品更是不少。所以这个时期是李氏和《粤风》最接近的时期。《粤风》的编定，一则由于他的爱好与关心，而他之所以从事辑解者，正因为他在那里有长久的一个时期可以渐次了解那些异族的语言的缘故。

谈到这里，我们又要想起《粤风》搜辑的内容的话。《粤风》凡四卷，总题虽为“罗江李调元辑解”，但每卷之首又各有原辑的人名：卷一的《粤歌》是睢阳修和，卷二《猺歌》濠水赵龙文，卷三《狼歌》东楼吴代，卷四《獞歌》四明黄道。他们是河南、安徽、浙江人，如何会去搜集粤中各族的歌谣？顾颉刚谓“颇疑他们是李调元的幕僚，在李氏游宦粤中的时候得他的指导而辑成的”（朴社出版的《粤风》顾序），但我以为赵、吴、黄的原辑虽不可考，却很难说是和李氏是同时的人物，至于睢阳修和就是睢阳吴冉渠的笔名，我已经在前面说过，他就是《粤风续九》的辑者，和《粤风》出世的年代至少也要早八十七年，就万不能说他是李氏的幕僚是至明确的事。所以要是依照顾先生的说法，就未免牛头马嘴有些不对了。

这样，我以为我们在研究搜辑《粤风》的观点上，要是以李调元为中心的话，决难免没有妄谬的揣度。至少要先让出《粤风续九》的作者吴冉渠才对。

再之，要是当李氏辑《粤风》而《粤风续九》仍是存在时，则李氏对于赵、吴、黄诸原辑也难免有同样的割裂的所在。我们要寻找《粤风》原辑内容的本来面目，便不能不有这样的怀疑而过于推重李氏了。

因此，在《粤风》搜辑的问题上，最是值得我们研究的，还是《粤风续九》的下落。我颇疑心当李氏辑《粤风》时，《粤风续九》仍是存在的，而它的没落是李氏家被兵燹而烧掉的。

因为当时书籍的刊行决没有现在铅字机器这般便当，而歌谣一道更为当时士君子流所鄙弃，所以《粤风续九》或系当时一个孤行的抄本。并且陆次云是钱塘人，王阮亭是山东人，王得自宋牧仲而又送给次云来成《志余》，认为是一个孤本，是有几分的理由的。李调元辑刻《函海》时在《志余》卷首上附记着说：

《峒溪纤志》三卷《志余》一卷，国朝陆次云撰。《志余》一卷则皆苗蛮歌谣，自吴淇（按：即吴冉渠）《粤风俗》采出者也。

《粤风续九》又名《粤风俗》（写到此处，忽忆起胡怀琛在《民歌研究》九七页上以为吴冉渠作《粤风》，则又不免为耳食者之论了）。这话似乎还没有第二人提起过，并且他特为这样表出却没有说到已佚的话。而《粤风》卷一的标着修和原辑，都很可以说是直接取自《粤风续九》，而不是取自《志余》的。

李氏倦归后，家富藏书，尤多抄本，《粤风续九》谅想是其中之一罢。

闻万卷楼火，和潘东庵三十韵并序。

调元家世藏书，有楼五楹，名曰“万卷”。分经史子集四十橱，内多宋椠，抄本尤伙。四月初六日被土贼火焚。余时在成都，闻之一恸几绝曰，“烧书犹烧我也”。友人潘东庵用为起句作诗见念，因和成哭书诗一首。

——《童山诗集》卷四十《庚申下》

这首哭书诗做得非常沉痛，内有“哭罢天亦愁，白日变阴晦”。以后他还写信寄他的好友袁枚说藏书被毁的话，并常做诗寄他的哀思。过了两年，还有一位名叫增生的寄诗安慰他，内有“能窘墙面客，难穷腹笥才。老人休叹息，函海未烟埃”的话，这也可以想见李氏藏书除《函海》以外统被士兵毁去了的。

万卷楼被火的那一年，是嘉庆五年。那时李氏已回到四川，隔他在广东做学政时已有二十三年。他的藏书都是历年在外游宦时所收藏的。《粤风续九》或者就是那时被烧掉的。

这就是我对于与《粤风》极有关的《粤风续九》的下落的推测。

关于《粤风》本身的问题，至此似可告一结束。

……

粤歌既这般丰富，于是对于歌的起源也就有了一种凄丽的传说。大约每个地方对于他们所唱的歌的起源都有一种传说，也和苗、蛋等民族对于他们种族的起源有一种传说一样。不过粤歌的起源的传说，更为我们感兴味。

据说最初造歌的人叫刘三妹，今叫“歌仙”，为粤民及苗、猺、狼、獞等民族所供奉的女神。清人陆次云撰的《峒溪纤志》《志余》上记有“声歌原始”，是记载这个故事的。

声歌原始，诸峒溪初不知歌，自刘三妹始也。三妹不知何时人，游戏得道。于山谷侏离之音，所过无不通晓，皆依其声，就其韵而作歌，与之以为谐婚跳月之辞。其人各奉之以为式，苗歌有云：“读诗便是刘三妹。”则非惟歌之，而且读之以为识字通文之藉矣。其时，有白鹤秀才者，亦善歌。与三妹登粤西七星岩绝顶相唱酬，音如鸾凤。听之者数千人，皆忘返，留连往复。已而，声寂然。见两人亭亭相对则已化为石矣。至今月白风清之夜，犹隐隐闻玲珑婉转之音。诸苗猺狼獞之属，遂祀刘于洞中勿替。后有作歌者，必先陈祀于刘，始得传唱。其南山之南，别有三妹洞，闻游人遥呼三妹，妹辄应云。

和陆次云同时的王士祯（阮亭）在他的笔记《池北偶谈》里面却指出刘三妹是唐神龙（中宗年号，公历七零四——七零六）时的贵县水南村人，和她和歌的少年白鹤秀才是邕州人。

相传唐神龙中有刘三妹者，居贵县之水南村，善歌，与邕州少年白鹤秀才登西山高台，为三日歌。秀才歌《芝房》之曲，三妹答以《紫凤》之歌；秀才复歌《桐生南岳》，三妹以《蝶飞秋草》和之；秀才忽作变调曰《郎陵花》，词甚哀切，三妹歌《南山白石》，益悲激，若不任其声者，观者皆唏嘘。复和歌，竟七日夜，两人皆化为石。在七星岩上，下有七星塘。至今风月清夜，犹仿佛闻歌声焉。

但明屈大均撰的《广东新语》里面的《女语》却这样说：

新兴女子有刘三妹者，相传为始造歌之人。生唐中宗年间，年十二，淹通经史，善为歌。千里内，闻歌名而来者，或一日，或二三日，卒不能酬和而去。三妹解音律，游戏得道。尝往来两粤溪峒间，诸苗种类最繁，所过之处，咸解其言语。遇某种人，则依某种声音作歌与之唱和，某种人奉之为式。尝与白鹤乡一少年登山而歌，粤民及猺、獞诸人围而观之，男女数十百层，咸以为仙。七日夜歌声不绝，俱化为石。土人因祀之于阳春锦石岩。岩高三十丈许，林木丛蔚，老樟千章，蔽其半，岩口有石磴，苔花绣蚀，若鸟迹书。一石状如曲几，可容卧一人，黑润有光，三妹之遗迹也。月夕，辄闻笙鹤之音。岁丰熟，则仿佛有人登岩顶而歌。三妹今称“歌仙”。凡作歌者，无论齐民与狼、猺、獞人、山子等类，歌成，必先供一本，祝者藏之，求歌者就而录焉，不得携出。渐积渐厚，遂至数箧。兵后，今荡然矣。

这样，刘三妹的生地就有两说：（一）贵县。在广西浔州，即桂林县，属现在南宁府。（二）新兴。在广东肇庆府。祀三妹的地方有说是在七星岩的，也有说在阳春锦石岩的。不过七星岩确是在桂林，即贵县的城东。或者说三妹是广西人比较切近事实呢。然而传说总是传说，不必这样斤斤地考求，反而弄得索然寡味，只要能玩味它的本身，知道它是流行两广也就够了。

……

附记：

这篇文字是去春住在闸北的时候费了四五天的工夫整理出来的，至于里面的材料的搜集却是三年前的事，因为自己生活的不定，便把它搁置了。

这次从椰树的国度里回来，又偶然碰到广州去，才知道《南国》快要出版，而我这篇百衲似的稿子，居然搁在田先生那里没有扔去，这虽然使我窃自庆幸，一面又觉得自己太粗疏了。

在广州晤见中大的到广西猺山采某生物标本的辛树帜教授，又读石声汉助教用罗码字记音的九十多首的猺歌，得到不少的印证，但这稿子已经付印，来不及整理得像样一点，这是应向读者抱歉的。

本来我曾经把《粤风》细细地校点一过，想把它付印才做了这篇文字，然而我现在倒觉得《粤风》之付印与否似乎无关宏旨，但这个题目却因付印的关系不及更改了。

二九，四，正，补记

○ 原载于《南国月刊》1929 年第 1 期

评《广州儿歌甲集》

1929

——招勉之

此刻世风似乎渐古，尤其是洒家的南国故乡，今天早上读报纸知广东教育部已决定中等教育男女实行分校，《周南》启化，《关雎》有佐治之功，五世其昌，两性有如宾之教，则作书后大约不妨事之至。虽则，或有人以为不时髦。替伟大的作品著述作书评，不难纸贵洛阳，但小品、儿歌怕不易有什么波浪的。因为如今的文坛里好像除了创作、主义、翻译……外，似乎不容别的小东西立足似的。正如要救国一定用枪，文艺思潮是用不到一样。由它去，谈我们的。

中国各地的民间文艺，此刻还都像广东的琼州岛，不曾有多少人实地去开发过。要是给了洋鬼子经营，今日之琼州总比印度之锡兰和远东的香港高明多了，可惜至今依样葫芦，空教洋人垂涎三尺！所谓的民俗学和民间文艺的园地，正不殊于今日的琼州岛呢！打开最近别发图书公司的西书目来看，关于研究中国民俗的书，委实比我们自己所开发的多得多。厚厚的册子，美丽的图画，印刷的清楚，虽则内容或许含有不少因隔膜而错误的地方，但咱们中国人，咱们中国的读书人，也就不免惭愧了吧。一脉斯文而又耻于当农夫或工匠去征服自然的读书人，难道不知道文艺界里有这一大片的荒地！

说来还好，有人肯自己充军去开垦了，民间文艺的园地年来已开拓了一些，虽则仍没有多少人看重似的。无论如何吧，有了园地，又有人肯去栽培，什么老头子们所说过的“绿叶成荫子满枝”和“亭亭如盖”的话是总有一天可以实现的了。

听说广东的当局已派有得力的人员去开发琼州了，近来，同时又知道中山大学里的民俗学会又很发现了几棵荒原里的野花，这在广州城里，或广东省里，不能不说是一个有价值的发现！招子庸在《粤讴》里也曾说过：

“人话好极都系野花唔得矜贵！”（唔得矜贵 = 不得贵重）

“做乜贪花人仔偏向野花迷？”（做乜 = 做甚）

广州的文坛里总算有贪花人仔去向野花迷了，我希望人们能把这些野花好好的栽培和努力地继续搜求下去。

在这些野花中我看过了刘万章先生所编的《广州儿歌甲集》，忍不住要说几句话。在这样荒芜的一片地中有刘先生肯去发掘，无论成绩若何，我们只有佩服和感谢，尤其是在好大喜功的漩涡中之广州，有谁肯留心到这些小事！

说话要捧场，有时或许会说到不成话。说话要骂人，那是文坛常有的事，但在我们这荒芜的民间文艺的园地里似乎没有这种现象，而且为着鼓吹人们来开垦的缘故，除了欢迎以外也不应有这种现象，也用不着这种态度，我所忍不住而要说的几句话只不过是妄参末议吧了。关于这一点请刘先生明察，不要误会。

①

有几只歌儿似乎是漏了句子的，自己从前也曾唱过而且也听人唱过，如第二十首里的《麻雀仔》，以我所知道是：禾雀仔，跳瓦坑，咁大男孩未曾做过外甥。舅父声声留我食晏，妗母唔声即着要行。

第八十八首是：龙舟舟，出街游，姊妹行埋唔好打斗。封封利事过龙头，

① 图注：《广州儿歌甲集》，刘万章著，国立中山大学语言历史研究所 1928 年刊行。

龙头龙尾添福寿；小朋友平安到白头！

（注：利事，用红纸包钱给人以示一己的好意，广州人很通行的。封封 = 封一封。）

第九十首是：点着花灯拜大神，保佑爹爹多贮银，贮到百银起大屋，年年买盏大花灯，灯呀灯，拨开花朵大多银！

另外有些地方是收集人改了一些面目似的，这当然不怪得刘先生，因为他也是从别人手上编过来的，如第十九首似乎是：禾雀仔，担竹枝，担上岗头望阿姨，阿姨梳只嘛啰髻，摘朵红花伴髻围，腰带又长脚又细，咁好花鞋跻落泥！（担 = 衔）

第二十五首的"唔洗"之"洗"字似以改为"使"字为宜，唔洗 = 唔使，而唔使 = 免使，这于读音无妨，而且可以使外省人也较易明白。

第三十八首是这样的一只催眠歌，母亲或乳母背负着小儿谓之"爱"（音 Oy），与"孩"字是同义的。"爱"起小儿在屋子里来来往往地踏着缓缓的方步，口中便唱这歌以催眠道："爱姑（或'珠'或'猪'）细，爱姑眠，爱姑唔眠大棍先；先得一身藤条 Lung，眼泪唔干实见可怜。"（先 = 鞭打；Lung= 痕）

……

或以为编民间歌谣应该注意的事有四点：

一、是使本国人明了（或一切读者）歌谣的意义和发音，故批注当不妨详细些，谨慎些，因为倘使别人看来不明白，难保其不被看官们奥伏赫变[①]于故纸堆中而不复看的，特别地是在今日的懒惰的小资产阶级根性未除的中国人会犯了这样的毛病。

二、是歌儿的排编，似乎应该分分类以醒人耳目，增加读者之趣味。至于怎样分法那都不妨由编者自己的欢喜。例如就在这本《广州儿歌甲集》看来，有些是接字的，有些是儿童游戏的，有些是妈妈催眠用的，有些是表现被压迫的可怜的，有些是普通随口唱的，实在很可以分分开来。

三、是编者应该自己加以谨慎的考查，若有疑点的材料，却又不愿舍弃，

---

① 编者注：德语原词 Aufheben 的音译，哲学术语，即扬弃之意。在事物新陈代谢的过程中，对旧事物取其精华，去其糟粕。包括否定、保存、提高三重含义。

不妨自己也打一个“耳朵”于其间的，就在这书里很有许多连广州人也看不懂的地方，如九一首的“吃条赤乃望天龙”，九七首的“有的大奶望天龙”也没批注，也没打一个“耳朵”，那是令人莫名其土地堂的。

四、是印刷要讲究些，至少错字不要太多，像这本书的封面也还很使人看来觉得有趣的，可惜在勘误表后错误仍然是层出不穷。字模似乎旧得可观，怕是已经用过一年的了。

编者搜集来的功劳，我们只有感激，看刘君之自序，便知他的来源凡三：一是广州的日报的，二是做小学教师的朋友搜来的，三是直接叫善歌的小孩唱的。广州日报的来头实在有点不大靠得住，试想广州的日报对于哪一件新闻界本身的事业都弄到无精无彩，教人不愿意看，何妨对于区区的儿歌，他们哪里当它是一回事，随随便便登载吧了。由此看来，由日报来的是间接的间接的间接，由小学教师来的是间接的间接，因为广州小学教师大多还是圣人之徒（这就算是得罪了吧），无论如何是不及旧社会里的妇孺们口中所述的来得真切了。

由刘先生自己直接搜来的，我相信一定比从以上两个来头高明些的，这便是到民间去的好处。不过在刘先生的自序里说是“直接叫几个善于唱歌儿的小孩唱给我听的……”这几个不知数目多少，我以为多听几个好些。刘先生的乙集，我相信一定可以出版了，多和小孩们往来是多么有趣的事！小小的红润的天真的脸儿，你可以亲亲他们或她们，倒不像对待那些“月上柳梢头，人约黄昏后”般人物的鬼祟！

另外也想起一些大同小异，和小同大异的几首歌儿来，也是广州儿歌之一，写下来凑凑热闹：

打板仔（同第三五首）

买咸鱼，咸鱼淡；买乌榄，乌榄甜；买只添，人唔俾（俾＝给）。Dum 地攞翻钱别处买（Dum= 顿）。浸牙甜，甜 Nug 牙（Nug＝苦味）；攞啖茶，茶又冻；吸屎瓮，屎瓮香；买斤姜，姜又辣；买菩达，菩达苦；买猪股，猪股嚣（嚣＝音 un，有劲也）。买担粪，粪落田；买张镰，镰嘴薄；买只鹤，鹤嘴长；买只羊，羊咩叫；买只猫，猫鼻赤（赤＝刺痛）。抓上壁，跌翻落来跌亲个大背脊！（亲＝着）

又同样在二九首里也记起一首：

鸡公公，莫如扒草莫扒葱，扒到江头捞韭菜。韭菜开花满地红，大姊行埋摘朵戴，二姊行埋衫袖拢。拢去边？拢去妹插花筒，插起花筒正面坐，人人都话我妹咁好颜容！

又第三六首外有：

拍大髀（髀 = 大腿之上部），唱仙歌；人人话我无老婆，等我的起心肝来草（娶）几个，呢世唔忧无老婆！（呢 = 这）

其他还有不少想起来的，一时不愿意多写了，况且自己又不大在行的，还是质诸高明吧。总之刘先生供给我们以这样丰富的一本材料，实在不是我这篇拙劣的书评所能追随，而且就使强而后可算是补遗的书后也，还有不少的罅漏，不过举出来和大家谈谈吧了。

八月一日早

○ 原载于《文学周报》1929 年第 7 卷第 326/350 期

吾邑民歌

1934

——大华烈士[1]

吾邑者何？故国务总理、外交部长……（官衔太多不能尽录）伍公讳廷芳，号秩庸老博士及故司法总长、都司令部都参谋……梁公讳启超，号卓如，别号任公，又号饮冰室主人之本邑也，亦即驰名全世之葵扇、甜橙与亚驼霉姜之出产地，广东省广州府四大县之一，新会县是也。

查敝邑除出产此等伟人、文豪及好用好食的东西之外，尚有一种歌谣，有调有韵，似词似诗，自成一格，流行民间，妇孺拍大髀唱之，津津有味，朗朗可听。惟外人鲜有知者，一任其埋没不传，甚为可惜。今录而发表之，以增加文坛之光荣，以充实文艺之丰富，以供给学者文学之研究，更以宣传吾邑文化之特色。呜呼，鄙人之责任与工作不其重要乎！“闲话少说，书归正传。”

此种民歌，原有一定之格调、音韵，惟字句之平仄似无关系。歌词共八句，句之字数为五、五、七、七、三、五、七、七，各皆押韵，平仄通用。歌辞或咏故事，或表感情，或揭发阴私，一如其他民歌，每用土话字眼，不懂方言者便难明白。下录数首系流行于新会城民间者，故事及土话均须为之加批注，读之可见一斑。

① 编者注：简又文，字永真，号驭繁，笔名大华烈士。广东新会人。太平天国史专家。曾任冯玉祥军中政治部主任、广州市社会局局长、立法委员、广东省文献会主任委员、香港东方文化研究所研究员。著有《太平天国典制通考》《太平天国革命运动史》《太平天国杂记》《金田之游及其他》等作品。

我最爱《贪心不足歌》一首，此歌句句皆充分表出题目主旨，确有些文学意味而亦幽默可赏，其词云：（内有数字经我改过）

彭祖怨早死，洪武嫌位卑。甘罗犹恨功名迟，石崇重话穷过鬼。杨贵妃，自嗟貌不美。人说关公无忠义，汾阳悲叹子孙微。

有一跛子，在剧场上被人“吊挞沙”（粤俗话，偷鞋也），乃出一赏格云：

出帖人阿跛（读如卑，归韵），住在大新街。盘古初开买对鞋（古色古香可想），因为旧年掌过底（重修鞋底也）。没仔细，唔知赖去乃（言不知道遗失在哪里也）。出花红钱二百块（二百文耳），有人执倒吃咸泥（邑人俗话呼粪曰咸泥）。

《嘲丑妇歌》云：

头额面不洗，脚带随地带。时常着对翻底鞋，衫钮唔扣露出奶（唔，不也）。这个妻，难为渠夫抵。行过掩鼻唔愿睇，犹如好粪未搅泥。

有男人外出，中夜始归家。其妇已入睡乡，良久方出应门。其人怒甚，入室后痛殴之。妻乃哭唱一歌，凄凉悱恻，恍似古之闺怨词也，歌曰：

灯盏油点尽，待久眼亦困。霎时一阵瞓入魂，耳边听闻郎叫紧。就起身，何尝停一阵？估话开门打两棍，谁知周身打到晕！

其夫不忿，亦唱歌驳之：

佢讲佢道理，唔讲你唔知。此人个胆大过皮，喊起来时嗡嗡鼻。诈唔知，犹如风吹耳。因此令我门口企，这样谁人无火气？（唔，不也）

新会城昔有土豪恶霸郑某，原系在县衙当差役头领出身，赚得不少作孽钱，遂大摆富人架子。有一次在家请僧人为其亡父超度，大做法事，张扬殊甚，邑绅萧孝廉恶其气焰迫人，矜骄过分，思有以惩之，乃做一歌词白抄，张帖通衢以嘲之云：

西天有位等，无善也难登。福人自有福路行。问你父亲何品行？恶兼倾（读如肯，去声，凶猛也）？阴司律极猛，超度阎君都不肯，打落酆都十三层。

郑读此歌，气恨极，顾犹未知是萧绅所为也，立出花红五十两以捉拿此出白抄者。萧复撕其红帖，再贴上一首：

歌不是话郑，歌上无你名。大胆奴才发乜声（乜，甚么也），红纸入衙攞你命（言绅士面子，一张红简帖送入官衙禀报，取你性命也）。锁住正，打入监牢定（定，粤俗话谓地方也），三块无情枷住颈。试下歌伯灵唔灵。

以上数歌，均为家堂兄权大哥为我所述者。曩游南洋时，每于晚饭后在二楼上大哥用正式新会乡音低声唱出，音韵悠扬，字字有味，真有“一唱三叹”之妙。附志于篇末，所以致谢也。

上文书竟，本已搁笔，越多日，文思继续涌起，且诗兴勃发，手指作痒，不禁再拈秃笔，谨按格调，写成八韵：

咋唔王鲲记（同患难共幽默之吾友也），咄咄称怪事。为何未死称烈士？有心为我做墓志。谢盛意，这个怪名辞，原来音译俄罗斯（吾邑乡音斯字读去声），不是猛鬼是“同志”。

按：“大华烈士”即俄文“同志”之音译。曩在西北军中，时值亲俄联共政策盛行非常热闹，袍泽们均以此名辞相称呼，或有相戏简称作“× 大娃”者。余初写《西北风》，随意署此笔名，以留纪念，原无他意。不料侪辈不明真相，多就字面解作“大中华民国的猛鬼”，而辄以此相谑。余日受此毒咒，寿命不难为之促短数分钟，甚或几小时。呜呼，吾为此惧！因趁此机会，说明笔名来历，用释群疑，并以延年益寿云尔。

〇 原载于《论语》1934 年第 42 期

广州的民歌 1936

——孔藏

一国的文学，就是国民性的反映，民歌也是文学，就是反映之一。民歌是一种创作的艺术，是绝对不能摹仿的，所以没有相当的天才，是不容易创作的。广州的民歌不少，假设能费短时间的研究，必能感着浓厚的趣味。这些乡妪村童信口拈来的民歌有一种天然的音韵，为文人学士的诗赋文章与乎小说戏曲的贵族文学所万万及不到的。

民歌中除了一部分没有归依的，大约可以分作三种：哭丧、叹情、叫卖。

（一）哭丧。

哭丧的风俗普遍内地，而以广州妇女擅于哭丧。广州竟有以哭丧为一种职业，即俗所谓“喊口婆”。哭丧之歌，种类不少，如“喊七”“喊灯笼”“喊落杠”“喊茶”“喊饭”种种，就是那香烛杯碟等纤微之物，都能编成曲调。中年以下的妇女，莺喉婉转，跌宕有节，着实可听。至于那些自伤身世，借题诉苦的，则又凄楚动人，不期而然的酸心坠泪了！如：

落到黄泉你慢慢等啊！等埋小妹一齐行呀！

（等埋就是等候的意思，厌世之意，露诸言语。）

××× 你到阴府黄泉你千万保啊！保佑儿孙福寿长呀！

（在这没奈何之间，既念往日之情，犹为生者默祷。）

××× 手拈清香炉上炷啊！银烛光明你转步回呀！

（这是喊香烛）

×××咁好佳肴丝苗饭啊！九龙山水宜兴壶呀！

（这是喊茶饭。咁好就是很好，九龙、宜兴是物产地名，非有常识的不易历历指出。）

（二）叹情。

女子出嫁的前几天，聚着姊妹（戚表和闺友）在床帐里，拥着毡被，诉说志愿和话别，这就谓之叹情。这种习惯在前几十年尚还盛行，近来虽或有之，然而也在乡间。前几十年之所以盛行，是因为婚姻制度不良，一般女子把出嫁看做人生最不幸的事，所以新嫁娘就借着叹情，把一腔的愤恚抑郁满舒泄出来。如：

保佑你上山遇着虎阿！过桥板断你命丧阳呀！

（这是咒骂媒人，因为她花言巧语，误人一生，所以借着这个泄忿，冀其不得善终。）

×××你妹今生命蹇，你地唔在挂咯！等到阴司轮转再会时！

（"你地唔在挂咯"就是"你们不用挂心了"。所谓"不自由，毋宁死"，而又不能竟死，于是把夫家看做阴司，把出嫁看做死去，把真死看作轮回。当时盲婚之苦，已不言而喻。）

（三）叫卖。

小贩的叫卖声，到处皆是，本不值得写出来。但是因为句句有音韵，有节拍，所以也得叫做是"歌"。小贩是最苦的阶级，既没受过教育，更没有师传可言，然而能出口成歌，极尽口头广告之能事。如：

买一包，三分六，买惯买熟，唔驶找赎，滚水冲得熟，有鸡茸，唔驶落猪肉。

（这是卖陶园面的人唱的。代价之低廉，物质之优美，货物之功用，皆以数言尽之。"唔驶"就是"不用"的意思。）

老人食过又提神，小朋友食过肥腾腾，咳嗽食过有喉痕，一仙有得卖，买的阿妈食吓喇！阿妈话你乖。

（这是卖柠檬霉姜的人唱的，寥寥数语，包罗万象。译作国语就是：老人吃过也提神，小孩子吃过胖得很，咳嗽吃过没喉痒，一个子有得卖，买点给妈妈吃罢！妈妈说你乖。）

其余如：“鸡公仔，尾弯弯，做人媳妇甚艰难”……都是形容婚姻制度不良的结果。又有“绉纱带束腰白草帽”的咸水歌，是表现女子的怀春心理。

这些童谣、民歌就是广州风俗的反映。这是民国十八年我的朋友孔藏先生给我的稿子，我们想刊行《风物》杂志没有实现，现在送给《歌谣》发表。

建功记

○ 原载于《歌谣》1936 年第 2 卷第 4 期

《粤讴》及其作者

1936

——容肇祖[1]

一、粤讴的起源

粤讴的来源，其体制起于珠江的蛋户。现在我先说广东一般的歌谣，大约可分为三类：

（一）山歌，俗以为始于刘三妹。三妹，广东阳春县人，相传为李唐时人，亦称刘三仙女。据方濬师《蕉轩随录》卷九“刘三妹”条云：

广东阳春县北八十里思良都，铜石岩东之半峰，相传为李唐时刘三仙女祖父坟。今尚存，春夏不生草。刘三仙女者，刘三妹也。《寰宇记》《舆地纪胜》均载阳春有三妹山，以三妹坐岩上得名，今不知何在。案：宋乐史《太平寰宇记》卷一八五“岭南道春州阳春县”，没有说及三妹山。大约北宋时刘三妹的传说尚未盛行。至南宋王象之撰《舆地纪胜》卷九八“阳春县景物”下有“三妹山”，下注云：刘三妹，春州人，坐于岩石之上，因名。

《舆地纪胜》书成于嘉定十四年（西历一二二一），可证十三世纪中已盛行了刘三妹的传说了。刘三妹为唱山歌的出名最早者，在传说中，她是以对答山歌无敌出名。山歌的解释，大致可以说是简短的民歌，包括一切的情歌、儿歌

① 编者注：容肇祖，为容庚之弟。字元胎，广东东莞人。毕业于北京大学哲学系。民俗学家。1927年，容肇祖在中山大学与顾颉刚、钟敬文等发起成立中山大学民俗学会，同时创办《民间文艺》（后改为《民俗》周刊）等刊物。著有《先秦法家》《李贽年谱》《何心隐集整理本》《王安石老子注辑本》《吴廷翰标点本》等作品。

在内。屈大均《广东新语》卷十二“粤歌”条说道：“儿童所唱以嬉，则曰山歌，亦曰歌仔，多似诗余音调。辞多细碎，亦绝多妍丽之句。”盖广州一带的儿歌，通俗亦称为山歌。

（二）摸鱼歌，即弹词唱书的一类。屈大均《广东新语》卷十二“粤歌”条说道：

粤俗好歌，凡有吉庆，必唱歌以为欢乐。……其歌也，辞不必全雅，平仄不必全叶，以俚言土音衬贴之。唱一句或延半刻，曼节长声，自回自复，不肯一往而尽。……其歌之长调者，如唐人《连昌宫词》《琵琶行》等，至数百言千言，以三弦合之。每空中弦以起止，盖太簇调也，名曰摸鱼歌。或妇女岁时聚会，则使瞽师唱之，如元人弹词，曰某记。某记者，皆小说也。其事或有或无，大抵孝义贞烈之事为多。竟日始毕一记，可劝可戒，令人感泣沾襟。

总之，摸鱼歌大抵是称谓长调的盲词唱书一类为多。

（三）粤讴。粤讴的产生较迟，其入在文人手里，约始于清嘉庆末年（西历一八二〇）左右。赖学海《雪庐诗话》说道：

粤之摸鱼歌、盲词之类，其调长，其曰解心，摸鱼之变调；其声短，珠娘喜歌之以道意。先生（肇祖按：指冯询）以其语多俚鄙，变其调为讴使歌。其慧者随口授即能合拍上弦。于是同调诸公，互相则效，竞为新唱以相夸。熏花浴月，即景生情。杯酒未终，新歌又起。或并舫中流，互为嘲谑，此歌彼答，余响萦波。珠江游船以百数，皆倚棹停歌，围而听之。此亦平生第一乐事也。好事者采其缠绵绮丽，集而刻之，曰《粤讴》。与招铭山（子庸）大令辈所作，同时擅场。然粤讴中凡善转相关合者，皆先生作也。

这可见摸鱼歌原本于蛋户的歌唱（蛋户即所谓“珠娘”），到招子良、冯询一些文人拟作，即为风行，所谓“同调诸公，互相则效，竞为新调以相夸”是也。“粤讴”又名“解心”，陈坤《岭南杂事诗钞》卷五《摸鱼歌》一首，注说道：

瞽童盲女，街巷所习唱者，大都蝴蝶思花、蜘蛛结网之类，无长什也。狭邪中侑酒，尤属首荐。悉皆借物比兴，写男女之情，或即以所歌之物，包遗同好，故名包心事。有赠有答，答者解其意，亦包物以报，故又名曰解心事。

这样的解释“解心”，或者近于附会。我以为招子庸所编《粤讴》，开始两首，都题作《解心事》。粤中通俗每以书首句称作书名，如千字文称为《天地玄黄》，论语上卷称为《学而》，论语下卷称为《先进》。故此粤讴称为“解心”，是很自然的。

其次，歌曲的唱出是解烦闷的，不必有包心事、解心事的拘泥的解释。冯询《子良诗存》卷二十一《珠江消夏竹枝词》有云：

弹断银丝碎玉筝，晓风残月夜冷冷。

不知解得谁心事，一样清歌百样听。

又自注云：“俚言入歌，能道人胸臆间语，谓之解心事。”

他是最早的作粤讴的文人，这解释是很可依据的。至于文人开始去作粤讴的时候，我以为大约在嘉庆的末季（西历一八二〇）左右，这可从赖学海《雪庐诗话》所说的去证明。他说道：

偶与先生（按：即冯询）论及平生快事。先生言：“少年娶妇日，方加冠，而飞骑报入泮。一衿不足道，而少年以为喜，又适与新婚会，此平生第一快事也。娶妇后，就馆潘氏，潘氏兄弟皆有声庠序，而好逸游。每书院课，先生辄三卷并完，方掷笔，而画舫笙歌已沸，代迎桃叶矣。膏火之奉，足供缠头费。以作文为乐事，不以为劳，冶游盖自此始。及成进士（按：冯询为嘉庆二十五年，即西历一八二〇年进士）归知县班，回籍候次，遂纵意狎游，与吾乡邱仲鱼司马（梦旗）、南海招铭山大令（子庸）辈六七人，剧纵于珠江花埭间，唱月呼风，竞为豪举，大恣挥霍，不数年，家资罄尽，落拓不得志，而需次尚远。

他的在珠江浪游乃举秀才之后，他和招子庸一班名士挥霍于珠江妓女中，乃是成进士归知县班候次之时。他们创作粤讴，大约是在嘉庆末年左右的。

二、《粤讴》的作者

《粤讴》一书，未署作者、编者的主名，然而编著者是招子庸，这是无人不知的。《粤讴》一书，刻于道光八年（西历一八二八）。书首有石道人序。石道人即黄培芳（西历一七七九——一八五九），培芳字香石，香山县人。序说道：

戊子之秋，八月既望，蟋蟀在户，凉风振帏，明珊居士（按：招子庸字铭山，这明珊居士即铭山）惠然诣我，谓然不乐曰：“此秋声也，增人忉怛，请为吾子解之。”……居士乃出所录，曼声长哦，其音悲以柔，其词婉而挚。

[①]

这是明白的说《粤讴》为招子庸所录编的。

其次有珏甡一序。按：珏甡即谭莹（西历一八〇〇——一八七一），莹字玉生，南海县人。珏甡即重“玉生”二字而成。这序说道：

明珊诗老，温李之才，姜张之学。赋朝云暮雨，大有微辞；悦螓首蛾眉，非关好色。闲作冶游，特工情话。迭引曼声，俾成妍弄。赋就石城，酷臧质。谱出前溪，群推沈玩。达可人如玉之情，传着手成春之态。将刀断水，亦逊其缠绵；捣麝成尘，罕如其激楚。合坐皆知李衮，诸伎共白王郎。悦秦观作贵人，目元稹为才子。伤春伤别，唯有司勋，咏月嘲风，谁如学士。流闻已遍，篇什转多。手录口授，都为一集。

这是明白的说招子庸是著《粤讴》者。然而《粤讴》为招子庸编著，其中所作，不尽出于招子庸。如冯询亦是《粤讴》的作者。冯询的弟子赖学海《雪庐诗话》说道：

先生（指冯询）以其语多俚鄙，变其调为讴使歌。……于是同调诸公，互相则效，竞为新唱以相夸。……好事者采其缠绵绮丽，集而刻之，曰《粤讴》。与招铭山大令辈所作，同时擅场。然《粤讴》中凡善转相关合者，皆先生作也。易箦年，偶见公子恩江（玉丰）大令案头有此本，取而翻阅之，因指以示大令曰“此为某作”，而折其角。他时有以问者，先生弗言也。（页二八）

又，招子庸与冯询俱为张维屏（西历一七八〇——一八五九）的门弟子。我的舅父邓尔雅先生曾藏有张维屏手书粤讴数首的扇面。如果他所写的是他自作，则这一次粤讴的创作，有不少的名士文人加入了。

〇 原载于《歌谣》1936 年第 2 卷第 14 期

---

① 图注：《粤讴》，月珊居士著，1828 年刊刻，上海华通作品局石印。

论两广祀蛇之习

1936

——黄芝冈[①]

祀蛇的风习，两广到处都是，推论这风习的来源，不能不谈到蜑人的一种信仰。

蜑人神宫，画蛇以祭，自云龙种。浮家泛宅，或住水浒，或住水栏，捕鱼而食，不事耕种，不与土人通婚。能辨水色，知龙所在，自称龙人，籍称龙户。莫登庸其产也。

——（明）邝湛若《赤雅》

长安有龙户，见水色即知有龙，或引出之，如鳅鱼而已。

——（宋）钱易《南部新书》

潮州蜑人有五姓，麦、濮、吴、苏、何。古称南蛮为蛇种，观其蜑家神宫蛇象可见。

——《图书集成·职方典·潮州府部杂录》

所谓神宫蛇象，最初是画的蛇形，以后，由图腾的祀典到氏族神的人格化了，便不但有人的形象，而且还冠冕堂皇，居然王者。这是由野蛮人的低级信仰进展到较高级的一种必经的阶段，像盘瓠由龍狗到盘王的阶段一样。于是在

① 编者注：黄芝冈，原名德修，又名衍仁、黄素、伯钧，长沙县人。1930年加入左联。先后在复旦大学、社会大学、南京国立戏剧专科学校等校任教，著有《汤显祖编年评传》《论神话剧与迷信剧》《明代初中期北杂剧的兴盛与衰落》《论长沙湘剧的流变》等文。

同书的另一段记载，神宫蛇象又另是一种姿态了。

贺瞻度云：

蛇神，其像冠冕南面，尊曰游天大帝。龛中皆蛇，人欲见之，庙祝必致词而后出，盘旋藻井间，或倒垂枋椽上，或以竹竿承之，蜿蜒虬结，不怖人，亦不怖于人。长三尺许，苍翠可爱。闻此神自梧州来，长年三老尤敬之。凡事神者，常游憩其家，甚有向神借贷者。昔同年萧御史长源为予言，今亲见之矣。

——《图书集成·职方典·潮州府部杂录》

画蛇以祭是祀蛇的第一阶段，王者的崇祀是祀蛇的第二阶段。从这段记载里只知道神的称号是“游天大帝”，神是由梧州而来，其余的便没有了。梧州，是保留着这崇祀的本来面目的像。

青山庙在泗化州，其神曰黄、白、黎、李，俗称五位朝官，常有青蛇绕神衣袖间。每岁上元，洲人赛神，唱下里歌，盖旧俗也。

——《苍梧县志》

但五位朝官并没有游天的称号，如从这称号着眼便不能不说到三界，在氏族神的人格化里参入了中原的道家传说，祀蛇的第三阶段在梧州展开了广大的面目了：

三界庙，一名青蛇庙。庙有小蛇，背绿腹赤，穴神衣袖，飨神饮食，或以手玩之甚驯。倘有虚誓愆期，家数百里，蛇辄为其人索愿，其家为蛇挂红，刻日赛之，呼为青蛇使者云。按：三界姓许，平南人，采樵得一衣，轻如一叶，上下无缝带，内有回字，能召风雨，知来物，播术聚众。宏治中，制府逮至，覆以洪钟，环以积薪，晨夕煅之，发之，无有也。仙衣所被，仅乃得免。

——（明）邝湛若《赤雅》

许三界在宏治间采樵自给，登山得一衣，非布非褐，浑身上下皆无缝。衣之归，众见骇曰“必仙衣也”。已而能言人未来事，祷晴雨辄应，奉之者甚众。制府闻之，以为奸，惧其惑众，使人逮至，覆之钟下，厚环以薪，举火煅之彻夜，次晨发之，无有也。三界既抵家，谓其人曰：“我去也，无为若曹累。”遂不知所往。梧人立庙于西水坊，庙者小蛇数十，背绿腹赤，穴神衣袖中，或盘绕香供上，人以手接玩之，甚驯。

——《图书集成·职方典·梧州府部纪事·外编》

从仙衣中的“回字”是很容易牵涉到吕纯阳的。吕纯阳曾憩于梧之阜民岗(《苍梧县志》),《图书集成》作“憩于梧山”。“青蛇穴神衣袖”又容易附会到纯阳的诗“袖有青蛇胆气麄”(《蒙斋笔谈》,而且吕纯阳曾有过化青蛇避雷厄的传说:

吕洞宾自知当遭雷厄,化青蛇隐于泉州蔡襄炉内。襄拥炉读书,一夕,雷震,闻判官云,毋惊宰相。天乃开霁。洞宾出揖曰:“蒙君福荫。”谢以纸笔。后守泉州造洛阳桥,以洞宾笔墨为檄,使吏之海若而告之。

——褚人获《坚瓠集》

于是,蛇王换了道家装了。明宏治(孝宗年号)年间制府火烧妖人,或许也实有其事。再和纯阳结合起来取蛇王而代之,便成立了三界的威灵。传说的分歧由梧州到平南是许三界,再到贵县便成了冯三界:

贵县东喾村昔传有冯三界者,尝往北山采香,遇八仙对弈,分得仙衣一袭,无缝线痕。及回,则子孙易世。闻之官,赴省勘问,将三界与冯仆远覆洪钟内,绕以薪,焚之。及启,惟三界端坐,而冯远则灰化矣。遂信为仙,表闻,敕封游天得道三界真人。比回至苍梧江口,遂羽化。

——《图书集成·职方典·浔州府部纪事·外编》

“遇八仙对奕”和仙衣中的“回字”同牵涉吕纯阳,冯三界的传说多一仆人冯远,来得比较繁复。但这两段传说最早是出生在明孝宗的年代,冯三界更较为晚出也难知道,我们便可断言先有蛇神之祀,后有三界。而且,三界虽披上了中原道家的仙衣,终不能替祀蛇的野蛮风俗回护。魏笃有《三界庙臆吟》,说三界的荒谬无稽是很中肯的:

……

是何神威护此邦,毋乃召杜申与甫。

僧唱诺诺余低头,明故冯圣实为主。

别采轶事近荒唐,武林传有许姓郎,

一例无缝获天衣,召雨呼风近颠狂。

逮于制府覆洪钟,积薪一梦醒黄粱。

流俗不察惊奇异,方以三界殊渺茫。

湛若生当冯公后,胡为一字无考详?

公谷辨体疏考证，一物两解取其长。

此庙或传号青蛇，使者当为帝赉嘉。

独疑人人祷如愿，酬者愆期索偿赊。

聪明正直本无欲，此何淫昏笼绛纱？

深山大泽其旧窟，乃纵口腹贪物华。

五岳形真遁魍魅，几传麻姑到人家？

……

从三界辟到蛇王，从游天真人辟到游天大帝，再从真人、大帝辟到它的原身青蛇，真可谓痛快淋漓之至了。但相反的方面，便又有清贵县知事裘彬将邝湛若无法详考的冯三界的履历都考证出来，于是，祀蛇的第四阶段展开了，人格化的蛇神从仙山打一转身便落到有血有肉的人世界来：

阅县志及其家乘，载三界姓冯氏，讳克利，郅隆其字也。其先固浙人，居山阴东湖村。祖前明成化举人，字龙泉，随总督两广韩雍至粤为记室，韩雍奉命征安南，辟之偕行，卒于东瞥村，次乃卜葬村之黄冈岭。考字符亮，庐墓三年，迁居城，遂流寓于贵县。生三界时，宏治轶其年，四月八日也。三界生而有异相，好读书参禅，人多奇之。嘉靖七年，新建伯王守仁总督两广，奉命征藤峡猺贼，聘赞军谋。是役也，成功之速，赖其策划之力为多。军士凯撤，三界亦辞归贵阳。迨王公复奉征田州土蛮之命，再往聘焉，而三界已不复出，隐于邑之北山，遇仙授无缝天衣，云游得道。征安南右都御史毛伯温闻于朝，敕封游天得道三界圣爷，后羽化于苍梧……

从贵县东瞥村的传说到贵县东瞥村冯姓族人的攀附，于是，传说中的三界便居然有了世系，而且，采香者的三界本人也建立了不少的军功，同时也承认他到后来得了仙衣，但不能承认的是制府火烧妖人的事，在光宗耀祖的宗法原则下便被人隐藏了。

冯三界的先人既有人考出来了，但不能不有他的后裔。《贵县志》和《图书集成》有三界后裔的记载，也像有世系可考：

明冯都长，邑人，克利裔，谷之子。缘仙衣之传得道，邑人并祀之。

——《贵县李志》

清冯吉，邑人，克利九世孙。字汝康，能书符制虎，庚子仙去，乡人塑像以祀。各处三界庙，塑三像奉祀，一为克利，一为利之裔名都长，后来得道者为利九世孙，名吉，于康熙庚子仙去者。

——《贵县李志》

三界庙神姓冯名克利，子讳敕，讳远，皆缘仙衣之传，故冯氏代产异人，列籍鬼仙。有冯羽，冯谷及谷子都长，九代孙讳吉者皆得道，吉于康熙庚子岁仙去。邑人为其建立三界庙，因并其都长及孙吉塑像祀之。

——《图书集成·浔州府部汇考·祀考祠·贵县》

将东砦村冯姓族人的世系当蛇神的世系自然会像煞有介事了，但仙衣之传，终属渺茫，青蛇之祀，显为事实，且更有不能替祀蛇之俗回护的：

三界庙在下郭三铺，四官庙在北门外，神三界子，名敕，缘仙衣传钵，故冯氏代产异人，列名鬼仙，外有冯羽、冯谷及都长等俱为乡民奉祀。小庙在江南，祀冯姓都长之郎，三界侄，羽之子，一称五官。

——《图书集成·职方典·南宁府汇考·祠庙考·横州》

所谓“四官”“五官”是不是梧州青山庙的五位朝官？冯敕、冯羽、冯谷、冯都长、冯吉是不是“黄、白、黎、李”的替身呢？且不管贵县学署街北有三界祠堂，贵县东山有三界祖坟，但属于家族祖先的应归于家族祖先，属于祀蛇的风习的应归于祀蛇的风习，属于人事的应归于人事，属于野蛮崇拜的应归于野蛮崇拜，于是而祀蛇的源流和变迁便了如指掌了。

蛇，是水乡的动物，所以，蛇不能不是水神。裘彬说：“三江舟楫往来者皆瓣香善颂祷。”贺瞻度说：“闻此自梧州来，长年三老尤敬之。”

蛇，是菹泽中的动物，所以蛇能识草木之性，它不能不是“天医”。

陈芝诰《怀城四季竹枝词》：

作饽刚逢四月时，闲寻百草到城隈。

风吹不动侬休采，此是冯爷吩咐来。

注：四月八日为冯三界敷佑伯神诞，家家采取百草苗叶和米粉搓成团，名曰药饽，谓食之可以治病。相传三界爷留遗嘱，是日百样草木皆可食，惟风吹不动者不能食耳。

——《贵县志·纪文》

林文度《贵阳竹枝词》：

竹篮篓子手相持，记是龙华浴佛时。

百样药苗都采取，团团作饽供天医。

——《贵县志·纪文》

浴佛节四月八日，人家预采各种香草树叶，合糯米舂粉煎药饽，祀药王毕，老幼分尝以辟瘴气，俗称解时气。

——《贵县志·风俗》

三界又与药王相混了。

三界的灵应其次是"为人索愿"，在前面已经说了。其次是一种野蛮的裁判，在祀蛇的风习中保存着：

三界庙，相传神冯姓，东莞人。其祠皆有青龙征应。青龙，蛇也。甲乙有诬难辨者，诉于神，各质其肘掌，庙祝请出蛇，蛇往迴甲乙肘掌久之，辨其诬者，直从掌上肘盘绕其项，以口逼餂诬者口，诬者惊，自吐真情则已，不然不释。亦有涂雄黄于肘掌者，则蛇由彼达此。人咸服其灵应如响云。

——《横县志书》

三界庙祀明冯克利，常有青蛇在神衣袖间，民有不明事质之，辄螫其曲者。

——《苍梧县志》

○ 原载于《中流》1936 年第 1 卷第 6 期

旧历新年广州人的风俗

1936

——清水

旧历新年广州人的风俗：

开　门

选个好的时候，以鞭炮来开门，有的在大清早，有的在半夜。门上，早已贴上门神、春联和“开门大吉”等吉利话的红条。

财神与蚬子

孩子、小贩、叫化子等，握着一叠写上“财神”的红纸挨户送卖，人家爱听吉利话，给他一二个铜子了事。有的卖好吃的蚬子，大呼“发财大蚬”，“现”与“蚬”谐，人们也多买它。

拜　年

照例的工作，孩子们最欢喜。拜了年，有糖子吃，还有“利市”讨。如果日子不好，是“破日”或“三煞”，则不拜年。

玩　耍

唯一的消遣是游览、看戏、赌博。警察好似遵俗的，见了各处赌骰子、色子、纸牌的，都不大干涉。但只一二天，过此不行了。

年初二

这天有三件事要做的。第一，妇人、老婆子等早早起来，以猪、鸡、鱼、橘子等供祭祖先，这叫做“开元”。开元后，讲话、举动方可随便些，地也一直到这时才准扫。其次，是各商店的伙伴的去留都在这一天决定，老板于筵席中敬酒时婉说出来，因为这席酒十分难吃，人们都说是“无情酒”。第三是放生，人们多于这天放些鲤鱼。

吃 喝

新年里的饮食最讲究不过。金盒、瓜子、香茶、煎堆、油角、年糕、萝卜糕等。菜疏以贫富来分，那是说不了的。

人 日

初七叫做“人日”，多到花埭去逛逛。

石战与打仔

附近的乡村有在新年的时候打石战的。双方划地为界，拾石相掷，闹得很凶，打伤人，各不相究。打仔只限于孩子们。两姓或两村的孩子在山野斗打，以胜负卜年成的好歹。壮年人加入作战的也有。

开 灯

新生子跟新讨媳妇的都得开灯。有的想发财的也得开灯，这叫做“发财灯”。有的在初五以前举行，有的在元宵前后。公众举行的，搭棚演戏，大开筵席，消费是很大很大的。家里没有孩子的，到庙里去请灯，“灯”与“丁”谐，听说请了灯可以生子。这个仪式也是怪麻烦的。

头炷香

观音山的三元宫、白云山的郑仙祠等香火最盛。元旦的清早，大家争烧头炷香，有的希图一年的利市，刚是半夜便有起身去的。

生菜会

郊外各乡村都得举行，大家在郊外席地大吃生菜，非常的热闹。唱八音、演戏的亦有。据说这样做了年成必好，故盛装的男女也纷纷去参加。

摸石洞

× 地的庙堂有个石洞，庙祝拾了些螺蚬放在里面，新年妇女去进香时，多伸手去石洞中摸索，摸得螺的主生子，蚬则生女。虽然要出钱给庙祝才得伸手去摸一摸，她们仍是抢着去摸，以卜今年生育的性别的。

打地气

郑仙祠等处有许多妇女带了被去那里睡一晚的，听说睡了身体健康，多生贵子。无子的人前往打地气的最为众多。

买花买金鱼

到了除夕的晚上，双门底、十三行、十八甫的花市上场，水仙、吊钟、梅、桃……罗列街头，多到无以计数，金鱼也不少。大家争往品赏、购买，挤得水泄不通。这特殊的夜市，生意极旺，一直闹到有人开门为止，南京的夫子庙是不能够与之相提并比的。

补天穿

初七的这一天，煎些咸甜的糍糕之类的东西去奉神，听说是“补天穿”，这是不大普遍的事情，西关的住户才有人举行。

○ 原载于《歌谣周刊》1936 年第 2 卷第 37 期

广东人过新年记

1936

——大华烈士

我原是一个百分之百的广东佬，可是少小离乡，已浸浸乎变为一名南人北性的外江佬了。这篇所述的大都是童时过新年的回忆，尤其是在广州西关一带之经验。数据多凭记忆，不是专访，则挂一漏万自是难免，况纸短情长，万言难尽。姑先罄其所记得者写将出来，以作丙子新年试笔。将来继续细心采访，尤盼读者加以指正及补充，庶可修正和发展全文使成为一篇研究民俗学的好文章。

广州人家，每年一届十二月中旬即便开始预备过新年了。在书塾读书的小学生一体解馆休业。家中约自十五日起，先举行大扫除工作，俗称“扫屋”。如佣仆不敷，则临时雇用散工助力。全宅内外上下均大洗刷一次，除污涤秽，合于卫生运动原则，洵佳俗也。

继之，妇人们在家里开首做新年的点心食事。犹记有煮煎堆、炸芋虾、做粉角、蒸年糕等妙品。

煎堆制法：先以米谷下大铁锅中干炒，使谷壳爆去，米亦开花而成“爆谷”，乃以黄糖胶将爆谷结成一团，比拳较大，再以面粉皮包之，外面复黏以芝麻，然后将其放下滚油锅里炸至黄色，即煎堆也。吃时用刀分切。

芋虾者，以香芋切成细条，如粗面条，和以面粉浆，加上香菜（元茜）、盐，以箸夹起为小堆，放入油锅炸熟，其味最甘。粉角制法略如北人之饺子，不过其馅有甜有咸，而皆放在滚油炸熟。年糕咸者有萝卜糕、炖吞糕（盘粉）、芋头糕，甜者有马蹄（荸荠）糕、九层糕等。俗统称此工作曰“开油镬”。开油镬时家人最忌说“衰”“病”“弊”“死”等不祥语。又开炸各品之前必放面粉二条于镬内先炸，不知何意，大约是一种迷信。此数日间妇人们终日忙碌亲自操作，小孩子从旁骚扰，甚热闹也。

其他过年应用品物，俱于此时一一购备，俗称“办年货”，如腊味（香肠、腊鸭、腊肉、金银润）、鸡、鸭、鲜肉、蔬菜、红瓜子、诸式糖果、红纸、鲜花等。鲜花为最不可少，间有自栽自植者，而大都购自双门底（城内）、十八甫、观音大巷（西关）诸花市，或有渡江至花埭选购名贵盆景者。粤人新年所最爱之花为牡丹、腊梅、吊钟及水仙，而尤以水仙为家家所必备之点缀品。又在此时，街上天天有小贩高叫“卖新通胜”，即卖新通书（时宪书也）。粤人忌讳言“输”字音，故易言“通胜”。每家必购备一种，动静行止、吉凶休咎与及忌辰祭日多卜于是矣。近郊农民亦于此时购“春牛图”，以定开耕下种之时令。

全年替人家倒尿清粪的穷人，至岁暮均预备礼物送回各家，有鸡鸭有糯米，而以芋头为最多，此亦粤中奇俗也。

腊鼓冬冬，新年将至，家家门前及屋内均换贴鲜红春联及吉庆“标语”。住宅大门外春联无非是“国恩家庆”“人寿年丰”之类。其有丧事而孝服未满者则以素色纸贴“吾门尚素”“天下皆春”等合宜联语。犹记吾家之门联为“总集福荫”“备致嘉祥”，乃故名士陆梅耦先生所写的，刻木悬挂，颇为别致。至于大小商店则大都贴“生意兴隆通四海”“财源茂盛达三江”或“生意如三春花柳”“财源似万里江河”之类，亦有以店名两三字分嵌于联顶者。住宅之两扇大门之上恒分贴“文丞”“武尉”，或“神荼”“郁垒”，盖信其能治鬼辟邪也。“文丞”是魏征，“武尉”指尉迟恭。此出于传说故事，谓唐太宗曾患病为鬼魔所扰，得此文武二臣侍立，鬼魔尽退。“神荼”“郁垒”故事出自《风俗通》，固“治鬼精”也。

宅内墙上或有贴吉利语，如“东成”“西就”“对我生财”，米缸上则贴“常满”，门上则贴“五福临门”“开门大吉”等。但这些小家习俗，大主门口（大户）所不为也。

此外，全宅所供之神尽易新标贴。广州住宅之神厅（即大厅）当中必有神楼，如小阁上供神位三座，当中为“大慈大悲观世音菩萨”，左为“都天至富财帛星君”，右为“×门堂上历代宗亲”（祖先）及先人的灵牌。或有不分设各神位而当中仅贴“敬如在”三个大字以代表“满天神佛”者。

神楼之下，神厅当中长桌底下则供“五方五土龙神”及“前后地主财神”二神。如家中有未成年的儿童已夭折者则贴其灵位于地主之侧，故广州有一句最毒的骂人语曰“不上得神楼”，即咒其早死也。

在大门内则有“门官”（门神）。西关大屋，入门处均有小屋为“门公”看门及传达之处，称为“门官厅”。天阶当空则贴“天官赐福”四字，以祀天神。其在厨房灶上则奉“灶君”。

①

至于各商店，则普通供奉“忠义仁勇关圣帝君”，而各行亦有特别供奉其祖师者，如做木店则供鲁班，戏班则供唐明皇（？）。凡此种种神位大多数均以红纸黑墨书之，每年换贴一次，均于年终时为之。大户人家之神位则每以油红地金字之木刻牌匾悬挂各处焉。

以上所言之春联、神位等均称为“辉春”。每届年终，解了馆的塾师，或潦倒的文士，即趁此机会为人写辉春以增加收入。书法佳者，生意当然不少了。

腊月廿三日，俗称灶君升天之期。家家便有谢灶之祭。祭品有橘、蔗，又必有小鲤鱼一尾，以红纸封贴其头，用以祭神，祭毕即持往河中放生，从无食之者。意义未明，愿识者指教。（接灶神何日，不记得了。）

年事筹备完毕，全家大小老幼均剃发（在民国前）、沐浴一次。尚记幼时，先母每于年终为我洗澡时，必口唱歌谣云“有钱无钱，洗身过年”。人人每年至

---

① 天官赐福。刊载于《大众画报》1935 年第 16 期。

少大洗一次，亦卫生之道也。至是时家中桌椅，尤其是在大厅书厅的，也一律披起大红顾绣的椅套来了。神厅当中又高悬祖先遗像。家中珍藏的古董字画也一一搬出来而陈列或悬挂。大门外则挂起大红灯笼一对。一年一度，内外点缀辉煌。噫，新年到了！

一年最末的那一天，阴历月大三十，月小廿九日，全家举行辞年式，晚上便有团年之举。家人团叙，以美酒盛馔拜神之后，大嚼一顿。除夕晚饭之后，高兴的事纷至沓来了。小孩子们尤为精精神神，提着明亮的灯笼，由成人携着巡行街道去“卖懒”，且行且高唱：“卖懒卖懒，卖到年卅晚；人懒我唔（不）懒。”夜深回家而为父母所许者，一年只此一次耳。乐哉此半夜！甜哉此回忆！

是夕，街上有小贩高叫“发财大蚬”出卖，家人必出买蚬肉煮食之。

妇人之迷信者，辄于是夕“占卦”以卜休咎。卦有二种，其一是“占口卦”。此方式最为简单，即是于夜后跑到街上随便哪一家的门外，窃听宅中人的言语，所听到头一句的说话便是“口卦”，占者牢记在心，回家仔细参详其意义，或吉或凶，听天由命。这样占法，毫无意识，殊可哂也。其次则为“占书卦”（这名辞是我临时发明的，并无版权）。是夕小贩备有粗劣刻板的木鱼书，此乃一种讴歌，为粤中民间文学之一种，皆咏故事的，如《锦绣食斋》《三气宣王》《孟姜女》《木连救母》《青兰附荐》等。每本卖钱数文。投机的小贩们手捧着或肩挑着沿途叫卖，或摆设书摊于街边发卖。各书散置成堆，封面覆转。占卦者随手拣取一本，即为所占得之卦，归而参详其书名及内容以定吉凶。陋俗如此，可笑孰甚焉。

是夕，沿街所见小灯笼至多，此不独是小孩子卖懒所提的灯，尤其是各店铺伙计催账的灯笼至为触目。粤俗商场年底结账，各店铺连日派伙计往收欠款。至除夕尚未清者，乃派人持写有店名的小灯笼往各家催收，在欠债者门前吵闹，甚至谩骂，至中夜不止，如快到天亮而仍无收数之希望乃荷荷而去。但说也奇怪，无论催账时催迫咒骂到怎么样厉害，一到翌晨大年初一，见面即欢容道贺不再提拖欠事了。

除夕确是大日子，全家人都通宵不睡，坐以守岁，或则到十八甫等热闹地方购买便宜花木等物，盖小贩设摊卖东西，到是时均愿大折价沽清各货也。其留在家中者，则每团叙玩骨牌、掷色子，以达元旦。小孩子们自然爱高兴，趁热闹，不肯去睡，但是“卖懒”回来之后，神疲力倦，勉强能捱到天亮者，恐不多吧。

除夕还有两件可纪的事。街上有司更者击柝扬声，且行且呼云，“提防回禄，小心更烛，年近岁晚”，此殆古诗所谓岁聿云暮“遒人以木铎”之意欤。此外又有穷人以粗劣木板印有“丁财贵寿”红纸到各人门外贴上而收取小费。有组织的“乞丐团”，俗称“大种乞儿”，亦乘时活动到各宅贴“××堂”红小纸条而勒取小费焉。

一到半夜十二点钟（子时），家家户户拜神烧炮仗（鞭炮），全城炮声不断——如大战场——直至天亮，盖新年已到了。

大年初一的早晨，全家上下男女老幼人人都穿上最美的一套衣服。家人先行“拜年”礼，真是喜气盈门，欢声载道。凡是相识的人见了面，必定打拱作揖高叫一声“恭喜发财”。小孩子们尤其是开心，因为每向尊长及成人戚友贺年必得领“利是”。“利是”即封包——以红纸包钱银，凡未嫁娶之男女——甚至上到廿岁者都有领封包的权利。小孩子辄预备一个“钱罂”（扑满）以贮蓄新年所得的利是金及其他项收入。“钱罂”多以瓦制，为各种兽形。犹忆起我童时的扑满是一只红色洒金，长一尺有奇的大瓦猪。

拜年之后，阖宅人等各吃一碗糖茶，内有糖橘、糖莲子等糖果数事，盖取甜蜜吉利之意也。

新年的忌讳颇多。言语须谨慎，不得发不吉语。行动须谨慎，不得打破甚么东西。小孩子尤须从命惟谨，否则父母尊长必以“同你开年”一语恐吓之，意谓新年第一次受笞扑之罚也。

新年时粤人每家每店都设备一个糖果盒子，名为“全盒”。盒以木制，外油辉煌红漆，大都是八角形，当中一格边分八格。中盛瓜子，边格各盛糖果，如糖莲藕、糖莲子、糖东瓜、糖佛手片、糖金橘（小橘）、糖枣、糖橘、糖椰子等类。凡有客到家贺年，仆人奉烟奉茶后，即捧大全盒以进，高声云：“请老爷（或奶奶、少奶、少爷、小姐）邀银！”银与瓜子仁之“仁”字同音（粤土音读“仁”如“银”），故“请邀银（仁）”乃大吉利语也。客人必不客气，取其好意，伸手取瓜子剥吃，且留下一封利是于全盒当中以赏诸仆役。全盒放在神厅大桌上，小孩子吃之不禁，取之不竭，即实行“盒中盗宝”亦易易。这又是小孩子过年时最快乐之一大原因。

年初二那一天，有“开年”之举。盖俗以每月初二、十六为禡祭，此全年第一禡期也。家家又宰鸡烹肉祭祀诸神。祭鬼神毕即以原牲物“祭活神”（引用孙中山先生幼年隽语，谓活人大食一顿也），粤俗称“禡”为“做牙”，真大有做于牙也。是日饭菜，无论住宅与商店，除祭品外，必有豆豉、发菜，取“好市”“发财”之吉祥意。其在商店则以此日为开除不满意的店员之日，间有于年终尾禡（十二月十六日）行之者。其开除方式乃是于开年晚餐之际，东家或司理以筷子夹鸡肉一件亲送至所欲开除之伙计（店员）之面前，还客客气气的说一句“多谢一年的帮忙……”店员受鸡，即行会意，虽吓得面如土色，或愤怒如火烧，也不敢作一声，次日起来惟有收拾行李，卷起铺盖，静悄悄地出门而已。“绝交不出恶声”其君子乎！那块断定职工命运的鸡肉，俗称“无情鸡”，亲送“无情鸡”似乎是东家与司理亘古不能灭、绝对不可废的权利。年前，广州工潮澎湃，虽在工会势力极盛之时，无论如何，此东家的特权终须保留，不过食“无情鸡”后之条件有磋商余地而已。

自年初一以后，男男女女、老老幼幼纷向亲友家拜年，你来我往，热闹高兴之极。小孩子们尤乐此不疲，盖多到几处，多叩几个响头，又多得几封利是回来，以充实钱罂之内容故也。其路远不能亲到，或情谊较疏之家，则遣仆人分派名片以为代。商店互派贺年柬尤为惯例。友好或戚串之家则辄于新年时互有馈赠，但送来送去无非煎堆、芋虾、年糕、糖果等新年食品而已。

商店东家或司理之小孩子之居于乡间者，每乘新年假期出省城游玩，而食宿均在店内。店员咸戏称之为“腊鸭虫”，盖讥之也。

粤俗新年时，大开赌禁，人人可“逢场作庆”。在日间，人人忙于贺年，而在夜间则辄以赌具遣兴。卅年前麻将尚未盛行，家庭及店员玩具只有打骨牌、斗天九、由十、扭天九干、推牌九、斗牛、掷色子、赶绵羊、掷侯六、打鸡（？）、状元筹、升官图几种而已。小孩子们也有一种准赌具，为“星君图”，掷色走子略与升官图同，不过简易得多了。尚有小贩肩挑食品玩具，备有各式小赌具，如掷色子、过五关、鱼虾蟹等，沿街引诱小孩子们来玩，而以食品或玩具作彩。总之，新年时粤省赌风特盛。好些广东人，无论在本省或旅居他省，或侨寓外国的，如于此时期未有赌博过者，心里好像没有过过新年一般，总有点不舒服。赢了多少的辄沾沾然窃自庆幸“发过新年财”了。但输者却如何？人人不说，我亦无言。

小孩子尚有一宗开心的事，就是烧炮仗，有在街拾得的单个炮仗，有掷地作声之金钱炮，有下水发响的滴滴金，有轰然振耳的地雷炮，有声色俱备的电光炮，有小型的串炮（俗称“炮仗仔”），有花筒，有火箭，又有夜后燃烧各种烟火。开心哉！

新春时节，又有穷人手托木制龙舟逐家在门前唱《龙舟歌》，以博赏钱者。所唱尽是大吉大利语“丁财贵福禄寿”之类，善颂善祷，特捧特拍，而其利无穷，人情世故，皆可作如是观。

妇人们于新正也有特殊活动，上庙拜神啊，还愿啊，许愿啊。省城或四乡又有举行所谓“生菜会”者，求子心切之妇人，咸远道来赴会烧香参神以求子嗣。新春当然是一般神棍发财的机会。

舞狮之习，吾粤最为特色，不得不特别详细写出来。广东省城以及各乡之祠堂，或社坛，或武馆，或街坊，每自有狮子一头。狮头系以竹签扎成，以纸糊其外，涂以各种彩色，双目双耳及口舌均能活动。狮头大者径阔至四五尺。狮身多以五色绸为之，另有长毛狮尾。狮头多挂白须，鲜有敢用黑须黑角者，盖以黑色表示年少力强、精壮勇武，有向其他老狮挑战之义，一遇铁角黑须狮子，靡不械斗随起矣。舞狮者均穿彩服，足裹色布而腰系绉纱带。

舞法：一人在前舞狮头，一人蜷伏狮身之末而舞狮尾。另有一人击鼓，一人鸣钹，一人敲锣，以作节拍。人员时时更替。舞者双手举狮头循锣鼓节拍而舞蹈摇摆，上下作势，左右逢源，手足并举，表演活狮种种动作神态，维肖维妙，而舞狮尾者亦随同进退动止。舞狮与锣鼓俱有一定法度，基于武术真工夫，非内行不善为也。更有特殊表演，如起狮、睡觉、过桥、过庙、滚球、采青、上楼台等，如演戏剧，极为可观，尤非老于此道者不能办。

采青为最常见之技，系由人家预备生菜一棵系以“利是”一封（即赏金），悬之门上或高处。舞狮者先演种种动作张牙舞爪表出欲噬欲噬的态度，然后由二三人以藤牌举起舞狮头者（或立在一人肩上）采了生菜，即跳下来伏在地上慢慢啮而吞之。斯时锣鼓声忽转，或急或慢，或大或细，紧随狮子动作而传声。迨生菜吃尽则又“得——洞——长——”一声“起鼓”，狮子起舞前行矣。

①

凡邀请狮子团体演技者，除现金外，有另置锦标、银牌为犒赏者。狮子出游，先摆队伍，参加者各穿一式彩服。最先者为一顾绣长幡，上书“×××（或馆，或堂等）狮子”，即有一人紧随手持“××× 狮子”之大红名片分派与有关系之团体或社庙为谒见礼。跟着便有旗帜、锦标、刀抢、藤盾各种武器，盖好事之徒每乘机挑衅打架，或劫狮子而去，间或两狮相遇于途，各不相让，又打作一团，故不得不各有正当防卫也。在狮子之前，必有一“大头和尚”为导，一人戴僧形面具，手持破葵扇，且行且扇且作种种刺激狮子之状，不知有何意义耳。考舞狮之风诚吾粤之特色，其来源不知为何。其为初民“图腾”Totem 之遗迹欤？抑远古部落土人出猎获得胜利之纪念式欤？（吾友刘体志医生持后一说）愿民俗学者一研究之。

小孩子看舞狮为新年大高兴事之一，常跟随狮子走路，终日不倦。此时又有小型狮头、小锣、小鼓、小钹、大头和尚、笑面具等在各处发售以供儿童玩弄者。街坊邻近之儿童恒团叙街头共仿效舞狮之戏，亦一乐也。

北方人辄于年初五晨早（初四中夜）接财神，此举广东人似乎没有一定的日子，每年乃依时宪书行之。新年时商店俱关门，不做生意，故街上常寂寂无人。过年数日，始陆续开市。

---

① 图注：新年舞狮庆祝之特写镜头。刊载于《良友》1931 年第 59 期。

新春消遣又有“唱盲妹”一种。“盲妹”即瞽姬，善唱曲，广州最多。其下等者于夜后沿街找生意，每唱曲一支，得值一二角至三四角不等。其上等者居住于人家。西关有一“盲妹巷”，即此等“师娘”（俗称之辞）之居住区也。此等高等盲妹，略具姿色，装饰时髦，声价较高，特请唱曲一宵，工值由五元、十元至廿元。作盲妹局之夜，主人在家宴客、消夜、打牌、抽大烟、听歌曲，至天亮始散。瞽姬自弄琵琶，主人多另雇“弦索手”（乐员）数人奏乐为和。锣鼓喧天，管弦震屋，更为热闹，而邻人睡觉不睡觉大可不管也（亦有唱盲公者，兹不赘）。

新年游戏尚有踢毽子一款。粤中毽子之最讲究者以蛇皮作底，次则用鲨鱼皮，而纸制者最盛。粤人踢毽法，喜以数人围一圆圈，顺序而踢，彼此传递，多时不停，不使毽子或跌于地，非如江南人之“独奏”也。粤人踢毽子花样甚多，有所谓“炖虾笼”“烀虾”“过头”“班尖”等。提倡踢毽之褚民谊先生其有意到广东“留学”乎？至小孩子技术不精，则每喜欢各自踢毽，记其次数，赛多为戏。负者例须拾毽子亲自供奉于胜者之前而任其踢去，此谓之“供毽”。

年初七，俗称“人日”。盖俗以一鸡、二犬、三猪、四羊、五牛、六马、七人、八禾、九麻、十豆，故谓初七为人人生日也。

新年初二之后，广州士女又有“游花埭”之举。花埭在珠江南岸，有花园甚多，广植奇花异木，阔人们有特雇“紫洞艇”作一日之游者。郊外踏春，诚雅事也。

至元宵左右，广东各处均举行灯节，到各处看花灯，亦热闹事也。家人有于新年添丁（生男）者，于此时有开灯之举。在大厅中高挂五色纸灯一，中点油灯一盏。春初更要回乡在祠堂中挂灯。此举即是庆得男子在宗族中之注册手续也。开灯者于散灯时例须在祖祠请酒，公宴全族，大概是庆祝生男而且介绍新丁入族之意。开灯办过，该新族人每年即可分领祭太公祖宗之烧猪肉及祖尝矣。此种家族制度为吾国社会结构之基础，未可厚非，不过一向重男轻女，太不平等耳。今新民法已承认女子亦有继承权，一如男子同为正当血统，吾甚望生女的也有开灯之举。

正月十五元宵佳节吃汤圆之后，新年似是过完了。一般小孩子眉头，渐渐皱起来，因为高兴日子已完，又要开馆读书了。

发稿后，见首都《新民报》载有下列一则《广西当局提倡舞狮运动》新闻。剪录于右，以补充前文。

（南宁通讯）桂省当局，素重尚武，最近又决定实行一种新的政策，通令全省村庄，每村组织舞狮队一队，每队约三十人，有人造狮子一条，并将废历元宵节，改称舞狮节，藉以提倡武化，唤醒国魂，一雪东亚睡狮之诮。广西全省共有二万五千个村庄，即可出狮子二万五千条，倘使集合作合作整个之聚舞，民族斗争之精神，自可发扬伟大。

兹将推行舞狮政策之办法，略述如次：

一、由政府明令规定废历一月一日至十五日，为全省舞狮运动日期。

二、每条狮子应有名称，即以村庄名之，如村庄叫某名，狮子即叫某名。

三、狮之状貌务求雄壮，并须力求逼真，如狮身应用皮毛制造，不要单用一疋红布。

四、每狮须附设炮队、乐队、救护队。

五、一月一日至三日、五一月一日至三日，各狮在其本村本庄，或往邻近之村庄活动。五日至七日，各狮集合县城赛舞，选出制作及武技超群之狮，为县代表狮，出席省会舞狮大会。某县选出之狮，即以该县县名命名。

六、十三日至十五日舞狮比赛运动大会。比赛成绩优者，日，在南宁举行全省[①]赐以"广西狮王"之荣誉名称。

七、比赛之时，须注重斗，而不注重舞，甲狮能将乙狮打倒，则甲狮胜而乙狮败。

八、斗狮之时，应施放多量炮火，使火花等于机关枪之扫射，炮声有如密集之枪声。火树银花之情景，一似枪林弹雨之战场云。

○ 原载于《逸经》1936 年第 1 期

① 编者注：此处疑为手版误排，以致遗漏，故特以说明。

《广东人过新年记》补订

1937

——冯节

今天从中山大学公暇照例巡阅一遍永汉路的书林，买到一本《逸经》，一口气读完，既喜其提倡"文友合作"，更喜大华烈士发表了一篇《广东人过新年记》，因而抽出拙作《广州民俗志》残稿，手痒痒地来做一番补订功夫。

一、广州人扫屋有一个特例，如果是居丧的，当年不举行扫屋，要丧服满了才照常举行，所以穷居破户虽然不会有什么新年点缀，也要扫屋，以免凶兆。扫屋之后，就跟着贴辉春，换神红，取除旧布新之意。

二、开油镬也非丧家所应举行，因此穷极都要凑几个钱来应应时，否则心里有点顾忌，也易被人误会居丧。炸煎堆最忌散了馅，为当年不利之兆，如果发现此等情事，便像大祸临头。开炸前必放面粉二条者，一则试试油沸的程度，一则根据上述的心理，因为炸油条保险不为弄坏的，开始不坏，以后即使有散馅之弊，也可以自慰。小孩子从旁不只骚扰，还要偷点面粉捏成小鸭、连环等偷偷放下油镬，利用大人们不好打骂，小孩子就成功了。

三、替人倒尿清粪的穷人，岁暮送的年物，没有芋头一项，只有在中秋节时则以芋头为全年粪尿的酬值。

四、住宅神楼当中供奉的不止观音，普通是五尊或七尊。"七尊"就是"大慈大悲观世音菩萨""敕封忠义关圣帝君""护国庇民天后玄君""北方真武玄天上帝""五显灵官华光大帝""南海广利洪圣大帝""金花普主惠福夫人"。（丹林按：

姓陆的人家，则绝不奉祀关羽。）

五、谢灶是分官三、民四的。官宦之家于腊月廿三日举行，平民则于廿四日举行。如果廿三谢灶的便在翌年正月初三接灶，廿四谢灶的便在初四接灶，附近各乡却一律在除夕接灶。祭品必有大元一枚，是给灶君升天时过河用的路费，又必有片糖二块，意义是举国一致的要把灶君的口胶了，不好随便奏报玉皇大帝。小鲤鱼一尾，是方便灶君升天渡河的，因为广州人相信鲤鱼是海龙王的儿子，也有因为契龙母的关系，自然不敢吃它（因为这种关系，广州人平素就不大吃鲤鱼的）。又，谢灶必有蔗和甘橘，祭毕，分给小孩，小孩子把甘橘腊干，捏成葫芦形，是一件普遍的恩物。经济家节省靡费，也往往提前团年（本来是在除夕的），与谢灶同时，所以有“团年夹谢灶，主人有分数”之谣。

六、除夕之占书卦叫做“占卦木鱼书”，于中秋节晚最流行，除夕也有小贩做这投机生意。讨债照例止于除夕，一届子时烧了炮仗，便算过了年，要再到明年才得办交涉。所以穷人焦急着希望快到子时，讨债的也焦急着怕快到子时，一到子时，家家燃炮仗，欠债的就渡过了难关，讨债的就垂头丧气，灭烛而回了。家家子时迎新年，家人欢拜，吃汤圆或糯米饭，女人们放一封红包利是和两个橘在床头，叫做“压岁利是”。穷人们沿门高叫“财神到”，将红纸片写“财神”两字分送各家讨赏。有妇女于此时请“篮姑”或举行“老鼠嫁女”的。请“篮姑”和北方各地之“迎紫姑”差不多，“老鼠嫁女”则在屋隅燃香烛撒米粒而已。

七、守制不拜年，但有分送利是的，纸包以素淡红色者为之。

八、初二开年多在破晓时行之，商店聚赌不寐，坐候过了子时即行开年，这是一年中最特殊的一顿酒食，别饶滋味。吃“无情鸡”的不幸的人们，必须卷起席包而去，卷席状似炒熟的鱿鱼，故称拾包袱曰“炒鱿鱼”，所以也忌新年吃炒鱿鱼。

九、新正妇女的特殊活动，因为初三日俗称为“拆口”，不好去跟人家拜年，以免招是惹非，所以初三以前都是户内活动。初三以后，除了拜年，就是游花埭，上观音山拜“三元宫”“借库”。“生菜会”则在正月廿六日到官窑拜观音菩萨的。

十、广州人踢毽，两人以上的叫做“搓大毽”。

十一、初七人日，家家必吃猪肉之及第粥，忌阴雨。

十二、开灯之举，在元宵前择日行之，新添丁者必有“新丁”灯，但不是新添丁的，也有取其主意，开“发财”灯，新居的又有开“新居”灯。十五为上元，孩子们闹灯，妇女们则斋戒虔祷。

十三、大商店及富户于新正有请“春茗”者，所请并不止“茗”，实在是“酒”，近年时势不同，已不复昔时景况，只有让有钱的出这威风而已。

廿五年三月七日

○ 原载于《逸经》1937 年第 21 期

大头和尚考

1936

—— 任鼒[1]

本刊创刊号大华烈士所写《广东人过新年记》一文，“舞狮”一节，有云：

在狮子之前，必有一“大头和尚”为导……不知是何义？

案：徐天池有《玉通禅剧》。故事：绍兴间，有清了、玉通二人，皆为高僧。太守柳宣教履任，玉通不赴庭参。柳恶之，使妓女红莲计破其戒。玉通羞见清了，即留偈坐化，生于柳氏，名翠，誓必败其门风。宣教殁，翠流落为妓。二十余年，与清了遇于大佛寺内。清了又号月明，为之戴面具，为宰官身，为比丘身，为妇人身，现身说法，示彼前因，翠实时大悟，所谓“月明和尚度柳翠”也（俗谓“月明和尚驮柳翠”）。

此俗，故都灯节犹有搬演，而杭人则谓为“跳鲍老”。广东保存此风，于舞狮前饰演“大头和尚”，独缺柳翠，此其故。盖藉狮子为女子象征，以俗尝藉“狮吼”为女子之示威，东坡藉之嘲季常者，“河东狮吼”即隐述柳氏。广东舞狮不欲饰演柳翠者，殆以有关风教，乃故去其淫靡之俗，此亦地方故事之转变也。

○ 原载于《逸经》1936 年第 3 期

① 编者注：任鼎，字梅华，湖南衡阳人，曾任职于南京市政府某处科员，后从文，在《中央日报》《新南京报》工作，其子为画家任仲年，以仿徐悲鸿画而驰名大江南北。

舞狮的艺术

1936

——廖苹庵[①]

在《逸经》第一期看了大华烈士的《广东人过新年记》，内中有一段，是讲舞狮的，意念不觉由沉寂而活动起来。

原来广东人的舞狮，真可算得莫名其妙，妙不可阶。我们中华民族从此堕落到底当然没得说话，如果有一朝兴复起来，那么，值得外人赞美的，第一当然是舞狮，值得外人模仿的，第一当然又是舞狮。舞狮不特可以练精神，强体魄，尤其是能激动社会的朝气，唤起民族的精神。可说是能“光祖宗的玄灵，振大汉的天声”。

近日人士好谈艺术，差不多以艺术为文人的专有物，把“艺术”两字偏在一面，此是极端的错误。以我的愚见，乡下人的舞狮，那些艺术化，一切取材布局，起承转合，抑扬顿挫，与文人吟诗作文写画就差不多，那些布局严峻，取势缜密，有时文人吟诗作文写画还赶不及。

舞狮第一讲精神团结，于此，读者试想一想，能够精神团结，甚么事情办不来呢？舞狮虽然头尾（狮头狮尾）只是两人，但是非平时合作有素，任是千百人站在一起，也不能找出一个对手。原来舞狮头与舞狮尾的，精神上是要

---

① 编者注：廖苹庵，即廖平子，广东顺德人，曾任《中国日报》副刊主笔，二次革命失败后，弃职回乡。1938 年曾在家乡组织民兵抵抗日军，后避居澳门，创办《淹留》《天风》杂志、宣传抗日。1942 年返乡，翌年病逝。

合一，动作上也要合一，技击的派别更要合一，如果有一点参差，那狮的前半身与后半身或前足与后足便矛盾起来，惹人家笑话了。

首尾联络至于谨严的时候，于是进而与擂鼓、打锣的相联络。舞狮是要有威势的，有节奏的。威势节奏，不能徒恃狮之本身，尤当恃身外一切以为助力，于是锣、鼓、钹一齐合衬，那狮便活跃起来，威武起来。所以狮不能徒自为狮，当受命于锣鼓，舞狮的人不能我自为政，胥听命于鸣锣击鼓的人。鸣锣击鼓的人要它如此，它不能不如此。只因起行有起行的锣鼓，过桥有过桥的锣鼓，吃东西有吃东西的锣鼓，睡觉有睡觉的锣鼓，出洞有出洞的锣鼓，锣鼓变，动作与之俱变，双方如果不联络，便是各自捣乱。

①

关于锣鼓的节奏，真是武家有武家独到之处。有一回，我们的邻乡关师父死了。他是武馆的教师，手下徒弟数百人，是有一只青鼻黑须的狮。关师父死了，他们几个徒弟问我："而今师父死了，出殡这一天，我们当然执绋，但是狮的礼仪，是怎样的呢？"我道："论理呢，人往，狮亦当与之偕往，但是其中尽有许多讲究之处。第一，狮的本身平日是很活跃的，活跃主欢喜，但是师父死了，还要活跃么？第二，舞狮的锣鼓，平日是发扬，发扬主乐，而不主哀，此

---

① 图注：华侨舞狮时声震远近之鼓乐。刊载于《良友》1931 年第 59 期。

中亦要改变。”于是几经磋商，狮的头上主挂白外，狮的行动是垂头慢行，一步一步的踱去，不许连跳带跃。锣鼓呢，更别开生面。锣嫌它铿锵了，将它弄裂；鼓呢，嫌它响亮，用水把它弄湿，变成破败之声。于是一路行来，狮的形状变为无精打彩；锣鼓呢，变为哽咽的声音。一路行来，观者大为感动，都道：“关师父真难得，教得一班有血性的徒弟，更教得一只有血性的狮子。”我道：“这不算奇，这便是舞狮的艺术。”

世间一切腐儒，好将“好勇斗狠”四个字栽在舞狮者的身上，真是令人万分慨叹。不错，不能涵养当然是武人的本色，但是其中也不能一概抹煞。原来舞狮的另外有一种“狮礼”，往而不来，来而不往，然后生出误会，生裂枝节，苟彼此能以礼来往，正所谓相亲如手足，焉有决出的道理？有一次，我的家乡发生两狮冲突，打的落花流水。事后细查，原来是出于误会，并非积不相能，一方面守礼，一方面不知礼，遂立刻冲突起来。

初，吾乡出会景，甲狮应召而来，乙狮亦应召而来，无意中甲乙乃在途中相遇，照例狮与狮相遇，理当见礼。见礼之法，是不能昂头直行，当要略偃其身，立在路途一边，让对方行走。对方若明晓礼法，也须闪在一边，故低其首，以示谦恭，不肯遽行。若有意卖弄花样，或是故示亲密的，则实行“舐足礼”。舐足云者，甲狮故俯其首，以口舐乙狮之前足。斯时舞乙狮者，则高举一足以就之。甲狮既舐罢，乙狮亦作同一的举动。当此之时，双方之真功夫出矣，两手擎狮，一只脚立在地上，余一只脚高举，万万不能放下。设对方恶作剧，一味舐之不已，被舐者又不换足，示人以弱，岂不是哑子吃黄连，暗中叫苦？所以行舐足礼的时候，舞狮头的，要十分注意。如果对方恶作剧，忍无可忍，只有将腾起这一只脚，猛力把对方的狮头踢开，以冀恢复原状，但如此做法，是反脸了，是要决斗了。但是吾乡这一回决斗，是因为甲狮与乙狮遇，甲狮在路旁见礼，乙狮竟一概不理，昂头直行。也许是舞狮的人初入行，不知礼法，于是甲狮大愤，使人邀截，谓何得如此“大模大样”？结果，遂大斗起来。有人问我：“想免冲突，是要怎样？”我道：“适如分量，彼以礼来，我以礼往，这又何难？”

善舞狮的，起有起的姿势，伏有伏的姿势，动有动的姿势，静有静的姿势。某名手上场，未舞之前，辄把狮头高举，作一种高瞻远瞩之势，余不禁大鼓其掌，说真不愧“提头四顾天地窄”。

外国人入中国剧场，辄赞赏中国脸谱，谓含义深远，具有许多艺术化。观于狮的脸谱，又何独不然？狮有白须、有黑须、有长须、有短须。白而长，主老劲，如垂暮的英雄；黑而短，主粗鲁，像横暴的少年；若夫须如鞋刷，而又青鼻，这还了得，正是预备生事的呵。

舞狮艺术莫妙于滚球。看它蹲在台上，似睡非睡、似醒非醒的时候，把一个绒球吐了出来，一会，又吞了进去。那一吞一吐，当然有一条小绳，紧紧牵住。但是，那小绳尽有丈把长的，只轻轻用手一牵，即便跃入嘴里，那些妙技，真是比较庄子所说“丈人承蜩”，更觉微妙许多。

其次，就是狮子过桥。那桥不论离水多少远，舞狮的人，能够把狮头猛然投入水里，当着离水间不容发之际，双手又把狮头接了回来。此法，虽然是由于舞狮尾的人，暗暗用力将狮被带转，所以能够把狮头掀起，但是，这些手段，真觉巧不可阶。

舞狮的人须发扬狮的性质。大抵忠直勇敢是狮的本性，也是我们伟大民族的本性。有一次，有一只狮子走向龙江（乡名）顽要，龙江的人恶作剧，把闸门关了，狮子不能出去。论理，被人关闭起来只有两种办法，一则暴动，一则哀求，但是这一只狮子却不然，它轻轻地把随行的棍棒扎成一张小梯，一路把狮头舞了上去，跨过了闸门的瓦面，从从容容的走了下去。这种办法，当然是负有绝技才能如此，但是那不挠不屈的精神，真足仿效。

○ 原载于《逸经》1936 年第 7 期

谈两广人的舞狮

1936

——黄芝冈[①]

中国古时原只有虎、豹、犀、象，被古代开辟农田的人从北方赶到南方。狮子，据《后汉书》，汉章帝章和元年才由安息国贡献到中国来，它原是西域的猛兽。

舞狮也不是中国的杂耍，据白乐天的诗，是由西凉传入中国来的。白乐天的《西凉伎》说：

西凉伎，假面胡人假狮子。
刻木为头丝作尾。金镀眼睛银帖齿。
奋迅毛衣摆双耳，如从流沙来万里。
紫髯深目两胡儿，鼓舞跳梁前致辞。
应似凉州未陷日，安西都护进来时。
须臾云得新消息，安西路绝归不得。
泣向狮子涕双垂，凉州陷没知不知？
狮子回头向西望，哀吼一声观者悲。

《西凉伎》将贞元时的舞狮写成手势戏的样子，总算是较翔实的记载。现在且分做三方面说：第一是胡头，第二是狮的假形，第三是手势戏的演出。

---

① 编者注：黄芝冈，原名黄衍仁，笔名罗复、满衍等，湖南长沙人，1930 年加入左联，曾任教于南京国立戏剧专科学校，著有《中国的水神》《汤显祖编年评传》等作品。

再由唐人舞狮说到现代，看一看两广人的舞狮：

胡头是最早的面具，用在宗教仪式上的像《荆楚岁时记》的“逐疫”，用在手势戏上的像唐代的拨头舞。因此，它可以有两方面的演变：“逐疫”像喇嘛教打鬼，“胡头”是可由此变成大头和尚的，“拨头”的西域胡人，“山高水深，宛在其貌”，“胡头”变成猢狲头，也自是意中的事。

于是，宋代京师货药人舞狮，便以猢狲代“胡头”。到明代，大头和尚又和舞狮发生关系了。《友会谈丛》说：

京师货药者多假弄狮子猢狲为戏，聚集旁人。供俸者形质么么，颐颊尖薄，克肖猢狲，复委质于戏场焉。韦绳贯颈，跳踯不已。

《陶庵梦忆》纪绍兴灯景：

会稽县西桥斗狮子灯，鼓吹弹唱，施放烟火，挤挤杂杂。小街曲巷，有空地则跳大头和尚，锣鼓声错，处处有人团簇看之。

和两广人舞狮的情景也相差不远了。两广人舞狮，引狮的一是猴子，一是大头和尚。有时，猴子被称做小鬼，大头和尚便改用土地公公了。舞猫狮也用小鬼，但土地公公又被称做罗汉。总之，由唐代舞狮的假面胡人到现在的猴子、和尚，乃至于小鬼、土地、罗汉，全有脉络可寻，是一是二，大可不必多谈了。

两广人所舞的狮子，睡狮是常见的一种，但“睡狮”这名称是不大入人耳的，于是将“睡狮”改成“瑞狮”，或竟叫它做“醒狮”。这狮子的头像一双米箩，如果你将两手握住米箩边缘，将米箩倒举起在你的头上，两广人舞狮头是怎样一种舞法，便可想而知了。狮头是红色的，依两广人的好尚，贴上许多花草，但和“青狮白象”的话，不免背道而驰。

最奇怪的是两广人的狮头顶上会生出一枝独角，围在角旁有四枝更短的角，这好像是“辟邪”，又名叫“犭”的一种动物，其实是南中产的犀牛。狮子到两广，已大非本来面目了。

《容县志》：“由元日迄下弘止，各乡竞为狮鹿采茶鱼龙等戏，凡舞狮曰跳犀，舞马曰跳马鹿，总谓之跳故事。”便可知两广人舞狮实是跳犀。犀牛既是交趾、邕管、南海一带产物，在两广曾留下很多的遗迹神话，外国的猛兽到两广不但中国化了，而且地方化了，习俗的移转，力量也很可观了。

但两广却也有无角的狮子。有一种叫蚂蚜狮的，因为它的头形极像蛙头，而且它将下嘴和上唇相抵触时会发出嗝嗝的响声，所以叫蚂蚜狮。更有一种叫猫狮的，是一人独舞的小形狮子，头形和猫相似，所以叫它猫狮。这两种的头顶上都没有独角，但这样的狮子在两广是不常见的。

瑞狮的舞法是自成一种手势戏的，像郁林五属人竟将瑞狮分成六段表演。最初是表演“出山”，出山又名“拜神”，因为狮从山洞钻出，当先得神的允许，不然便会迷路，或将有不吉利的事情出生了。所以，当它刚钻出洞来，便向神灵拜跪祈请。这时舞狮的将狮头一俯一仰，一举一落，朝落“烧狮”的人进行，离“烧狮”的人约三步，又将狮头退到原处舞动，他的两只腿是不断的交踏着的；舞狮尾的只跟着狮头舞弄，共进退三四次。这时的锣鼓声是绵密而和谐的，狮头要表示它的诚敬，像我们鞠躬行礼一样。

其次是表演抢青。狮拜神完了，走出洞来，肚里很饥饿，非觅食不可了。这时，山巅上的猴子，大头和尚拿青叶果菜戏弄它，狮想抢到果菜，跳去抢猴子的，猴子爬到树上去了，再跳回抢大头和尚的，大头和尚三步两脚跑到狭洞里去。于是狮子发威了，这一吼，那一跳，张牙舞爪，长毛直竖。

抢青时，舞狮的人先将狮身蹲在地上，狮头对果菜作觑觎的表情。当戴着猴子面具和大头和尚的假头的人用青叶来戏弄它时，舞狮尾的先立起来，舞狮头的随即跳起，将狮口一翕一张，向着他们。这时锣鼓喧天，好像狮吼一样，狮便跳动起来了，随着青叶跳，像抢果菜似的。猴子和大头和尚将果菜抛给狮子，让它抢着吃了。

狮子吃饱了，便准备整容，用口先舐着长须，再舐着身上的长毛，其次便表演“舐须”了。这时舞狮头的先蹲在地上，伸出一条腿将长须剔起，用狮头的口一翕一张地舐着，其他一条腿是跪着的姿势，再伸出跪的一条腿剔须，用狮头交换舐完，便将狮头扭转，舐背脊的花布（背毛）。舞狮尾的，当这时只蹲在地上，狮头向左扭转，狮尾向左摆动；狮头向右扭转，狮尾向右摆动。

狮子舐完须了，出了一身大汗，气喘喘地像六月天的狗，张着口伸出大舌头来，身子渐渐困倦起来了，它一面深深呼吸，一面蜷着身体，渐将狮头偎近臀部，睡起来了。所以，其次的表演是人所称的“瑞狮”。这时，舞狮头的将狮头向左轻轻一摇，再向右微微颤动，舞狮尾的徐徐向狮头缩近，作蜷曲的形态，并将尾部微微摆动；舞狮头的一面将狮头微微颤动着，一面挤近狮尾，作成睡状。这时的锣鼓只轻轻地敲着。

狮子睡了，猴子从树上爬下，大头和尚从洞里钻出来，他们手里又握着一把果菜，戏着这只睡狮。当青叶触到狮的身上，狮张着银铃似的眼，盯着戏耍它的，先摆两下尾，于是挺直了腰，竖起了毛，怒吼一声，又跳起来。这一段表演名叫“翻身”，又名叫“醒狮”。

当戴面具和假头的拿着青叶戏狮子时，舞狮头的便将头扭正，微微摆动，作呵欠的形态，舞狮尾的向后退转，站立起来，舞狮头的跟着跳起，翕张着狮头的口，向青叶舞动。这时，锣鼓又大打特打，象征狮的吼声。于是，猴子又爬上树了，大头和尚又钻入狭洞去了。狮子也感到没有希望，腹也饱了，睡也醒了，便没精打采地一步一步走上山去。这是最后一段表演，名叫“收山”。但收山仍需拜神，这是祈祷它回山时一路平安之意。

猫狮的舞法是以跳掷为主的，因为它只由一人手托狮头，再将狮身下部和尾穿过胯下，系向体前腰间，所以它便于跳掷。在它的舞法中有一种叫“跳台”的，先用方桌砌成高台，由小鬼翻筋斗上第一层桌，再勾引猫狮翻筋斗上第一层桌，于是由第一层到第二层，再而三,三而四，直将猫狮引上最高一层桌子，小鬼便再用筋斗翻身而下，直到平地，和罗汉做饮酒贺年的玩意儿了。

猫狮在最高一层桌上，脸朝天做睡的样子，一会又陡然惊醒，来一个鲤鱼翻身。像这样一连几次，才从桌上跳起，然后跳跳舞舞，到最后用一个猛虎下山的姿势，由最高一层直跳到平地。这自然又是一种手势戏了。

舞狮的手势戏，虽只从《西凉伎》见到它较翔实的记载，但最早当从汉代角抵戏来穷究它的根源。角抵戏的《仙倡》虽没有舞狮，但也曾“戏豹舞罴”，跳虎游龙。且讲跳白虎吧，像“东海黄公赤刀粤祝，冀厌白虎，卒不能救”。《西京杂记》详述这故事，说有东海人黄公，少时为术，能制蛇御虎。佩赤金刀，以绛缯束发，立兴云雾，坐成江河。及衰老，气力羸惫，饮酒过度，不能复行其术。秦末有白虎见于东海，黄公乃以赤刀往厌之，术既不行，遂为虎所杀。

这不和舞狮同样是手势戏吗？因此，两广人舞瑞狮，照例在“收山”之前，“翻身”之后，停下狮头，来几套“白鹤拳棍”。或许，舞狮和汉代角抵也不无一脉流传的痕迹可寻罢？

二五，九，二五，上海

○ 原载于《中流》1936 年第 1 卷第 4 期

上元灯话

1937

——梧生

《论语》编者采纳读者的贡献，于新年特出“灯的专号”。论灯，诚如命题者所说，可谈的很多。现在我谈的是上元节的灯，但是我这篇是稍偏重于史实的，缺乏幽默性的，似乎不合《论语》文字的体裁，然而我这篇文字，内容也包含些有趣味的故事，所以不妨写来和大家谈谈，也可作应时的文章，又可作年节时酒余饭后的谈话资料。

我国旧俗年节的灯，有上元的灯、中元的莲花灯，这两节的灯，当然以正月十五上元节的灯为最热闹，而且上元节俗又称它是“灯节”，可以说是一年中灯的展览会、灯的赛会，故上元的灯样式种类多，制法也极巧妙。争奇斗艳，名色不一，这两句实在可以包括一切了。

上元张灯由来很古，大约已经有一千几百年的历史，若从其缘始及历代经过的故事详细来说，那非这篇简单的文字所能说完的。但是既谈上元灯话，也不能不先将张灯的历史简单的叙述一点，然后再谈灯市、灯品。

灯　史

上元张灯，是沿汉祀太乙自昏至昼的遗事。唐人熊孺登《正月十五诗》有“汉家遗事今宵见”这句，又《汉志》上也有正月十五前后一夕，“金吾敕许放夜”。“金吾放夜”这一说，也许是方便百姓们夜游观灯，但是在汉时，这种举动不一定年年举行罢了。

唐高祖继隋统一天下以后，那时正所谓“海宇宴安，民康物阜”的世界，高宗、玄宗那几个风流天子，藉此良辰佳节来庆贺升平，极力倡导上元张灯的事。从此后，历代相沿便成为岁时一种风俗。在唐时那种热闹情况，若据旧籍及诗人的描写，可谓盛极。当时上元灯彩有所谓“灯轮”，高二十丈，用金银锦绮来装饰，内部燃灯五万盏，好像花轮一般。灯楼高百五十尺，用灯缚成龙凤虎豹的形状，四周又悬挂金银珠宝，微风一吹，即成一种悦耳的声调。“灯树”，韩国夫人上元夜置百枝灯树，高八十尺，竖立如高山。“千炬烛”，杨国忠子弟，上元夜燃千炬红烛，围于左右，故时人名“千炬烛”。及“灯棚”种种的花样，苏味道诗有：

火树银花合，星桥铁锁开。
暗尘随马去，明月逐人来。
游骑皆秾李，行歌尽落梅。
金吾不禁夜，玉漏莫相催。

又李商隐诗亦有“月色灯火满帝都，香车宝辇溢通衢”两句，这皆是描写当时灯景与游人的盛况。

五代时，干戈扰攘，日不遑夕，政府民间哪有这种闲情逸兴，这种举动，因而暂时停顿。至宋太祖陈桥一统，对于上元张灯放夜的故事，不但重张旗鼓，而且踵事增华，并将唐时张灯三夜的旧例增改为五夜，由十四起至十八止。增两夜灯的原因，据传说是钱氏纳土进金钱买两夜的。当时有“还开钱氏金钱更续元宵”的佳话。南宋时，又增十三日一夜，叫“预放元宵”。若据宋史所载及各籍的描写，当时风光更驾唐时以上。

宋时灯景，最著名的是鳌山灯。鳌山即灯山的别名，叠灯为山形，上缀以五彩。《东京梦华录》载云：

正月十五元宵，大内前，自岁前冬至后，开封府绞缚山棚立木，正对宣德楼。……至正月七日，灯山上彩，金碧相射，锦绣交辉，面北悉结彩，山上皆画神仙故事。横列三门各彩结金字大牌，曰“宣和与民同乐”。彩山左右，以彩结文殊、普贤，跨狮子白象，各以手指出水五道，其手皆可摇动。用辘轳绞水上灯山尖高处，用木柜贮之，逐时放下，如瀑布状。又于左右山门，各以草把缚成戏龙之状，用青幕遮笼草上，密置灯烛数百盏，望之蜿蜒如双龙飞走。山东西两旁，又为龙，积百千灯，以绛纱笼之。

读这一段的记载，便可知当时鳌山灯景的壮丽豪奢了。

宋亡胡元入主中原，因种族与风俗的关系，对于上元张灯放夜的事不甚提倡，遂又停顿。及至明太祖既定天下，因为粉饰太平，又力追先代庆祝盛典，对于张灯放夜均恢复旧时制度，故明时也设鳌山灯景。又为繁盛新建的南都，招徕天下富商起见，更增益张灯之期为十日，由初八起至十七止。

“清初对于上元张灯，一切仍照明时遗制，但是将张灯十日改为五日，由十三起至十七止。十三叫试灯，十四至十六叫正灯，十七叫残灯。这五日统称“灯节”。但普通张灯的日期仍以三夜为多，十四夜叫试灯，十五夜叫正灯，十六夜叫罢灯，又叫阑灯。间有将灯节延长两日，至十九日始收灯的，十八夜那就叫残灯。”清宫上元的灯，据当时太监传说：

上元，宫中除了新年已经悬挂的灯彩外，各大宫殿及各宫门一律加悬纱灯。悬挂的方法，是先相度地势，扎搭木架，再将各种壁灯扎缚架上，然后钉上如意馆绘画好的纱布。纱布上绘画的，是全部《三国志》《儿女英雄传》《列国志》《封神榜》，各种小说故事的图画。或写些“万寿无疆”“国泰民安”“五谷丰登”“物阜民康”种种吉祥文字。灯架有搭成直立形的，有搭成三四层的，与普通彩架及牌楼的形式相同，故又称灯牌楼。历年初六便即悬挂，初八报齐，十八撤出。搭架悬灯的事，由灯库专办，每殿每门各派内监三人或四人看守，管理燃灯及夹剪灯花的事。并有管灯大臣随时监督指挥，如遇大风之日，便由他酌量熄灭一部分。各灯所用的蜡烛是由腊库制造的，蜡烛的形状、种类极多。统计每年灯节所用的蜡烛，约十五万支左右。

这是清宫内的灯景，至京中各衙门官署及街市商铺也大张灯彩，庆祝佳节，但是灯画各衙门官署各有不同，如工部的是绘画《草木春秋》图，兵部的是绘画《战功图》。商铺的灯多是绘画小说故事，以供游人的玩赏。这可见清代时上元张灯，仍是很盛的。

民国成立后，国都在北平时，每年灯节虽仍略有些点缀，但是已不如清末了。迨后国都南迁，“灯节”两字那就只有其名。去年上元，或者因为空前国难，已逾五年了，“九一八”的创痕，“一·二八”的瘢结，都成过去的陈迹。冀东张北虽然又随东三省后变成所谓“王道乐土”，但是冀东张北只有十二县与六县的地，我国地大物博，有的是土地，不在乎这一点，而且冀察平津又有特殊局面可以维持，已有“八荒大定，四海升平”的现象，政府和民众应及时行乐。故首都及太原平津等处，莫不趁此良辰佳节，或举行献灯大会，或表演龙灯高跷等把戏，表示“行乐不忘救国”的意思。这种盛况不可湮没，我把去年首都上元献灯大会，根据报上所载节录如下：

首都举行献灯大会，为追怀总理及国民革命军阵亡将士起见，此会无论军民，均可参加。参加者各携各种不同的花灯，在指定的地点集合出发，先赴总理陵园，在墓前舞蹈各种灯技，如狮子玩绣球、二龙戏珠等花样。表示所谓献灯礼后，又赴国民革命军阵亡将士公墓，如式再表演一次，乃游行各处而散。此次灯会之花灯，种种式式，各有不同，最精彩者，有缚成党徽、飞机、兵舰、炸弹、高射炮等形状。并有灯牌两座，上书“追念总理”“拥护领袖”之口号。汽车花灯两旁，附有“军民同乐”“共赴国难”之警惕标语。此外更有中华民国地图灯，上书“收复失地”。又大炸弹两颗，上书“敦睦邦交”与“一九三六年的礼物，大家留心”等字。献灯大会游行所经，沿途爆竹之声与锣鼓音调相和响成一片。此次灯会欢腾之热烈，为国府奠都南京第一次空前之盛况。

——见二十五年二月十日北平《世界晚报》

这种盛况，我说不但是国府奠都南京的第一次，而且是民国二十五年来空前所未有的现象。前几月国军已经打退绥东绥北的敌人，克复百灵庙了，更应再来这一套，说是“追怀这次绥远抗敌阵亡将士起见”，也无不可，未知诸公以为如何？

上面所谈的，是从汉朝到现在历代京师上元张灯史的话，至其他各地灯节的风光，与京师张灯的情形大同小异，而且见诸载籍的太多了，实难逐一叙说，故从略了。记得《晁氏客话》及《江邻几杂志》上有一段记载说：

蔡君谟守福州，上元日命民间一家点灯七盏。陈烈作大灯，长丈余，大书云：“富家一盏灯，太仓一粒粟；贫家一盏灯，父子相对哭。风流太守知不知？

犹恨笙歌无妙曲！”君谟见之，还舆罢灯。

这一说，若按《滋堂辨疑》说：“襄在福州诸利必兴，岂有令民家点七灯之理。”又梁克家《三山志》说“为刘瑾为守时事”，究系何人的事，我们暂且不管他，我所可惜的就是当时令民家点灯，太不会找题目，如果找个好题目，那就不会挨骂了。很像去年献灯大会一样，因为是“追怀……起见”，所以我们也就只有恭维说是“行乐不忘救国”，谁还敢说什么呢？

灯　市

各地民间因为上元节有张灯的风气，在节前制造灯彩的工匠们，莫不尽罄他的所制，聚集于街市求售，这种集市，叫做灯市。

①

灯市，在京时，每年冬初，京师的街市便渐已开始摆设各种灯球出售了。明时，从正月初八起至十八止。清时，从初十起至十六止。我现在抄录范景文、高士奇两人几首《灯市竹枝词》，便可知当时灯市的热闹情景了。

范景文《燕京灯市词》云：

御街春暖涨冰丝，风暖沙吹日影移。

珠缀九微光灿烂，张灯不待月高时。

---

① 图注：灯市中的儿童。刊载于《图画时报》1926 年第 291 期。

王孙约队簇金貂，玉勒青聪绮陌骄。

文具珊瑚看不尽，东华门外市三条。

珠楼一带郁嵯峨，阵阵香风簇绮罗。

龙烛熏风喧不夜，天街到处月明多。

月明处处度笙箫，春色分明廿四桥。

有酒劝君须尽醉，百年能得几元宵。

这首词是描写明朝灯市的情况。

又高士奇《吟京师灯市竹枝词》中有：

晴和惬称上元天，灵佑宫西列市廛。

莲炬星球张翠幕，喧声直到地坛边。

堆山擂水米家灯，摹仿徐黄顾陆能。

愈变愈奇工愈巧，料丝图画更新兴。

自注云：近行丹阳料丝灯，仿宋元画愈觉雅艳。这首竹枝词是描写清时灯市的盛况，从这词中又可见到那时灯市的灯，已极巧妙了。

灯　品

上元张灯，既成为一种岁时的风俗，而且有一千几百年的历史；历年又因争奇斗巧，独出心裁，制作各种灯样，故此灯的品类名称极多。现将历代及近今上元悬挂的灯，各种名称，略举一些说说。

唐代时，有用灯彩结灯楼、灯轮、灯棚、灯树，或扎成龙凤虎豹种种的形状。灯名皆是巧立名目，如所谓白露转花、黄龙吐水、金凫银燕、浮光洞攒及菩提叶灯，种种名目。

——见《明皇杂录》及周必大《省斋稿》

宋明时鳌山灯有缚成戏龙的，有簇成字的，有内设机关或利用烛光的热力以转动人物的动作，种种的花样，因形状的不同，故灯名有所谓苏灯、无骨灯、琉璃球、万眼罗、走马灯、宫灯、黄河九曲灯、狮子灯、商灯、水灯，种种名目。

——见《西湖志余》《帝京景物略》及《续文献通考》

从清初到现在，除了前代所遗传的宫灯、苏灯、狮子灯、商灯、水灯外，更有所谓米家灯、料丝灯、冰灯、雪灯、纱灯、玻璃灯、沙子灯、碰丝灯、壁灯、雪花灯、油纸灯，种种名目。

各种灯有各种的制法，统而言之，制灯的材料，多是用麦楷或竹篾，或铁丝，扎成各种各式的形状，或用木做成方角的形状。外糊纱绢或通纸，或油纸，或嵌镶玻璃，或明角等材料制成的居多数。但是冰灯是用水结冰，使成各种形状，冰内先栽麦苗或人物，内燃蜡烛。雪灯是用雪堆成各种兽形，在腹内燃烛。这两种灯，很雅致，很美观。但是冰灯是北方寒带的玩艺，南方温带所不易得的；雪灯那就更难了，因为在灯节的时期内非有大雪不可。旧时还有一种是卵壳制成的，这种只见《甲乙剩言》的记载。这种卵壳灯很有意思，现并录在下面。据说：

余尝于灯市见一灯，皆以卵壳为之，为盖，为带，为坠，凡计数十百枚。每壳必空四门，每门必有榱、窗棂，金碧辉耀，可谓巧绝，然脆薄无用，不异雕冰画脂耳。

从这段的记载来说，可知制灯的工匠莫不聚精会神，时时暗翻新样。范石湖《吴中灯市诗》有“叠玉千丝似鬼工，剪箩万眼人力穷”，这种的描写也不算过誉了。

奇　俗

上元灯话，我在上面已经说完了。我的家乡广东因为方言的关系，对于上元灯，还有些奇异的风俗，我现在一并说说。

广东方言，“灯”字的音和“丁”字的音相近似，丁字又是人口的别名，因而每年灯节，民间对灯很重视，有所谓开灯、吊灯、闹灯、游灯、燃灯、完灯、请灯、送灯、还灯，种种的特殊名目。种种名目有种种的意思，如：

开灯

这是广州的风俗。开灯也分几种，倘若上年已经生子，或购置房产，或建筑新屋，或结婚，或已发了财，或者希望今年发财的人家，必定于本年正月初二至初五这几天内，任择一天来开灯。若是生子的，叫“开新丁灯”；购房建屋的，叫“开新居灯”；结婚的叫“乘龙灯”；发财或希望发财的叫“发财灯”。海丰民俗，十三这天，在神庙宗祠挂红彩花灯，也叫开灯。

吊灯、闹灯

这是翁源、阳江的风俗。十三或十四吊灯，又叫“庆丁”，这是祝生子的意思。倘若已经生子的，便先预购花灯，在这一天用红绳吊挂在宗祠上，大敲锣鼓，大放爆竹，这叫闹灯。据说愈闹人丁愈多。

游灯

这是海南岛的风俗。上元那夜举行游灯，民间所挂灯的数目就是上年这一处生子的数目，观灯的人若数数灯的数目，便知道这一年生子多少了。

燃灯、完灯

这是广州、阳江、东莞等地方的风俗。每年在开灯后，早晚燃点，至十五始停止，十六即将灯与冥钱同时焚化，以后不再燃点，这叫完灯。但是焚灯时，须把灯内的油盏取下保留，这叫“接灯头”。

请灯、送灯、还灯

这是广州的风俗。民间上元这天，多向神庙请灯。上元过后三天，庙祝就按户分送，这叫“送灯”。倘若去年曾经请灯的住户，下年顺买同样同式的灯并随同灯价油资，用鼓乐送回神庙，这叫“还灯”。

四川成都也有送灯的风俗。凡是上年嫁女的人家，在本年上元买灯与面做的小老鼠，一同送往女婿家内，才叫送灯，据说可以多生男子的意思。

又，山东胶州的送灯风俗就和广东、四川的不同了，他是上元这天各家以萝卜或豆面作灯，午后好送往先人坟墓，叫做送灯。

这种奇风异俗，全是因方言字音的附会及迷信而成的，其他各省地方或者是闻所未闻、见所未见的事。

又，其他与上元灯话有关的风俗，如陕西中部有于元宵迎女归宁，叫做“避灯”，等等，还有许多，我现在就此打住罢，不然愈谈愈多，简直没有完了。

○ 原载于《论语》1937 年第 105 期

广州的禁忌语

1937

—— 刘万章[1]

我读了本刊二卷三十四期於菟先生的《言语的禁忌》，想把广州语的许多言语上的禁忌也写点出来。

“空”与“凶”

一所房子空起来，如果要房客来租赁时，少不得要标标“招租纸”，这招租纸写的是“吉屋招租”。本来是空屋招租，因为“空”与“凶”，广州音是相同的，于是禁忌就来了，凶的房子谁爱去住呢？不知哪一个时代起，一直到如今还是“吉屋出租”。由这空（凶）要讳作吉，于是“空包”“空箱”“空袋”“空身”……便该叫做“吉包”“吉箱”“吉袋”“吉身”……了。

苦

谁都不愿意自己的生活苦楚，所以广州语就讳这个“苦”字，蔬菜中有一种瓜叫做“苦瓜”，于是便把它叫做“凉瓜”了。

---

① 编者注：刘万章，民俗学家，毕业于广东高等师范附属师范学校，任教中小学十余年，后在国立中山大学语言历史所工作。1924 年任《民俗》杂志主编，1927 年加入民俗学会，1932 年创办《红棉旬刊》。著有《苏粤的婚丧》（与顾颉刚合著）、《广州儿歌甲集》等作品。

“输”“干”

有许多人说粤人爱赌，赌徒是顶迷信的，禁忌也特别多，单就语言上说已就不少。普通用的历书，我们不是叫做“通书”吗？但“通书”无异“通输”。赌徒的心理以为这是顶不利不过的，因此便讳说“通胜”。“丝瓜”念起来是“输瓜”，也是输，不利，那末又来“胜瓜”（听说有一部分华侨，大家谈起外交界有名的外交家施肇基先生的姓名时便是“胜肇基”了！）。他们又顶忌“干干净净”的情形，因为“胜负乃赌徒常数”，可是一输就干净，那又是可忌的事，所以他们讳言“干”，凡“干”都叫“润”，如“猪肝”叫“猪润”，“鸡肝”叫“鸡润”，“豆腐干”叫“豆润”。

“支”

赌徒之外，商家也一样的迷信，商场上自然爱进钱，不高兴支消的。广州俗语叫长衣（长衫）做“长支”，于是他们便讳作“长进”了！

“药”

广州语的“遗词”，并不像福佬话“食”与“饮”不大分别：茶是“饮”的，饭是“食”的。可是广州语也有“食茶”，不过这“食茶”另有意义，是“吃药”，这是说广州语的“吃药”讳言“食茶”。

“死”①

“死”这个字，广州语也时常忌讳的。一个上了年纪的人死了，叫做“返去归”（回去），孩子们夭折的叫做“唔喺处”（不在）；又如“气死我”改说“激生我”，“笑死我”改说“笑生我”……以上的例子虽然各有来源，但是后来已

① 文后补注：我们家乡有一种忌讳“梦”和“死”的习俗，常有人把姓“孟”和姓“史”的叫成别一个音。像姓“孟”的，嘴里说作“浑”，纸上写作“喜”；姓“史”的念成姓“吏”。这和刘先生所记广州把“施”念作“胜”一样，顺便记出。但是作品本上的“孟”“史”并不改读，所以“孟夫子”不是“浑夫子”或“喜夫子”也。如皋魏建功记。

是普遍地通行在古旧的广州话[1]里。

“葛”

有一次，我在香港的一个朋友家里，门外叫卖的来了，“实心藕”不断地高叫着。他的佣人开门买了，我为好奇心所驱使，便留心这是什么东西，原来是“葛”。我很奇怪地问了我的朋友何以不直叫做“葛”呢？他告诉我，“葛”与“上帝”（God）同音，要是说“买葛”“卖葛”，不是等于说“买上帝”“卖上帝”吗？因此信仰上帝的人讳说这个字，叫它实心的莲藕！因为香港的侨民也不少是操广州语的，所以附录于此。

二六，四，廿，于广州

○ 原载于《歌谣》1937 年第 3 卷第 11 期

① 作者注：年来为了语体文的影响，一部分进学校念作品的青年，他们的广州话似乎有了不少“国语”的成分，如“老”“当中”“刚才”……已不少人在谈话中时常运用了，这一类的广州话，我们当它是新的广州话。那末，以前的就是旧的广州话了。

清代其他博戏

1941

——杨申生

清代博戏有“压宝”“压扠”“揸摊”等，盖皆沿古意钱之遗制。其博具不用何物，但用制钱。《牧猪闲话》云：

压宝者，以一制钱闭盒中，分青龙、白虎前后四方之位，以钱压得宝字者为胜。压扠者，掉两钱使撇旋，伺其将定，以手捺之，亦分四门，两阴也，两阳也。若一阴一阳，则名曰扠。内一钱色稍赤，赤者得阳曰前扠，得阴者曰后扠，压得者为胜。揸摊者，随手取钱数十枚，不拘多寡，纳于器中，俟众人压毕，乃取计之。每四枚为盈数，统计凡为四者若干，余零或一，或二，或三，或成数，分为四门，以压得者为胜。

按：《汉书》：“安丘侯张拾等，并坐博揜，免为城旦。”《货殖传》：“博揜成富。”颜师古注：“揜，意钱之属也。”《后汉书》：“梁冀能为意钱之戏。”注引何承天《纂文》曰：“诡亿，一曰射意，一曰射数，即摊钱也。”其所由来古矣。俗谓之“摊钱”，亦曰“摊铺”，其钱不使叠映欺惑也。

诸戏皆推一人为桩，所挟赀必倍蓰于人，方可与众对敌，谓之“开当”，主胜负出纳之数。压者不限人数，可容数十人。游手之徒，啸引恶少，喧哗叫呶，驯致斗殴攘窃，悉由于此。竞财启衅，风斯下矣。近日士大夫间有好之者，要于此道中亦未许为入流品也。

按此三戏今皆流行。惟诚如金氏所谓“喧哗叫呶”“竞财启衅”，盖已无戏的意味，而纯为赌博的事了。其中揸摊一戏，在广东尤为盛行，通称“番摊”。其称番者，当指广东省城的番禺，摊即摊钱之意也。《清稗类钞》中有述广州番摊馆的情形甚详，兹引录如下：

广州有番摊馆，以兵守门。门外悬镁精灯，或电灯，并张纸灯，大书“海防经费”等字，粤人所谓奉旨开赌者是也。尤大者，则严防盗劫，时时戒备。博者入门，先以现金或纸币，交馆中执事人易其筹码，始得至博案前，审视下注。博案之后，有围墙极厚，中开一孔，方广不及二尺。博者纳现金，执事人即持现金送入方孔，而于方孔中发递牙筹，如现金之数，博者即以牙筹为现金。博而胜，仍以原筹向方孔易现金，虽盈千累万，无不咄嗟立办。故极大之博场，一日之胜负，虽多至数万数十万，而无丝毫现金可以取携，即有盗贼夺门而入，亦不能破此极厚之金库，以掠现金也。

门外无商标，仅一木牌，长约一尺，牌上书“内进银牌”四字。其胜负极巨者，则书“内进金牌”。旧所谓金牌者每注必以银币五元、十元为起点。银牌则以一元为本，一元以内，用小银币，不得以铜币下注也。其最下者，则标明“内进铜牌”，为下等社会中人赌博之处，铜币制钱皆可下注，不论多寡也。此外尚有所谓“牛牌”者，即一钱不名之人，亦可入局，胜则攫赀而去，不胜则以衣履为质，再不胜则以人为质，如终不胜则博者即无自由之权，而受拘禁，勒令贻书家族亲友，备资往赎，视其离家道里之远近，限以日期，如过期，即有种种方法之虐待，有被虐而死，如赎金不至，乃即载之出洋，贩作猪仔。

城内外之馆，多至六七百处，岁输饷于政府，约银币一千二百万元。然政府实收者，不过四百数十万，余则悉饱官吏兵役之私囊。承商以后，缴饷数百万元，官中规费减为二成，其和皆为商人所得矣。

此种番摊，殆因奉旨所办，故至“贩作猪仔”或“被虐而死”。不但无戏的意味，甚至越出博的范围。近人邹鲁氏有《赌祸》一文（载《禁赌概览》），述广东赌史甚详，谓广东赌博公开的历史始于咸丰十年。初为“闱姓”（略如今日的奖券，以科举考试者之姓氏被选为博），至光绪十年甲申，番摊始亦公开林立。其说云：

甲申，张之洞任总督，番摊私赌林立，有泛馆、官堆馆、老师馆之目。泛馆、官堆馆者，由驻扎该官堆之军人包庇之赌馆也，其赌馆即在该衙署门首。老师馆者，由进士、翰林个人包庇之赌馆也，其赌馆无定地。三者之中，军人之势特横，时有侵及其余二者。至包庇费则每日五元至百元不等，官厅自此虽未直接收取番摊赌饷，然每年间接实收四十万元漏规，充海防经费。至李鸿章总督两广，因西关赌馆发生命案，遂借口化私为公，大开番摊矣，是为官准番摊赌博之始，名曰海防经费，年饷二百余万两。

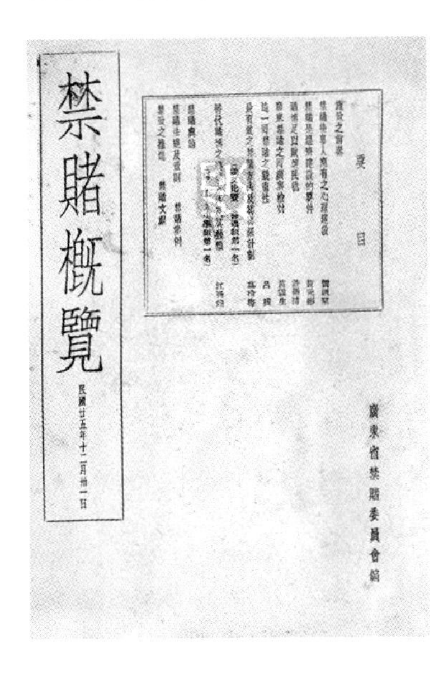

①

以博戏而抽取饷银，每年竟达二百余万两，实为开我国博戏史上的特例。因述摊钱之戏，偶及于此，亦足见清代官吏的腐败，有非我们笔墨所欲形容的。

此外与摊钱取意相同，而博具不用钱者，有“转骰”，则用尖形骰子。《牧猪闲话》云：

今市井无籍，于广阛设博场。其具两头尖锐，四旁均作六面，镂如骰子之制，形类谏果，而有觚棱。先设局道，大书一二三四五六等字，然后举手按骰。观者乘其转跃未定时，以钱压向某字。射中者，较其所压之钱，获彩四倍；不中，则阿堵饱设局者之橐矣。谓之“转骰”，颇类意钱之戏，实则骰子形制也。

按：此种骰子当系特制，与普通不同，以便旋转。今亦有此转制摇器，置普通骰子于器中，或一枚，或二枚，用器摇动，显出点数。二枚则共有十二门，以压得者为胜，其理与此正同。又吾乡宁波有所谓“打毛蟹”者，亦用尖形的骰子，中作四面，不刻点数，而刻蟹、虾、红鱼、黑鱼，用手旋转，随人压注，以中者为胜。此种刻动物骰子，饶有古意，盖最早五木，固亦不刻点数，而刻犊雉等动物的。

又有不用任何博具，而以诗句代替博具的，称为“敲诗”，用意亦正与摊戏

① 图注：《禁赌概览》，奇文印务公司 1936 年刊行。

同，《清稗类钞》云：

敲诗者，以纸条约四五寸长者为之，亦曰“打诗宝”。摘录七言或五言之诗句，于句中隐去一字，注于纸尾，以封套笼之。即于诗句之旁，别书大意相通者四字，并纸尾原字则为五。另摊方纸于几，划为五度，以钱压其上。

射中者，一钱偿三钱。其五字中之极不通者，大抵即其所隐之字也。输赢固不巨，且托名风雅，然亦赌博之别派也。

按：此今通称为“诗谜”，实则并非是谜，盖既为谜语，则谜底决不显示于人的。今诗句既有缺字，又将缺字显示于人，而缺字往往多至五个，以便令人猜测，是与猜钱、猜骰同出一辙，故亦附述于此。

此外博戏中尚可一述者，则厥为“斗蟋蟀”。此戏始于唐而盛于宋，历明至清，代不或衰。清黄式权《淞南梦影录》云：

近时沪上游民，俱好斗蟋蟀戏，甚至孤注一掷，动计百千。青楼中爱之尤挚，创金盆子，调护弥周。有朱逸卿者，每年必蓄数十头，红牙青项，品类各分。暇时设席，邀姊妹行，并二三佳客，团聚结寮，雌雄互角，履舃交错，耳鬓厮磨，胜算独操，欢情顿洽。何物可怜虫，得消受美人爱护，宜其奋翼张牙，愿向妆台效力也。

又有“斗鹌鹑”，亦以动物相斗而为博戏之一。清顾铁卿《清嘉录》云：

霜降后，斗鹌鹑角胜，标头一如斗蟋蟀之制。以十枝花为一盆，负则纳钱一贯二百，若胜则主家什一而取。每斗一次，谓之一圈。斗必昏夜。至于畜养之徒，彩缯作袋。严寒，则或有用皮套，把于袖中，以为消遣。

又清无名氏[①]《蛙阶外史》叙斗鹑之戏颇详，兹亦引录如下：

鸿僧住持蔡村之兴善寺，村隶武清，距京师百余里。僧好蓄鹑，蓄鹑以万计。最后得玉鹑，纯洁如雪，长颈短尾，俨然一小鹤也。玉鹑好搏击，每翔起，高三四尺，如俊鹘落，一击辄中。阅千百鹑，无与敌者。西贾某，畜一黑鹑，色纯墨，短小精悍，每与鹑遇，张两翼伏地，如燕掠水，喙利如锥，当者辟易。人谓玉鹑为天龙，墨鹑为地虎云。两人以鹑故，雅相爱好，惟相戒两鹑

① 编者注：即高继珩，一作高继衍，字寄泉，嘉庆二十三年举人，著有《培根堂全稿》。

勿斗，各恐伤其尤物也。久之，他蓄鹑者皆不敢与两鹑斗，两人不得已，请他人持鹑下围，而潜伺焉。所请人固不知也，既合，两人各变色。既已无可奈何，见玉鹑怒伏以待，墨鹑张两翼伏地，以喙啄玉鹑膺。玉鹑已受数十创，血殷羽毛，突亦张两翼效墨鹑状，往来驰骤，无虑四五百度。最后人不见鹑，第见黑白影驰逐如梭。观者千人，皆屏息啧啧叹赏，以为得未曾有也。玉鹑忽跃起高五尺，突下一击，黑鹑月精已为抉去，垂翅逃去。西贾怒，出白刃相雠。僧谢曰："我固不知也。墨鹑败，诚可惜，请以玉鹑偿子何如！"西贾惭而罢。僧从此不令玉鹑斗，闭以雕笼。笼畔系猰狗，有人近笼，辄狂噬。他人饲玉鹑，玉鹑不食，僧自饲乃食。时鹑为僧所胜金，已买田百顷矣。任城某公子以好鹑负千金，卑礼厚币，假玉鹑去，尽返所负金。僧寿七十余，与鹑相依为命。一日僧方握鹑，忽示寂，鹑亦在僧手中死。

又有"斗树"，则为前代所未闻。清焦循《易余籥录》云：

乾隆间，郑人有斗树之会，以枫榆松柏之类，长仅三四寸，瓦斗如拳，可笼袖中，以较优劣。相传此风始自吴中。

按：焦氏为扬州人，是当时扬人有作此戏的。既云"以较优劣"，恐亦有赌钱意味，故附载于此。

○ 原载于《宇宙风·乙刊》1941 年第 52/53 期

PART 3

广州旧事

旧时广州

康圣人的故事（吴敬轩）

1925

——吴敬轩

记者先生：

读《现代评论》第二卷第三十期吴稚晖先生的《中山先生的革命两基础》一文，中述及康圣人的故事，说："彼蓄长髯，自号长素，即比素王为长，取贤于孔丘之义。后乃割须尊孔，便于保皇，已非其本来面目矣。"这恐怕是随俗传闻之误。我籍隶广东平远，幼年便从乡里传闻，得到了许多关于圣人的故事。那时只叫康祖诒（我蓄有原版的《新学伪经考》，还署此名），或康老子、康圣人，不叫康有为。近年流寓广州，从故里贤豪长者游，关于圣人的轶事，所得的益发不少。趁此暑日余闲，不妨写出一二，以供阅者读报之余的消遣。

①

圣人初居广州，只是一个监生（因为秀才难考，所以大家都喜欢捐监，即如梁星海（鼎芬）等，都是由捐监中举人的），名不出里巷。一日忽发奇想，贴广告教

① 图注：康有为。刊载于《人间世》1935 年第 33 期。

馆，见者嗤之以鼻，有人以淡墨书其旁曰："监生亦居然出而教馆乎？"（因为那时教馆的，非举人即进士、翰林，不然，便是在学术上负甚大资望者。圣人以一监生资格，亦欲滥竽鸿业，与当世大人先生携手，所以不免碰此钉子也）。悬贴半月，不见一个学生光顾，圣人虽气，亦无如之何。其时有石星巢者（名德芬，是梁任公最初的业师）在教馆中是正走红运的人，学生在百人以上。一日因事外出，请圣人代其出堂讲书。圣人无意中得此千载一时之会，乃逞其海涵地负之才，悬河不竭之口，旁征博引，独出新解。一席既终，学生咸互相骇愕，以为闻所未闻。于是渐有至其处执经问难者。康睹时机既至，遂在长兴里开馆招收学生（后来长兴学记即取名于此，里今犹存，在广府学宫之东）。于是梁启超之徒遂由石门而转入康门，相吸引，门徒日以增多。闻当时还有一段笑话：康初开馆，患学生太少，以书达石星巢，请分与学生人数。石笑曰："吾门生尚不足，安有余数分与他人邪？"然如梁任公等陆续转入康门，石亦终不能禁。

康时讲学，遂宗公羊大倡其孔子改制之说，每下一义，援引博洽，穿贯群籍，几有六经皆我注脚之概。这是我一位同事杨果庵先生（寿昌，梁星海门人）曾在长兴里听他讲过《中庸》告诉我的。而其文学又绝深湛优美，无论制艺古文，均渊雅精妙，世无其匹。

同事杨果庵先生尝为我言："长素中举的文章，自拟之管缄若（世铭），实则缄若有其工力，无其回旋磅礴之气。长素之文，当求之明代金正希（声）、黄陶庵（淳耀）诸人以上也。"此可以见其制艺文章之倾动一时了。

一班少年，既震其声华，又钦其实学，所以圣人以一监生资格，居然能领袖群伦，大坐其虎皮而讲学。梁任公辈之所以去彼就此，心服皈依者，或者也就在此一点了。

后来著《新学伪经考》《孔子改制考》《大同书》诸书（大同书未印行，不过当时门下传诵多少而已），蹈厉发扬，名迹始大。继迭中式乡试、会试，公车上书，论变法之道，雷隐电发，声名遂洋溢于中国。以后事迹，国人多稔，恕不续写了。（按：以康时文之才，尽可掇巍科而金殿对策，闻当时殿试所以失败者，实以主试官顺德李若农——文田——为之中梗。李以翰林前辈资格，颇以书法矜重一时；而康平日论书，扬碑而抑帖，著《艺舟双楫》，数粤中帖学而不及李，且对于其字时有讥评，李甚衔之。故康中进士后之得工部主事——是闲差不能发展的——实由李播弄之所致也。

《伪经考》诸书出后，学界思潮顿起一大革命，少年新进，从之者众。粤中大吏（当时两广总督，好像是张人骏，一时记不清楚）的的然惊，比其学说于洪水猛兽，又谓其字长素，实欲长于素王，为大逆不道。奏旨请毁其版。康当时曾上说帖，历揭其立说之所本，并谓长素之号系出自其祖父所命，乃取南北朝时某某故实而为之（康原书不可得，不知其所指云何也），绝无所谓长于素王也。据此则吴稚晖先生文中云云，实系随俗传闻之误。且闻人云圣人在长兴里讲学时，并未曾蓄须，则吴文蓄长髯语，亦非事实。因此想见后圣谦冲，虽大胆讲学，止于和刘氏父子捣乱，拨国师的火灶，对于先圣仍然加信尊崇，不敢损大成殿一草一木。所以当此国脉垂绝之际，仍然努力提倡孔教，亘数十年而不一变其宗旨也，一笑！

不过也有人说，康氏当日讲学，虽不敢遽翻孔子之案，确也言外对于他常有许多不满意处。长素之字，虽为祖父所取，自己却屡以长于素王自居，平日说话之间，时常有这种意思流露于言外，门弟子互相传说，遂有习俗如是如是的传闻。后来说帖上所述祖父取之某某故实云云，乃是查办消息已出，恐怕累及宗族，而畏罪饰说的。此说亦不无理由。究竟如何，我们无从解决，只好盼人去当面问他个明白了。

要之，康在晚清讲今文经学，倡经世致用之说，树思想界解放之先声，二十年来维新改革之功，终当推为魁首。他在广东和梁星海、孙中山诸人同时，而学术政见不同，故终不能相合。星海（鼎芬）是陈兰甫（澧）高足弟子，持理学甚严（兰甫之学，固兼治汉宋者），长素是朱子襄（次琦，南海九江乡人，世称九江先生者也）门人，与简竹居（朝亮，顺德人）同门，而所趣各别。长素志意宏阔，病宋儒之局促，以为仅足保守而已。故于兰甫之学，亦有讥评，意颇不屑。竹居则墨守绳墨，能讲践履。是以星海每扬简而抑康，尝曰："竹居近人，长素偏特而狂纵。竹居能办事，长素执政，不五日而乱天下矣，庆笙则十日而乱天下者也。"庆笙是陈树镛的别字，亦兰甫门生，天才敻绝，曾著

《满官答问》五卷，刊《端溪丛书》中，年三十而亡。学问渊博，而不长文学，故以诸生终。闻当日曾有一段趣话：

长素逞其平日记览之博，著成《韵学》数十卷，以示庆笙。庆笙阅其首卷毕，便还之曰："你快把它烧了罢！开口便错了，何以示人？"所以圣人《韵学》终于不曾出世。我想文字音韵之学，本是陈东塾（兰甫有《东塾丛书》《东塾读书记》）的专业，陈庆笙从其问学，必有专长。长素徒逞其记诵之博，欲向班门而弄斧，宜其贻笑大方了。所以长素鄙陈兰甫之学，而亦不能为其学。特其博学多能，则固为时辈推许。梁星海曰："博闻强记，吾不如长素。"陶子正（邵学，亦兰甫门人）曰："博学多通，长素有焉。"又当时义乌朱鼎甫（一新）讲学于广雅书院，独尊宋学，亦与长素意见相违，往来辩论不已，详见其《拙盦丛稿》中。

长素讲学长兴里的时候，中山（那时只叫孙文或孙逸仙）以西医生的资格，悬壶于广州双门底大街之圣教书楼（系卖耶教书者，东距长兴里不及半里之遥），暗地鼓吹革命。震康名欲招为同事，康以所志微有不同，且以两大不能相下之故，遂终于谢绝。自是各奔前路，疏阔至今，竟成为两大潮流之分界。这是二老当日之所不及料的了。

暑热如焚，暂止于此，关于他们的轶事太多了，容他日再谈罢。专此，即颂撰安。

敬轩

十四年八月十日

○ 原载于《语丝》1925 年第 44 期

在钟楼上

1927

——鲁迅

也还是我在厦门的时候，柏生[①]从广州来，告诉我说，爱而君[②]也在那里了。大概是来寻求新的生命的罢，曾经写了一封长信给K委员[③]，说明自己的过去和将来的志望。

“你知道有一个叫爱而的么？他写了一封长信给我，我没有看完。其实，这种文学家的样子，写长信，就是反革命的！”有一天，K委员对柏生说。

又一天，柏生又告诉了爱而，爱而跳起来道：“怎么？……怎么说我是反革命的呢？！”

厦门还正是和暖的深秋，野石榴开在山中，黄的花（不知道叫什么名字）开在楼下。我在用花刚石墙包围着的楼屋里听到这小小的故事，K委员的眉头打结的正经的脸，爱而的活泼中带着沉闷的年青的脸，便一齐在眼前出现，又仿佛如见当K委员的眉头打结的面前，爱而跳了起来，——我不禁从窗隙间望着远天失笑了。

但同时也记起了苏俄曾经有名的诗人，《十二个》的作者勃洛克的话来：“共产党不妨碍做诗，但于觉得自己是大作家的事却有妨碍。大作家者，是感觉自

---

① 柏丘：即孙伏园。当时在厦门大学任教。
② 爱而君：即李遇安。曾任中山大学职员。
③ K委员：即硕孟余。时任中山大学委员会副主任委员。

己一切创作的核心，在自己里面保持着规律的。”

共产党和诗，革命和长信，真有这样地不相容么？我想。

以上是那时的我想。这时我又想，在这里有插入几句声明的必要：我不过说是变革和文艺之不相容，并非在暗示那时的广州政府是共产政府或委员是共产党。这些事我一点都不知道。只有若干已经“正法”的人们，至今不听见有人鸣冤或怨鬼诉苦，想来一定是真的共产党罢。至于有一些，则一时虽然从一方面得了这样的谥号，但后来两方相见，杯酒言欢，就明白先前都是误解，其实是本来可以合作的。

必要已毕，于是放心回到本题。却说爱而君不久也给了我一封信，通知我已经有了工作了。信不甚长，大约还有被冤为“反革命”的余痛罢。但又发出牢骚来：一，给他坐在饭锅旁边，无聊得很；二，有一回正在按风琴，一个漠不相识的女郎来送给他一包点心，就弄得他神经过敏，以为北方女子太死板而南方女子太活泼，不禁“感慨系之矣”了。

关于第一点，我在秋蚊围攻中所写的回信中置之不答。夫面前无饭锅而觉得无聊，觉得苦痛，人之常情也，现在已见饭锅，还要无聊，则明明是发了革命热。老实说，远地方在革命，不相识的人们在革命，我是的确有点高兴听的，然而——没有法子，索性老实说罢，——如果我的身边革起命来，或者我所熟识的人去革命，我就没有这么高兴听。有人说我应该拚命去革命，我自然不敢不以为然，但如叫我静静地坐下，调给我一杯罐头牛奶喝，我往往更感激。但是，倘说，你就死心塌地地从饭锅里装饭吃罢，那是不像样的；然而叫他离开饭锅去拚命，却又说不出口，因为爱而是我的极熟的熟人。于是只好袭用仙传的古法，装聋作哑，置之不问不闻之列，只对于第二点加以猛烈的教诫，大致是说他“死板”和“活泼”既然都不赞成，即等于主张女性应该不死不活，那是万分不对的。

约略一个多月之后，我抱着和爱而一类的梦到了广州，在饭锅旁边坐下时，他早已不在那里了，也许并没有接到我的信。

我住的是中山大学中最中央而最高的处所，通称“大钟楼”。一月之后，听得一个戴瓜皮小帽的秘书说，才知道这是最优待的住所，非“主任”之流是不准住的。但后来我一搬出，又听说就给一位办事员住进去了，莫明其妙。不过当我住在那里的时候，总还是非主任之流即不准住的地方，所以直到知道办事员搬进去了的那一天为止，我总是常常又感激，又惭愧。

然而这优待室却并非容易居住的所在，至少的缺点，是不很能够睡觉的。一到夜间，便有十多匹（也许二十来匹罢，我不能知道确数）老鼠出现，驰骋文坛，什么都不管。只要可吃的，它就吃，并且能开盒子盖，广州中山大学里非主任之流即不准住的楼上的老鼠，仿佛也特别聪明似的，我在别地方未曾遇到过。到清晨呢，就有“工友”们大声唱歌，——我所不懂的歌。

①

白天来访的本省的青年，却大抵怀着非常的好意的。有几个热心于改革的，还希望我对于广州的缺点加以激烈的攻击。这热诚很使我感动，但我终于说是还未熟悉本地的情形，而且已经革命，觉得无甚可以攻击之处，轻轻地推却了。那当然要使他们很失望的，过了几天，尸一君[②]就在《新时代》上说：“我们中几个很不以他这句话为然，我们以为我们还有许多可骂的地方，我们正想骂骂自己，难道鲁迅先生竟看不出我们的缺点么？”

其实呢，我的话一半是真的。我何尝不想了解广州，批评广州呢，无奈慨自被供在大钟楼上以来，工友以我为教授，学生以我为先生，广州人以我为“外江佬”，孤孑特立，无从考查。而最大的阻碍则是言语。直到我离开广州的

① 图注：广州中山大学。刊载于《中国大观图画年鉴》1930 年。
② 编者注：尸一，即梁式，时任广州《国民新闻》副刊《新时代》编辑。

时候止，我所知道的言语，除一二三四……等数目外，只有一句凡有“外江佬”几乎无不因为特别而记住的Hanbaran（统统）和一句凡有学习异地言语者几乎无不最容易学得而记住的骂人话Tiu-na-ma而已。

这两句有时也有用。那是我已经搬在白云路寓屋里的时候了，有一天，巡警捉住了一个窃取电灯的偷儿，那管屋的陈公便跟着一面骂，一面打。骂了一大套，而我从中只听懂了这两句。然而似乎已经全懂得，心里想：“他所说的，大约是因为屋外的电灯几乎Hanbaran被他偷去，所以要Tiu-na-ma了。”于是就仿佛解决了一件大问题似的，即刻安心归坐，自去再编我的《唐宋传奇集》。

但究竟不知道是否真如此。私自推测是无妨的，倘若据以论广州，却未免太卤莽罢。

但虽只这两句，我却发见了吾师太炎先生的错处了。记得先生在日本给我们讲文字学时，曾说《山海经》上“其州在尾上”的“州”是女性生殖器。这古语至今还留存在广东，读若Tiu。故Tiu-hei二字，当写作“州戏”，名词在前，动词在后的。我不记得他后来可曾将此说记在《新方言》里，但由今观之，则“州”乃动词，非名词也。

至于我说无甚可以攻击之处的话，那可的确是虚言。其实是，那时我于广州无爱憎，因而也就无欣戚，无褒贬。我抱着梦幻而来，一遇实际，便被从梦境放逐了，不过剩下些索漠。我觉得广州究竟是中国的一部分，虽然奇异的花果，特别的语言，可以淆乱游子的耳目，但实际是和我所走过的别处都差不多的。倘说中国是一幅画出的不类人间的图，则各省的图样实无不同，差异的只在所用的颜色。黄河以北的几省，是黄色和灰色画的，江浙是淡墨和淡绿，厦门是淡红和灰色，广州是深绿和深红。我那时觉得似乎其实未曾游行，所以也没有特别的骂詈之辞，要专一倾注在素馨和香蕉上。但这也许是后来的回忆的感觉，那时其实是还没有如此分明的。

到后来，却有些改变了，往往斗胆说几句坏话。然而有什么用呢？在一处演讲时，我说广州的人民并无力量，所以这里可以做“革命的策源地”，也可以做反革命的策源地……当译成广东话时，我觉得这几句话似乎被删掉了。给一处做文章时，我说青天白日旗插远去，信徒一定加多。但有如大乘佛教一般，待到居士也算佛子的时候，往往戒律荡然，不知道是佛教的弘通，还是佛教的败坏？……然而终于没有印出，不知所往了……。

广东的花果，在“外江佬”的眼里，自然依然是奇特的。我所最爱吃的是杨桃，滑而脆，酸而甜，做成罐头的，完全失却了本味。汕头的一种较大，却是“三廉”，不中吃了。我常常宣传杨桃的功德，吃的人大抵赞同，这是我这一年中最卓著的成绩。

在钟楼上的第二月，即戴了“教务主任”的纸冠的时候，是忙碌的时期。学校大事，盖无过于补考与开课也，与别的一切学校同。于是点头开会、排时间表、发通知书、秘藏题目、分配卷子……于是又开会、讨论、计分、发榜。工友规矩，下午五点以后是不做工的，于是一个事务员请门房帮忙，连夜贴一丈多长的榜。但到第二天的早晨，就被撕掉了，于是又写榜。于是辩论：分数多寡的辩论；及格与否的辩论；教员有无私心的辩论；优待革命青年，优待的程度，我说已优，他说未优的辩论；补救落第，我说权不在我，他说在我，我说无法，他说有法的辩论；试题的难易，我说不难，他说太难的辩论；还有因为有族人在台湾，自己也可以算作台湾人，取得优待“被压迫民族”的特权与否的辩论；还有人本无名，所以无所谓冒名顶替的玄学底辩论……这样地一天一天的过去，而每夜是十多匹，或二十匹老鼠的驰骋，早上是三位工友的响亮的歌声。

现在想起那时的辩论来，人是多么和有限的生命开着玩笑呵。然而那时却并无怨尤，只有一事觉得颇为变得特别：对于收到的长信渐渐有些仇视了。

这种长信本是常常收到的，一向并不为奇。但这时竟渐嫌其长，如果看完一张，还未说出本意，便觉得烦厌。有时见熟人在旁，就托付他，请他看后告诉我信中的主旨。

“不错。写长信，就是反革命的！”我一面想。

我当时是否也如K委员似的眉头打结呢，未曾照镜，不得而知。仅记得即刻也自觉到我的开会和辩论的生涯，似乎难以称为“在革命”，为自便计，将前判加以修正了：“不。‘反革命’太重，应该说是‘不革命’的。然而还太重。

其实是，写长信，不过是吃得太闲空罢了。”

有人说，文化之兴，须有余裕，据我在钟楼上的经验，大致是真的罢。闲人所造的文化，自然只适宜于闲人，近来有些人磨拳擦掌，大鸣不平，正是毫不足怪。其实，便是这钟楼，也何尝不造得蹊跷。但是，四万万男女同胞、侨胞、异胞之中，有的是“饱食终日，无所用心”，有的是“群居终日，言不及义”，怎不造出相当的文艺来呢？只说文艺，范围小，容易些。那结论只好是这样：有余裕，未必能创作；而要创作，是必须有余裕的。故“花呀月呀”不出于啼饥号寒者之口，而“一手奠定中国的文坛”[①]，亦为苦工猪仔所不敢望也。

我以为这一说于我倒是很好的，我已经自觉到自己久已不动笔，但这事却应该归罪于匆忙。

大约就在这时候，《新时代》上又发表了一篇《鲁迅先生往哪里躲》，宋云彬[②]先生做的。文中有这样的对于我的警告：

> 他到了中大，不但不曾恢复他“呐喊”的勇气，并且似乎在说“在北方时受着种种迫压，种种刺激，到这里来没有压迫和刺激，也就无话可说了”。噫嘻！异哉！鲁迅先生竟跑出了现社会，躲向牛角尖里去了。旧社会死去的苦痛，新社会生出的苦痛，多多少放在他眼前，他竟熟视无睹！他把人生的镜子藏起来了，他把自己回复到过去时代去了。噫嘻！异哉！鲁迅先生躲避了。

而编辑者还很客气，用案语声明着这是对于我的好意的希望和怂恿，并非恶意的笑骂的文章。这是我很明白的，记得看见时颇为感动。因此也曾想如上文所说的那样，写一点东西，声明我虽不呐喊，却正在辩论和开会，有时一天只吃一顿饭，有时只吃一条鱼，也还未失掉了勇气。“在钟楼上”就是预定的题目。然而一则还是因为辩论和开会，二则因为篇首引有拉狄克的两句话，另外又引起了我许多杂乱的感想，很想说出，终于反而搁下了。那两句话是：“在一个最大的社会改变的时代，文学家不能做旁观者！”

但拉狄克的话，是为了叶遂宁和梭波里的自杀而发的。他那篇《无家可归的艺术家》译载在一种期刊上时，曾经使我发生过暂时的思索。我因此知道凡

---

① 编者注：“一手奠定中国的文坛”，是指新月书店夸赞徐志摩的话。

② 编者注：宋云彬，时任《黄埔日报》编辑。

有革命以前的幻想或理想的革命诗人，很可有碰死在自己所讴歌希望的现实上的运命；而现实的革命倘不粉碎了这类诗人的幻想或理想，则这革命也还是布告上的空谈。但叶遂宁和梭波里是未可厚非的，他们先后给自己唱了挽歌，他们有真实。他们以自己的沉没，证明着革命的前行。他们到底并不是旁观者。

但我初到广州的时候，有时确也感到一点小康。前几年在北方，常常看见迫压党人，看见捕杀青年，到那里可都看不见了。后来才悟到这不过是“奉旨革命”的现象，然而在梦中时是委实有些舒服的。假使我早做了《在钟楼上》，文字也许不如此。无奈已经到了现在，又经过目睹“打倒反革命”的事实，纯然的那时的心情，实在无从追蹑了。现在就只好是这样罢。

○ 原载于《语丝》1927 年第 4 卷第 1 期

匪笔三篇

1927

——鲁迅

今之“正人君子”，论事有时喜欢讲“动机”。按：动机，我自己知道，介绍这三篇文章是未免有些有伤忠厚的。旅资将尽，非逐食不可了，许多人已知道我将于八月中走出广州。七月末就收到了一封所谓学者的信，说我的文字得罪了他，“拟于九月中回粤后提起诉讼，听候法律解决”，且叫我“暂勿离粤，以俟开审”。命令被告枵腹恭候于异地，以俟自己雍容布置，慢慢开审，真是霸道得可观。第二天偶在报纸上看见飞天虎寄亚妙信，有“提防剑仔”的话，不知怎地忽而欣然独笑，还想到别的两篇东西，想执介绍之劳了。这种拉扯牵连，若即若离的思想，自己也觉得近乎刻薄，——但是，由它去罢，好在“开审”时总会结账的。

在我的估计上，这类文章的价值却并不在文人学者的名文之下。先前也曾收集，得了五六篇，后来只在北京的《平民周刊》上发表过一篇模范监狱里的一个囚人的自序，其余的呢，我跑出北京以后，不知怎样了，现在却还想搜集。要夸大地说起来，此类文章，于学术上也未始无用。我记得 Lombroso 所做的一本书——大约是《天才与狂人》，请读者恕我手头无书，不能指实——后面，就附有许多疯子的作品。然而这种金字招牌，我辈却无须挂起来。

这回姑且将现成的三篇介绍，都是从香港《循环日报》上采取的。以其都不是韵文，所以取阮氏《文笔对》之说，名之曰：笔，倘有好事之徒，寄我材料，无任欢迎。但此后拟不限有韵无韵，并且扩大范围，并收土匪、骗子、犯人、疯子等等的创作。但经文人润色，或拟作赝作者不收。

其实，古如陈涉帛书、米巫题字，近如义和团传单、同善社乩笔，也都是这一流。我想，凡见于古书的，也都可以抄出来编为一集，和现在的来比照，看思想手段有什么不同。

来件想托北新书局代收，当择优发表，——但这是我倘不忙于“以俟开审”或下了牢监的话。否则，自己的文章也就是材料，不必旁搜博采了。

闲话休题，言归正传：

一　撕票布告

潘　平

广州佛山缸瓦栏维新码头，发现烂艇一艘，有水浸淹其中，用蓑衣覆盖男子尸身一具，露出手足，旁有粗碗一只，白旗一面，书明云云。由六区水警将该尸艇移泊西医院附近。验得该尸颈旁有一枪孔，直贯其鼻，显系生前轰毙。查死者年约三十岁，乃穿短线衫裤，剪平头装者。

南海紫洞潘平布告。

为布告事：昨四月廿六日，在禄步共掳得乡人十余名，困留月余，并望赎音。兹提出禄步笋洞沙乡，姓许名进洪一名，枪毙示众，以儆其余。四方君子，特字周知，切勿视财如命！此布。

（据七月十三日《循环报》）

二　致信女某书

金吊桶

广西梧州洞天酒店相命家金吊桶，原名黄卓生，新会人，日前有行骗陈社恩、黄心、黄作梁夫妇银钱单据，为警备司令部将其捕获，又搜获一封固之信，内空白信笺一张，以火烘之，发现字迹如下：

今日民国十六年五月二十九日，吕纯阳先师下降，查明汝信女系广西人。汝今生为人，心善清洁，今天上玉皇赐横财四千五百两银过你，汝信享福养儿育女。但此财分作八回中足，今年七月尾只中白鸽票七百五十元左右。老来结局有个子，第三位有官星发达，有官太做。但汝终身要派大三房妾伴，不能坐正位。今生条命极好。汝前世犯了白虎五鬼天狗星，若想得横财旺子，要用六元六毫交与金吊桶先生代汝解除，方得平安无事。若不信解除，汝条命得来十分无夫福无子福，有子死子，有夫死夫。但见字要求先生共汝解去此凶星为要可也。汝想得财得子者，为夫福者，有夫权者，要求先生共汝行礼，交合阴阳一二回，方可平安。如有不顺从先生者，汝条命冇好处，无安乐也。……

（据七月二十六日《循环报》）

三　诘妙嫦书

飞天虎

香港永乐街如意茶楼女招待妙嫦，年仅双十，寓永吉街三十号二楼。七月二十九日晚十一时许，散工之后，偕同女侍三数人归家，道经大道中永吉街口，遇大汉三四人，要截于途，诘妙嫦曰：汝其为妙玲乎？嫦不敢答，闪避而行。讵大汉不使去，逞凶殴之，凡两拳，且曰：汝虽不语，固认识汝之面目者也！嫦被殴，大哭不已，归家后，以为大汉等所殴者为妙玲，故尚自怨无辜被辱，不料翌早复接恐吓信一通，按址由邮局投至，遂知昨晚之被殴，确为寻己，乃将事密报侦探，并告以所疑人，务使就捕雪恨云。

亚妙女招待看！启者：久在如意茶楼，用诸多好言，殴辱我兄弟，及用滚水来陆之兄弟，灵端相劝，置之不理，与续大发雌雄，反口相齿，亦所谓恶不甚言矣。昨晚在此二人殴打已撻，亦非介意，不过小小之用。刻下限你一星期内答复，妥讲此事，若有无答复，早夜出入，提防剑仔，决列对待，及难保性命之虞，勿怪书不在先，至于死地之险也。诸多未及，难解了言，顺候，此询危险。七月初一晚，卅六友飞天虎谨。

（据八月一日《循环报》）

○ 原载于《语丝》1927 年第 148 期

劳生日记
1927

——郁达夫①

勞 生 日 記

郁 達 夫

十一月初三。

自从五月底边起，一直到现在，因为往返于北京广州之间，心绪没有定着的时候，所以日记好久不记了。记得六月初由广州动身返京，于旧历端午节到上海，在上海住了两夜，做了一篇全集的序文。因为接到了龙儿的病电，便匆匆换船北上。到天津是阴历五月初十的午前，赶到北京，龙儿已经埋葬了四天多了。暑假中的三月，完全沉浸在悲哀里。阴历的八月半后迁了居，十数天后出京南下，在上海耽延了两星期之久，其间辑了一期第五期的《创造月刊》，做了一篇《一个人在途上》的杂文，仓皇赶到广州，学校里又起了风潮，我的几文薄俸，又被那些政客们抢去了。

在文科学院闷住了十余天，昨日始搬来天官里法科学院居住，把上半年寄存在学校里的书箱打开来一看，天吓！天吓！你何以播弄得我如此的厉害，竟把我这贫文士的最宝贵的财产，糟蹋尽了。啊啊！儿子死了，女人病了，薪金被人家抢了，最后连我顶爱的这几箱书都不能保存，我真不晓得这世上真的有

① 编者注：郁达夫，名文，字达夫，以字行。浙江富阳人。1921年参与发起创造社，开始文学创作。1930年参与发起中国自由运动大同盟、中国左翼作家联盟。曾主编《创造季刊》《创造月刊》《洪水》《新消息》《大众文艺》等杂志。著有《沉沦》《茑萝集》《文艺论集》《小说论》《达夫全集》《戏剧论》等作品。

没有天帝的，我真不知道做人的余味还存在那里？我想哭，我想咒诅，我想杀人。

今天是礼拜三，到广州是前前礼拜的星期五，脚踏广州地后又是十二三天了，我这一回真悔来此，真悔来这一个百越文身的蛮地。北京的女人前几天有信来，悲伤得很，我看了也不能不为她落泪，今天又作了两封信去安慰她去了。

天气晴朗，好个秋天的风色，可惜我日暮途穷，不能细玩岭表的秋景，愧煞恨煞。

搬来此地，本也为穷愁所逼，想着译一点新书，弄几个钱寄回家去，想不到远遁到此，还依旧有俗人来袭，找我修书作荐，唉唉，我是何人？我哪有这样的权力？真教人气死，真教人愤死！

是旧历的九月廿八，离北京已经有一个多月了，我真不能晓得荃君是如何的在那里度日，我更不知道今年三月里新生的熊儿亦安好否？

晚上读谷崎润一郎氏小说《痴人之爱》。

四日，星期四，旧历九月廿九。

午前在床上，感觉得凉冷，醒后在被窝里看了半天《痴人之爱》。早餐后，做《迷羊》，写到午后，写了三千字的光景。头写晕了，就出去上茶楼饮茶。一出屋外，看看碧落，真觉得秋天的可爱。三点多钟去中山大学会计课，领到了一月薪水，回来作信与兰坡，打算明早就去汇一百六十块钱寄北京。唉唉！贫贱夫妻，相思千里，我和她究竟不识要哪一年哪一日才能合住在一块儿。

晚上上东山去，《迷羊》作成后，想写一篇《喀拉衣儿和他的批评态度》寄给《东方杂志》去卖几个钱。作上海郑心南的信。

初五日，今天是旧历的十月初一，星期五。

昨晚上因为领到了一月薪水，心里很是不安，怕汇到了北京，又要使荃君失望，说："只有这一点钱。"实在我所受的社会的报酬，也太微薄了。上床之后，看了半天书，一直到十二点钟才睡着，所以今天一早醒来，觉得有点头痛。天气很晴爽，出去出恭的时候，太阳刚从东方小屋顶上起来，一阵北风，吹得我打了两个冷痉。

九点钟的时候，去邮局汇钱，顺便在“清一色”吃了饭。十二点前后去教会书馆看书，遇见了一位岭南大学的学生，同他向海珠公园、先施天台游了两个钟头。回来想睡一觉午睡，但又睡不着。

午后三点去学校出版部看了报，四点钟到家吃晚饭。

晚餐后出去散了一次步，想往西关大新公司去看坤戏，因为搭车不舒服，就不去了。回来写了两张小说，《迷羊》的第一回已经写完，积有五千多字了。作寄上海出版部的信要他们为我去买两本外国书寄来。

六日，星期六，旧历十月初二日。

午前起床后，见天日晴和，忽想到郊外去散步，小说又做不下去了。到学校办事处去看了报，更从学校坐车到了西堤，在大新公司楼上看了半天女伶的京戏，大可以助我书中的描写。晚上和同事们去饮茶，到十点钟才回来。

七日，日曜，晴爽。

午前起来，觉得奔头无路，走到天日的底下，搔首问天，亦无法想。昨晚上接到了一位同乡来告贷的苦信，义不容辞，便亲自送了十块钱去。顺便去访石君蘅青，谈到中午十二点至创造社分部，遇见了仿吾、独清诸人。在茶楼饮后，同访湖南刘某，打了四圈牌，吃了夜饭，才回寓来。

八日，日曜，晴。

天气很好，而精神不快，一天没有做什么事情。《迷羊》只写了两页，千字而已。午前把Turgenieff's *Clara Militch* 读了，不甚佳。我从前想作《人妖》，后来没有做完，就被晨报馆拿去了，若做出来，恐怕要比杜葛纳夫[①]的这篇好些。午后睡了一个多钟头，是到广东后第一次的午睡。

午后在家看 A. Wilbrandt 的小说 *Der Saenger*，看了三十余页，亦感不出

---

① 编者注：即俄罗斯作家屠格涅夫。

他的好处来，不过无论如何，比中国现代的一般无识无知的自命为作家做的东西，当然要强百倍。晚饭后，无聊之极，上大街去跑了半天。洗了一回澡，明天起，要紧张些才好，近两三年来，实在太颓丧了，可怜可惜。

九日，火曜，旧十月初五日。

今晨学校内有考试，午前九时，出去监考。吃中饭的时候，和戴季陶氏谈了些关于学校出版部的事情，想于一礼拜内弄一个辑辑部的组织法出来。

午后无事忙，在太阳底下走得热得很，想找仿吾又找不见，所以上西关大新公司屋顶去玩了半天。晚上在聚丰园饮酒，和仿吾他们谈到夜半才回来。今天上东山去，知沫若的小女病了，曾去博爱病院看了一次病。

十日，水曜，晴朗，不过太热，似五月天气。

午前去监考，一直到午后四点钟。到创造社分部去坐了一忽。回来吃晚饭，喝了一瓶啤酒，想起北京的荃君和小孩，又哭了一阵。晚上入浴，好像伤了风。作北京的家信。

十一日，木曜，晴，热，旧历十月初七日。

早晨又头痛不可耐，勉强去学校看试卷，看到午后二时才回来。一种孤冷的情怀，笼罩着我，很想脱离这个污浊吐不出气来的广州。在街上闲步，看见了一对从前我认识的新结婚的夫妇。啊啊！以后我不知道自家更有没有什么作为了，我很想振作。

晚上月亮很好，可惜人太倦了，不能出去逛。看我在过去一礼拜内所做的文字，觉得很不满意，然而无论如何，我总要写它（《迷羊》）完来。

仿吾、独清两人，为《洪水》续出，时来逼我的稿子，我因为胆小，有许多牢骚不敢发。可怜我也老了，胆量缩小了。

明天中午，有人邀我去吃饭，我打算于明日起再来努力，再来继续我两三年前奋斗的精神。

喝了一杯酒，又与同乡的某某辈谈了半天废话，今天是倦了，倦极了。打算从明天起，再发愤用功。

十二日，金曜，晴，旧历十月初八日也。

我自离家之后，已有一个半月，这七八天内，没有接到荃君的来信，心里很是不快。

今朝是中山先生的诞期，一班无聊的政客恶棍又在讲演开纪念会，我终于和他们不能合作，我觉得政府终于应该消灭的。

午前读普须金的小说 *Die Pique Dame* 一篇，虽则系一短篇，然而它的地位很重要。德文译者说这一篇东西在俄国实开写实派、心理派之先路。男主人公之 Hermann 象征德国影响，为 Dostoieffsky 之小说《罪与罚》之主人公 Rodion Raskolnikow 之模型，或者也许不错，Pushkin 的撰此小说在一八三四年。

中午去东山英某[①]处午膳，膳后同他去访徐小姊，伊新结婚，和她的男人不大和睦。陪她和他们玩了半天，在南园吃晚饭，回来后，已经十一点多了。

晚上睡不着，看日本小说《望乡》。

十三日，土曜，晴（十月初九）

今天一早就醒了，作了一封北京的家信。赴学校监考，一直到下午四点半止。就和仿吾到分部去坐了一忽。

洗澡，在陆园饮茶当夜膳。今天课堂上，遇见了薛姑娘，她只一笑，大怜害了她答案都没有做完。

十四日，日曜，雨，（十月初十日）凉冷。

到广州后，今天总算第一次下雨，天气也凉起来了，颇有些秋意。昨晚接到杨振声一信，说《现代评论》二周年纪念册上，非要我做一篇文章不可，我想为他们写一点去。

---

① 编者注：此处原刊为“英某处”。

午前上东山去，见了一位姓麦的女孩，系中山大学的文预科学生，木天正在用死力和她接近。

打牌打到晚上，在大雨之下，在昏暗的道上，我一个人走回家来。到家的时候，已经是十点多了，灯下对镜，一种落魄的样子，自家看了也有点怜惜。就取出《水云楼词》来读了几阕：

黄叶人家，芦花天气，到门秋水成湖。

携尊船过，帆小入菰蒲。

谁识天涯倦客，野桥外，寒雀惊呼。

还惆怅，霜前瘦影，人似柳萧疏。

愁予。空自把乡心寄雁，泛宅依凫。

任相逢一笑，不是吾庐。

漫托鱼波万顷，便秋风难问莼鲈。

空江上，沉沉戍鼓，落日大旗孤。

——《满庭芳》

十五日，月曜，今天又雨，天奇冷，旧历十月十一日也。

午前起来，换上棉衣，又想起了荃君和熊儿。儿时故乡的寒宵景状，也在脑里萦回了好久，唉，我是有家归未得!

午前本要去看试卷的，但一则因为天雨，二则因为头痛人倦，所以不去。在雨天之下，往长街上走了一转，身上的棉衣尽被雨淋湿了。在学校的宿舍里遇见伯奇，他告诉我说：“白薇来广州了。”他的意思是教我去和她接迎接迎，可以发生一点新的情趣，但是我又哪里有这一种闲情呢？老了，太老了，我的心里，竟比中国的六十余岁的老人还要干枯落寞。午后在家里睡觉，读小说《望乡》。

十六日，阴雨，火曜，旧历十月十二日也。

午前在家中不出，读小说《望乡》。午后赴分部晤仿吾，因即至酒馆饮酒，在席上见了白薇女士。她瘦得很，说话的时候，带着鼻音，憔悴的样子写在她的身上脸上。在公园的黄昏细雨里，和她及独清、仿吾走了半天，就上西关的大新天台去看戏，到半夜才回来。

十七日，阴晴，水曜，旧历十月十三日也。

昨天发了三封信，一封给武昌张资平，一封给天津玄背社，一封给上海徐葆炎。盼北京的信不来，心里颇为焦急。早晨到学校去看报，想把中山大学内的编辑委员会组织案来考虑一下，终于没有写成功。

仿吾要我去上海，专办创造社出版部的事情，我心里还没有决定，大约总须先向学校方面交涉款子，要他们付清我的欠薪之后，才能决定。接上海蒋光赤来信，他也是和仿吾一个意见，要我去上海专编《创造》，作文学生涯，然而我心里却很怕，怕又要弄得精穷。

午后和戴季陶氏谈学校出版部事，他有意要我办一种小丛书。我本想辞职，他一定不肯让我辞。领了八九两月份的残余薪水，合计起来，只有一百余元而已。

十八日，木曜，（十月十四）晴了。

早晨就跑到西关邮政局去汇了一百块钱给北京的荃君，午前就在市上跑来跑去跑了半天。

午后遇见王独清、穆木天，吃了酒。当夕阳下山的时候，登粤秀山的残垒，看四野的风光。晚上月亮很大，和木天、白薇去游河，又在陆园饮茶，胸中不快，真闷死人了。

十九日，金曜，（旧历十月十五日）晴。

早晨起来，就觉得头昏，好像是没有睡足似的，大约是几日来荒唐的结果罢。写了一封给北京女人的信，去西关“清一色”吃了午饭，午后就在创造社分部楼上遇见了独清。他要我和白薇女士上东山去，我因为中山大学开会的原因，没有答应他，和他们在马路上分别了。

学校开会，一直开到了午后六时。坐车到东山，他们都已经不在了，一个人在东山酒楼吃了夜饭，就回来睡觉。今天接到了五六封信。

二十日，土曜，晴。（十月十六）。

午前起来，头还是昏昏然不清醒，作了两封信寄北京。一封写给荃君，一封系给皮皓白，慰他的失明之痛的。

十点钟前后去夷乘那里，和他一道去亚洲旅馆看有壬，找他买三十元钱的燕窝，带回北京去。请他们两个在六榕寺吃饭，一直到午后三时才回来。

洗了一个澡，换了一身衣服，打算从今天起，再振作一番，过去的一个礼拜，实在太颓废，太不成话了。

晚上同白薇上刘家去，见了一位新结婚的 L 太太，说是军长 T 的女儿，相貌很好。同她们打了四圈牌，走回家来，天又萧萧地下起雨来了。

二十一日，日曜，阴晴，（十月十七日）。

午前仿吾自黄埔来。要我上东山王独清那里去等他。等到十一点钟，他来了。大家谈了一些改组创造社内部的事情。创造社本来是我和资平、沫若、仿吾诸人惨淡经营的，现在被他们弄得声名狼藉了。大家会议的结果，决定由我去担当总务理事，在最短的时间内去上海一次，算清存账，整理内部。我打算于二礼拜后，到上海去一趟。现代青年的不可靠、自私自利实在出乎我意料之外，我真觉得中国是不可救药了。

午后在夷乘的岳家吃饭打牌，三点多钟，送仿吾进了病院，又到沙面外国地去走了一阵。我到广州以后，沙面还没有去过，这一次是头一趟，听说有日本店前田洋行代卖日本新闻杂志等物，今朝并没有看见，打算隔日再去。

现在我的思想已经濒于一个危机了，此后若不自振作，恐怕要成一个时代的落伍者，我以后想在思想的方面修养修养。年纪到了中年，身体也日就衰老，若再醉生梦死的过去一二年，则从前的努力将等于零，老残之躯恐归无用，振作的事情，当自戒酒戒烟保养身体做起。

午前写了一封信给北京的荃君，告诉伊已有二十余元钱的燕窝，托唐有壬带上了。自搬到法科学院住后，已有二十天左右，发回去的家信，还没有覆书，不晓得究竟亦已送达了没有。

今天见到了婀娜夫人，她忠告我许多事情，要我也和她男人一样能够做一点事业。我听了心里感着异样的凄凉。

晚上头痛，大约是午后吃酒过度的缘故，十一时就寝，把日文小说《望乡》读完了。

二十二日，月曜，晴，旧历十月十八日。

晨甫起床，就有一个四川的青年来访，被他苦嬲不已，好容易把他送走，才同一位同乡，缓步至北门外去散步，就在北园吃了中饭。天上满是微云，时有青天透露，日光也遮留不住，斑斓照晒在树林间。在水上坐着吃茶，静得可人。引领西北望，则白云山之岩石，黄紫苍灰，无色不备，真是一个很闲适的早晨。

吃完了早午膳，从城墙缺处，走回学校里来，身上的棉袍已经觉得太热了。

赴学校看报后，就和木天等到沙面的日本人开的店里去定了十二月份明年正月份的两本《改造》杂志。在沙面的外国地界走了一圈，去榕树阴里休息了好半天，才走回学校来。

三点钟时开了一个应付印刷工人的预备会，决定于本礼拜四下午二点和他们工人代表及工会代表会商条件，大约此事是容易解决的。

晚上在学校里吃饭。七点前后，到分部去坐了一忽，同仿吾去饮茶，十点前后，才回到法科的宿舍来。

做了一半中山大学小丛书的计划书，十二点上床就寝。

二十三日，火曜，晴（十月十九）。

早晨把小丛书的计划书弄妥，到学校里看了几份报。同一位广东学生在“杏香”吃饭。饭后又遇见了一位江苏的学生，和他在旧书店里走了几个钟头。买了一册 Edna Lyall 的小说 *A. Hardy Norseman*（1889）读了几页，觉得描写的手腕，实在不高明。从前已经读过这一个著者的一册小说 *Donovan* 了，觉得现在的这一本她晚年的作品，还赶不上她的少作。按：此小说家本名 Ada Èllen Bayley，卒于一九〇三年，有 *Won by Waiting*（1879），*Donovan*（1882），

We Two（1884），*Doreen*（1894），*Hope the Hermit*（1898）等小说，都不甚好，当是英国第三四流的女作家。

午后三四点钟，洗了澡，去会季陶，没有会到，就把计划书搁下，走了。

上第二医院去看仿吾，见他缚了脚，横躺在白色床里。坐了十几分钟，就出来至清一色吃夜饭，身上出了一阵大汗。

今天接了荃君的一封信，说初次寄的一百六十元，已接到了，作回信，教她好好的保养身体。

二十四日，水曜（十月二十），晴。

午前起床后，觉得天空海阔，应出外去翱翔。从法科学院后面的山上，沿了环城马路，一直的走上粤秀山的废墟去吊了半天的古。太阳晒得很烈，棉袄觉得穿不住了，便从一条小道，经过女师门前，走向公园旁的饭馆。

独酌独饮，吃了个痛快，可是又被几个认识的人捉住了，稍觉得头痛。午后在学校开会，遇见了一件很不舒服的事情。

晚上在大钟楼聚餐，因为多喝了几杯酒，觉得很头痛。今天一天，总算把不快活的事情经验尽了，朋友的事情多，言的失着，创造社的分裂，无良心的青年的凶谋。

二十五日，木曜（十月二十一日），晴。

午前又有数人来访，谈到十一点钟，我才出去。喝了一瓶啤酒，吃了一次很满足的中饭，午后上学校和工人谈判。等了半个多钟头，印刷工人不来，就同黄女士上东山去玩了半天，回寓居，已经是晚上十点钟了。

今天气力疏懈，无聊之至，想写信至北京，又不果。

二十六日，金曜（二十二日），晴。

午前九时半至学校看报，有 *A. E. Housman's Last Poems* 一册，已为水所浸烂，我拿往学校，教女打字员为我重打一本。这好乌斯曼的诗，实在清新可爱，有闲暇的时候，当介绍一下。

中午与同乡数人，在“妙奇奇”吃饭，饮酒一斤，已有醉意，这两天精神衰颓，身体也不好，以后总要振作振作才好。

接到上海寄来 Eugene O' Neill's Dramatic Works（*The Moon of Caribees and Other Plays*）（*Beyond the Horizon*）二册，看了一篇，觉有可译的价值。

阅报知国民政府有派员至日本修好消息。我为国民政府危，我也为国民政府惜。

午后五时约学生数人在聚丰园吃饭。饭后到创造社分部，晤仿吾，决定于五日后启行，到上海去整理出版部的事情。广州是不来了，再也不来了。见了周某骂我的信，气得不了，就写了一封快信去北京，告诉家中，于五日后动身的事情。

二十七日，土曜（十月二十三日），晴，热。

今天天气只能穿单衫，早晨起，犹着棉袄，中午吃饭的时候，真热得不了。去沙面看书，《改造》十二月号还没有来。途中遇仿吾。就同他上“清一色”去吃午饭。席间谈创造社出版部的事情，真想得没有办法。人心不良，处处多是阴谋诡计，实在中国是没有希望了。这一批青年，这一批下劣的青年，真不晓得如何才能改善他们。

我决定于二三天之内启行，到上海去一趟。不过整理的事情，真一时不知道从何处说起。午后译书三四页，系 *Engene O' neill* 的一幕剧。

晚上见了周某的信，心里又气得不了，他要这样的诋毁我，不晓他的用意何在。

二十八日，日曜（二十四日），阴晴，热。

午前有同乡某来，和他谈了些天，想去看几个同乡在充军人者，访了几处，都没有见到。在一家小馆子里吃了一瓶啤酒，吃了点心，又到创造社分部去谈到午后。

午后天气转晴了，但是很热，跑到东山，找朋友多没有遇见。和潘怀素跑了一个午后，终于在东方酒楼吃了夜饭才回。大家在今天午后，感到了一种孤独，分手之际，两人都说 So traurig bin ich noch nie gewesen！

又遇见了王独清，上武陵酒家去饮了半宵，谈了些创造社内幕的天，总算胸中痛快了一点。九点钟入浴，晚上睡不安稳，因为蚊子太多的缘故。

二十九日，月曜（二十五日），阴晴。

今天怕要下雨，天上浮云飞满，但时有一点两点的青天出露，或者也会晴爽起来的。

无聊之至，便跑上理发馆去理发。一年将尽，又是残冬的急景了，我南北奔跑，一年之内毫无半点成绩，只赢得许多悲愤。啊，想起来，做人真是没趣。

午后去学校，向戴季陶及其他诸委员辞去中大教授及出版部主任之职。明日当去算清积欠。夜和白薇及其他诸人去游公园，饮茶，到十一点钟才回来。天闷热。

十一月三十日，火曜（旧十月二十六日），雨。

早晨醒来，就觉得窗外在萧萧下雨。午前作正式辞职书两封，因恐委员等前来劝阻，所以想了一个很好的方法。十点钟的时候，去访夷乘，托了他一点琐事，他约我礼拜六午前去候回音。

中午在经致渊处吃午饭，午后无聊之极，幸遇梁某，因即与共访薛姑娘，约她去吃茶，直到三时。回来睡到五时余，出去买酒饮，并与阿梁去洗澡，又回到芳草街吃半夜饭，十一时才回到法校宿舍来睡觉，醉了，大醉了。

十一月日记尽于此，从明日起，我已无职业，当努力于著作翻译，后半生的事业，全看今后的意志力能否坚强保持。总之有志者事竟成，此话不错。

一九二六年达夫记于广州之法科学院

○ 原载于《创造月刊》1927 年第 1 卷第 7 期

南游杂忆

1935

——胡适[1]

一月九日早晨六点多，船到了广州，因有大雾，直到七点，船才能靠码头。有一些新旧朋友到船上来接我，还有一些新闻记者围住我要谈话。有一位老朋友托人带了一封信来，要我立时开看。我拆开信，中有云："兄此次到粤，诸须谨慎。"我不很了解，但我知道这位朋友说话是可靠的。那时和我同船从香港来的有岭南大学教务长陈荣捷先生，到船上来欢迎的有中山大学文学院长吴康先生、教授朱谦之先生，还有地方法院院长陈达材先生，他们还都不知道广州当局对我的态度。陈荣捷先生和吴康先生还在船上和我商量我的讲演和宴会的日程。那日程确是可怕！除了原定的中山大学和岭南大学各讲演两次之外，还有第一女子中学、青年会、欧美同学会等，四天之中差不多有十次讲演。上船来的朋友还告诉我，中山大学邹鲁校长出了布告，全校学生停课两天，使他们好去听我的讲演。又有人说，青年会昨天下午开始卖听讲券，一个下午卖出了两千多张。

我跟着一班朋友到了新亚酒店，已是八点多钟了。我看广州报纸，才知道昨天下午西南政务会议开会，就有人提起胡适在香港华侨教育会演说公然反对

① 编者注：胡适，字适之。安徽绩溪人。曾主办《努力周报》《独立评论》，创办《新月》月刊、《自由中国》，曾出任中华民国驻美大使，曾任北大校长。著有《中国哲学史大纲》《尝试集》《白话文学史》等作品。

广东读经政策，但报纸上都没有明说政务会议决定如何处置我的方法。一会儿，吴康先生送了一封信来，说：“适晤邹海滨先生云，此间党部对先生在港言论不满，拟劝先生今日快车离省，暂勿演讲，以免发生纠纷。”邹、吴两君的好意是可感的，但我既来了，并且是第一次来观光，颇不愿意就走开。恰好陈达材先生问我要不要看看广州当局，我说：“林云陔主席是旧交，我应该去看看他。”达材就陪我去到省政府，见着林云陔先生。他大谈广东省政府的“三年建设计划”，他问我要不要见见陈总司令，我说：“很好。”

达材去打电话，一会儿他回来说，陈总司令本来今早要出发向派出剿匪的军队训话，因为他要和我谈话，特别改迟出发。总司令部就在省政府隔壁，可以从楼上穿过去。我和达材走过去，在会客室里略坐，陈济棠先生就进来了。陈济棠先生的广东官话，我差不多可以全懂。我们谈了一点半钟，大概他谈了四十五分钟，我也谈了四十五分钟。他说的话很不客气：“读经是我主张的，祀孔是我主张的，拜关岳也是我主张的。我有我的理由。”他这样说下去，滔滔不绝。他说：“我民国十五年到莫斯科去研究，我是预备回来做红军总司令的。”他说他的两大政纲：第一是生产建设，第二是做人。生产的政策就是那个“三年计划”，包括那已设未设的二十几个工厂，其中有那成立已久的水泥厂，有那前五六天才开工出糖的糖厂。他谈完了他的生产建设，转到“做人”，他的声音更高了，好像是怕我听不清似的。他说：生产建设可以尽量用外国机器、外国科学，甚至于不妨用外国工程师。但“做人”必须有“本”，这个“本”必须要到本国古文化里去寻求。这就是他主张读经祀孔的理论。他演说这“生产”“做人”两大股，足足说了半点多钟。他的大旨和胡政之先生《粤桂写影》所记的陈济棠先生一小时半的谈话相同，大概这段大议论是他时常说的。

我静听到他说完了，我才很客气的答他，大意说：依我的看法，伯南先生的主张和我的主张只有一点不同。我们都要那个“本”，所不同的是伯南先生要的是“二本”，我要的是“一本”。生产建设须要科学，做人须要读经祀孔，这是“二本”之学。我个人的看法是：生产要用科学知识，做人也要用科学知识，这是“一本”之学。

他很严厉的睁着两眼，大声说：“你们都是忘本！难道我们五千年的老祖宗都不知道做人吗？”我平心静气的对他说：五千年的老祖宗，当然也有知道做人的。但就绝大多数的老祖宗说来，他们在许多方面实在够不上做我们“做人”的榜样。举一类很浅的例子来说罢。女人裹小脚，裹到把骨头折断，这是全世界的野蛮民族都没有的惨酷风俗。然而我们的老祖宗安然行了一千多年。大圣大贤，两位程夫子没有抗议过，朱夫子也没有抗议过，王阳明、文文山也没有抗议过。这难道是做人的好榜样？

他似乎很生气，但也不能反驳我。他只能骂现在中国的教育，说“都是亡国的教育”。他又说，现在中国人学的科学都是皮毛，都没有“本”，所以都学不到人家的科学精神，所以都不能创造。在这一点上，我不能不老实告诉他：他实在不知道中国这二十年中的科学工作。

我告诉他：“现在中国的科学家也有很能做有价值的贡献的了，并且这些第一流的科学家又都有很高明的道德。”

他问：“有些什么人？”

我随口举了数学家的姜蒋佐，地质学家的翁文灏、李四光，生物学家的秉志，都是他不认识的。

关于读经问题，我也很老实的对他说：“我并不反对古经典的研究，但我不能赞成一班不懂得古书的人们假借经典来做复古的运动。这回我在中山大学的讲演题目本来是两天都讲‘儒与孔子’，这也是古经典的一种研究。昨天他们写信到香港，要我一次讲完，第二次另讲一个文学的题目。我想读经问题正是广东人士眼前最注意的问题，所以我告诉中山大学吴院长，第二题何不就改作‘怎样读经？’我可以同这里的少年人谈谈怎样研究古经典的方法。”

我说这话时，陈济棠先生回过头去望着陈达材，脸上做出一种很难看的狞笑。我当作不看见，仍旧谈下去。但我现在完全明白是谁不愿意我在广州“卖膏药”了！

以上记的，是我们那天谈话的大概神情。旁听的只有陈达材先生一位。出门的时候，达材说，陈伯南不是不能听人忠告的，他相信我的话可以发生好影响。我是相信天下没有白费的努力的，但对达材的乐观，我却不免怀疑。这种久握大权的人，从来没有人敢对他们说一句逆耳之言，天天只听得先意承志的阿谀谄媚，如何听得进我的老实话呢？

在这里我要更正一个很流行的传说。在十天之后，我在广西遇见一位从广州去的朋友，他说，广州人盛传胡适之对陈伯南说："岳武穆曾说'文官不要钱，武官不怕死，天下太平矣。'我们此时应该倒过来说'武官不要钱，文人不怕死，天下太平矣。'"这句话确是我在香港对胡汉民先生说的，我在广州，朋友问我见过胡展堂没有，我总提到这段谈话。那天见陈济棠先生时，我是否曾提到这句话，我现在记不清了。大概广州人的一般心理，觉得这句话是我应该对陈济棠将军说的，所以不久外间就有了这种传说。

我们从总司令部出来，回到新亚酒店，罗钧任先生、但怒刚先生、刘毅夫（沛泉）先生、罗努生先生、黄深微（骚）先生、陈荣捷先生都在那里。中山大学文学院长吴康先生又送了一封信来，说"鄙意留省以勿演讲为妙。党部方面空气不佳，发生纠纷，反为不妙"。邹先生云：

昨为党部高级人员包围，渠无法解释。故中大演讲只好布告作罢。渠云，个人极推重先生，故前布告学生停课出席听先生讲演。惟事已至此，只好向先生道歉，并劝先生离省，冀免发生纠纷。

一月九日午前十一时。

邹校长的为难，我当然能谅解。中山大学学生的两天放假没有成为事实，我却可以得着四天的假期，岂不是意外的奇遇？所以我和陈荣捷先生商量，爽性把岭南大学和其他几处的讲演都停止了，让我痛痛快快的玩两天。我本来买了来回船票，预备赶十六日的塔虎脱总统船北回，所以只预备在广州四天，在梧州一天。现在我和西南航空公司刘毅夫先生商量，决定在广州只玩两天，又把船期改到十八日的麦荆尼总统船，前后多出四天，坐飞机又可以省出三天，我有七天（十一——十八）可以飞游南宁和柳州、桂林了。罗钧任先生本想游览桂林山水，他到了南宁，因为他的哥哥端甫先生（文庄）死了，他半途折回广州。他和罗努生先生都愿意陪我游桂林，我先去梧州讲演，钧任等到十三日端甫开吊事完，飞到南宁会齐，同去游柳州、桂林。我们商量定了，我很高兴，就同陈荣捷先生坐小汽船过河到岭南大学钟荣光校长家吃午饭去了。

那天下午五点，我到岭南大学的教职员茶会。那天天气很热，茶会就在校中的一块草地上，大家团坐吃茶点谈天。岭大的学生知道了，就有许多学生来旁观。人越来越多，就把茶会的人包围住了。起先他们只在外面看着，后来有一个学生走过来对我说："胡先生肯不肯在我的小册子上写几个字？"我说可以，他就摸出一本小册来请我题字。这个端一开，外面的学生就拥进茶会的团坐圈子里来了。人人都拿着小册子和自来水笔，我写的手都酸了。天渐黑下来了，草地上蚊子多的很，我的薄袜子抵挡不住，我一面写字，一面运动两只脚，想赶开蚊子。后来陈荣捷先生把我拉走，我上车时，两只脚背都肿了好几块。

晚上黄深微先生和他的夫人邀我到他们家中去住，我因为旅馆里来客太多，就搬到东山，住在他们家里。十点钟以后，报馆里有人送来明天新闻的校样，才知道中山大学邹鲁校长今天出了这样一张布告：

国立中山大学布告第七十九号

为布告事：前定本星期四五两日下午二时请胡适演讲，业经布告在案，现阅香港《华字日报》，胡适此次南来接受香港大学博士学位之后，在港华侨教育会所发表之言论，竟谓香港最高教育当局也想改进中国的文化。又谓各位应该把它做成南方的文化中心，复谓广东自古为中国的殖民地等语。此等言论，在中国国家立场言之，胡适为认人作父；在广东人民地位言之，胡适竟以吾粤为生番蛮族，实失学者态度，应即停止其在本校演讲。

合行布告，仰各学院各附校员生一体知照，届时照常上课为要。

此布。

校长邹鲁

中华民国二十四年一月九日

这个布告使我不能不佩服邹鲁先生的聪明过人。早晨的各报记载八日下午西南政务会议席上讨论的胡适的罪过，明明是反对广东的读经政策。现在这一桩罪名完全不提起了，我的罪名变成了"认人作父"和"以吾粤为生番蛮族"两项！广州的当局大概也知道"反对读经"的罪名是不够引起广东人的同情的，也许多数人的同情反在我的一边。况且读经是武人的主张，——这是陈济棠先生亲口告诉我的，如果用"反对读经"做我的罪名，这就成了陈济棠反对胡适了。所以奉行武人意旨的人们必须避免这个真罪名，必须向我的华侨教育会演说里去另寻我的罪名。恰好我的演说里有这么一段话：

我觉得一个地方的文化传到它的殖民地或边境，本地方已经变了，而边境或殖民地仍是保留着它祖宗的遗物。广东自古是中国的殖民地，中原的文化许多都变了，而在广东尚留着。像现在的广东音是最古的，我现在说的话才是新的。（用各报笔记，大致无大错误）

假使一个无知苦力听了这话忽然大生气，我一定不觉得奇怪。但是一位国立大学校长，或是一位国立大学的中国文学系主任居然听不懂这一段话，居然大生气，说我是骂他们“为生番蛮族”，这未免有点奇怪罢。

我自己当然很高兴，因为我的反对读经现在居然不算是我的罪状了，这总算是一大进步。孟子说的好，“乃孔子则欲以微罪行，不欲为苟去”，邹鲁先生们受了读经的训练，硬要我学孔子的“做人”，要我“以微罪行”，我当然是很感谢的。但九日的广州各报记载是无法追改的，九日从广州电传到海内外各地的消息也是无法追改的。

①

广州诸公终不甘心让我蒙“反对读经”的恶名，所以一月十四日的香港英文《南华晨报》（*South China Morning Post*）上注销了中山大学教授兼广州《民国日报》总主笔梁民志（Prof. Liang Min-Chi）的一封英文来函，说：

① 图注：由右至左邹鲁、陈济棠、胡汉民、李宗仁。刊载于《图文》1936 年第 2 期。

我盼望能借贵报转告说英国话的公众，胡适博士在广州所受冷淡的待遇，并非因为（如贵报所记）“他批评广州政府恢复学校读经课程”，其实完全因为他在一个香港教员聚会席上说了一些对广东人民很侮辱又“非中国的”（Un-Chinese）批评。我确信任何人对于广州政府的教育政策如提出积极的批评，广州当局诸公总是很乐意听受的。

我现在把梁教授这封信全译在这里，也许可以帮助广州当局诸公多解除一点同样的误解。

我的膏药卖不成了，我就充分利用那两天半的时间去游览广州的地方。黄花岗、观音山、鱼珠炮台、石牌的中山大学新校舍、禅宗六祖的六榕寺、六百年前的五层楼的镇海楼、中山纪念塔、中山纪念大礼堂，都游遍了。

中山纪念塔是亡友吕彦直先生（康南尔大学同学）设计的，图案简单而雄浑，为彦直生平最成功的建筑，远胜于中山陵的图案。黄花岗七十二烈士（中有亡友饶可权先生）墓是二十年前的新建筑，中西杂凑，全不谐和，墓顶中间置一个小小的自由神石像，全仿纽约港的自由神大像，尤不相衬。我们看了民元的黄花岗墓，再看吕彦直设计的中山纪念塔，可以知道这二十年中国新建筑学的大进步了。

①

我在中山纪念塔下游览时，忽然想起学海堂和广雅书院，想去看看这两个有名学府的遗迹。同游的陈达材先生说，广雅书院现在用作第一中学的校址，很容易去参观。我们坐汽车到一中，门口的警察问我们要名片，达材给了他一张名片。我们走进去，路上遇着一中校长，达材给我介绍，校长就引导我

① 图注：广州中山纪念塔。刊载于《申报每周增刊》1936年第1卷第26期。

们去参观。东边有荷花池，池后有小亭，亭上有张之洞的浮雕石像，刻的很工致。我们正在赏玩，不知为何被校中学生知道了，那时正是十二点一刻，餐堂里的学生纷纷跑出来看，一会儿荷花池的四围都是学生了。我们过桥时，有个学生拿着照相机走过来问我："胡先生可以让我照个相吗？"我笑着立定，让他照了一张相。这时候，学生从各方面围拢来，跟着我们走。有些学生跑到前面路上去等候我们走过。校长说："这里有一千三百学生，他们晓得胡先生来了，都要看看你。"我很想赶快离开此地。校长说："这里是东斋，因为老房屋有倒坏了的，所以全拆了重盖新式斋舍。那边是西斋，还保存着广雅书院斋舍的原样子，不可以不去看。"我只好跟他走，走到西斋，西斋的学生也知道我来了，也都跑出来看我们。七八百个少年人围着我们，跟着我们，大家都不说话，但他们脸上的神气都很使我感动。校墙上有石刻的广雅书院学规，我站住读了几条，回头看时，后面学生都纷纷挤上来围着我们，我们几乎走不开了。我们匆匆出来，许多学生跟着校长一直送我们到校门口。我们上了汽车，我对同游的两位朋友说："广州的武人政客未免太笨了。我若在广州讲演，大家也许来看热闹，也许来看看胡适之是个什么样子。我说的话，他们也许可以懂得五六成。人看见了，话听完了，大家散了，也就完了。讲演的影响不过如此。可是我的不讲演，影响反大得多了。因为广州的少年人都不能不想想为什么胡适之在广州不讲演。我的最大辩才至多只能使他们想想一两个问题，我的不讲演却可以使他们想想无数的问题。陈伯南先生们真是替胡适之宣传他的'不言之教'了！"

我在广州玩了两天半。一月十一日下午，我和刘毅夫先生同坐西南航空公司的长庚机离开广州了。我走后的第二天，广州各报登出了中山大学中国文学系教授古直、钟应梅、李沧萍三位先生的两个"真电"，全文如下：

（一）广州分送西南政务委员会、陈总司令、林主席、省党部、林宪兵司令、何公安局长勋鉴：

昔颜介庾信，北陷虏廷，尚有乡关之思，今胡适南履故土，反发盗憎之论，在道德为无耻，在法律为乱贼矣。又况指广东为殖民，置公等于何地？虽立正典刑，如孔子之诛少正卯可也。何乃令其逍遥法外，造谣惑众，为侵掠主义张目哉，今闻尚未出境，请即电令截回，径付执宪。庶几乱臣贼子，稍知警悚矣，否则老□[1]北返，将笑广东为无人也。

国立中山大学中文系主任古直、教员李沧萍、钟应梅，等叩，真辰。

（二）探送梧州南宁李总司令、白副总司令、黄主席、马校长勋鉴：

（前段与上电同，略）今闻将入贵境，请即电令所在截留，径付执宪，庶几乱臣贼子，稍知警悚矣。否则公方剿灭共匪，明耻教战，而反容受刘豫、张邦昌一流人物以自玷，天下其谓公何，心所谓危，不敢不告。

国立中山大学中文系主任古直、教员李沧萍、钟应梅叩，真午

电文中列名的李沧萍先生，事前并未与闻，事后曾发表谈话否认列名真电。所以一月十六日《中山大学日报》上登出《古直、钟应梅启事》，其文如下：

胡适出言侮辱宗国，侮辱广东三千万人，中山大学布告驱之，定其罪名为认人作父。夫认人作父，此贼子也，刑罚不加，直等以为遗憾。真日代电，所以义形于色矣，李沧萍教授同此慷慨。是以分之以义，其实未尝与闻。今知其为北大出身也，则直等过矣。呜呼道真之妒，昔人所叹，自今以往。吾犹敢高谈教育救国乎？先民有言，丈夫行事当磊磊落落，特此相明，不欺其心。

谨启。

古直、钟应梅启

这三篇很有趣的文字大可以做我的广州杂忆的尾声了。

○ 原载于《独立评论》1935 年第 142 期

① 编者注：此处原文字迹模糊、无法辨认，疑为“贼”字。

两次访钟楼记

1936

——黎锦明[1]

一

“边格？边格？”

“我们来看看鲁迅先生的。”

“鲁迅？冒各人呕！”

“他就是周树人，新来的文科学长。”

这当时就将下颚向左面的夹弄一抬！两客人随即往那地点走来。

夹弄不很长，可是黯无光线，楼板也因年久不修，踩起来喳喳的发响。再拐弯，那底端便现出两张一关一闭的门。两客人走近去，向木壁上敲了两下，登时那开着的房门里走出一个加拉罕式的西服中年。这高一点的客人，不用说，就是著者自己，立即高声说：“嘌，伏园先生，这回倒碰得不算很巧，我知道你一定和鲁迅先生一块待着的。这位，说来大概也是熟人，招勉之，在北京时是莽原社的中坚分子。”

伏园跟勉之君拉了拉手，懊丧似的说：“鲁迅先生刚出门。早来五分钟就见

① 编者注：黎锦明，湖南湘潭石潭坝人。“黎氏八骏”排行老六。毕业于北京师范大学，曾任教于北京中国大学、保定河北大学、浙江大学、湖南大学等校。著有《尘影》《烈火》《雹》《破垒集》《马大少爷的奇迹》《蹈海》《一个自杀者》等作品。

着了。他大概跟景宋女士一道买什么东西去了。在这里坐一下吗？”

我和勉之君在那间后厢里停留一会儿。房很窄。桌上摆了一包花生米，窗台上许多用剩下来的铜子，和小钱摊子的柜上一般稠密的堆着。这是孙伏园君的老套，他是喜欢跑街，吃点心，花很多的零用钱的。剩下来，就这么如山般堆着。

那时，伏园先生是知道我在海丰过着国文先生的生活的。因为我于十四年秋离开上海，到广州时，恰巧在海珠公园附近的广泰来旅店遇见了他。这里，不妨还补上两句，我的那些同船人们中，还有位新在离沪时认识的，跟鲁迅先生同享盛名的郁达夫先生。在鲁迅没有来广州前，中山大学的文科学长由王独清担任（代理了去从事北伐的郭沫若），郁达夫就是那里的教授之一。我们下了船，达夫便回学校去了，我停在广泰来旅店。伏园也恰在第二天来这里，这时，从他口中，我就知道鲁迅预备来广州了。虽然我在不久的日子就离开广州，应海中之约，但广州于这年内突然成为新时代作家的荟萃地，在一班革命青年的热潮中更增加了热烈，已毋待再述了。

一会，我们三人出了中山大学的钟楼，踱过了操坪，在附近的街道漫步了一会。

街上现得倒比平时冷静，除开来往驰突的工农会的宣传队汽车外，商民和住家户都是悄悄无声的。时候在严冬，广州是照例没有冬的景象。树木黄落了，但风是温煦的，早在预备着初春的降临了。

踱了一两条街，我们向伏园问到鲁迅先生的近况。一提到鲁迅，他就带些拘谨：“倒没有什么，他到广州来，厦门也一样，不比在北京，不大肯说话。每天来看他的，照例不会少，他总没有什么特别的感想。他曾对我说，已经在事实上革了命，口里就用不着多讲了。自然，这也有道理，革命不是用口讲的。”

“生活习惯合得来吗？”

“也还好。忙一点，可是在厦门也一样。这里比厦门又好得多了，这地方是可以讲话的，厦门倒是压根不能讲话的。不过，早两天，他有一次（我们一道）出游，在东山的路上，一不小心把脚踝绊伤了，好几天没有出门。我们都几乎替他很担心……”

伏园先生是怎样在爱护着这时代的骄子。我们不必担心，会见伏园，就等于探到鲁迅的生活大部了。我们很带兴趣，再回到中山大学门口，就约定过两天再来访候。

二

我和勉之君寄寓在一位中大数理科的教授何君家里。第二天，我搬到一家书院（即广州的公寓），就约定勉之再次到中大的钟楼来。

这次，伏园不在。我们敲着前次关闭的门，里面立即有一个形貌有点疲弱（或者竟带些苍白）的半老人，着身布袍，胡须和头发显得过度的深，来到门口探视。我当时就说，“您就是鲁迅先生吗？”这半老人带些谦逊之情之时，我们随即通了姓名，走进厅，由他的指示在靠窗的桌旁坐了。

这时，景宋女士也在，带着一个七八岁的小孩，大约是她的亲属。方桌上正用酒精灯烧着开水，刚用罢的午餐正在检点着。这些午餐，大约是景宋女士自爨的（我们所测），倒不是鲁迅先生认真的俭约，都是这时期的伙工正在身价高涨，不易为人劳动的。

不用说，我和勉之，对于这时代的前锋，是怎样的怀着神秘的敬意。我们都在竭力向脑间搜罗所预备要说的话。我就问他来广州的日期，这是不必要的，但姑作起首。

“已经半月了。”他说时，在对壁的床沿坐了，似乎很带些特别的感想。我们都是在北京读过他的《高老夫子》《记杨树达的袭来》这些以惊奇体裁出现于大众的作品来的，同时，我们（我在《京副》《晨副》，勉之在《莽原周刊》）也一同呐喊过来的。这些印象，大约已在他的脑中拥现了。当我再问：“你在广州觉得愉快吗？”

他听了，暴突的笑了，用一种特殊手法攀着床柱，带些忸怩：“不能说愉快，也不能说不愉快。我觉得这地方还好……”

他说话很带分寸。大前提似乎不愿牵涉到目前的事。“革命”两字，在当时已经谈得过于响亮，过多，我知道鲁迅是不轻易抄袭这些话的。但我终于立即把“革命”问题提出来了，因为到广州，似乎再没有旁的话能切合我们的身份。

鲁迅听了带些思索："我所见到的，这里的工人，似乎还不大知道革命要做些什么。口里讲，实际并没有做。不过要认真做起来，也许很不易……我跟伏园讲过，很巧，他也有这种感想。"

"我们想，您大约能负一下这指导责任。"

他当时有些慨然："我们都这样想过来的，可是，这种事不会分到我身上。"

他随即起身，拿起了一匣双凤牌的纸烟，及至发现我们手里另有烟拿着，他就停下来，划了火柴，自吸着，意思像预备来个段落。我们都知道他的烟瘾重，一天至少得六七十支，如果吸百雀，已算小小的浩费了。这一点，鲁迅先生的确是平民化的。

正待再继续，门外的楼板杂踏的响了。伏园先生跟另外三个西服的新闻记者——其中一个，是我四个月前过广州时认识的梁式君，梁君任着《民国日报》副刊的编辑，这回来，不用说，是预备出"欢迎鲁迅专号"而来的，当时，鲁迅起身招待他们，不待他们坐下，就半面对梁式，半面对伏园说："这问题，我是无可无不可，但不过，总未免近似过甚，我自己呢，既非党的首领，更非任何要人……"

这串话，他是用半绍兴口白滔滔说着的，并不曾下段落，像出自他有什么重要谈话的一种习惯。

三个新闻记者同时热烈的嚷着："那么我们请鲁迅先生写一点文字……"

鲁迅和负着什么债似的："这个我已经在考虑……"

"嘿，周先生，"这新闻记者用广州腔，"你是不是看不起我们广东人？"

"那岂敢。"伏园先生就插进一句，"周先生身体精神都不很健康，倒也许有之。"

"不多呵，几句话就行呵！"

"让我考虑，让我考虑。"鲁迅说，还不待坐下，有一个校务员忽在门旁出现了，恭谨的伫立着，手拿着一张纸条。他起身来，这校务员就走到旁边来。看了看这条子，鲁迅说，带一点烦倦："我不能到。这事用不着我到会。"

立即，这校务员半鞠躬的，喂喂的走了。

当时梁式君就转舵说："周先生的北京话很纯熟。'用不着'，这里叫'毋色'

（毋须）。”

话就由此扬到广州生活、目前政局，只听见伏园先生满口的“麦克唐纳”“麦克唐纳”……

我不很明了那时的政治，似乎落空了，就和勉之君照会了一下，向室中人致了致意，告辞了出去。

鲁迅先生送到房门口，说：“照例不送了，这几天腿的创伤总是不大好……”

我们都熟稔过鲁迅的癖性的。我们开怀的下了钟楼，出校走了。

○ 原载于《青年界》1936 年第 10 卷第 5 期

高剑父画师苦学成名记

1936

——简又文[1]

岭南画师高剑父先生，画学自成一派，基于古画，而兼东洋、西洋、印度、埃及、波斯各种美术之长，时人曾号其为“折衷派”（eclecticism），其实则为“新国画”开纪元也。其作品笔法之苍劲古朴，着色之沉着神化，意趣之玄奥深刻，布局之瑰闳诡奇，动力之雄健盘礴与气韵之空灵微妙，中外之美术批评者咸许为世界艺林伟大的结晶（海内外人士对先生作品之评价，散见十年来中西报章，余辑之成帙）。而先生早年努力革命之勇烈伟迹，亦为不朽的功业，余前已为文介绍于国人矣。《人间世》半月刊第卅二期《革命画师高剑父》篇末，余论其画法云：

观其大作，幅幅均足以引起余之高尚美感。所以然者，以其作品有西洋画学之形理技术，而充实中国画学之精神意境。确为中西美术最高最伟之结晶。他的作品不徒是绘形绘色维妙维肖的写生写景，而且是含有至理打动人心的写意写情。读他的画，不仅是如读一首诗，兼是如读一篇哲学——如果不是一篇同情、唯爱、奋斗、抵抗的人生哲学社会哲学，便是于烟雨云雾迷蒙缥缈的种种神秘幻境中现出真美善的真体之宇宙哲学、宗教哲学。

① 编者注：简又文，字永真，号驭繁，笔名大华烈士。广东新会人。太平天国史专家。曾任冯玉祥军中政治部主任、广州市社会局局长、立法委员、广东省文献会主任委员、香港东方文化研究所研究员。著有《太平天国典制通考》《太平天国革命运动史》《太平天国杂记》《金田之游及其他》等作品。

去年秋，南京国立中央大学敦聘先生为美术科教授。先生初以在粤垣执教鞭于国立中山大学已久，兼自办有春睡画院，未遑兼顾辞之，而中央大学当局再三促驾，异常恳挚。先生乃思能在大江南北提倡新国画以广事传播其所学，诚为改革及复兴吾国艺术之大机会，遂受聘焉。然而南中弟子则惴惴然惧失良师，挽留至力，先生乃觉进则情所难忍，退又义不容辞，因勉留一学期，延至三月间始束装就道，并携其个人及门弟子作品与历年私人所收藏之古代名画多帧北上。将来或须奔走京粤间各留一学期以兼顾两方也。过沪时，文艺界屡开会欢迎。三月廿八日，逸经社雅集文艺同仁于斑园叙话，欢迎先生，蒙其惠临并展览作品廿余幅，使同人得饱眼福。同时英、美、法、德、俄、波、丹，各国之酷爱中国美术者多人亦翩然莅临，欣赏之余，咸叹观止。沪上各西报连日均刊载其事略、作品及极好的评语，足为吾国艺林添一佳话也。

嗟乎！若先生者，对文化有特殊贡献，为民族增无上光荣，洵并世天才，国之大宝，宜乎其名重艺坛，誉满天下矣。然而细考其功之所由成与名之所由立，则殊非一朝一夕之功，尤非白自天赐。西谚云："天才之构成，小半由于灵感，大半由于流汗。"剑父先生孤苦之身世，艰难之学业，与其壮年苦心孤诣努力不息之继续研究，其人其事，可泣可歌。爰本《逸经》崇德扬善之旨，罄其所知，以为邦人士告。

幼年之孤苦

先生生于小康之家，为庶出。出世日适为大凶日，家人迷信以为不吉之儿，又以其庶出而轻视之，咸主送诸婴堂。其父见婴儿甚壮，力排众议而养之。生命之得保留在家，仅差一间。嘻，其险矣！先生五岁就学。十一岁，父母见背，家遂中落，不得已回番禺县员冈本乡，依族兄种田为生。越一年，往黄埔新洲转依一族叔。叔业医，兼颇善画竹。此十二龄零丁孤苦之童子遂执仆役事于其所设之药店而得枝栖焉。所幸者，夜间得入夜学读书并得其叔教以绘画入门，其美术兴味之启发盖自此始。

至十四岁，先生回广州河南居长兄桂庭家，时绘画兴味已甚浓厚，遂拜名画师居古泉先生（廉）之门。因得族兄祉元之介绍，免纳学费，由是从游名师，正式学艺矣。顾其师家居广州河南之隔山乡，距其宅十余里，先生晨兴稍进糕粉等小食，即徒步就学，至午则枵腹候课，课罢，复徒步十余里以归，始得饱食一餐。平畴野水，村路迂回，日日如是，无间风雨。未几，居师嘉其志行而怜其贫苦，许其在家食宿，每月特减收膳费二两，但终无以缴纳。居师殊不介意，而其家人仆役则奚落之，侮辱之，且追问介绍人，务尽缴所欠而后已。先生留居师之家一年，诸般世味固备尝于此一年中，而一生画学亦肇基于此一年中。

翌年，先生之叔在黄埔水师学堂任医生，因经济上之便利，遂召其投入肄业。仅半年，以病辍学回广州，复入居师之门继续学画。

①

忍辱负重苦心孤诣

在居氏弟子中，有伍懿庄氏（德彝）者，为岭南望族，年长于先生廿余岁，家藏名贵古画甚多。先生以家贫无力购古本，乃以同门之谊，求伍许其借阅，伍允之，但必以先拜其门下为条件。是时，先生以努力苦习，加以天资聪颖，造诣已深，惟必求多读多临，以图精益求精，竟肯低首降心，亲执贽向伍

① 图注：高剑父氏自粤赴南京筹开个人作品展览会，图为高氏在京受京市艺术界欢迎合影（自左至右前排为汪亚尘、杨缦华、高剑父、汪亚尘夫人、徐悲鸿，后排为陈树人、许士麒、王祺、褚民谊。刊载于《良友》1935 年第 105 期。

行三跪九叩之大礼而拜其为师，每遇见必肃立路旁低头请安。伍以其谦逊克尽弟子礼，乃许其留宿家中之万松园以读其藏品。并由伍氏之介绍进而结识名硕富豪。岭南世族如吴荣光、潘仕成、张荫垣、孔广陶诸氏之家，俱伍氏戚串，为粤中四大收藏家，先生复得而尽观所藏。伍固风雅中人，时借各人之藏画回家欣赏，并令先生代临精品。得此无上机会，先生乃不分日夜临摹诸本，见有特别精深华妙之作，辄另为临摹，暇则细细揣摩笔法，领略神味。有时，伍氏遇有人求画，亦使先生代笔，更得实地练习之机会。先生留此二年，于是尽得宋元各家杰作之秘奥，而画学于以猛晋矣。先生尝谓一生所学大半得力于此时，然而皆是折节叩头之功也。

在此期间，先生曾一度转学于美国教会在澳门开办之岭南学堂，盖得世交伍汉翘氏之助，食宿均在其家也。同时，先生仍不弃画学，每日以课余时间到一法国画师处习木炭画，此为其习西洋画之嚆矢。未几，伍迁居于羊城，先生以食宿无着，又回广州河南继续在伍懿庄处临摹古画，留澳仅大半年耳。及今，先生犹以未能精通英文为一生大憾事也。

惊人之鸣

至十七岁时，先生以经济困难，迫得出而谋生，同时在粤垣之广东公学、时敏学堂及述善小学诸校任图画教员。每月所得薪金多半用作奇峰、剑僧两弟学费。此时，余方由时敏转入述善，乃得亲炙先生之教诲，并受其革命理论之熏陶。犹记在此期间有一雅事，甚与先生学画经过有关系者。述善兼有一日本图画教员名山本梅涯者，于年假放学时，雅集百粤画家欢叙校中。到会者有伍懿庄、尹笛云、谭云波、冯润芝、程竹韵及先生等十余人，皆一时之彦。山本发起即席挥毫联合作画以留纪念。座客各写精心得意之作，而先生以年齿最幼，最后执笔，于画侧绘一蜡梅枯枝，悬一败叶，枝上仅缀黄色梅花四五朵。掷笔后，一鸣惊人，阖座倾倒。山本尤为赏识，拍案叫绝，盖先生生平画学之绝技，除烟水云山的景色外，自始即以枯枝败叶为最擅长，是时固已崭然露头角矣。

自结此因缘后，山本对先生特为推重，缔结深交，且时授以日文。未几，山本以事归国，其所遗之两广优级师范教席，监督黄梅伯乃请其介绍继任人物，山本即举先生为代。先生以年幼，自信力仍未足，接到黄氏聘书不觉忐忑，力辞不敢就。山本再为保荐，并亲携聘书劝驾，且多端鼓励，先生乃应聘焉。上课之日，眼见许多发白须长年已半百的老学生听讲坛下，此年方弱冠的教员未尝不战战兢兢也。

先生并不以此初级成就自满，求学问、求深造之欲之志益炽益坚，乃从事储蓄薪金以备游学东洋之费用。翌年，即辞职东渡，尽留其蓄积于奇峰以作养病之资（奇峰体弱多病），仅囊三十余金只身赴香港，转轮渡日。盖其曾闻东京有留日同乡会之设，能助祖国学生东来求学也。家人有劝其勿负大险远行者，先生答云："渡日学画之志，务在必成。如经费无着，卖画无人过问，而学问不能成，则向华侨中乞求，每人施舍一铜元，亦可回国，便算开开眼界也值得的。"此其立志之坚定，已具成功之要素矣。此为先生离开广州之第一次。

留东之苦学

抵东京之日，值天气严寒，积雪满地，先生以款绌，行装未多备，上岸时仅布衣一袭，奇冷难受，几至冻僵，乃操其幼稚的日本话雇人力车往留日同乡会。孰料此会适已解散，先生顿觉望绝，深夜彷徨于疾风大雪之中，不知何所去从。乃饬车夫沿路访问华人住宅或店铺。又不料是夕适为除夕，人家皆闭户守岁，至是先生举目无旧，饥寒交迫，而囊款又几告罄，真是困苦万状。卒乃得到一中国旅馆，暂为住宿。翌日，姑出门寻机会，幸遇故友廖仲恺先生，乃为之倾吐心事，时廖抵日仅旬日耳。廖先生于是挈之返家，廖夫人何香凝女士殷勤招待。先是，廖夫人于未出国前亦习绘事，先生间或从旁加以指导，故交谊甚挚。自是先生常到其家作客。他乡遇故知，尤其是在"山穷水尽疑无路"之时，是为这一个苦学生第一快慰事也。

抵东未久，门路渐熟，先生即从事绘画卖诸日人及华侨以维持日活，几经艰苦挫磨，始得加入白马会、太平洋画会及水彩研究会等，潜心研究东洋西洋画学。留日年余，以事返国，在粤垣任两广高等工业学堂教员。又二年，先生再行东渡，考入东京美术院作高级研究。此院为日本艺术之最高学府，吾国留学生之得考入者，先生实为第一人。至是时，其艺术已到炉火纯青之候，形成“折衷派”新国画矣。

次年，孙中山先生到日，遂由其主盟加入同盟会，即被派回国为广东同盟会会长，主持南部革命事业。回国后无论办党务抑任教员时，先生仍继续执弟子礼向伍氏及各大藏家处借画临摹，十年无间，此其刻苦坚卓之不可及处也。（先生革命功绩，已略载《人间世》拙著。）民国初年，先生偕奇峰、剑僧两弟曾在上海创办审美书馆与《真相画报》，藉以推进新国画运动，并由此广与大江南北诸画师观摩研究，影响甚大，兹不赘述。

[1]

廿年来，先生居粤沪，潜心于新国画之创造，且专心教授门弟子以画学心得，并努力于新艺术运动之推进，间或游历各国以继续研究及宣扬国画于世界。其年中卖画所得，除足敷俭朴的家费外，即尽以余资供给穷苦学生之食宿费，有优异成绩者且资遣其赴日留学。凡此皆先生“不忘本”及造就人才复兴国画的动机之表现也（先生门弟子中如方人定、容大块、黄浪萍、黎雄才、李抚虹等深得真传，卓然自立）。

在印度之苦行

十年来，先生又以世界文化之襁褓原在埃及、波斯、印度一带，欲完成艺术之研究，非穷源探本，身履其地再下一番死功夫不可。数年前，卒如愿以偿，只身赴印，并带有平时作品及所藏古画多帧以俱，所以表扬国画，并与彼

---

① 图注：高剑父与印度诗人太戈尔合照于喜马拉雅山之大吉岭。刊载于《良友》1931 年第64 期。

土艺术相观摩也。先生到印度、锡兰、昔金、亲游各省，凡美术院、博物院、梵宫古刹靡不参观，一一临摹其名画及造像，并及埃及、波斯等国之远古东方艺术。尤可纪者，佛祖昔年由出家修行以至出山说法之游踪，先生均按其路程而遍踏之。以释迦曾入喜马拉雅山修道苦行六年，先生遂历尽艰辛而攀登此世界最高之山巅，以寻求佛迹，并欲一发大自然之秘，复于艺术有关之风景、宗教、风俗、动植矿物等写实搜罗，著有《喜马拉雅山之研究》一书，由是感受大自然山川奇气雄景而与之同化，故其以后作品亦能另具万千气象也。其最为难得者，则以在昔唐玄奘、晋法显两师驻印多年亦曾以未能身履阿真达诸大山洞之大刹为憾事者，先生又历尽险阻而得入诸山洞，以观其二千年前所制壁画，亲为临摹，辄宿于深山僻壤印人之山家，语言食宿与中土悬殊，常人已不堪其苦，而先生为学如命则安之所素。其在印度苦学不倦的精神及毅力，实不亚于早年求学于居师及借画于伍氏时，是直等于佛门行脚之苦行头陀，以故诗哲太戈尔谓其有“释迦牟尼之大无畏精神”也。归国后，先生作风又为之演化，愈臻完美，盖已深受世界文化原始艺术之熏陶，功行圆满，得成正果矣。

作风之阶段

我综览先生四十年来苦心学画的历史，大概可分析为三大时期，其学问之来处与技术之渊源，均一一可以追溯，此为研究现代中国美术发达史及先生所倡导之“新国画”运动，特别是欲深切了解其个人的作品之背景者所当注意者。

第一是国画基础时期。以叔父之家教开其端，居师之训练固其本，而十余年临摹宋元明清历代杰作尤为最得力之苦功夫。考居氏以写昆虫驰名，先生尽得其秘。读其画者当知一蟋蟀、一蚱蜢之细，其笔法均得自名师真传。上言先生画枯枝败叶之绝技，固源出于明之徐青藤及明末清初之八大及石涛二家也。先生作品中，求其为纯粹国画色彩而堪为此第一时期之代表作者，以吾所见仅得《秋蔬图》一幅而已（此系精临清代年羹尧之兄希尧氏之作，纯宋法也）。

第二是折衷画派时期。其受洋画之影响实滥觞于法人初授之木炭画，而大盛于留东所习之东洋西洋画，得其写实表现、透视与天光云影之景色种种形理技术。若再为分析研究，则其简单人物可追源至欧洲现代之两大画师马替斯

①

（Matisse）与毕迦索（Picasso）。至若野火电光、飞鹰奔马等等表现动力及含蓄特强生力之作，则显是饱受未来派之影响。在此期间，先生之革命情绪及事业至为发扬，故其作品亦充满革命哲学之表现。如《狂涛》，如《松风水月》，如《碧柳烟沉》等，是为此第二时期之代表作。余尤爱余所藏之《风雨骅骝》一幅，所写枯枝败叶，疾雨狂风，苍苔怪石，湍流奔马，其所擅长之绝技均一一集于画内，且尤能在在表示在此一时期中其个人的人格、思想、才气与感情于意趣构图间也。

至第三个时期则其作风又有远古东方之原始艺术之影响之输入，盖其着色之沉着与笔法之古拙，得力于古印度及古埃及之美术，而其文静精深之作又带有古波斯美术之色彩。在其生活方面则由极动的而转入较为恬静的，思想方面则由锐进革命的而趋于建设反想的，感情方面则由狂热的而调和为浑厚的，至其精神方面则“博爱、自由、平等”现代人生之三宝仍支配其全个灵魂，此皆有影响于其作品者。若《缅甸佛迹》《荒城落日》诸幅可称为此时期之代表作也。

由国画开始，进而研究洋画，更追溯艺术本原而至东方古代画，“艺术之圈”恰好完成。要皆由先生个人苦志苦心苦行苦学，乃采其精华，集其大成，融会贯通，一炉共冶。加以其个人禀赋独厚之艺术天才及创造能力，复充实其内容以个人丰富的经验与高深雄伟的哲学，遂能自成一家，自创新派。而尤为难能可贵者，吾人读其每幅作品，分析其背景，无论其受了任何外国今古的影响而仍然充满中国本色的骨法、意趣与气韵，——具见功力精深，非深得六法中三昧曷克臻此？此是其绝大成功，绝大贡献，是故堪称为“新国画之大宗师”。

---

① 图注：高剑父作品《风雨骅骝》。刊载于《东方画报》1930年第32卷第20期。

纯粹艺术家的人格

最后，关于先生人格方面不能不略为叙述。先生之人格盖纯粹艺术家的人格也。语其成功之手段，全由苦练的真功夫与精妙的大作品之自我表现，而自然获得中外人士之欣赏赞美者。语其目的，即以完成艺术的使命为鹄的，视功名富贵如敝屣，而非藉艺术以博虚名或特殊地位。若其对于艺术的态度，则一生奉艺术为神圣的职志，四十年如一日，其谦逊诚恳虚心求学无时或息之精神则更足为吾人矜式矣。至其将来之希望则愿以半生学力之所得，私人之蓄积（薄产及古画）与余生之时间全部贡献出来，以为复兴国画、改革国画、创造新国画之大努力。

昔在十五世纪时，欧洲意大利文艺复兴运动中有文西（Leonardo da Vinci，1452—1519）、米启朗格罗（Miche Langelo，1475—1569）[①]、赖夫尔（Raphael，1483—1520）诸画家为其中坚，做成意大利光华灿烂之世界的艺术中心。吾人谨以此期望及敬礼于苦学成名而志纯行洁的高画师。

○ 原载于《逸经》1936 年第 6 期

---

① 编者注：此处原文为（1475—1569），保留原刊原文所载，此处不作修改。

潘达微 1936

——陆丹林

潘达微是怎样的人呢？已故广州名记者康仲荦说他是："好察社会疾苦凄切之事，不作膏粱文绣之身。其发论，甚超脱，其容貌，枯槁如也。"只就辛亥那年的春间收拾七十二烈士遗体埋葬于黄花岗一事，已经是侠骨义行，焜耀千秋了。过了半年，武汉举义，广东反正，旧有同志无不在军政界中显赫一时，做了新官儿。可是他呢，耿介自守，不慕荣利，而从事社会事业，编演《声声泪》新剧来讽世。他在《声声泪》剧本序文，说明此剧，是"以积极精神，传消极主义"。南中报界闻人陈耿夫说其"言行恒涉玄杳，至于不可思议"，可谓贴切极矣。他假托答客问，来阐明所以粉墨登场演戏的原因，含有无限的哲理，他说：

善恶无定形，是非无定理，美丑无定例，孰为善？孰为不善？焉知为乎！曰，浑浑噩噩，空冥浑噩，无定者也。无定，毁之也可，誉之也可，歌之也可，哭之也可。人之生，亦浑浑噩而已。我之躯壳足贵耶？精神足贵耶？睡中所得者，是梦耶？抑日间所得者，亦梦耶？抑何者谓之事？何者谓之梦耶？日为主体，夜为客体耶？抑否耶？醒为主体，梦为客体耶？抑非耶？不得而知也。何也？因同为人也。同为人，则谁主谁客？谁善谁恶？谁是谁非？谁美谁丑？焉得知之，彼亦焉得而自知之！一言以蔽，不外幻象。

幻象，等于无定，无定要是强而为有定，那天下就此多事了，真一针见血之语。

他又接续自白他所以演剧的真相，说：

戏者，推著书之心以为心也，所以分别善恶是非美丑也。其实世界无所谓善恶是非美丑也，所以表示于外者，假而已矣。知其假而必强谓为真，不亦蠢乎！不亦妄乎！彼原假也，则从而假之而已。假则变，变则通，通则化，演剧而至于化境，斯演剧之能事毕，亦又何求！如以为非假，则吾且执一问题以相质，汝以为善，果善矣乎？汝以为是，果是矣乎？汝以为美，果美矣乎？不敢决也。则假之一字，更无疑也。……则所谓戏者，无假而非真，无真而非假也。如是，则人世间，无人非戏子，无地非戏场，有用无用，更非所知也。

他的人生观怎样，也可知了。

他有一次想着彻底体念社会实际的人情世味，就不声不响换了破烂的衣服，不带一文半厘，扮着叫化子，度那沿门托钵的生活，残羹冷炙，席天幕地，和那些鹑衣百结讨饭乞儿在一块儿厮混了几天，人世间的辛酸苦辣滋味，他深深的亲尝了。他对于社会更加了解，同时更加惹起他要努力社会的下层工作。过了不久，他任孤儿院长，数百无父（母）仃伶孤苦的苦儿，都靠他做唯一的保护教育者了。幼吾幼，以幼及人之幼，切合他理想中的工作。

他在民六的时候，约了几位同志，发刊《天荒》画集，他在缘起说明他当时的心境是：

阿景嗜哀，复媾难，镇日恒不宁，调脂抹粉之余，无在非悲哀之境。第以百忧丛矢，万愁压石，层层纫结，既纷且固，奈何天地，虱然一身，似醉似狂，度日如岁。……语及故旧，益用凄其，落叶飘零，天涯惆怅。间有相讯，音哀以思。吾生如是，吾友复如是，为之咽哽不已。然忧与生俱，众生当亦复如是，业力升沉，畴不如我，畴不如吾友，言念及此，更不寒而颤。

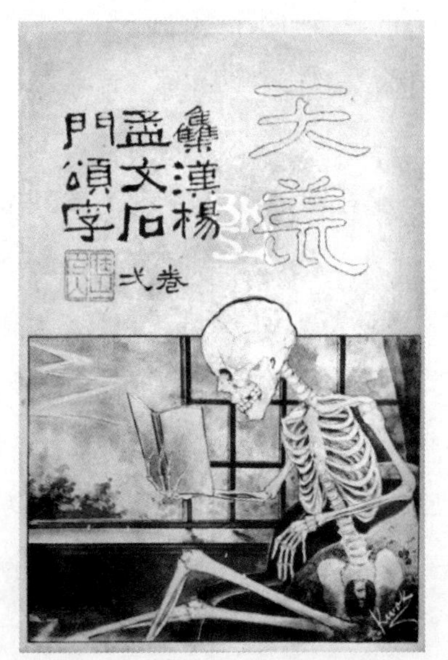

①

① 图注：《天荒画集》，潘达微主编，天荒画集社发行，1917年3月刊行。

他内心的抑郁愤恨，和一般同志的哀鸣也在此段宣泄出来。他再说明《天荒》的旨趣及希望，是“取天荒地老之义，写往古来今之情，香草美人，幽兰空谷，闻足音而蛩然喜，窥色相使意也消。丁兹世道晦盲否塞之际，正使读者如服清凉散，超以象外，其快为何如哉！顾此恨海愁城中，同意谅不乏人，投文投画，当共欣赏。而吾侪万点之泪墨，一枝之哀毫，其庶庆得所乎！……”那么，《天荒》的编刊和《声声泪》的出演，事虽不同，但旨趣似乎没有什么分别。

他本是热血奔腾的志士，见着当时社会的种种矛盾，如友人王秋湄序《声声泪》所说“朱门酒肉，遍野哀溺，华屋笙歌，四郊多”，放开冷眼，来透视社会，神经并未麻木，感慨自然万端。从他《编〈天荒〉志成书感》七绝两首看来，也可以知道他的孤愤感想了。诗云：

人事苍茫百感哀，拚将心力付蒿莱。
余情漫道无归宿，断幅零缣费剪裁。
一回检拾一辛酸，恨草啼花半泪痕。
愿向情天重抖擞，纵罹忧患不须论！

悲天悯人，如闻其声。

达微慧根夙具，性嗜哀冷，致力社会事业的余暇，没有什么不良的嗜好，惟寄情于艺术。绘画摄影都有独到的功夫，山水花卉楚楚有致，雅逸清秀，恰如其人。但很自矜，不轻易写作，且没有润例。如果是他的同道友好，则乐意挥毫，否则虽致千金也不肯下笔。故一般朋友，得着他的画都异常珍宝。当他最后一次（民十七夏）由香港到上海，返香港的一天，我们几位朋友在秋斋茶话。这一天他高兴极了，一起画了几张画，我得了三张，第一张是松竹梅折枝，画题《岁寒》，易大厂题云：

珍重绿衣人，添君意外春。要知朋友意，都在冷中新。又值冷残上人于最可畏之沪上，而竟为丹林写得此帧，亦奇闻也。

柳亚子题诗云：

师画骑鹤出红尘，画笔长留太古春。
莫话黄花岗上事，几人能葆岁寒身！

他与大厂合作的《秋山红树》册页，大厂题云：

天涯何处无红树，辛苦家江不忍归！

飘影空蒙渺无际，滩声憔悴病谁依！

燕支要写离人泪，茧纸宁甘居士诗。

幸侍冷公尊者坐，一勾一笔爱如丝。

秋斋画约，丹林要与冷残合成，离怀如海，不觉在言，大厂并记。

还有一张，是仿米元章的《溪山春霁》，这是他游沪最后的作品了。

他的摄影，配光取景都可以说是成功。有一次，日本举行写真展览会，出品全属世界名家，中国人的出品只有两帧，都是他的作品，得着国际间的好评，他摄影署名，是用“冷道人”的别号。

晚年耽于禅理，持斋念佛，布衲芒鞋，在九华山受戒，不知的以为他思想落伍，意志颓唐，其实在这个吹牛拍马奔竞钻营的社会，争权夺利贪爱痴嗔的环境中，益足证明他的愤世嫉俗与人格纯洁罢了。虽然因着友人的邀请，一度投身卷烟业和充任广州市公益局长，可是环境的关系使他有许多说不出的苦衷，在他的生命历程中也不过多一模糊痕迹而已。

①

达微从事革命有二十多年的历史，又有丰富精明的才干。他的患难同志多是有权有势炙手可热的党国要人，如果要向政治上讨生活，何求而不得！可是他名利的心异常薄弱，只知向他所认定的目标——艺术和社会事业——努力去干。富贵不能淫，贫贱不能移，威武不能屈，像这样子的人真是放得下撇得开，如

① 图注：潘达微氏遗像。刊载于《良友》1930 年第 45 期。

古人所说的“大丈夫”。

民国十八年秋天，他在香港逝世的时候，国府明令褒扬，当时有许多人都不知他的履历，因为他是素来不出风头，就是有些文艺作品也是用了许多笔名，如铁苍、阿景、影吾、觉、冷道人等的别署。那么，“志洁行芳”四个字，他是当之而无愧的。

○ 原载于《逸经》1936 年第 1 期

革命逸史（节选）

1936

——冯自由①

广东报纸与革命运动

在清同治初年太平天国盛时，香港已有报纸之出版，初为《中外新报》，乃英文《孖喇报》之一种副刊，故又名《孖喇报》。次为《循环报》，刊于同治十二年（一八七三年）。法人占夺安南东京即在此时。再次为《华字日报》，乃英文《德臣报》之副刊。此三报仅《循环日报》一家纯属吾国人资本耳。

甲申（一八八四年）中法战役前后，广州有一报馆产生，名曰《广报》，其方式略同港报，均作直行长行。首载上谕、宫门抄等类，新闻记事各以四字题目冠其端，记载至为简陋。出版数年，因刊刻某大员被参一折，为粤吏封禁，报中职员以先期遁走，仅乃得免。

《广报》被封后，官绅士子仍流行一种京抄，以传达政治消息。无何，复有一报继续产生，名曰《中西报》，其始以沙面为发行所，盖鉴于《广报》之覆辙，乃托庇沙面租界外人势力下，欲以避免官吏鱼肉。后乃迁至朝天街，该报

① 编者注：冯自由，名懋隆（龙），字建华，原籍广东南海县，出生于日本。1896 年，年仅 14 岁的冯自由加入兴中会，是兴中会和同盟会中的主要人物。曾创办《开智录》《国民报》等刊物，任香港兴中会机关报《中国日报》和旧金山《大同日报》的驻东京记者。著有《中华民国开国前革命史》《革命逸史》《华侨革命开国史》《中国革命运动二十六年组织史》《华侨革命组织史话》等作品。

主持笔政者有劳亦渔、武子韬、陶檀庵诸人，皆当时知名之士，亦颇畅销。乙未（一八九五年）孙总理、杨衢云等谋在广州起义，即《中西报》最风行时代也。其后复有《博闻》《岭海》各报继起。《博闻报》最初编辑为钟荣光，后改名安雅，而《岭海》则纯由著名赌商苏星衢（绰号苏大阔）者出资，有副刊曰《天趣报》，专谈花事，为粤省花界小报之嚆矢。是时广州香港各报只记载琐碎新闻及转录沪报消息，绝不知新学为何物。嗣丁酉（一八九七年）上海《时务报》、澳门《知新报》相继出版，竞言新学，香港各报稍稍和之，广州报纸始敢略谈时事。

己亥（一八九九年）冬，革命宣传机关之《中国日报》，初刊于香港，抨击满清恶政，不遗余力，粤人纷纷购读，尤以政界销路为多。广州各报以相形见绌，遂亦渐以提倡新学为言。庚子（一九〇〇年）拳乱后，粤中满吏亦稍知新学之必要，颇以振兴教育设立学校为务，时任《安雅报》编辑者为詹宪慈（菊隐），任《岭海报》编辑者为胡衍鸿（汉民），均以鼓吹新学闻于社会。壬寅（一九〇二年）粤督陶模派吴敬恒率领学生数十人渡日本习速成师范，詹、胡二人同在被派之列。

癸卯（一九〇三年）正月，洪全福、梁慕光等在广州发难之计划失败，《岭海报》著论排斥革命排满，指为大逆不道，香港《中国日报》驳之，双方笔战逾月。《岭海报》操笔政者为胡衍鹗（清瑞），即汉民长兄。《中国日报》操笔政者为陈诗仲、黄世仲，是为革命、扶满两派报纸笔战之第一次。

同时，粤垣有《时敏报》发刊，乃倡办时敏学堂诸人所设，因出版适在洪全福失败后数日，故记载党事极详，颇受世人欢迎。

癸卯后，香港有《世界公益报》《广东报》《商报》《有所谓报》等先后出版，除《商报》属保皇党机关外，余三报均为党人郑贯公所组织，阐扬民族主义，不亚于《中国日报》，一时革命派报纸之声势为之大张。

甲寅、乙巳（一九〇四至一九〇五）间，粤中风气顿开，学校、报馆缤纷并起，如《羊城报》《七十二行商报》《国是报》《亚洲报》《群报》《时事画报》《廿世纪报》等相继出版。适有华侨冯夏威为美国新颁华工禁例，自刎于上海美领事馆门外，举国大愤，各省志士纷组织拒约会以保国权，粤港各报莫不极力提倡，以伸正义。香港《公益报》因载所绘《龟扛美人图》，为英政府逐其主笔出境。

丙午（一九〇六年），粤督岑春煊以官力强收粤汉铁路于商人之手，粤绅黎国廉率各界人士奋起抗争，岑乃派兵置黎于狱，广州各报处于积威之下，噤若寒蝉，独香港各报齐声反对，极论岑督攘夺路权之非。新出版之《维新报》《东方报》《少年报》《日新报》等同一论调，岑督乃下令禁止港报入口以泄愤。

丁未、戊申（一九〇七至一九〇八）间，湘皖滇赣粤桂各省革命军陆续举事，排满怒潮震撼全国，粤中各报亦渐仰首扬眉，批评时政得失。庚戌（一九一〇年）前后出版各报，广州有邓悲观等之《国民报》，潘达微、邓慕韩等之《平民报》，陈耿夫、李孟哲等之《人权报》，卢谔生等之《军国民报》，陈炯明等之《可报》，□□[①]等之《中原报》。汕头有谢逸桥、叶楚伧、陈去病、林伯杞等之《中华新报》《岭东报》，新宁有刘少云等之《新宁杂志》，杨计白等之《四邑旬报》，香港有潘飞声、陈自觉等之《实报》，洪舜英（即今之简琴斋夫人）之《妇女星期录》。就中如《国民报》《人权报》《可报》《平民报》《军国民报》《中原报》《中华新报》《实报》等，多与革命党人有关。以是对于辛亥三月廿九黄花冈之役及孚琦、李准、凤山之被刺咸记载周详，赞扬备致。及武昌革

②

① 编者注：此处原文即为空白，似为当时的禁忌语。查得此《中原报》的创办者为郭唯天。
② 图注：檀香山希炉埠华侨欢迎冯自由先生合影。刊载于《民口》1916 年第 2 卷第 11 期。

命军兴，清吏张鸣岐、龙济光、李准等初欲负嵎自固，讵沪电谣传“京陷帝崩”四字，港粤各报相率登载，全城人士欢声雷动，张督知人心已去，无可挽救，始仓皇出走。龙、李遂亦卑辞乞降，使广东省城，得以不流血而获光复者，报纸之力为多焉。

革命初期之宣传品

兴中会初期，文人墨士极感缺乏，所用宣传工具仅有《扬州十日记》《嘉定屠城记》及选录《明夷待访录》内《原君》《原臣》单行本数种。同时康有为派所出版杂志，风行内外。戊戌前有上海《时务报》、澳门《知新报》；戊戌后，有横滨《清议报》《新民丛报》、神户《亚东报》、新加坡《天南新报》、檀香山《新中国报》、旧金山《文兴报》、纽约《维新报》、澳洲《东华新报》等等，革命党对之，实属相形见绌。因是素恃为兴中会地盘之横滨、檀香山二处，竟为保皇党所夺。

己亥秋，中山始遣陈少白至香港组织《中国日报》，是年十二月出版，是为革命报纸之滥觞。然因操笔政者短于欧美新思想，颇不为学者所重视。庚子前后，东京留学生渐濡染自由平等学说，鼓吹革命排满者日众，《译书汇编》《开智录》《国民报》缤纷并起，《湖北学生界》《浙江潮》《新湖南》《江苏》各月刊继之，由是留学界有志者与兴中会领袖合冶为一炉。革命出版物，风起云涌，盛极一时，在壬寅（清光绪二十八年）上海《苏报》案前后，已渐入于革命书报全盛时期矣。

孙中山之文学

中山自幼读于故乡翠亨私塾，稍长至檀香山，肄业于基督教学校，于英文虽获优奖，而于国学根柢尚属浅薄。归国后初拜区凤墀为师，勤读不辍。及至博济医院习医，乃延一汉文教师陈仲尧，每日到寓教授。次年转学香港医校，陈亦同行，遂仍日就陈读，至港校毕业时，所学亦已大进，人咸讶其进步之速，迨后迭在澳门广州业医，仍手不释卷。甲午（一八九四年）尝草上李鸿章书，过上海时，就正于太平天国状元（？）王韬，王为易数语而已。丁酉

（一八九七年）在横滨撰讨满宣言，分派华侨商店，有“侵三江而踞两湖直捣燕京”之句，殆脱胎于王勃《滕王阁序》。

①

甲辰（一九〇四年）在檀香山与《新中国报》笔战，特撰《驳保皇报》一文，载于《隆记报》。又在旧金山为洪门致公堂手订致公堂重订新章要义及新章规程八十条，皆自出心裁，不假人手，为海内外人士所传诵。中山生平不读小说，而于小说之章回目则颇娴熟。丙午（一九〇六年）居东京时，尝效小说体，戏撰一联赠邓慕韩、陈和二人云：“邓师爷厨房演说，陈和叔冷巷失鞋。”盖邓绰号师爷，时章太炎、张溥泉、田桐、胡汉民等日在中山寓所高谈革命，邓在座无从置喙，乃入厨下，向厨子陈和及日本下女大讲时政，兴高采烈，声震户外。陈和亦属同志，性好赌，常以买菜钱供一掷，有一次因赌输金尽，乃扬言在冷巷失其鞋，欲中山给资再购。冷巷系粤土语，即俗称走廊。日本建筑，走廊设于室内，日俗席地而坐，鞋履均置室外，走廊决无失鞋之理。厨房演说及冷巷失鞋二事皆属罕见，故中山以此嘲之。

区凤墀事略

孙中山之汉文教师区凤墀，为广州有名之基督教宣教师，中山在檀香山基

① 图注：中山县翠亨乡孙中山故居。刊载于《时代》1937年第115期。

督教学校毕业后，尚未能阅读华文书报，返香港乃拜区为师，发奋学习国文。当其在港教会受洗礼时，名籍下尚署孙日新，盖取《大学》“汤之盘铭：苟日新，日日新，又日新”之义，其后区为之改号“逸仙”，而逸仙之名遂渐轰传于世界。区长于文学，尝在德国柏林大学担任汉文教授数年，归国后寄寓广州河南瑞华坊其婿尹文楷家。中山时亦同居，所创《农学会宣言》即出区手笔，大意以改良农业、挽救中国贫弱为旨，载诸甲午（一八九四年）广州《中西日报》。乙未（一八九五年）重阳失败之次日，区亦避居香港，旋充英政府华民政务司署华文总书记。己亥（一八九九年），陈少白在香港发刊《中国日报》，颇得其助。其婿尹文楷初与中山同操医业于广州冼基东西药局，后因党祸牵涉，乃迁寓香港。中山眷属仍留居尹家九年云。

圣教书楼

广州双门底圣教书楼为基督教徒左斗山所设，其司事曰王质甫。中山初在广州业医，以同教之关系，假该楼为诊察所。左笃信新学，而病重听，有大聋子之称。凡属上海广学会出版之西籍译本，如林乐知、李提摩太所译《泰西新史揽要》《西学启蒙十六种》《万国公报》等类，皆尽量寄售，实为广州惟一之新学书店。店内后进为基督教礼拜堂，每星期讲道由王质甫兼任之。左又于卫边街租一大厦，名曰“大光观书楼”，陈列古今中外图书及新旧约《圣经》，供人观览，延苏复初主其事。左、王皆先后为兴中会员。

乙未广州重阳之役，杨衢云在香港以长短枪六百杆，伪装胶坭，寄圣教书楼王质甫名收，为海关破获，左斗山因是被捕，得美领事保释。先是粤督谭钟麟因闻党人多属教徒，密令王道台存善会同西牧师香秉文到轮船码头截拿，王质甫得香牧师密通消息，步行赴韶关入江西走脱。王原籍江西，乙未后避地日本，旋返广州谋事，与官场中人颇有往还，谣传已被粤吏买充密探，使侦伺党人行动，故党人遂避之如蛇蝎云。

刘学询与革命党之关系

刘学询字问刍，又号耦耕，粤之香山人，少登甲榜，归广州为大绅，交结权要，势倾一时，有土豪之称。时粤垣有一种官督商办之公开赌博，号闱姓者，每届科举皆以投考士子之姓氏为赌，政府度支及试官私囊均恃为收入之大宗。刘包办闱姓多年，其金钱势力足以左右士子之成败，及官吏之进退，典试者莫不仰其鼻息。

中山于乙未春在广州创办农学会，尝以医术纳交于政绅各界，绅士中署名为农学会发起人者，颇不乏人，刘及潘宝璜兄弟预焉。中山与刘有同邑之谊，往还尤密，因知刘平素蓄志非常，遂与商榷起义大计。刘大悦，引中山为同调。然刘夙抱帝王思想，绝不了解欧美民权学说，故中山相与协议多次，刘均以朱元璋、洪秀全自命，而以中山为徐达、杨秀清。中山以其思想陈腐，势难合作，遂渐疏远之。

及九月重阳之役，刘事先亦略知情，曾告中山，谓是时正值官厅收解闱姓饷银，为数甚巨，大可取作军用，藉以表示好感。故事后粤督谭钟麟奏折内称“据陆皓东供：香山县人，与福建人在香港洋行打杂之杨衢云交好，因闱姓厂在省城西关收武会试闱姓费数百万，该处为殷富聚集之区，欲谋抢劫”等语。虽与事实不符，然所说亦有自来也。刘自是与中山不通音讯者多年。

至庚子夏，中山在日本忽接刘自粤来书，谓粤督李鸿章因北方拳乱，欲以粤省独立，思得足下为助，请速来粤协同进行。时中山方经营惠州军事，颇不信李鸿章能具此魄力，然此举设使有成，亦大局之福，故亦不妨一试。遂偕杨衢云，日人平山周、宫崎滔天等乘法轮烟狄斯赴香港，抵港之日为公历一九〇〇年六月六日。

先是何启、陈少白已由香港总督卜力斡旋，劝李鸿章乘机宣告独立。李幕府中有刘学询、曾广铨二人亦极力从旁怂恿，闻中山等将由日本至港，遂预派安澜兵轮来迎，邀中山、衢云二人过船开会。中山得香港同志报告，知李督尚无决心，其幕僚且有设阱诱捕孙、杨之计划，更有谓刘实为之主谋者，故不欲冒险入粤，仅派宫崎随刘乘兵轮晋省，代表接洽一切，而己则乘原船赴法属西贡。

宫崎至广州，寓刘宅密谈一夜，刘述李督意，谓在各国联军未攻陷北京前，不便有所表示，嘱宫崎向中山转达，宫崎遂失意返港。未几，联军攻陷北京，清廷电召李督北上议和，特派招商局轮船安平至粤延接，李督遽受清廷恩遇，遂决计北上。舟过港时，港督重申前议，李坚不允，刘、曾二人时亦随行，陈少白尝登安平轮访之，刘谓傅相意志坚决，无法劝阻，事遂绝望。及惠州革命军起，中山时在台湾，闻刘独留上海，未随李督赴津，遂使平山周持密函至沪访刘求助巨款，并约与合作。原函现尚存平山手中，录之如次：

耦耕主人足下：

前次会议已决行事之法，一为车驾回京之办法；一为车驾西迁之办法。今据明文，迁都已实，则惟有其后之办法耳。数月以前，已令部下分途起事，先占外府，以分省城兵力，并令城内外正军，一俟兵力稍单，则乘机袭城，以为基本。

袭城之道，亦分二法：

一为部下日前布置之法，据报城内外各要地已种烈雷，一燃可陷官军八九，但此法伤残太甚。因知所种之物，大拿米已有四万余磅，银粉亦有百余磅，若一燃之，则恐羊城虽大，片瓦无存也。此又焉能藉为基本之地哉？故力戒勿行，且饬俟便陆续起回，免以自伤，未审能照命而行否？

其二为弟亲率大队，从乡间进迫省城，在内部众同时起应，此法较为妥善，今已约部下待命矣。今惠军已起，日内则肇高北江等处必继之，省城之兵不能不外调，城中不能不单薄，一击必下，计属万全矣。弟已与镜海当道密商，已蒙许借其地道为进取之途矣。今拟日间乘邮下南洋荷属，另雇轮直至镜海也。未行之前，欲先将内外局面布置妥当，以为万全中之万全也。

今特遣深信人周君平山来见足下，面托足下主持内局，先立一暂时政府，以权理政务。政府之格式，先以五人足矣。主政一人，或称总统，或称帝王，弟决奉足下当之，故称谓由足下裁决。其余内政一人、外政一人、财政一人，此三人由足下择人当之。弟意以杨君文优当财政，李君伯优当外政（未知此人与公同气否）。盛宣君足当内政，兵政一人弟自当之，先行攻取土地，然后请公等来会也。外局则宜先发代理使职人于外国，此等人弟自能择之，如何容皆可各当一面也。

今日事机已发，祸福之间不容发，万无可犹豫，且清廷和战之术俱穷，四百州之地，四百兆之人，有坐待瓜分之势，是可忍，孰不可忍，是以毅然命众发之。今欲计出万全，转祸为福，第一要着为厚雄资财，速办外局之事，欲保全苍生，瓦存羊石，则欲速雇舟直渡内地，以慰众心，而一众志，否则玉石俱焚，生灵涂炭，列强瓜剖，华夏陆沉，弟固蒙不仁之名，足下亦恐难逃奇祸，故求足下及杨李同志等，即速代筹资百万交周君汇带弟处，以便即行设法，挽回大局，而再造中华也。勿以斯言为河汉，幸甚幸甚。

又主政一节，初欲托足下央李相为之，惟彼已拜全权和使之命，恐未必肯从吾请，且于理不便，故决推足下当之。已传语反正军中，俟到可扬布之日，则照扬布之矣。江鄂两督趣意如何？如不以此举为不是，可致意力守，遏外人侵入。如不以此举为然，则弟取粤之后，即当亲来吴楚，与彼军一见也。内局布置妥当之后，足下宜预备行装回粤相会可也。余事不尽，周君面述之，此致，即候筹安不一。

弟长雄谨启

明治三十三年九月于台北

按：此书命意含有种种作用，中山鉴于乙未之役，知刘素抱帝王思想，故即以主政一席许之，而自揽兵政，其用意无非欲得其资助巨款而已。

函中所举姓名，耦耕即刘字，周平山即平山周，长雄即高野长雄，中山别

①

① 图注：刘学询在刘庄招待来访外国调查团成员。刊载于《抵抗画报》1932 年第 2 期。

号也。杨文为杨衢云，李伯为李杞堂，盛宣为盛宣怀，何容为何启容闳。时平山谒刘备述中山推戴之意，刘惟虚与委蛇，平山竟无所得，遂电告中山复命。中山于是即由台湾乘日轮至上海，舟泊黄浦码头，使平山约刘至日轮相见。刘托故不往，平山再三强之始行。孙、刘会谈数时，终无结果，自后刘与革命党人遂不再发生关系。

清季贝子载振至浙江，刘以馈献巨金，得圈用杭州民地数百亩，营造刘庄别墅于西湖。民国后浙政府据乡民举发，特将刘庄封禁充公，其后经刘多方设法，卒获取消封禁，领回原业云。

莫纪彭之辛亥三月廿九广州血战笔记

辛亥三月廿八晚二漏许，余叩先锋队长陈炯明宅，进谒副司令黄兴而问之曰："明日之期限已定耶？不再更改耶？"司令点首言曰："定矣。君宜率所部一准明晨来城。"余领命出，直归大石街所领选锋部之机关。在机关为予司家务者，有宋铭黄、庄汉翘两女士。见余归，迎面问余曰："明日之事当如何？"余对曰："一事已定。余准备黎明赴车入花县三华店，约徐君维扬率所部来助战。请为余备早膳。"

明日清晨遂乘车直趋三华店。徐君偕三两会党已徘徊于村边，若预知余来者。余执徐君手，稍远诸人，细语之曰："黄副司令已预备今日薄暮进攻督署矣，吾人须率所部潜入城中听调度。"

徐君闻言不应，久之，诘余曰："君料此事成败如何？"

余曰："何计夫成败？事至此实无可如何。"

仓卒集诸会党，约得六七十人，分数小队同搭午车入城，相约候诸城隍庙内，以待消息。余偕徐君趋陈队长宅，宅空无人，转趋小东营余所分设之机关，见有二人，中有盲一目者，裹甲守诸门侧。余略与之点首，直进后室，刀灿然作银光，陈诸席上，有数百把，炸弹三巨箱列于席右。喻君云纪（培伦）分配弹药甚忙。林君时爽据席头注视刀把，见余至，夷然笑谓曰："人来乎？"余曰："约有六七十人。"复问曰："在何处？"余曰："在城隍庙内，杂市民中备号令。"林昂首言曰："且以二十人来。"予乃转身入城隍庙，以小东营方向示诸会党，嘱其三三两两次第入机关内。

予复往城外高第街联胜里机关，尽出所藏短铳、炸弹，雇肩舆运入小东营。时见黄司令衣雪青色纺绸短衣，扎裤脚，据中案坐，神光弈然。分将短刀授时爽，炸弹授云纪。时分配刀与炸弹事系归时爽与云纪料理也。云纪告余曰："我为炸弹忙得很，曾三日夜不合眼，不息手。除留我机关外，此处得足力弹五百枚。有此五百枚，足以奋斗一时矣。"时谭人凤手持短铳作播弄状，一似不解运用短铳方法者，黄司令忽抢前夺谭短铳，且戒之曰："谭胡子不要闹。"黄司令语甫出唇，而短铳子弹夺管而出，轰然一鸣，声振檐间。幸码子从屋壁穿去，弹未伤人。黄司令复语谭曰："胡子不要再闹，顷间已有错发弹子伤花县某君矣。"余闻言，知所部有受伤，向徐维扬问所伤者为谁。徐以手牵余袖转进复室，见一人卧地上，鲜血从右腿上流出，旁有十余人围伤者施救护法。余问旁人曰："伤者无大碍耶？"闻有一人答曰："弹已穿透左腿矣。"余行近伤者侧，俯察伤口，血肉突出，如茶碗口大。余慰问数语，复抽身出外厢，见刘古香带三人进，尾其后，见陈铁五手持火柴一巨裹。陈告予曰："黄胡子着我出购此物，备燃弹用也。"朱执信亦跄踉从外来，穿白长衣，入室后将衣挂壁上，用小带向裤脚捆裹。余弥近问之曰："君属何队出发？"执信曰："我愿从黄胡子去拚命。"

壁上钟已四下，予知时候已到矣。忽忆大石街及莲塘街机关部，尚有司家务之女士四人、小童二人，为平日用以掩饰邻人耳目者。自张鸣岐督粤，已知党人谋事急，凡侨居城内者，非有家属，房主不许出赁也。余私念今日之事为吾党孤注之一掷，生还之望可决云无，而彼妇人孺子既不能拚力以杀敌，今尚留城中，待死而已，无益。乃决意复去莲塘大石两机关部，速彼中留守者趋出城外，冀以免祸。余乃牵衣出小东营，拟告彼等后复来归队，意尚可及时也。

余出户阈，见巡警二人向街头喁喁偶语，似已知余等今日之事者。余不敢顾盼，夷然而行。到大石街转弯处，若有一人从后赶来。余回首一望，盖喻云纪也。余矢口问曰："老喻何往？"喻曰："大队出发矣。我赶归机关部调同志扼守隘口，以断李准来援。"予亦略急数武到大石街，入门直疾呼门内人曰："吾人出发矣，汝等可速去也。"庄、宋两女士闻言，不忍舍去，乃为之陈利害，徒死无益，盍为日后事尽力，且草一绝命书托代达某友人，亦嘱为予老母称音息，略以后事托两女士，力劝彼等从速出城外。两女士乃携二童子依依而去。

俄而有二花县人色如灰土，抢入室内，向余言曰："小东营队刚出发，有警察三人来诘问，领队者发枪，中其一倒地，余二负伤而逃。"余闻言至此，有惊天动地之巨弹声裂空气而来，继此声而起，轰轰砰砰然，如新年之燃爆竹，不绝于耳。余此时神亦为之眩乱，独自沉吟曰："余当复追从大队入督署耶？抑就近与喻云纪独当一面耶？"

正踌躇间，约半时许，户外闻号筒声。宋玉琳与人辩论声，及喻云纪大呼"凡同志者快出来助战"声。余乃从室中内进，呼二花县人出。喻既见余，便狂呼曰："广东人对不起我们——既匿其利器，复临时畏葸而逃。"余急应曰："余正欲从你队杀贼也。"喻云纪身负炸弹一巨束，左手持号筒，右手执短铳，额际尽染灰土，容色威猛，若能生吃人者。宋玉琳亦手持号筒一，一手执短铳，立于街边某宅旁，沉默无言。

喻以号筒付余，携余手言曰："老莫，汝熟道路，余与汝为先锋领队前进。"余问喻曰："督署攻破耶？"喻曰："攻破矣！吾与熊克武、但懋辛诸人用巨弹两枚从署后破壁洞入，壁为二大孔。余等入署，已无人抵抗矣。"

余询黄克强、林时爽诸人安在。喻曰："都不之见。"余复曰："李文甫在何处？从大队向前门攻入者岂无余人耶？"喻曰："各人都已四散，惟有不相识十余广东乡人（即花县会党）隐匿于署侧，余乃率之至此。"余复曰："诸同志死伤如何？"喻曰："署中二门旁有五六人倒死地上。"余与喻且行且语，将出大石街，观音山上敌兵忽放排枪，向莲塘街密射。应排枪声，有人呼痛声，有绝命声，有倒地声。已而闻瓦面上有炸弹发声，向观音山脚方向投掷。喻曰："吾等已有集瓦面上接战矣，余等从速上瓦面。"余手招随从二花县人复转余等机关，取出长梯二，傍街边扳登瓦面。二花县人随余登梯，喻亦继之。四人首甫出梯头，排枪直从余四人处射击。四人伏瓦之上，因瓦盖之高低处以为障。排枪愈密，前方所掷之炸弹声亦相当而密。余探头窥前翼投弹为何人，有一枪弹穿余耳傍而过，落屋瓦上，碎瓦为数块，有小瓦横飞中余额间。而彼向前敌投弹与排枪相应和者为何人？一穿雪白罗短衣之美男子也。此美男子曾于黄克强左右一见之，但未审其姓名耳。

吾等伏瓦面久，美男子以手招余等进，余等乃猛进接近。前方之人共为五人，仰伏屋堞下，山上排枪密度加紧，幸为堞蔽，无一受伤者。余与喻时时还短铳。美男子戒之曰："铳短无力，不能达敌地，请留子弹为后用。"时见美男子身傍有一斗大之竹筐，盛弹及半筐。稍间，余急问美男子曰："君为谁耶？吾人当同毕命于地下，岂可不知其姓氏？"彼人答曰："吾为刘梅卿。"且告余曰："此处用不着短枪，炸弹须即行补充，以壮声势，否则敌人沿山而下袭矣。君等可下去，多运炸弹来。"时排枪声及枪弹落瓦上，瓦碎片片作响声，震撼脑气，目为之迷，几忘却此身在何方向。

仓卒间见檐下有居民，状甚惶怖。余呼之曰："同胞，余等为祖国谋光复，故拚死实行革命也。同人请以梯借我等用，我等欲下去大石街耳。"檐下人若有踌躇者，余急以枪拟之。其人即以梯至，吾与喻云纪缘梯而下，所下处为人家一后园。吾复谓其人曰："请开可通大石街之前门导吾等出。"其人急开门，余等遂出。山上排枪如急风扫骤雨而来，一弹中喻手指，又一弹掠耳际过。余与喻急避诸门外墙翼，顾此非大石街，乃莲塘街也。莲塘街与观音山成直线形也。山上敌人见街中复有人，发枪比瓦上更密更烈，幸有墙翼为掩护，只见子弹如斜雨横扫街上。方子弹来势最凶猛时，吾焦急不可耐，以为此即为余等归宿地，乃振声呼曰："老熊，余在此。"后无应者。移时，余又呼曰："快搬炸弹来！快搬炸弹来！"盖余等舍以炸弹为最后之良友，已无他望矣。已而天已入暮，四处沉黑，敌面已不见人，山上排枪声亦渐疏。余曰："天已沉黑，敌人不发枪矣。"

喻携余手，身挨门墙，而潜行转回大石街。有见街上三三两两同志，围烛光而麇聚。宋玉琳仍默然屹立于墙隅。但懋辛提大刀据石阶坐，右手血涔涔滴。余问但曰："汝中敌弹耶？"但以手指喻言曰："老喻以刀伤我手。"余叩其故，喻不置答。后闻诸川人曰："但不主张是日发难，暗将喻所制弹推数十枚于井中，喻恨之，且疑其有他志，故事发时欲以致但命。"喻集数川人扳谈，意中必有熊克武，惜未问及其姓名也。予亦默数所部花县人数，约十有五六人合川人及宋玉琳，中有数外省人不甚认识者，共有廿四五人，许结为一小队。喻领其前，予督花县同志后。忽有两顺德人从横巷来会战，手皆持驳壳枪者。此时予队中，除刘梅卿外，止此两人有驳壳而已。俄见两人从后来向诘所部，二人即攫予襟，以二枪拟余。余惶然曰："君为何者？"二人曰："汝是敌人。"旁有数人即趋前劝解。后余问彼二人何为目吾为敌，彼二人曰："吾同志等臂间皆裹白布为号，汝何独无？"予回顾臂间果脱白布缠号也。喻见二人后来，复谓余曰："老莫，想此间机关尚有多人未出也，盍往唤诸？"余乃复入莲塘街陈炯明分设之机关部，而街中已见返射之火光，墙壁尽赤，俨如白昼。余等见城中举火，知决有他处响应者，全队二十余人，神色为之大振，勃然有生气矣。

陈分设机关部在莲塘街中约，予忘其门牌，四觅不得。时渴甚，路角一轿馆，因向轿夫取水饮。轿夫进水一大碗，予以数角与之。旋见一大宅，宅门半启。予闯入宅中，有一老妇伏地，双膝跪蒲团上，口中喃呢不辨何语。仰见神楼上燃两烛，中柱降香，意此老妇必祷神免祸也。予呼妇起，妇不起，口念南无阿弥陀佛不已。予斯时不禁发微噱。随引身出，行数武，见有人探头门外，予细辨之，知曾面熟者，此陈炯明机关中人也。吾与之点首，随此人入内，而何少卿、胡佩元两女士在焉。一见吾面，便问曰："外面情形如何？"予曰："已打胜仗。"两女士问曰："张鸣岐就获耶？"予曰："逃矣。"两女士鼓掌大喜，且贺吾勇。吾向女士索水饮。女士提巨壶茶出，吾且饮且与语，并告之曰："此地不能久住，明晨快觅他处走也。"吾见搜诸人不得，乃转身入大石街原处。路角中见有居民多人手持提灯，负细软物，作仓皇出走状。一见予等，即向乞命。予曰："吾等革命军为同胞拯命耳，可勿生惧，且以提灯假我一用。"居民中有少妇一人，年廿许，容颜秀娟，穿白袖内衣，止着一履，状至可怜。彼等皆家近督署傍，已着火，故为避火而出走也。

喻云纪与宋玉琳并数外省人集于一处，有二人扛炸弹一巨箩，随喻后。予上前问曰："当今急计，吾等宜作何打算耶？"宋曰："何除吾小队外别处无枪声？"喻曰："姚雨平专任新军部分，至今尚未见响应消息。"予曰："新军予亦熟识者，吾人越城墙出，直向燕塘求援于新军如何？"喻与宋皆大赞许。喻即高声呼曰："吾队向东门进发！"喻复谓吾曰："老莫，请汝向广东土人布告，吾人向东进取。"予乃分向花县诸人说明，必须出东门。

诸人乃次第就行列。宋玉琳手持长梯，吾进前与宋各持梯一端，两人扛梯作先导。过大石街口，入□□[①]里，有一小警察区，门半掩，忽有侦者由外直冲门入。予身刚过区首，有枪一排从门内向吾等猛射。予即掩身于墙隅，以枪还射之，而吾与喻队已被截断。在警区旁鏖战半小时许，枪声渐止。予探头后望，街中不见有人影迹。予此时脑最焦乱，不知计从何出，又不敢再过警区追寻喻队，乃转身对北向横街，急步前趋。心脉起伏极急，意欲折过警区前街，则喻队或在此候予也。心忙脚乱，行未久，有人从高处叫唤曰："此地不通行人，勿乱走！"予赫然而惊，举头望之，此为小北门，守门者方以枪下拟也。乃复回趋，略转数路角，更不知喻队消息矣。时予忽忆起夏君寿华长巡警教练所，曾受运动，约同响应。若得此为援兵，直引之寻喻队，当能合力夺城。与夏君疏通者为湖南陈某，乃决计到某旅馆访陈。见袁沛之枯坐旅馆内，而黄一欧在袁床上鼾声大作。予急叫"陈某何在？"袁云在隔壁。予唤陈来，陈犹疑不敢应，救拯之望于是绝矣。

后闻诸花县某君云："喻队自失落后，左冲右突，不能越城墙出。"天明后，吴宗禹率兵来攻，喻乃入元盛米店，聚米包为垒，恶战三时。全队几覆。喻到急时，以炸弹自焚。世所传高阳里元盛米店之剧战，即喻最终之奋斗处也。噫！

未入革命党前之胡汉民

[②]

胡衍鸿，字展堂。乙巳（一九〇三年）东京《民报》出版，别号汉民。丁未（一九〇五年）[③]居越南河内，易名陈同。原籍江西吉安，与文廷式有戚谊。乃祖随宦至广东番禺，遂家焉。幼失怙恃，有兄弟七人，仅存其三。长兄衍鹗，字清瑞。七妹灵媛。汉民行列第四。家贫，刻苦攻读，时赖书院季考

① 编者注：此处原文即为空缺，疑为避政治审查而特隐字。
② 图注：胡展堂。刊载于《礼拜六》1936 年第 624 期。
③ 编者注：丁未为 1907 年，原刊中为"一九〇五年"疑有误，然保留原刊之文。因不知是"丁未"有误还是"一九〇五年"有误。

奖金以自给。与衍鹗同蜚声文坛，汉民尤才气纵横，辞锋锐利，为士林所重。某科乡试获中举人，广州府陈望曾慕其文学，聘充府署西席。粤垣《岭海报》则延任总主笔。某岁籍卖文得售，获资万金，家道渐以丰裕。

庚子（一九〇〇年）后粤中新学渐兴，汉民饱读书报译本，以提倡新学自任。某岁元旦日尝大书门外春联曰："文明新世界，独立大精神。"见者多视为怪物。庚子、辛丑间（一九〇一年），女医士张竹君在河南南福医院开演说会，倡办育贤女学，为广东女学之先声。一时新学志士多奔走其门，隐然执新学界之牛耳。汉民与程子仪、朱通孺三人赞襄最力，《岭海报》不啻为张之宣传机关。同时杜清持女士亦设培英女学于西关。某日，《岭海报》所载来稿忽有"杜清持程度高于张竹君"一语，张大不怿，爰向汉民质疑。汉民以手民误排答之，张不能释然，友谊缘是疏远。

辛丑（一九〇一年）陶模督粤，派吴敬恒带领学生数十人赴日本学习速成法政，以一年为期。汉民及詹宪慈、冯鸿若、周起凤等预焉。时余方肄业东京早稻田大学，且任旅日广东学生同乡会会长，闻有同乡学生多人来，乃亲至横滨码头接待，并述代表同乡会欢迎意旨。新来诸生均长袍大袖，辫发垂垂，见余衣和服，咸以为异。余导彼等至高野屋旅馆。汉民与余虽非旧识，然彼此相知有素，故谈论时事，甚形欢洽。汉民曰"余读《新民丛报》多册，久久莫知梁任公宗旨所在，及读《新小说》载梁著《新中国未来记》，中有假托激烈派李去病问答辞一则，可知任公宗旨仍在民族主义，与其师康有为根本不同"云云。余应之曰："任公虽假托小说中人物宣泄其政见，然既称为急激派议论，而仍声声歌颂光绪圣明（亦假托李去病语）可谓自相矛盾，吾人不可被其瞒过。"汉民深以余说为然。

莅东京后，入宏文书院。校为嘉纳治五郎所设，范源濂等任译事。是年八月清公使蔡钧商请日政府取缔中国留学生，吴敬恒在使馆抗争最力，蔡乃请日政府以警吏逐吴离日。留学生愤而归国者数十人，汉民其一也。余送汉民至横滨船埠，尝以改良《岭海报》一语勖之。先是汉民于东渡时，特将《岭海报》总主笔一席委托其兄衍鹗摄理。衍鹗赋性顽固，不知新学为何物。是年十二月除夕，洪全福、李纪堂、梁慕光等谋起义于广州，以事泄失败。衍鹗竟在《岭海报》大放厥辞，连篇累牍，痛斥革命排满为大逆不道，香港《中国日报》著论驳之，双方笔战逾月。时汉民已由日返粤，民党中颇有责汉民不当任其兄猖獗至是者，然汉民自少即事衍鹗如父，固无制止之能力也。

壬寅（一九〇二年）汉民堂弟毅生因广东大学堂风潮退学东渡。癸卯（一九〇三年）秋中山自欧洲莅日本，余乃绍介毅生及粤籍学生桂少伟、黎仲实、朱少穆、张崧云、廖仲恺、伍嘉杰、卢少岐、何香凝诸人与中山相见。未几，中山约日友日野熊藏少佐秘密组织革命军事学校于青山。学生从学者有毅生、李自重、黎仲实、桂少伟、伍嘉杰、卢少岐、郭健霄、李锡青、刘维焘、区金钧、卢牟泰、饶景华、雍浩、郑宪成等十四人。此校开设半载，以内哄宣布解散。

甲辰（一九〇四年）粤督岑春煊派学生至日本法政大学习速成法政，以二年期毕业。汉民于是二次东渡，同行者有汪兆铭、朱大符（执信）、金章、陈融、叶夏声等数十人。毅生时任横滨华侨学校教员，因绍介汉民与横滨民党梁慕光、廖翼朋等相识。

乙巳（一九〇五年）六月中山从欧洲东归，与余及黄克强、陈天华、程家柽、宋教仁等发起中国同盟会。是日毅生介绍加盟者，有汪兆铭、朱大符、李文范、张伯乔、古应芬、金章、杜之杕、张树棠、姚礼修九人。汉民适以事偕廖仲恺返粤，故不预焉。

同盟会成立后十余日，汉民、廖仲恺同返东京，即宣誓入会。是年七月十三日留学界开大会欢迎中山于曲町区富士见楼，莅场者一千三百人。中山演说声低，汉民为之传译。时中山以旅费告罄，向同志求助，汉民慨捐百元。同盟会所设《民报》于同年十月廿一日出版，汉民与汪兆铭、朱大符同任笔政，汉民之名见于世上自此始。

王宠惠拒奸记

王宠惠字亮畴，粤之东莞人，少在香港皇仁书院读书，其父煜初为基督教老宣教师，与区凤墀、左斗山、孙中山、陈少白均属旧识，道气盎然，有老师宿儒之风。宠惠少聪颖，而思想日新，尝与乃父驳论宗教哲理，乃父怒极，欲

①

施以夏楚，宠惠奔避不遑，旋至上海任南洋公学教习。

庚子秋，秦力山在大通起兵失败，逃而之沪，时租界得清吏照会，搜索党人甚力，力山往见温宗尧，温乃引力山至南洋公学，使宠惠密收容之，旋由宠惠送力山登轮他适。辛丑（一九〇一年）春，力山与戢元丞、沈翔云创刊《国民报》于东京，函邀宠惠担任英文部撰述，宠惠由是东渡。时梁启超方自檀香山返日本，耳宠惠名，特函约赴小石川东亚商业学校（高等大同学校改名）叙谈。宠惠复书责梁失礼，谓梁既任一党魁首，理应礼贤下士，今乃欲以一纸书使人奔走，殊令受者难堪云云。梁卒为书谢过。

又，梁在檀时，尝从何蕙珍女士习英文数月，东归后乃昌言已深得习读英文秘诀，特条举所读《英文法初阶》前项十余类，编著《英文汉读法》一小册，以惠初学。谓凡读此书者，不数月即可翻译英文书籍。宠惠闻而大异，乃于晤谈时详询此书内容及其构造方法，梁大惭，自后遂不提及《英文汉读法》只字。《国民报》既出版，大倡民族主义，篇末附以英文论说，由宠惠担任之。

宠惠向与力山税屋同居，宠惠寓楼上，力山则寓楼下。所佣日本下女貌颇妖冶，爱宠惠少年英爽，屡向之调戏，宠惠以告力山，请其相机制止。某夜，

---

① 图注：时任立法院长的孙科（中）和时任海牙法庭法官的王宠惠（右）、陈济棠（左）。刊载于《大众画报》1935 年第 15 期。

日下女竟伺宠惠熟睡，赤身俯就。宠惠大骇，连声呼力山不已，力山应曰“我来我来”，日下女始狂奔而去，一时留学界闻之咸为捧腹。（著者按：此事发生时，余方以事返国后，力山为余言之。）

翌年，宠惠赴美国入耶路大学，甲辰（一九〇四年）孙中山至纽约，尝约宠惠及陈锦涛、薛颂瀛等相见。时撰一告欧美人宣言书，题曰《革命潮》，又曰《中国问题之真解决》（*The true solution of Chinese question*）即宠惠为之润词。戊申（一九〇八年）中山居新加坡，忽得宠惠自欧洲来书，谓方投考某国际法学研究学院，有事需款，爰向中山求助。中山乃使侨商陈楚楠、张永福等筹措一千五百元汇往伦敦济其急需。时当河口革命一役前后，党人需索饷糈，急于星火，同志中多以中山此举为不急之务，颇怀不满。中山乃向众解释曰：“昔甲午中日之役，英轮高升号为日本海军击沉，日方大受各国抨击，赖有日本驻欧某国际法学大家根据法例为己国辩护，各国始不起非难，英国亦无从借口干涉。王君法学渊邃，且为吾党健者，吾党此时助其成功，即为将来革命政府建立之预备也。”众闻此论，始为释然。

民十七，宠惠赴欧洲就海牙国际法庭法官，舟过新加坡，张永福、林义顺及国民党员设宴飨之。席间张致欢迎词，并举当地同志二十二年前曾奉中山命接济其旅欧学费为谈资，宠惠至是始知当日筹款之不易，为之感谢不已。

宠惠在清季与孙中山结识甚早，尤于对外之革命宣传多所尽力，但未正式加入革命党。至辛亥光复，始在广州同盟会照章宣誓云。

〇 原载于《逸经》1936 年第 10 期

记几个美术青年

1936

——倪贻德[1]

自己没有什么别的特长，也没有钻营吹拍的本领，只能靠了一点造型的薄技，从这里跑到那里的度着教画的生涯，也差不多已经有十年的长久了。也许有人以为教画的生涯是一种极有趣味的职业，但在身受者的我，实在有点感到厌倦了，我很想脱离了这种生活而去做点别的工作，虽然在事实上还是做不到。

但只有在广州市美一年多的生活，我就是现在回想起来也还感到一点兴味。这固然是因为南国的风光太可爱了，而当时几个美术青年，他们的优秀的素质和努力的精神，使我起了深深的感动，也是很大的原因。

但当我初到市美任教的时候，却遭受过意外的挫折。第一次上课的时候，到的学生就只有寥寥几个，墙壁上还写了打倒我的标语，他们原来是在反对我了。这一方面固然是因了言语不通，广东人排外心特别发达的缘故，而他方面也是因为我的资格太浅，而给反对我者以借口。我当时太气愤了，就想辞去了教职，立刻回上海去，但后来为几个朋友所劝阻，他们劝我不妨再试一试，因为这班青年都是明朗而率直的，只要有真实的功夫给他们看，不难训服就范的。

第二天，在没有办法之中，我只有用了一点近乎“江湖”的手段，在许多

① 编者注：倪贻德，笔名尼特，毕业于上海美术专科学校，留学于日本川端绘画学校，曾组织摩社，主编《艺术旬刊》杂志。1932年和庞薰琴组织决澜社。著有《西洋画概论》《水彩画研究》《画人行脚》《艺术漫谈》《玄武湖之秋》《东海之滨》《百合集》等作品。

①

②

学生面前，当场画了一张素描给他们看，一面画，一面还说明着怎样完成一张习作的手续，怎样把握轮廓线，怎样作明暗的区划，怎样作调子的整理。这种初步重要的技法，似乎在他们心中获得了新的启示，他们果然无条件地屈服了。但最大的缺憾还是言语不通，往往我讲了一大堆话，他们还是莫明其妙，虽然有时可以用文字来代替，但其间总有很大的隔膜。

恰巧在这时候，来了一个从上海去的广东学生，也许因为他能够讲一口很纯熟的上海话，所以和我表示特别的好感。他在许多同学之间常常为我作有利的宣传，做了我的义务翻译，无形中成为我和许多学生之间的感情的沟通者。

在我之前担任这一级教画的，听说是一个从法国留学回来的学院派的画匠，根本不知道造型美术是怎样的一回事，只知道描头画角地画些月份牌式的东西，对于教育的方法更没有深切的理解，所以这班青年学了半年还是在那里瞎摸。自从我去了之后，首先就要他们从小部分的描写中解放出来，绘画是应从大体着手，要从规则中去求自由活泼的表现，所谓写实，便是描写物体的量感、质感、空间感，并不是表面的细微部分的描写。我要他们最先从面的构成、调子的分析中去追求。这样地渐渐引起了他们的研究的兴趣。

当时市美的校舍，是在观音山麓的三元宫中，这三元宫原是一所庙宇，依山而筑，自从改为学校之后，稍稍加以修葺，也很具有学校的规模了。但我们

---

① 图注：倪贻德。刊载于《新垒》1934 年第 4 卷第 3 期。

② 图注：倪贻德所绘人物。刊载于《新垒》1934 年第 4 卷第 3 期。

那教室大约是庙宇的大殿，还有许多破烂的神龛和泥塑的佛像存在着，和许多希腊雕刻的石膏像混置在那里，实在太不像 Atelier 了。可是因了这许多青年的努力研究的精神，这破旧的殿堂里面也就充满了新艺术的空气。

在这许多青年之中，最初引起我注意的是梁，他的很有构成趣味的立体的分析，使我觉得惊奇，他好像对于我的画论很快就能领悟的样子。那时他还是一个十六七岁的很会害羞的孩子，但却具有极充分的画家的素质，一看就可以知道他是一个有希望的美术青年。

其次是李，比较起梁的活泼敏捷的画才，那么李可说是沉着而稳健的。他对于艺术也有很强的理解力，在不断的研究之下，一天一天的显示着不同的进步。他永远是那样和平而可爱的笑容，但常常沉默地离群独处，像在思索着什么似的。

梅也是一个好学的青年，他的艺术的智能也不下于其他优秀的分子，他有精密的头脑和坚强的毅力，什么地方都不愿意落人之后。最初反对我最力的便是他，但到后来他也是和我最接近的一个。

刘，那个生长在上海的广东青年，具有一副顽强的体格，富有忍苦耐劳的力量。他对于艺术虽没有怎样大的天分，但爱好的热情比谁都丰富，在一群人里面，他常是一个兴趣的鼓励者，别人也把他当做一个领袖的样子，然而在作画上他常是追随在他人的后面。

苏、羽，他们也都是刻苦勤学的好青年，在他们的习作上也都显出有希望的画才，但他们大概受了不良环境的压迫，而形成营养不良的体质和阴郁寡言的性格，常是在默默的作画，而很少引起人注意的时候。

在这一班里，约莫有二十多个人，其间虽有智愚和勤惰之差，在程度上分出些高下，但大体可说是平均的。他们都有着南国青年特有的气质，活泼、好动、热情，而易于接受新的一切。自从我向他们说明了学院派画法的恶劣，要他们走上塞尚以后的新写实的步道，他们接着就常常问我现代画派的情形，因此从印象派以后直到现在的世界绘画的动态，就时常成为我谈话的主题，又拿了许多现代名家的画片给他们看，更引起了他们对于新艺术的兴趣，在他们天真的面上露出得到新的启示般的喜悦。那时候，他们的年龄都在十七八，而我是二十七八，我们大约相差十年的年龄，然而我和他们在一起的时候，就好像和他们一般年少的样子。

南方的天气常是那样的晴和而明朗，有时在晴朗的午后，也带了他们去作风景演习。校舍是在观音山麓，所以只要从后门出去，走上坡道，就可以直登山顶。那山上的路，已经改筑了宽广平坦的柏油路，到处在兴筑着纪念的建筑，很现出些明快的现代风。从山上远望过去，南面是繁荣的广州的市廛，向北却是莽莽的平原和远处起伏的连山，使我想起辽远的故乡。我们的一群为找寻作画的对象，总是跑遍了全山，有时还翻山过去一直走到十几里外的农村去。

最可纪念的是澳门的旅行了。那是那年的秋天，我们这一班同学，发起了旅行写生的盛举。我主张到澳门去，因为这被葡萄牙割据了三百多年的这南方的小港，我是憧憬得很久了，这里面有一两个澳门人更欢欣地附和了我。于是在一个秋晴的午后，我们十多个人一同趁了省澳快轮到澳门去了。

澳门之游果然没有使我失望，它给我以奇异的印象。这里一方面是赌博和人肉的市场，而其他的一面却是避世绝俗的桃源境。在沿海的码头附近，一条一条的小巷里，尽是赌窟和妓院，形成了嘈杂的市面，一到晚间，灯光灿烂，妖艳的少女招摇于夜的街头，管弦声和炮竹声更彻夜不断，真有点夜夜元宵的样子。然而一走到住宅区和游览区的地方，那种整洁的道路，古式的西洋建筑和到处浓绿茂密的树林，恍如到了风光明媚的南欧一般。我尤其欢喜的是沿海一带榕树林的地方，坐在那榕树下的石栏上，闲眺着海上出没的小岛和来往的渔舟，使人起缥缈的遐想。

我们白天在全澳的风景地带到处寻觅着画材，以茫茫无际的大海作为远景，在近处画着古风的西洋建筑物和南方的常绿树，配着几个西洋风的点景人物，是澳门风景画上的特征。在这种旅行中，我们完全忘了师生的界限，有时在山道上且行且歌，有时肚子饿了就围在小食担旁共食。到了晚上，伏在旅馆的洋台旁，俯视着市上的繁华的夜景，感到一种异样的趣味。这样大约经过了一个星期，大家才满载了画作回到学校里去。

南方的生活，使我渐渐的惯熟起来，似乎在那里可以作较久的旅居。但不幸的事情发生了，那是在第二年的春天，学校突然发生了驱逐校长和少数职员的风潮。这是因为那时的校长过于昏庸无能，而所用的几个职员又都是贪利的市侩之流，将学校的公款多数纳入自己的私囊，早已引起一部分教员和学生的不满，而到这年的春天爆发起来了，以罢课为手段，向当时的教育行政当局请求改组。而对方却拥有强力的背景，坚不示弱，以致形成僵持的局面。我是一个外江人，本来可以逍遥局外，但为了几个朋友的关系，也不得不转入旋涡之中。结果终于因了对方后援的坚强而胜利了，几个为首的学生被开除了，主动风潮的教员也被解职了。于是在那年暑假我也辞了职离开广州。

恰巧那时候有几个朋友在上海的江湾路创办了上海艺大，要我去帮忙，所以在那年的初秋，又回到上海来。这时梁、李、梅、刘，他们十多个人，都不愿意离开我，也和我一同到了上海来。

虽然环境是变化了，但对于研究的兴趣还是一贯的继续着，而且上海是全国文化的集中点，艺术的环境当然比较广州好得多，许多现代名家的作品，正在尽量的介绍进来，而为许多青年作家取法的模范，因此他们的作风更现出良好的倾向。但当时我为了生活的不安，不久又投奔到他处去，从此再不能像在广州时那样的和他们朝夕相叙了。等到“一·二八”沪战爆发之后，那学校便毁于炮火，而他们的一群也都风流云散了。

从此以后，我就再没有看到过他们，但他们之中也常有和我通信的，时间是这样残酷的播弄者，一年、二年之后，竟把这一群志趣相同的青年，送到完全不同的环境里去了。据传来的消息，梁自从回到广东之后，便和几个旧同学组织了一家广告公司，以商业美术家在南方的都市中立身了。梁的富有装饰趣味的作风，从事于广告画是很适宜的，而且以现在中国实用美术的落后的情形看来，这样的工作正是很重要的。但以他的优秀的画才，不能继续去作纯艺术的追求，实在太可惜了。

流浪儿的刘，他却走到军队中去做政治工作了，随着剿匪的军队，在南粤的各乡各县奔走着，最后竟在一个南海小岛上做了公安局长了。他虽然向我表示非常感慨和惭愧，但我为他着想，以他坚强的体格和耐苦的精神，做这种工作是最适宜的，何况在中国研究艺术的人太没有出路呢。

可怜的梅是少年夭死了。以他健康的体格是不至于早死的，但死神竟这样快的夺了他去。听说他的死的时候，还留下遗嘱给他的弟弟要他好好的把他的作品保存起来呢。在我的眼前，至今还可以浮现出一个圆黑的脸，矫健的身体，像是刚从乡下出来的憨直的青年的影子。

那时候，只有李还留在上海，度着孤独而苦闷的生活。有一次我遇到他，看他憔悴的面容和忧郁的神色，像是有着重大的思虑的样子。我问他为什么还不回去，他说："我是不愿意回去的。我要继续的研究下去，只是家庭不谅解我，现在正在办交涉呢。"

此后他为谋生也进过一家公司去画过广告，但不久又离开了，到南京进了中央大学的艺术科，再转学到上海美专的研究所，到处在寻求研究的机会，而他的作品，的确有着显著的进步，取了最正当的方向在迈步前进。后来终于得了家庭的谅解，给与经济的援助，而偿了他的夙愿，到日本留学去了。

东京的艺术环境的优越，有东方"美术之都"之称，那儿有千百的新老艺术家在活跃，美术展览会在到处继续不停的举行着，研究所、画具店、额缘[①]商、出版物，一切和艺术有关系的事业，都呈现出繁荣的状态。努力家的李在那样的环境里，他的飞跃的进展是可想而知的。

大约再过一年之后的秋天，有一天我偶然读到了从东京寄来的《朝日新闻》，内中有一段记载着当时正在举行的二科会美展的新闻。入选的作家中，李的名字也被列入了。为了对于这个中国的青年作家的赞意，特别用了大号字的标题加以夸奖，还将他的作品和照片刊载了出来的。

在日本的艺术界中，二科会是占着最高权威的，他们的青年作家，都以入选二科为登龙门之阶，足以荣夸乡里，称羡友辈，从此可以确固了画家的地位。二科每次展览会，出品者有数千人之多，而被入选的不过几十人，确是一件不容易的事情，而中国留学生的能被入选，尤其是难能可贵的。

李自己也很高兴，他特地写信来报告我入选的经过，而且意气洋洋地说了他自己的抱负和最近对于艺术的见解。他的作品的印刷物我也看到了，的确有使人刮目相见之概，他以新写实的基础作超现实的追求，而题材也具有充分的

---

① 编者注：即日语（がくぶち），镜框、画框之意。

现代性。

李的几年来的努力，可说是已得到相当的成就了，而且他仍旧在切实地、沉着地、踏着坚实的步伐前进，我真为他的前途欣幸。

但过了几天之后，我又接到了从广东寄来的羽的信，他的信里说："……到上海来继续升学是我几年来所抱的志愿，为了经费的筹划，不知道经了多少苦心，但到现在已完全失败了。我现在对于艺术的满腔热情已完全消失了，此后我怕再没有希望了吧……"

看了这愁苦的信，使我也难过得很，我实在想不出一句适当的话去安慰这个可怜而失败的青年。想起当初的一班同学，他们的智慧、学力都是不相上下的，而隔了几年之后，各人的情形竟相差到这样辽远，死的死了，改行的改行了，有的已在国外得到了荣誉，有的想求升学到上海来尚不可得。在许多研究艺术的青年中，被埋没了的天才不知道有多少，而成功的能有几人呢？

○ 原载于《青年界》1936 年第 9 卷第 5 期

苏曼殊之真面目

1937

——冯自由

同学苏曼殊圆寂后数年，生平友好以曼殊生前关于幼年身世，讳莫如深，因之怀疑莫释，群起为曼殊身世之探讨。甚且有摭拾曼殊所撰《日僧飞锡潮音跋》及说部《断鸿零雁记》，牵强武断为出自倭种。柳君亚子父子所编《曼殊全传》及《年谱》其最著者也。余与曼殊为总角交，且在日同砚三载，舍曼殊亲属而外，当以余所知为较详。

民十七，亚子以曼殊序拙著《三次革命军》有“总角同窗冯懋龙”之言，爰向余详叩曼殊幼年遗事，余举所知告之，更代函询曼殊姑父林君紫垣。林君向任天津中原公司经理，复书述曼殊本生父母及家庭状况綦详。亚子得之，始觉旧著臆断之非，因改撰新传，力证前失，而曼殊倭种之冤乃大白。然及今尚有人误信谬说，而辗转传诸海外者，是不可以无辩也。

顾余所知仅为曼殊披剃以前事实，至披剃以后，则余二人天各一方，晤对之机缘极少。民四，尝为拙著《三次革命军》作序，乃陈君树人代请。余时居美洲，事后始获知之。曼殊尚有一至亲姊婿杨姓名耀垣，亦横滨大同学校同学，现供职上海苏浙皖统税局。世有欲知曼殊家世者，不妨就杨君请益，谅可一一奉告。兹就余所记忆者依次笔述，更举世人对彼之疑团分别剖解，以见曼殊之真面目。

苏曼殊幼名子谷，无字，在本家及大同学校、早稻田大学、青年会（留学

界最初之革命团体）均用此名。其亲属及学友除此名外，余无所知。“元瑛”之号乃削发后添制，殆与“曼殊”二字同，非其本名也。亚子初根据曼殊所撰《潮音跋》及说部《断鸿零雁记》，遽定为始名宗之助，小字三郎。该说部固曼殊之一种游戏笔墨，不足为据。若认虚构为实录，则施耐庵可称宋江，曹雪芹可名宝玉，无是理也。至曼殊于披剃后自号元瑛，或谓其取义于《红楼梦》之神瑛侍者，斯言亦有可信，盖余尝见曼殊居东京时，向友借阅《红楼梦》，手不释卷，后有此称，其殆以摆脱尘缘之宝玉自命欤。

曼殊父名贾森，香山县人，在横滨山下町三十三番英茶商行任买办，性任侠，好施与。甲午中日之战，旅横滨华工多拟归国，而短于资斧，贾森辄解囊力助，人多德之。吾国侨日工商无论挈妇居日与否，大都好与日妇同居。此粤语谓之“包日本婆”，其初月给数元为报酬，久之感情日洽，形同配偶，生子后尤为密切，更无权利条件可言，亦无所谓嫁娶，特横滨唐人街之一种习惯而已。有使其本籍妻妾与日妇同寓者，亦有以一人而同时纳数日妇者，均能相安无事，绝少勃溪，远非吾国有妻妾之家庭所企及。贾森居日既久，自难免俗。曼殊之母，即从此种习惯而与贾森同居者也。母曰亚仙，贾森与其戚属咸以此称之。亚子谓其母姓河合，似亦语出说部，实无左证。亚仙生曼殊后十一年，

① 图注：民国三年邵翼如偕苏曼殊及居觉生伉俪于日本东京日比谷公园摄影。刊载于《建国月刊》1937年第16卷第2期。

而中日战起，贾森乃携曼殊母子返粤。逾四年，贾森家道中落，遂使母子东渡，依其亲属林氏以居，时曼殊年仅十四。某氏谓曼殊于十三岁前已披剃为僧，且通欧洲词学及英语，均不足信。

又，己亥（一八九九年）曼殊十六岁，在横滨大同学校读书时，教员陈荫农尝因某事语乙级学生曰：“汝等谁为相子（Ainoko）者举手？”于是举手者过半，曼殊亦其中之一人。日语“相子”即华语混血儿或杂种之谓。旅日华侨咸称华父日母之混血儿曰相子，曼殊固直认不讳。或者不察，妄断曼殊为日再醮妇之油瓶儿，岂不冤哉？

曼殊有族兄曰维翰，号墨斋，同肄业于横滨大同学校。曼殊负笈东京，墨斋亦专攻师范，故曼殊之于同辈亲属与墨斋为最昵。墨斋后返粤，数任教职，颇有声于学界，民元后以病身故。又其女兄适同邑杨耀垣。杨亦大同学校学生，现在上海统税局服务。又有姨父曰林北泉，姑父曰林紫垣，均在横滨经商。北泉以营业失利南游印度，现况不详。紫垣后任上海东亚旅馆经理，旋至天津创设中原公司。今日能详道曼殊家世者，仅林、杨二人耳。

曼殊十四岁前在何校读书，不详。十五岁时横滨华侨初设大同学校，余及曼殊均于开幕之日入学。校分甲、乙二级：甲级所授为中英文二科，乙级所授为中文一科。曼殊属乙级，与五、六、七舍弟同班。己亥余转学东京，曼殊至庚子（一九〇〇年）春始升学甲级，兼习英文，余戚李自重亦与同班。辛丑（一九〇一年）以其亲属林氏之助，与学友张文渭同入东京早稻田大学高等预科。因林氏只月助十元，仅敷下宿屋膳宿两费，乃刻苦自励，迁于最低廉之下宿屋，所食白饭和以石灰，日本最穷苦学生始居之。曼殊竟安之若素，不以为苦。每夜为省火油费，竟不燃灯。同寓者诘之，则应曰：“余之课本，日间即已熟读，燃灯奚为？”其勤俭有如此者。壬寅，林氏津贴忽告中断，曼殊大窘。适清公使汪大燮有许各省优秀学生改充公费生之举，曼殊赖横滨侨商保送，转学于振武学校（成城学校改名）习初级陆军，始得免于废学。是年冬，余因事归国，癸卯（一九〇三年）春始再东渡。时军国民教育会已告解散，曼殊告余谓已决计返粤有所活动。某氏记载谓曼殊十五岁在早稻田习政治三年，及十七岁在成城学校学陆军八月，多与年龄事实不符。证以余说，真相自白。

曼殊在大同学校二年，性质鲁钝，文理欠通，绝未显其头角。该校于文学上只间采用《昭明文选》之论文、书启为课本，于诗赋词章概未讲授，以故出身该校鲜有以文学见称者。曼殊转学东京刻苦攻读之年，正留学界翻译东籍风起云涌之日。苦学生稍通文理，即可译书自给。曼殊独以短于国学，既不能争雄士林，复无以取给学费，其困苦可知矣。然其作画之天才，则早已活现于大同学校时代。彼之绘术本无师授，间作小品馈其学友，下笔挺秀，见者咸为称异。彼与舍弟同级，余得其作品于舍弟，始知其能。及后同寓东京，则从未见其执笔作画。迨丙午（一九〇六年）《民报》特刊之《天讨》出世，所作《陈元孝题壁》及《石翼王饮马》二图，老练精工，有同名宿，令人惊叹不已，此才谓非出自天授不可也。考曼殊之用力于诗及古文辞，当在壬寅青年会成立以后。盖曼殊初至东京之一年，所往还者不过三数同乡学生，嗣加入青年会，渐与各省豪俊游，于是文思大进，一日千里。迨遁迹佛门，益旁通佛典，思想玄妙，迥非吴下阿蒙之比矣。其文字始见于上海《国民日日报》，寻而诗文并茂，名满天下。谁复知彼于大同学校时代固一混沌未凿之小儿耶？

曼殊于壬寅前，尚未萌革命思想，故支那亡国纪念会之发起，余未敢约其署名。及壬寅秋，叶澜、秦毓鎏、张继、董鸿祎、周宏业及余等取少年意大利之义发起组织青年会，宣言以实行民族主义为宗旨，发起人多属早稻田大学学生，余遂绍介曼殊入会，曼殊至为乐从。是为曼殊与革命团体发生关系之开始。翌年（癸卯）俄占东三省，青年会员及发起组织拒俄义勇队，留日学界蠭起和之，卒为清使馆干涉而止。时曼殊忽动归思，向余求一介绍书至香港见陈少白，余应之，曼殊莅港，下榻《中国日报》。其父贾森早年在乡已为曼殊聘妇，闻子归自日本，遂至港访之，且欲使其完娶。曼殊竟避而不见。少白以为天性凉薄，力劝其从父归乡，曼殊乃不告而行，莫知所往。数月后至港，则已削发为僧，易名曼殊矣。旋至上海与诸志士游。会《国民日日报》出版，乃在报中任撰小品文字。自是奔走苏州、长沙、芜湖、江宁各地，迭任教职，所往还者类多革命豪俊，江南陆军标统赵声其尤著者也。丙午复至东京，与章太炎及刘申叔夫妇同居。时《民报》增刊纪念号以“天讨”为名，属曼殊题画，曼殊因作《陈元孝题壁》及《石翼王饮马》二图以赠。刘申叔刊《天义报》，曼殊亦有作品。余至民元秋始重晤曼殊于上海《太平洋报》，计期不相见已九年矣。

①

曼殊少年轶事甚伙，除上述外，余都忘之。据亡友林广尘所谈，曼殊与刘申叔夫妇同寓东京牛込区新小川町时，偶患精神病。有一夜忽一丝不挂，赤身闯入刘室，手指洋油灯大骂，刘夫妇咸莫名其妙。又居沪时，如遇行囊稍丰，即喜居外国饭店，谓一月不住外国饭店，即觉身体不适。此种癖好，老兴中会员尤列亦有之。

民四，余在美国旧金山《民口》杂志有《三次革命军》之作，爰托陈君树人在东京印刷。时曼殊居日本，树人代余向之索序。曼殊特为题词，以志旧谊，录之如次：

冯君懋龙，余总角同窗也。少有成人之风，与郑君贯一齐名，人称双璧。会戊戌政变，中原鼎沸，贯一主持清议于粤五稔，一夕掷笔长叹曰："粤人多言而寡要，吾知其终无成也。"遂绝食而殒。君亦翩然遐征，与余不相见者十有余载（按：此语有误，实只九载），前年于海上遇之，正君仓皇去国之日。余方愿其有迈世之志，用释劳生。比日君自美利坚观巴拿马大会造游记以归，更有撰述，命余作序。余愀然告君曰："久病之人，终日解衣觅虱而外，岂能共君作老健语耶？君有澄清天下之志，人但谓广东人有生为乱，而不知君故克己笃学之人。若夫傅嘏所云志大心劳，能合虚誉者，斯无望已。

曼殊题

○ 原载于《逸经》1937 年第 21 期

① 图注：苏曼殊所画仕女。刊载于《东方杂志》1928 年第 25 卷第 20 期。

广州十三行

19-36

——陆丹林

十三行，本为十三洋行的简称。广州初期贩卖经理外国商品的中国商行，当时呼为外洋行，或洋行。现在广州市的十三行附近一带市街，如联兴、同文、靖远、同安、德兴、怡和等路，即当日十三行的名号。每号占地颇广，故后来辟为市街，也采用当时的商号来做街名。

谈到十三行的洋商，不得不要追溯广东和外国通商的历史。一五一七年（明正德十二年），葡人闍特里特（Fernas Perezd Andrade）偕卧亚（Goa）知事的代表，乘葡船四艘、马来船四艘航行到中国，碇泊在上川岛（即今之圣约翰），特派船两艘到广东请求互市。广州当局只许他在海面船上交易，不准在陆上设立行栈，这是欧洲货物在广州营销的起点。

过了四十年（一五五七年），葡人因为不能在陆上卖物，一切运输营业感着许多不便利，遂纳贿给澳门官吏，准他在荒岛建筑小屋，来干晒船货和贮藏货物。一六三五年（崇祯八年），英国的东印度公司商人到澳门，请求互市，葡人以他妨碍自己的商业，从中阻挠，两方就起了争执。澳门炮台给英舰炸毁，葡人于是申诉于广东政府。结果，依照葡人待遇的成例，英商便得出入于澳门，这是明朝通商的概略。

在一六八一年（康熙二十年），葡人每年缴纳二万四千两的代价，取得广东全省通商的专利权，别国人无从染指。一六八五年（康熙廿四年），清廷撤去海禁，英人和其他国商人才得络续到沿海各港通商，并定在广州、定海、漳州、云台山四处，设立税关，征收出入口货税。外船驶入广东的，只能泊在黄埔，另雇小艇，转运到广州城。外商常因税额的高低问题，和关吏发生争执，因此外来货船，每每在虎门外寄碇，听候解决。

一六八六年（康熙廿五年），明令减收广东海关征收洋船税额十分之二。一七一五年（康熙五十四年），英之东印度公司商民和广州官吏议定粤海关一种条约，内容是：

一，自由通商；二，自由雇用奴仆；三，自由采办食用及所需物品；四，非卖品等免税；五，得在海岸设幕屋修船桅等；六，船舶所属之小艇，经悬旗不受检查；七，管理货运人之写字桌及箱，不受检查；八，依章纳税外，不得再行赋课，如有留难情事，税关应加保护。

一七二〇年（康熙五十九年），广州商人组织一种对外的贸易机关，叫做"公行"，它的目的是专为协议出口货价和代中外商人纳税而设，就在货价里抽出若干作为佣金。

一七五四年（雍正十九年），粤督因为外商不满意公行的办法，特颁命令，制定商人保护制，于公行交易各事，加以限制，对于资本不充足的要停止它的营业，因此又影响外商的商业很大。

一七五七年（乾隆廿二年），清廷划定广州为唯一的通商口岸，其他定海、漳州、云台山三处，一律封禁。当时公行共有二十家，城里海南行有八家。至一七五九年（乾隆廿四年），洋商潘振成等九家，设立公行，端门办理外洋船舶入口的货税，叫做外洋行，另设本港行，专办理暹罗贡使和贸易纳税等事务。过了不久，把海南行改为福潮行，办理本省潮州和福建人的货税，这是外洋行和本港福潮行分开办理的经过。一七五九年的夏天，粤督李侍尧奏准管理外商章程，其重要之点是：一，外商在广州贸易每年限四十天，满期不得停留；二，外商须住居公行所备或自置之商馆中不准进城；三，不准携带家眷及武器；四，不准乘轿，及用中国仆妇；五，凡有事与官吏商酌，须具禀帖，交由公行代递，倘公行故意压抑，可到城门口托守城人员代递；六，不得乘舟游行江上，每月惟初八、十八、廿八三天得游玩于花园，但不得不带翻译，翻译随意雇请，但其雇主之外人，有不当行为时，翻译当负其责任；七，所有住商馆之外国人，不得不受公行员之指挥，以免受本地奸商之诳骗，与防止其他秘密买卖之事；八，公行不可负外人之债。

此章程施行之后，外商营业不得不靠公行来做介绍机关了。一七七〇年（乾隆三十五年），公行因受官厅的多方剥削榨取，破产的多家，并且拖欠外债和税金数十万两，粤督于是勒令解散公行，一面严行责成清偿所欠债务，这是公行一个转变。

到了一七八二年（乾隆四十七年），把广州商人重新组织对外贸易机关，还是叫做公行，从前的办法从事改良，它的特质如下：一，对于外国通商为唯一经理；二，对于政府命令，保证外人适当服从；三，代外商支付债务、罚款、税金及损失等费，关于上项之款，由外商预贮数万两于公行名为基金；四，公行提其赢利之一部储积，留为外商经济困难时或无力应付债务时，代为支付；五，外商可由本国付货至广州，托公行代卖；六，由公行内划出一部为未设商馆之外商驻宿，划出之部，亦名为商馆。

因此一来，中外商人情感较前和好，英、荷、法、美、瑞典、丹麦、西班牙和其他各国设商馆在广州的，计有十三家，统称为“十三行”。今日广州市的兴隆、联兴、德兴、正兴、源昌、晋源、怡和、同兴、宝顺等路街，都是那时商行的名称。当时又由十三家共同组织一公共机关，在美国商馆的北面做交际和会议的处所，等于今日的同业公会。但当时的人叫它做领事馆，推举英商的东印度公司做领袖。

《粤海关志》说：“清朝设关之初，欧州船舶之入市者仅二十余只，至则以牛酒劳之，主之者为互行，从明之习惯，名为‘十三行’。船长曰大班，次曰二班，得止宿于十三行，余则守船。明代有建屋于怀远驿以居洋人之制。”照此，则十三行又似为明代已经有了。

一八二二年（道光二年）夏历九月十八的晚间（这可以说是“九一八”的火劫），广州城第七甫有一商店失火。因为这几天正值秋风大起，消防工具又简单陈腐，火灾就顺着风势连烧三日三夜，烧毁市街七十多、里巷七百多、房舍一万两千多家，面积长有一里、横有七里，各外国商馆也连带波及，同付一炬。过了不久，外商从事建筑商行，继续营业，华商也在估衣街等纷纷建铺。外商鉴于祝融连烧惨状，要求华商建造铺宇要和十三行离开一条火路，免除有危险时候的牵连。此种无理要求，激动华商一致反抗。但外商恃他的财雄势大，向督署暗行贿赂，要用势力压逼。又值某督是贪鄙媚外的贱种，竟然收受贿赂，立即出了告示一道，强迫华商离开火路，商民迭请收回成命，某督均置之脑后。华商于是联请当时的著名状师刘华东（南海人，号三山，道光丙午举人）撰状，说明每字酬金一百元，全禀两百多字，计两万多元。给督署侦悉，又布告不收禀词。刘乃设法自行投递。一日，扮做劳动阶级中人，挟禀在衣袋里，跑到十三行贴告示处，随读随骂。告示旁边本有南海县兵守卫，干涉华商离开火路才许建筑的，见着刘肆口谩骂，且把告示弄污，于是捕刘归县查办，刘到县署，即在袋里递上一禀，禀云：

禀为轻华重夷事。窃商等以皇皇天朝，八方来贡，虽任商贩之交，仍有体制之别。城门故不准入，婚嫁亦不容通。华与夷来，三盘四诘；夷与华斗，一命二抵。久经奉行，未尝改易。不料壬午之火，天灾流行，遭祸遭凶。南连城西一带，尽成灰烬，见者伤心，闻者流泪。正在收之桑榆，适蒙大宪下颁，不得壁连夷馆，得毋欲保公司洋行之无虞耶？且至尊莫大于大宪，至重谁比于皇库，均有民居相连，未闻有火路相隔；何英商一馆，要与火路相间者，岂不是天朝之富，不比夷人贸易之居也！伏乞俛顺舆情，详禀宪台，收回成命，俾商等复业，有所依赖，实为德便，则永颂甘棠之德矣。

………

南海县令收着这禀，知道刘华东是不好惹的，遂详呈督署，某督也知道众怒难犯，因此任由华商建铺，取消火路了。

现在广州的外商洋行差不多完全集中在沙面，而十三行呢，也成为繁盛的市街，全是华商的店铺，没有洋商店铺的存在了。我们回想从前通商所议定粤海关条约和管理外商章程、公行办法等，而和今日的洋商在商埠自由营业及行动相较，只有一百多年的岁月，已有这样子的急剧变迁，沧海桑田，世事又谁能逆料呢！

廿五，四，六，迟红簃

○ 原载于《逸经》1936 年第 6 期

粤剧小论

1936

——易明

概　言

"天不怕，地不怕，只怕广东人打官话"，这是北方人嘲诮广东人打官话的语调。这些官话，是广东人特别所形成与应用，不是北平话，又非国语。这，尤其是广东戏剧中的一种最重要的语言。

说到广东的戏剧（是单指粤剧），可真使人感觉到茫然！它很富于堕性，而且还导诱人们复古和增加社会意识的藏昧。它是反现代戏剧特质的一种戏剧，它缺乏革命精神与兴奋精神。与其说这是中世纪社会底遗产，毋宁说是一个不进取民族意识的表现。

广东戏剧的类别

广东的戏剧，从地理上和族性繁殖的划分线里，约略形成了粤剧、潮州戏剧、海南戏剧和客人戏剧四种。客人与海南戏剧大致上和粤剧没有甚么差异，只是语言上的不同。那么，只是粤剧与潮州戏剧站在绝对不同的阵垒。

潮州戏剧有傀儡和演员两种。傀儡戏和粤剧中的傀儡戏也没有什么大不相同之处，粤剧中的傀儡戏，它的组织、场合、音乐只比较简单而已；潮州的傀儡戏和京剧中的傀儡戏没甚分别。而所谓演员的戏剧则根本异于粤剧，它的演员完全是用童男童女，其年龄很少超过十八岁。这在中国各地方的戏剧中是很特殊的。

①

粤剧的起源与演变的过程

潮州戏剧只是狭隘地方的戏剧，而且只有潮州人鉴赏，没有像粤剧的那样普遍的盛行。所以它不能代表广东戏剧的全面，它只是组构成广东戏剧的一个部门。客人与海南两种因为同属大同小异而共为一个体系的戏剧，也没特别赘述的必要。此地我们单从粤剧中作一个简略的研讨，或者由此而会认识到其他两方面戏剧的轮廓。

粤剧的起源，据《粤剧闲话》中所述："我粤剧的发生年代，远无可稽考，且清季习例，视剧员为最低贱的阶级人物，与娼、伶、蛋共种为'四不祥'的阶级。但粤剧流行于广东各地总有四百多年，其可考据的起源者约自唐玄宗时代始。"它的起源缺乏一个真确的剖白，但它的演变的过程又怎样呢？它的演变是外层的改换，而里质是一样地装满着封建的遗骸，换而言之，是关于剧本、曲调、配景、音乐等各种形式的改变而已！

把握住哪一个阶段作为它演变的起点呢？以辛亥革命为起的，在辛亥革命

① 图注：广东八和粤剧协会。刊载于《百美图》1939 年第 1 卷第 5 期。

以前，粤剧是带着了浓厚的帝皇色彩，所编演的剧本多以尊崇帝皇威严的依归，但鼎革以后，虽然从舞台上能够真得到民族解放的动象与革命的争斗，但封建思想仍笼罩在骨髓里。并且，由这辛亥革命而影响到粤剧的精神，因这思潮的冲荡而形成了矛盾的交错。这一种演变的开始，只不过是剧本精神的逐渐改变，但中间经过了二十多年的时代环境的影响，现代戏剧的熏煊，在这长时间不断地改变，而形成了目前的不伦不类的戏剧。

八和会馆与粤剧的组织

八和会馆是粤剧组织的核心，它是粤剧活动的策源地，它与粤剧有不可睽离的关连性。粤剧的组织大致以一年为一班（一个戏剧集团的单位），在每年六月则为新旧过渡的时期，其组织亦在这个期间中计划妥当，旧班解约了，演员分散了，于是便重新拉拢演员，改易班名，再来一个新集团的活动。那么，八和会馆就是策动这一切活动底最高机关。它负有组织新班的权责和介绍演员的义务，它是各分集团团员的护身符，并且，它是各分集团向外演戏的最先磋商的一个沟通负责者。说到它的组织，分班主（一个戏班的主人）、演员、管箱、（管理演员的戏服箱柜者）、管舱、杂役、伙夫、音乐员、配景员以及提场者（即导演）、编剧等。其人数的多寡，恒视其戏班的组织如何而定。普通而论，省港戏班（其演员的声色艺技多超过于落乡班）的组织，在从前恒在一百二十人以上，其箱底（即戏班的底价）常超出十万八万元。次如落乡班（其演员类多为二三等剧员）亦在七八十人间，但箱底则与省港戏班迥异了。

粤剧剧本的检讨

戏剧是表动作的文学，而这动作的轨范是要受剧本的支配。所以一个剧戏的成功与否，剧本是占很重要的成分。粤剧的戏本，大概可分历史的、社会的、爱情的三种。这三种虽则是形式有差异，但也有共同流通的气息，就是有一种刺激肉感与启发复古的东西在。

历史的戏剧占粤剧剧本中之七八，这原因是綦于编剧、剧员、舞台设备、观众知识薄弱种种困难。所以在任何一个粤剧剧本中，多有关于皇帝方面的表现。这固然是封建思想的袭占全部粤剧的骨髓，而广东民族性的爱好闲适（自然也有兴奋的、冒险的革命精神）也反映到粤剧上，使它无进展。在从前，粤剧中常有一个呆板的圈套，有固定剧情的结构，就是遭奸所害、出外流亡、遇仙学法、杀奸团圆和公子落难中状元、私订终身后花园一类的情节，但现代粤剧上仍旧是洗涤不尽这些机械的情节，只不过场合和配景等改换而已！

粤剧剧本中还有许多特质，如关于社会戏剧或爱情的，它对于时代的背景每每弄不清楚，如剧本中的故事是描表清朝乾隆皇下江南的经过，而乾隆皇所穿着的是二十世纪的时髦装束；表现出西施再宠于吴王时，她穿了巴黎最流行的摩登衣服，此外还有不胜枚举的谬误。这是剧戏失败的一个大原因！

说到剧情，除了将旧日的剧本加以润饰而渗进了时代思潮的片断外，对于提倡复古——孤忠守节（这不是反对中国有道德的美点）、迷信听天的种种观念，绝对没有科学精神的熔冶与现世纪民族生存的要义。可以说，粤剧是代表广东一部分醉生梦死的人们的意识，是反映着广东社会一部分淫逸的表征。

粤剧的音乐与配景

服装、音乐、配景与戏剧有很深的关系。鼎革前，粤剧多采用历史的剧本，所以服装也自然带了古代的遗风。配景则不用，民国元年以后，京剧盛行之配景，以增加舞台的美化，然后影响到粤剧。关于粤剧最先采用配景的是民国十年寰球乐班的一幕《嫦娥奔月》（这是模仿梅兰芳的），以后遂形成为舞台上不可缺少的条件。服装呢，也跟随着潮流在改变了。那么，音乐的增加了梵雅铃、宾佐等的西乐更不是稀奇的事了。

①

① 图注：粤剧名伶薛觉先之花旦扮相。刊载于《良友》1931 年第 64 期。

粤剧的演员与地方风俗的关系

北方人是“听”戏，广东人是“睇”戏，这是南北戏剧不同的划分线。那么，粤剧的演员是怎样的？他与地方风俗有甚么关系？

粤剧的演员，在前清时代是给社会认为最可耻的一种职业，可是，后来这些耻辱的烙印，已给一般追伶迷者的热捧便轻轻地抹杀过去。到了目前，伶人在社会上差不多酿成一个特殊的阶级了。这是从他们的职业加以说明。他们的品德，可就用不着掩饰了，有许多人度着极端浪漫的生活（也有些是例外），甚至因此招杀身之祸（如李少帆、朱次伯）！这么一来，增加了社会的弱点，养成了淫风。可是，剧本的侧重于淫亵的描写也是罪有应得的！

没落了的粤剧

粤剧的没落，是社会蒙昧意识觉悟的象征吗？不！它是一方面受中国整个经济衰落的影响，而另一方面受着电影的摧残，以致造成现代极度衰落的局面。

粤剧腾盛时代，班数约一百班左右，吃这行的饭约有三千多人。但自民国十七年起（据八和会馆报告），便逐年减少，迄今只剩十多班。所解散的伶人既没班以维持生计，平日染上了烟赌种种不良嗜好又没能改营别样的生活，那么，失业便成为目前粤剧衰落中一个严重的问题。从前，除掉了几班在省港澳各都市表演外，其余都赴四乡去。如今，各乡治安虽则是安静，但农村经济的衰落已没能再雇戏班了，而省港各地更因为电影的廉价竞争，粤剧受着这两重致命伤的锥击，怎能不没落呢？

所谓改善粤剧运动的批判

广东省当局，年来鉴于粤剧类多导人迷信及助长社会淫风，非彻底改善不可！于是由社会局、公安局合组广州市戏剧电影歌曲审查委员会，负责改善粤剧，广东省立民众教育馆又有征求富有民族革命精神的粤剧剧本之举。这些，都是一种图谋改善粤剧的办法。而八和会馆与现存的戏班亦受着这种恐怖现实的压迫，也嚷着粤剧改善的口号。这两年来，所谓改善粤剧运动，究有甚么成效？这是值得研究的问题，当局的审查是消极的改善，我暂且不批评，进而要将粤剧本身的觉悟加以解剖。

他们所提出改善的有:(1)剧员的裁减，多采用基本之演员;(2)编剧本时要侧重于革命的情绪;(3)经费的节流，几种。除一和三两项无关重要外，第二项所谓改善剧本在甚么地方？这也不过是换汤不换药的把戏，在现代的所改善剧本如《佳偶兵戎》《泣荆花》《贼王子》等中，除掉了看到舞台上多了一些新颖的配景与剧员的半带西化的服装外，剧情何曾有逃脱出旧剧呆板的樊篱？所以所谓改善运动，像这样不根本改变过来，谈不到所谓改善。

怎样到粤剧复兴之路

粤剧没适合时代的需要，这是能推翻的论调，那粤剧的改变又是怎样的？

(1)剧本须以提挈起民族革命的意识为依归;

(2)洗涤过封建思想的余渣，充实以现代思潮的灌输;

(3)剧员须受严格的训练，洁身自爱;

(4)改善舞台上简陋的配景。

这些曲高和寡的调子，是很难使它在目前在衰落中的粤剧本身里长植起来的，而且着实地照样改善过来，又未谂对于改善有甚么成效？不过，这是个人的浅见。粤剧是应该从速改变固有的型模，而进到现代戏剧的途径上了！

民国二十五年三月八日脱稿自广州河南小港

○ 原载于《文艺月刊》1936 年第 8 卷第 6 期

广东禁赌记

1937

——英弟

西南割据局面打破了以后，全国快要统一。广东的一切自然跟别的省市一个样，在中央政府施政下“改善起来”。可是广东到底是广东，有点儿什么的与别不同。比方说禁赌吧，就跟其他地方不一样了。

广东的赌，真是说不清。要说起来，一句话，就是别个地方的赌好禁，惟有广东的赌难禁。大言之，北伐成功，得力于赌者固不少；小言之，地方治安有赖于赌者亦甚多。盖赌能筹饷，多而且稳；赌能容纳失业群众，广大而又普遍也。

从来广东禁赌未有不失败的，随禁随开，数见不鲜。这一次禁赌，禁得绝对，有计划，“步伐整齐”。何谓绝对？就是逢赌必禁，连卫生麻将及国际玩意的扑克也在禁止之列。说到计划，可真真的算是周到：

其始，着实的宣传一次。先是挂布招，贴标语，派人到公共场所演讲，无线电播音，省主席每日对记者表示禁赌之决心。这个时候，很多人以为不过如此，未免一笑置之，赌徒固未放在心上也。

到了限期将届，又由警察按户派给禁赌条例，公共赌馆先期奉令结束，制造或租赁麻将的商店奉令改业，交出赌具焚毁，茶楼酒馆同业公会第七次上呈被斥。这一来，广东人开始着急，然犹以为尚有转圜余地也。

及限期既届，政府有关系的各机关步伐整齐，其中宪警同时出动。第一天，抓了几个倒霉的小卒回去，故意多走几条街，哗啦哗啦的边行边闹，藉以示警。小市民一见，情知这次非同小可，可不是，真的抓人来啦！第二天的报纸，把赌犯姓名年籍通登了出来，说是申斥释放。接着警察局什么的再出布告，宽限三天，声明这次限期一满，可真要坐牢子了。这三天，广州家家户户雀声盈耳，多是三昼连宵，一点儿不含糊。

好了，再限的时间又到，军警果然真的抓人，听说警察局长还亲自率领高级警察抓了好几个特殊阶级回来重办。报纸是每天登载赌犯的新闻，轻者拘留，重者处徒刑，未见有罚款释放者，雷厉风行，真了不得。

原来吗，这次禁赌，订下条例，既严且辣：不罚钱，只限死刑和徒刑任选一种。这一来，可把广东人苦死！咱们广东人的铁律是“宁可扔钱，不能扔面子”，如果犯赌的人，罚钱可了，我相信禁也就等于不禁。

禁赌之中，番摊什么的禁了倒不大影响，惟有禁麻将这一项真是苦了咱们广东人。听说绝对禁麻将全国尚未施行，这一趟又轮到了广东来提倡，真是“革命策源地”一点儿不落后。

麻将之在广东妇孺皆懂，而且玩的时候又不大卫生，习惯是起码的来一个一千六百公尺中距离竞赛，而马拉松竞赛嗜好者亦众，大概禁之在兹，令广东人叫苦的也在兹了。

然而，话虽如此，究竟成效尚未大见，问题却在“如何令广东人守法，不别出花样？”君不见，硬赌具禁了以后，纸做的玩意儿却发明了很多，就纸麻将一种而论，已出至第四十版。扑克也颇通行，以其无声而且是国际游戏，万一警察来了，从容改玩钓鱼什么的不可以？也有些房子大的，把大门锁起来，用毡子铺在台上叉哑牌，也聊胜于无。而更有埠际比赛者，真可说是才至此尽矣。

查广州与香港，汽船七小时可达，每日上午八时与下午十时，两地均有汽船二三对开，平日已很便利。一般公务员先生，利用此种特殊地利，竭力提倡埠际竞赛。其法如下：

星期六下午五时从办公处出来，各自回家，到了晚上十时便在某船之大餐间集合，一行四众，彼此均作会心的微笑。轮船出了虎门，放桌子开始，上岸后入酒店继续，星期日晚上原船返广州（在船上依然继续比赛）。第二天星期一早上六时抵埠，上岸喝早茶后，搭巴士返办公处出席纪念周，第一个最早！

依此以观，广东的赌岂不是很难禁绝？这个，可就难说了。

○ 原载于《宇宙风》1937 年第 38 期

广州电影事业 1937

——山石

广州之有电影，大约远在三十多年前了，那时正是日俄战争之后，日本胜利了，摄得大批的胜利影片，以宣扬赞美他的英雄主义和武士道，所以日俄大战的影片便得意地到广州来。始初放演的地点，系在西关第十甫姓易的大屋里，一切的办理都是日本人，放演的多是这类日俄大战的片子，大约资本也是日本人的罢。那时设备自然简陋，然而也有些声片的模样了，原来当演出发炮的时候，便击鼓；发机关枪的时候，便摇着盛了沙子的火水箱来回应。表演虽是简陋，而观众则异常挤拥，并且入场费是颇可以的，最少也收三角钱，连抱着的小孩也不能例外，听说那时放影的人赚了大钱。

继此而兴起的，有西濠口石公祠的宣讲所，十分甫的民智、广州等，所演的多是长片，并且喜欢以武侠、侦探作剧情，每一套片总有三四十幕，两幕为一集，每次开映两集，逢星期二五或三六便更换一次。但是这类片子的被欢迎，其好处就是含有下流兴味罢。为了画院的增加，画片也较为普遍，入场费也没有以前那样的高昂了，听说亦赚钱。“生鬼太”“奇士通”，在那时看过的人，至今还能道及，也可见其印象人人之深，至于“神经六”[1]“差利[2]”和“不知

① 编者注：粤人称呼好莱坞影星罗克为“神经六”。
② 编者注：“差利”即查理·卓别麟。

其为何许人”也兴过些时，又“哈地[1]”“罗路”，也就是这时期的趋时货色了。

从电影的发展，又转入而为竞争了，那时便产了设备较完妥，而且似乎进步一点的南关和明珠两影院，那两院所演的画多系了短片的，如《喜莲女士》之类。明珠风味是另具一格的，较之别家似乎伟大庄严一点。当片里演出接吻的时候，“支支”随着唱和的声音是没有的，秩序也比较的好，因而声势营业均在各家之上，当时执了画院界的牛耳。初到广州的名片，如《赖婚》《二孤女》《过彼山》《倍格达之贼》《宾虚》等，那时就是在该院开演了，并且赚过很可以的金钱，因此引出许多的同业来，国民、永汉、中华、模范、中国便是那时的产儿，后来还时有增加。到了现在之过去，统计全市影画院凡二十余间，新华、新国民、西堤、中国、模范、长寿、大德、明珠、天星、中华、中兴、中山、一新、永汉、南关、金声、明星、新星这二十间画院，据调查所得，合计从业员达四百余人，可见这门事业销纳人数也在不少了。

南關影画院　院址廣州永漢南路　專映高尚有聲名片

廣州最先裝置全球最完美之西電有聲片放映機[2]

在这多量的影画院中，明珠已失败而且关门了，当中执影画牛耳的是谁？也懒得说给你知罢。不过影院是有“头手院”和“二手院”之分的，从这里也大略可以分辨出来。有钱的，看见电影事业是可以投机的，因而投资开设；政府看见电影之发展，于是增加了相当的税捐，由是而影业之衰落也跟着来了。六七年来，所谓“头手院”缴纳饷项的数目，约由三百元改为八百元，有了二倍至三倍的增加，另外还有娱乐捐、印花、营产税及临时特别的什么捐的负担。院数的增加，出片者的供给不敷支配而竞买（按：广州的画院所演片子的收入，多是和出品者分占的。普通片是版者占三，画院占七；次的，出版者占二、五，好的占四，因各家营业盛衰，比率是没有一定的），然而竞买也是不容易的，因为市民受过不景气的洗礼，轻易不会花费，所以放演一张片之前，又

① 编者注：“哈地”为美国滑稽明星劳莱·哈地，曾主演《从军歌》《丘八大炮》。

② 图注：广州南关影画院广告。刊载于《影戏杂志》1930 年第 1 卷第 9 期。

要在报章宣传，或路墙上高竖广告画，以那些香艳、奇情、肉感、歌舞以及战争的文字或图画来吸引观众，有时还要大登广告，说甚么“空前绝后，轰天动地”等字样，他们实在也具一番苦心了。听说他们这笔广告费，着实花耗不少，有的每日要花百多块钱，去占报纸上一个重要的广告位，其支销也可想见了。

还有半票的损失，勉强要装上一副满不在乎的样子。如遇着军政界人物，或是什么典礼，各院多有大卖其半票的，甚至要报效的，这虽是招徕的手腕，然未尝不是衰落的现象。

据该行的朋友说，声片未到广州之前，中华几乎受着衰落的影响而倒闭，后来正牌的声片在南关演出颇可获利，经这一度兴奋之后，中华也乘时开演声片，这一来，幸而演了一张《璇宫艳史》，挽回了闭门的厄运，可是经了这一度之后，而生气又逐渐少了，过去数年以至现在的局面，似乎已有难言之隐了。近来所谓“头手院”中之新华，还算顶得住，“二手院”如天星，听说也有小小的赢余，其余的，都不大恭喜了。至于天星为什么会赚钱呢？因为不是“头手”之故，饷项较轻，懒去做伟大的宣传，皮费较少，位置又适中，票价颇低廉，这就是它赚钱的原因罢。

新华呢？是后起的，院厢宏敞，建筑比较进步，位置又是惠爱中路，很不错的。不过新华之所以鼎盛，国片也许有相当的帮助罢。那时，国片可算是复兴时期，代表的作品如《三个摩登女性》《城市之夜》《都会的早晨》……多是新华先得了影权，演出时观众之多，真有使老闾笑逐颜开之势。新张开始，有了这一回的精彩，既得了不少的观众信仰，而又得影片公司信任，因此续出的所谓进步国片，百分之八十都交给他开演。前年四大名片中之《姊妹花》《渔光曲》《女人》《美高梅》，都在那里先见我们的市民。

本来国片在广州不是现在的事，从前便已有过了，始初的似乎是《秋香闹学》《瓦鬼还魂》之类，不过演出的幼稚简陋，实在令人可笑，然而总胜过看“罗路”“哈地”罢。继起的又有较进步的，如《松柏缘》《空谷兰》《新人的家庭》等。

经了这个时期，从前所谓国片便衰落了，后来我们所见的，只有《珍珠塔》《猪八戒招亲》《盘丝洞》。其颇呈伟观的，要算《火烧红莲寺》，但这片多至二十集，后来又不能再续下去，为的是过于“神怪”而被禁。但这类片子，颇适合那不甚讲究艺术的人们脾胃，影院以有利可图，虽禁也有用种种方法而开映的，不过这是从前的国片，大不如现在的进步了。我们看过《故都春梦》《野草闲花》，以反“人道”，后来的有《自由之花》《野玫瑰》《三个摩登女性》《城市之夜》和《都会的早晨》，和过去不久的《渔光曲》《姊妹花》《女人》《欢喜冤家》《神女》《女儿经》，自然明白了。

总之，广州可算是外国片的大敌，也可说是国片的介绍所。不过这种画片虽不是外国片，但仍是外地片，不是广州的产品，看来广州影艺之简陋，也不能否认了。你想想，号称百万人口的城市，而又是南中国的文化、商业中心的广州，电影院的常设馆仅及二十间，平均每日每家的看客不上五百人，合计没有一万人。虽最近当局禁了麻雀，人民消遣无方的时候，会跑向影场去，人数或许较前增加，但比较美利坚的每周电影看客人数照人口比率百分之四十五（这是十年前的调查，后来是很有进步）又何止小巫见大巫呢。广州影艺之程度怎样？于此也有相当了然罢。

只谈外来的片子，本地的出品没有讲及，恐怕是太抹煞广州了。其实广州也有本地片，从前有过民新、钻石、天南等几家制片公司，有过《小循环》《孤儿脱险记》《名教罪人》等出品，后来卷入了国片衰落的漩涡，遂无声无息的终了。

近几年前，国片复兴了，广州的制片公司也就有了紫微、合众、现代、艺联、华艺、亚洲等乘势而起了，《无敌情魔》《炮轰五指山》《苗山艳史》《璇宫金粉狱》《摩登泪》《裂痕》《铁马贞禽》便是他们的产儿，但是获利的很少，如果你想认识这等公司所摄的片子，那么开演时片上有“某某影业公司”的牌子，便是公司的唯一符号了。据说各家公司开设的资本，每间至多约一万元，甚至要戏院交预约款项才能拍摄，演员既没有相当的训练，剧本只有编剧先生说是得意之作，导演的手法只有导演先生自己说是高明，而且光线又是灰色呢。总之，人才、钱财都没有相当的把握，其失败实在是意中事吧。最近之过去，又有过粤语和粤剧的片子，可惜没有成绩，钱也赚不到。《白金龙》是粤语的，又是粤剧《白金龙》的改作，钱是赚了不少，那恐怕是以粤剧红员做主角之故罢，那是上海拍回来的，还不算是广州的产品。

唐滌生監製・楊工良導演

珠聯璧合

白雲・鄭孟霞・盧敦・領銜主演

合衆影業公司出品 ①

但据一九三四年广州的银坛，有几个很好的报告：

（一）如张雨苍独资创办之南中国影片公司，曾映过《广州小姐》等片，颇得一时声誉；

（二）如联华港厂开拍之《昨日之歌》，与《大傻》等片；

（三）全球公司之《野花香》《回首当年》《红伶歌女》《两亲家》等片，皆有时誉；

（四）天一公司《哥哥我负你》《紫微花对紫薇郎》；

（五）如振业公司之《冷热人心》；

（六）如某公司主演之广东民间故事《梁天来告御状》声片、《母亲的情人》等片；

（七）如现代公司之兽片。

一九三四年以至现在，广州的银坛真是热闹得很。可是影片公司的出产虽是热热烈烈，而当时政府的提防也确是严辣，从前社会局本来有一戏剧歌曲影画课审查委员会，这个会的审查进行，向来经审查后便发给许可证，由各该院自行开演。后来又以这种办法不甚周密，由委员会设备影场，饬令各映片商人报请审查时，携片到会，方予审查。经了这一度的限制，而各影片公司为着功令减却很多高兴。

近年来，因国产影片改变作风，剧情意识颇含刺激而又能迎合一般人心理，尤其是青年学生。真的，那时所产的图片如《三个摩登女性》《渔光曲》《都会的早晨》以及《狂流》《姊妹花》之类，确是描写一般现象。此类画片在广

① 图注：合众影业公司《珠联璧合》影片广告。刊载于《中国电影》1946 年第 3 期。

州，确是卖座非常，据说影片公司赚一批大钱。可是这类影片，不久却又软弱了，原因怕就是来来去去都是相类似的事情，看得多的人便觉得腻了，所以卖座便稍衰。

据有经验者谈，广州人看电影约莫可分几类：如趣味较高的始终爱看西片，比较更有意思的则文学作品改编的如《摩洛哥》《忠节难全》《城市之光》《真十字军征束》《仲夏夜之梦》《摩登时代》《自由万岁》等。较为次一点，而有热情的观众，又爱看国产片，即所谓“国产名片”，《渔光曲》《狂流》《桃李趣》《新女性》便是他们的对象。意识较深而可称优秀工作的《都市风光》图片，反而不能卖座。知识较低的便始终爱看那怪诞无稽的如《火烧红莲寺》《女镖师》等。还有的绝无目的，有戏便看。又有的纯以娱乐为目的，自然要看那粉腿如林、绮艳可醉的，如《草青春暖》《奇异酒吧》，或西方的马骝精[1]人猿泰山的《真野人记》《续真野人记》等。

除了这样，就一般而论，好看粤语片，故粤语片也颇流行。而以制粤语片赚过广东法币的天一公司，尤能因应环境。但近年来天一因为纯以营利而不问其他，大为同业所猜忌，不久而天一公司港厂不幸竟遭了祝融光顾，因而发展稍差。可是粤语片已热闹得非常，几乎有取国片地位而代之之势。原来粤语片系将粤剧与电影熔冶于一炉，如《毒玫瑰》《乡下佬游埠》《火烧阿房宫》等作品就是。依我看来，殊不觉得所谓兴味，而且免不了敷会，单就《火烧阿房宫》

[2]

---

① 编者注：马骝精即孙悟空。

② 图注：天一公司摄影前的布景。刊载于《大众画报》1934 年第 6 期。

一片来说，宫中的人居然说起粤语，任何略有知识的人也曾生有反感。但是观众们多不留意这点罢。

现在这类公司，已如雨后春笋，大抵因为轻而易举，一万八千可以制就，而又可以获厚利之故罢。但其中好的如现代、广州、紫微、玫瑰……此外也有不好的，也有出过一张画便罢手的，甚至有的计划有了，演员有了，而片子依然“胎死腹中”的。

现在，政权统一了，听说中央行将严禁粤语片放映，期限就是廿六年二月一日。这无异就是各粤语制片公司的催命符！

广州的影业大概是这样，在广州看影画的人虽比不上美国，但广州究竟是繁华的地方，看影画的人也不算少，况且自从当局厉行新生活运动以来，因为麻雀有禁，消遣无方，是以近来影场人数激增。你看每日到了晚上七时许，影场门外购票者之挤拥，以及门前之车马水龙，也可以窥见一斑了。

不过依我所见，广州影场数目之多比不上上海，其设备之周密比不上南京，南京之新都、首都等影院有冷气有暖气。虽然广州之金声影院也有冷气的设施，但总欠完备。我还记得去年在南京遇了天气炎热到不堪的时候，每日几乎例花数角钱去看影画藉以避暑，及今想来，犹有余兴。

然而广州自有广州的好处，你看那红男绿女，乘着汽车到影场去，看完影画，再到飧馆。你又看看那淡装短束的女氏们，有人说是佣妇，但这类佣妇往往拖着一位油头粉面的青年学生，那时见了，管教你会疑到黑幕之内又有黑幕，其实就是黑幕重重罢。

○ 原载于《社会科学》1937年第5期

我幼时求学的经过

1938

——陈衡哲[1]

进学校的一件事，在三十年前——正当前清的末年——是一个破天荒，尤其是在那时女孩子的身命上。我是我家中第一个进学校的人，故所需要的努力更是特别的大。虽然后来在上海所进的学校绝对不曾于我有什么益处，但饮水思源，我的能免于成为一个官场里的候补少奶奶，因此终能获得出洋读书的机会，却不能不说是靠了这进学校的一点努力。而使我怀此进学校的愿望者，却是我的舅父武进庄思缄先生。

我的这位舅父是我尊亲中最宠爱我的一位。大约在我五六岁的时候，舅父便同了舅母和表兄表弟到广西去做官。但因为外祖母是住在武进原籍的，所以舅父也常常回到家来看望她。那时我家已把自己的大房子出赁了，搬到外祖母家的一所西院中去住着。

每逢舅舅回家省亲的时候，我总是一清早便起身，央求母亲让我去看舅舅。舅舅向来是喜欢睡晚觉的，我走到外祖母家时，总是向外祖母匆匆的问了安，便一口气跑到舅舅的房里去。舅舅总是躺在床上，拍拍床沿，叫我坐下来。

“今天我再给你讲点什么呢？”舅舅常是这样说，因为他是最喜欢把他的思

① 编者注：陈衡哲，笔名莎菲，湖南衡山人，1914 年考取清华留美学额赴美，先后在美国瓦萨学院、芝加哥大学学习西洋史、西洋文学，分获学士、硕士学位。先后任职北京大学、商务印书馆、国立东南大学、四川大学。著有《小雨点》《衡哲散文集》《文艺复兴史》《西洋史》《一个中国女人的自传》等作品。

想和观察讲给我听的。那时他做官的地方已经由广西改到广东。广东省城是一个通商大口岸，它给他很多机会看见欧美的文化，尤其是在医学方面。那时他很佩服西洋的科学和文化，更佩服那些到中国来服务的美国女子。他常常把他看见的西洋医院、学校和各种近代文化的生活情形说给我听。最后的一句话，总是："你是一个有志气的女孩子，你应该努力的去学西洋的独立女子。"

我是一个最容易受感动的孩子，听到舅舅的最后一句话，常常是心跑到腔里，热泪跑到眼里。我问他："我怎样方能学像她们呢？"舅舅总是说："进学校呀！在广东省城里有一个女医学校，你应该去学医，你愿意跟我去学医么？"

有时舅舅给我所讲的，是怎样地球是圆的，怎样美国是在我们的脚底下，怎样从我们的眼睛看下去，他们都是脚上头下的倒走着的！又怎样在我们站立的地方挖一个洞，挖着挖着，就可以跑到美国去了。有时他讲的，是中国以外的世界，世界上有什么国什么国。我常常是睁大了眼睛，张开了嘴听他讲话，又惊奇，又佩服。他见到我这个情形，便笑着说我是少见多怪。但在实际上，恐怕他心里是很高兴有这样一个忠诚的听者的。有时我又问他："舅舅怎能知道这么多？"他便说："你以为我知道的事情多吗？我和欧美的有学问的人比起来，恐怕还差得远呢。"他又对我说，他希望我将来能得到他没有机会得到的学问——对于现代世界的了解，对于科学救人的知识，对于妇女新使命的认识等等。

"胜过舅舅吗？"天下哪有此事？我就在梦中也不敢作此妄想呵！但舅舅却说："胜过我们算什么？一个人必须能胜过他的父母尊长，方是有出息。没有出息的人才要跟着他父母尊长的脚步走。"这类的说话，在当时真可以说是思想革命，它在我心灵上所产生的影响该是怎样的深刻！

我们这样的讲着讲着，常常直到外祖母叫舅舅起身吃早饭，方始停止。可是明天一早，我等不到天亮，又跑到舅舅那里去听他讲话了。这样，舅舅回家一次，我要进学校的念头便加深一层，后来竟成为我那时生命中的唯一梦想。

在我十三岁的那一年，我父亲被抽签到西南的一个省份去做官。我因为那地方来得僻远，去了恐走不出来，又因进学校的希望太热烈，便要求母亲，让我不到父亲那里去，却跟着舅舅到广东进学校去。那时父亲已经一个人先到做官的地方去了，母亲正在收拾行李，预备全家动身。她是一位贤明的母亲，知道我有上进的志愿，又知道舅舅爱我，舅母也是一位最慈爱的长者，故并不怎么反对。可是，又因为我年纪太小，又不怎么赞成我离开她。每当我要求她让我跟舅舅到广东去的时候，她总是说："让我想想看，慢慢的再说吧。"

那年秋天，舅父回来省亲之后，又要回到广东去了。临走的那一天，我跟着母亲送他到外祖母家的大门外，我说："请给舅母请安。"

舅舅说："你不是要到广东去吗？你自己亲身去请安吧。"

我回头问母亲："我真的能到广东去么？"

母亲说："你自己想想能吗？"

我："能！"

我对舅舅说："我一定亲身到广东去给舅母请安。"

舅舅说："这是你自己说的啊，一个有志气的孩子，说了话是要作准的。"

我说："一定作准。"说完了这句话，我全身的热血都沸腾起来了，眼泪像潮水一般的流了下来。我立刻跑回到自己的卧室去，伏在桌子上哭了一大场。这哭是为着快乐呢，还是惊惧，自己也不知道。但现在想起来，大概是因为这个决议太重要了，太使我像一个成年的人了，它在一个不曾经过情感大冲动的稚弱心灵上，将发生怎样巨大的震荡呵！孩子们受到了这样的震荡，除了哭一场之外，还有什么别的方法呢？

就在那年的冬天，母亲同着我们一群孩子，离开了常州，先到上海。那时我们有一家亲戚正要到广东去，母亲便决定叫我跟着他们到舅舅家里去。在上海住了几天，母亲同着弟妹们上了长江的轮船，一直到父亲做官的地方去，我也跟着母亲上了船，坐在她的房舱内。母亲含着眼泪对我说："你是一个有上进心的孩子，将来当然有成就。不过，你究竟还是一个小孩子呵！到了广东之后，一切要听舅父舅母的话，一切要小心，至少每个星期要给我和父亲写一封信来，好叫我放心。"我不待母亲说完，已经哭得转不过气来。母亲见了这个情形，便说："你若是愿意改变计划，仍旧跟我到父亲那里去，现在还来得及，轮船要到明天一早才开呵。"

现在回想起来，那时我心中的为难一定是很大的。可是对于这心灵上自相冲突的痕迹，现在却一点也记不得了。所记得的，是不知怎样的下了一个仍旧离开母亲的决心，一面哭泣着向母亲磕了一个头，一面糊里糊涂的跟着我的亲戚，仍旧回到那个小客栈里去。回去之后，整整的哭了一晚，后悔自己不曾听着母亲的话，仍旧跟着她去，但似乎又有一种力量，叫我前进，叫我去追求我的梦想。

舅母是我自小便认识的，因她和母亲的友好，我们和她都很亲热。但是，一位从前常常和我一同游玩的表兄和一位比我小两三岁的表弟，现在却都死了。我到广东的时候，舅舅的家庭中是有了三位我不曾见过的表妹和表弟，故我便做了他们的大姊姊。其中最大的一个是二小姐，下人们便把我叫做“大二小姐”（因为我自己也是行二），而他们三人也都叫我做“大二姊”。这一个称呼，看上去似乎无关轻重，实际上却代表了这个家庭对于我的亲爱。我不是表姊，而是两个二姊中的大的，这分明是舅父舅母把我当做自己的女儿看待了。这对于一个刚刚离开母亲的十三岁的女孩子，是给了多大的温情与安慰呵！至今舅母家的下人们，还是把我叫做“大二小姐”，表弟表妹们也仍旧把我叫做“大二姊”。而我每听到这个称呼时，也总要立刻回想到幼年在舅舅家住着时，所得到的那一段温情与亲爱。

因为这三位表弟妹都是生在广西的，舅母家的下人说的又都是桂林话，而小表弟的奶妈说的又是桂林化的湖南话，故我最初学习的第二方言便是桂化的国语。至今在我的蓝青官话中，常常还带有一点西南省份的口音，便是由于这个缘故。

我到广东不久，便央求舅母到医学校去报名。虽然在我的心中，我知道自己是绝对不喜欢学医的，但除了那个医学校之外，还有什么别的学校可进呢？有一个学校可进，不总比不进学校好一点吗？可是，自我到了广东之后，舅舅对于我进学校的一件事——他从前最热心的一件事——现在却不提起了。等我对他说起的时候，他却总是这样的回答：“我看恐怕太小了一点，过了一年再说好不好？在此一年之内，我可以自己教你读书。你要晓得，你的知识程度还是很低呵。并且我还可以给你请一位教师，来教你算学和其他近代的科学。这样不很好吗？”

舅舅的不愿意我立刻进学校，当然是由于爱护我，知道我年纪太小，还不到学医的时候，知识又太低，而立身处世的道理一点又不懂得，故他想用一年的工夫给我打一点根基。后来想起来，这是多么可感的一点慈爱，不过那时我正是一个未经世故的莽孩子，对于尊长们为我的深谋远虑，是一点不能了解的。我所要求的仍是“进学校”。

后来舅母和舅父商量之后，只得把我带到医学校去姑且去试一试。我同舅母一进学校的房子，便有一位女医生叫做什么姑娘的出来招呼舅母，并笑着对我点点头。舅母对她说了几句广东话，那女医生就用广东话问我：“今年十几岁了？”

我回答她：“十三岁，过了年就算十四岁了！”

她摇摇头，说：“太小了，我们这里的学生，起码要十八岁。”

这些话我当然都不能懂，都是舅母翻译给我听的。我就对舅母说：“我虽然小，却愿意努力。请舅母替我求求她，让我先试一年，看行不行再说。可以不可以？”

舅母便把这话对她说了，她说：“就是行，也得白读四五年，反正要到十八岁的时候才能算正科生。”她又用广东话问我：“懂广东话呒懂？”我也学了一句广东话回答她，“呒懂！”又赶快接着说：“可是我愿意学。”

她听见我说“呒懂”两个字，笑了。她又对舅母说了一阵广东话，说完了，便大家站了起来。她给舅母说声再见，又笑着对我点点头，便走进去了，我只得跟着舅母带了一颗失望与受了伤的心，回到舅舅家里去。

晚上舅舅回家之后，舅母把白天的经过告诉了他，舅舅听了大笑，说：“是不是？你不听我的话，现在怎样？你只得仍旧做我的学生了！”

舅舅是一位很喜欢教诲青年的人，这也不能不说是我的好运气，因为在那一年之内，他不但自己教我书，还请了一位在广东客籍学校教数学的杭州先生，来教我初步数学。不但如此，他又常常把做人处世的道理以及新时代的卫生知识等讲给我听。我对于他也只有敬爱与崇拜，对于他说的话，没有一个字是不愿遵行的。比如说吧，他要我每晚在十时安睡，早上六时起身。但是，晚上是多么清静呵！舅舅是常常在外宴会的，舅母到了九时便要打瞌睡，表弟妹是早已睡着了，我自己也常是睡眼朦胧。可是，因为舅舅有这么一个教训，我便怎样也不敢睡，非到十时不敢上床。

我到了广东不过三个月，舅舅便调到廉州去，将文作武，去统带那里的新军了。我跟着舅母在广东又住了约有三个月，方大家搬到了廉州。舅舅的职务是很繁忙的，但每天下午，他总抽出一点工夫回家来教我读书。他常穿着新军统领的服装，骑着马，后面跟着两个“哥什哈”，匆匆的回家，教我一小时的书，又匆匆的走了。有时连舅母自己做的点心也不暇吃。舅母是一位最慈爱的人，对此不但不失望，反常常笑着对我说：“你看，舅舅是怎样的爱你，希望你成人呵！他忙得连点心也不吃，却一定要教你这个功课！你真应该努力呀！”

我不是木石，舅母即不说明，我心里也是明白，也是深刻感铭的，舅舅所教的，在书本方面，虽然不过是那时流行的两种教科书，叫做《普通新知识》和《国民读本》的，以及一些报章杂志的阅读，但他自己的旧学问是很有根基的，对于现代的常识也比那时的任何尊长为丰富，故我从他谈话中所得到的知识与教训，可说比了从书本上得到的要充足与深刻得多。经过这样一年的教诲，我便不知不觉的，由一个孩子的小世界中走到成人世界的边际了。我的知识已较前一年为丰富，自信力也比较坚固，而对于整个世界的情形，也有从井底下爬上井口的感想。

虽然一切是这样的顺适与安乐，但它们仍不能使我取消进学校的一个念头。后来舅舅被我纠缠不过，知道对于这一只羽毛未丰而又跃跃欲飞的鸟儿，是没有法子去阻止她的冒险了。就在那年的冬天——正当我到舅舅家里的明年——乘舅母回籍省亲之便，舅舅便让她把我带到上海去。临走之时，又教训了我许多话，特别的指出我的两个大毛病——爱哭和不能忍耐——叫我改过。他说：“我不愿在下次见你的时候，一动又是哭呀哭的，和一个平凡的女孩子一样。我是常常到上海去的，一定常去学校看你。但我愿下次再见你的时候，你已经是一个有坚忍力，能自制的大人了。别的我倒用不着操心，你是一个能‘造命’的女孩子。”

舅舅叫我到上海进一个学校，叫做爱国女校的，因为那是他的朋友蔡孑民先生创办的，成绩也很好。我正不愿意学医，听到这个真是十分高兴。到了上海之后，舅母便把我送到一个客栈里，那里有舅舅的一位朋友的家眷住着。舅母便把我交托了那位太太，自己回家去了。但那位太太是什么都不知道的，我只得拿了舅舅写给蔡先生的信，自己去碰。不幸那时正值年假，蔡先生不在上海，学校里也没有人管事，我只得忍耐着，在一个小客栈中等候学校开门，校长回来。但是，当爱国女校还不曾开门的时候，上海又产生了一个新的什么学校，因为种种的牵引，我就被拉了进去。这是后话了，现在不必去说它。所可说的，是我在那里读书三年的成绩，除了一门英文功课外，可以说是一个大大的“零”字！但那位教英文的女士却是一位好教师。我跟着她读了三年英文，当时倒不觉得怎样。可是，隔了几年之后，当清华在上海初次考取女生时，我对于许多英文试题却都能回答了。后来我得考中，被派到美国去读书，不能不说是一半靠了这个英文的基础。

民国三年，我在上海考中了清华的留美学额，便写信去报告那时住在北京的舅舅。可是，他早已在报上看见我的名字了。他立刻写信给我，说：“清华招女生，吾知甥必去应考。既考，吾又知甥必取。吾甥积年求学之愿，于今得偿，舅氏之喜慰可知矣。”

我自幼受了舅舅的启发，一心要进学校。从十三岁起，便一个人南北奔走，瞎碰莽撞，结果是一业未成。直到此次获得清华的官费后，方在美国读了六年书，这是我求学努力的唯一正面结果。但是，从反面看来，在我努力过程中所得到的经验，以及失败所给予我的教训，恐怕对于我人格的影响，比了正面所得的知识教育，还要重大而深刻。而督促我向上，拯救我于屡次灰心失望的深海之中，使我能重新鼓起那水湿了的稚弱翅膀，再向那生命的渺茫大洋前进者，舅舅实是这样爱护我的两三位尊长中的一位。他常常对我说，世上的人对于命运有三种态度，其一是安命，其二是怨命，其三是造命。他希望我造命，他也相信我能造命，能与恶劣的命运奋斗。

不但如此，舅舅对于我求学的动机，也是有深刻的认识的，在他给我的信中，曾有过这样的几句：“吾甥当初求学之动机，吾知其最为纯洁，最为专一。有欲效甥者，当劝其效甥之动机也。”有几个人是能这样的估计我，相信我，期望我的？

民国九年，我回国到北大当教授，舅舅那时也在北平。我常常去请安、请

①

教，很快乐的和他在同城住了几年，后我就到南方去了。待我再到北京时，他又因时局不靖，而且身体渐见衰弱，不久便回到原籍去终养天年。隔了两三年，我曾在一个严寒的冬夜，到常州去看了他一次。却想不到那一次的拜访，即成为我们的永诀，因为不久舅舅就弃世了，年纪还不到七十呢！

我向来不会做对联，但得到舅舅死耗之后，那心中铅样的悲哀，竟逼我写了这么一副挽联来哭他：

知我，爱我，教我，诲我，如海深恩未得报；

病离，乱离，生离，死离，可怜一诀竟无缘。

这挽联做得虽不好，但它的每一个字却都是从我心头的悲哀深处流出来的，我希望它能表达出我对于这位舅父的敬爱与感铭于万一。

廿六年八月，写于庐山森林植物园

○ 原载于《宇宙风》1938 年第 56 期

① 图注：马可尼夫妇在北平。1 为马可尼夫人，2 为担任招待之北大马钰女士，3 为意大利公使鲍斯克里，4 为胡适，5 为马可尼，6 为教育家陈衡哲女士，7 为蒋梦麟夫人陶曾谷女士。刊载于《时代》1933 年第 5 卷第 4 期

我所知的马君武先生

1939

——甘为一

马君武博士是先父的知交，我从小就认识他，不过相处的时间很短，十数年来先生为社会国家服务，东奔西走，我又因求学关系，所以相逢的机会更少，不过拉杂起来也有一二点可以记述。

民国九、十两年，先父任广东无烟药厂总办，马先生任总工程师，厂中机械及化学都归他指导管理，一切井井有条，成绩很好。厂中的电灯和自来水都是他设计和指导装置的。

他在厂中的住处是和先父同住在一座白色的洋房里，环境清静幽雅，四围种有花木。这座洋房正中是客厅，右边是先父的办公室和卧室，左边也是一样，那是属于马先生的。正厅前有一颗广州花地种的小洋桃树，每年结实很多，味道很不错。马先生很喜欢这果树，时时小心察看有没有害虫。

那时我刚八九岁，从广西的故乡出来，因为不适合入学季节，所以只好跟着父亲在厂内暂住。马先生一看见我就很欢喜，拉着我的手，摩摩头儿，抱起我东问西问。有时他躺在床上，叫我上床去同他玩。听说他有两位少君，但那时都不住在厂内，未免寂寞，所以喜欢和我玩也许是因此，不过，他确是很欢喜小孩子的。

他的卧室陈设很简单，没有什么可引起人们的注意。惟他的办公室除了办公桌之外，还有几个书柜，里面都插满了光亮亮的金字洋书，大概总有好几百册。

他原本是工学博士，不过他对动植物有很浓厚的兴趣，他在厂内试植了许多荔枝，晨间或黄昏时候，时常见他在那些树丛中检查徘徊。他又养有许多外国种的蜜蜂和一群羊，此外他还养有许多鸽子，时时见他用梯子扒到鸽笼上查看鸽子蛋。

不常见他运动，如骑马、游泳、打球等，虽然这些厂内都有设备。只是他备有一艘两头尖、狭幅长身、双桨的单人轻快的西式小艇。那艇的样子很美丽，在国内恐怕是造不出来的。它被放在一所空屋内，门是完全玻璃的，所以由外面可以看见全部。它老是躺在那里，桨木是薄而弯，永远是那样光亮。但我未见马先生划过它，或许是他工作太忙罢？

马先生是有名孝顺的，马老太太因年老行动不便，马先生时常背着她老人家走，虽然有仆役，但是他不用，可见他的孝行。

民国十五年，那时我还是一个初中学生，和哥哥由广州转学上海。我们到了上海，就到吴淞的杨行镇去拜访他，他在那里买有些地，起了一所小平房，质朴无华，完全是乡村风味。屋的四周种有许多棉花。那晚他留我们住在他的家里，黄昏时他还领我们到棉花田中拔杂草，他老人家也自己动手。真是值得敬佩！

大概是“九一八”之前一年罢，他老人家代表我国赴日本东京出席某种学术会议，那时我在长崎念书，会议结束，他取道长崎归国，他在神户拍了一封电报给我。我依时到车站迎接他，在长崎有数小时的逗留，我便陪他老人家去游长崎公园。即使在国外，他仍是不改他的俭朴，仍是穿着一身陈旧洋服，而且已有些破。后来我们到一家中国料理店午饭，在饭馆楼上俯瞰日人往来，他老人家很感慨的对我说：“数十年前日人的衣服装饰是这样，现在还是这样，国家焉得不强？回顾我国呢……”言下不胜唏嘘。

我送他老人家上回国的船，在甲板上摄影留念。在甲板上我们听了好些时船上奏出的洋乐，他老人家说：“西洋音乐的复杂，调子的变化多端，是远非调子单纯的中国音乐所可比的。”他老人家对于音乐似乎是很爱好的。

临别时，他知道我是在困苦中挣扎的一个穷苦留学生，他看看我的破旧的制服，问我穿了几年，我说穿了三年多了。他不说话，带我到他的舱房，赠了我些学资说：“拿去买些参考书罢！”他不叫我拿去做制服。我永远感激他老人家这句话！

民国二十三年毕业回国，到广西大学去拜访他老人家，那时他老人家做西大校长。以后因同在一地，所以时得见面。他近十年来从事教育，培植后进，不遗余力。在此国家多难之秋，我谨祝他老人家康健！

○ 原载于《宇宙风·乙刊》1939 年第 2 期

中国电影与广东精神

1941

——罗明佑①

广东人与中国电影是分不开的

虽然不是一个有地域观念，一味排斥“外江佬”的广东“死硬派”，但我不得不开宗明义地说一句：广东人与中国电影是分不开的，不论你从哪一个角度来看，近三年来的“民间故事”，是由我们的某些“乡里”作俑，已是人所共知的事实，这里且不去说它。我所要说的是在好的意味上的广东人与中国电影，换言之，即略述广东人在电影这一部门占着怎样的地位，有些什么广东人在为或曾为这个新文化努力。我自信以我从事电影二十余年的经验，见闻所及，不可谓不广，但要我在一个短促的时间巨细无遗地加以评述，则不可能，我只能拣比较重要的，有代表性的人物，加以名单似的记载，藉供读者参考。至于我对于现阶段从事“民间故事”的广东人“不赞一辞”，不能说是姑息，因为每个稍有常识、略具眼光的人都知道他们是以渣滓的身份来和排山倒海的时代洪流抗拒，即令能在波涛中翻几个筋斗，但终久会被淘汰的。他们的生命短促得像浪花，他们的灭亡也像浪花消灭般的迅速而必然。我的缄默在这个意味上等于

① 编者注：罗明佑，广东番禺人，生于香港。1927 年创办华北电影公司，拥有各地影院二十余家。主要拍摄《故都春梦》《慈母泪》《国风》等影片。抗战爆发后去香港，主持中国教育电影协会香港分会，并创办《真光》半月刊，宣传抗战电影。后退隐息影。

静默志哀。无论如何，在国家需才孔亟之际，我惋惜每一个为苟安一时而误入歧途终致自毁其前途的人。

从我于民七五四运动时办真光电影院起，我随时随地都遇见广东籍的银色战士，时间至今已有二十三年之久，空间包括国内外。在我未加入电影战线之前，便有广东人致力于电影。我们可以安全的说，自最初的中国电影至最近的中国电影，悉由广东人领衔演出，情形恰如我国的革命，从太平天国革命行动一直到现在的民族革命，放第一枪的都是广东人。广东人向来是演“二花面”的，但他们也“客串”反派。政界如汪兆铭，影界如——我真不愿写——他们污了我的笔！

不谈败类，广东人对中国电影的贡献是无匹的。广东献给全民族的银色礼物包括电影的各部门，从制作到发行，从创办人员到技术人员，从老板到小工，都不缺乏广东人，你随时随地都可以遇见一个“乡里”请你饮茶。

先说制作部门。在制作方面，第一个企图和外片抗衡的是粤人林汉生。他是侨美的华侨，因在纽约看了污辱祖国的片子，乃约同志入美国戏剧及摄影学校钻研技术，于民十年夏季在美组织长城制造画片公司。在抵抗文化与经济的双重侵略意义上，长城与后起的联华同等重要。

①

著名的明星公司不是江浙人创始的，它脱胎于广州民镜照像馆，该馆的广东主人麦君眷是明星公司的老祖宗，这个事实外人很少知道。

华南的电影制作事业也不是始于今日，远在二十年

① 图注：罗明佑参观环球公司拍戏。刊载于《良友》1934 年第 100 期纪念特号。

之前，故黎海山先生，便和他的兄弟黎民伟、黎北海创办民新影片公司，后由广州迁香港，又由香港迁上海。

联华是由广东人的我创办的，联华创办的经过，和复兴国片的宗旨想来大家都知道，这里略而不谈。

其次谈导演。中国卖座最盛的两部片子，即《渔光曲》与《姊妹花》，都是出自粤籍的导演，故郑正秋和蔡楚生之手。蔡在现阶段中国影坛，无疑是唯一拥有观众最多的导演。其他二三流的粤籍导演，更多得数不清。

粤籍电影技术人员也很多。收音师如邝赞，摄影师如黄绍芬。明星公司最初的收音师，也是广东的何氏兄弟。

演员人才以广东为最多。特别是女星，几乎由广东“包办”了。原因之一是因为广东得风气之先，故女性投身影界者较他省早而多。当张织云、杨耐梅红极一时，时中国的绝大多数的女性还视她们为贻羞女界的“妖精”。胡蝶成名时电影渐受重视。阮玲玉崛起于联华，中国女星和影片自此始受到智识分子的欢迎。如果胡蝶的观众是掌柜们，阮玲玉的观众当是穷学生。现在红得发紫的女星陈云裳，亦产自吾粤。

这些亮晶晶的女星都出自广东，比这更有意义的是她们中的每一个都实际参加了具体代表了动乱的中国影业的各个阶段。张织云与杨耐梅代表初期的中国影业；胡蝶是过渡时代的产物，她是一座桥，中国影业从期初的“文明戏”时代通过这座桥到达正式的电影制作时代；阮玲玉是国片复兴运动先锋，联华同人的努力的结晶；陈云裳是“偏安”时代的产物，她代表了中国影业的“开倒车”连动，她的观众既非掌柜，亦非学生，而是托庇于他人势力下的顺民。整个中国影业的矛盾发展过程，可以从这几位女士个人的衰盛荣辱看出。

现在我们从发行这一面来看看广东人与中国电影的关系。这一关系，比其他方面的关系更密切。粤人在电影发行上的支配地位始终未根本动摇过。先后和外国片商交易的是粤人，最先自建影院和外资对抗的也是粤人。很幸运的，二者我都是一分子。有过一个时候，差不多全中国影院事业在三个广东人的联合支配之下。其中的两位是香港明达公司的卢根、上海华中电影公司的曾焕堂，以及天津华北电影公司的罗明佑。这三个人中的两个已经退休，其中的一个即本文的作者罗明佑还在继续奋斗，并且准备奋斗至最后一刻，为了实践他的一贯目的“影业救国”。

华北电影公司在“九一八”前曾由平、津将它的前哨布置在哈尔滨、辽宁、长春、大连。“九一八”的不抵抗，使这个公司受到一个打击，撤退到平津，集中于该二地，而以华北五省为其发展范围。为这公司努力的干部，主要的是广东人，如钟石根、邝荣钟、易孝耕、金擎宇、故郑直臣。在此，笔者有一点可以告无愧于国人的，是华北公司的目标不是对内而是对外，我还不至于蠢得不懂“鹬蚌相争，渔翁得利”的寓言。

其次，我虽是广东人，但我从来对“外江佬”未加以任何歧视或排斥；反之，我非常尊重外省人才。从二十一年前办真光电影院一直到四月前开办联营公司，外江人和我有不可分的关系。在华北公司时代，有熊式一、费穆、朱石麟、陶伯逊、李勋刚诸“外江佬”和我合作。在联华，“外江佬”之多，是大家都知道的。现在与联营公司有关系的摄影场，主持人大半是“外江佬”。教电协会港分会发行的《真光》电影刊的编辑张君幹，也是一个“外江佬”。虽然这篇文章以广东人为主体，但我觉得有强调指出用人不分省界的必要。我爱“外江佬”一如我爱广东人，因为他们都是我的同胞。

这三家公司粤籍雇员，如今已有不少次第成了斯业重镇。今日上海大光明、大上海、南京等戏院的主管，便是曾焕堂的旧部。另一粤人陈彦斌，在上海办奥迪安等戏院，该院不幸毁于“一·二八”的炮火。卢根旗下的干角，如英人罗士力，现在是香港和乐公司（管辖平安皇后等戏院）的经理。联美公司的经理粤人曹泽球，派拉蒙公司的经理粤人曹泽泉，哥伦比亚影片公司经理宝旋，中央影院的经理粤人陈君超，以及平安、大华等的经理，都出自卢根门下。卢根的事业从华南开始，推广至上海。当他的事业到达最高峰时，罗明佑劝他“枪杆向外”，但他卒与某美商合作。他以后的遭遇是一个野心家的故事。

初期外片来华是靠上述的三个广东人。没有他们，当时外片在华放映几乎是不能的。外片在华市场既受华人控制，外国片商对于发行条件便不能斤斤计较了。一部美片在华的映权可以国币二百元的低价让与华人。这种小数目对于今日的中外片商是不能想象的。

中宣会的电影股第一任股长黄英是粤人。在电影股由股改科，改处，最后设中央摄影场的过程中，它的主管人只有一个张冲不是粤人。现任中央电影戏剧事业处及中央摄影场场长是粤人罗学濂。

广东的电影从业员不但在国内取得领导地位，在国外也有可注意的发展。第一个是国际闻名的摄影圣手黄宗沾（Jamas Howe Wong）他以拍摄《自由万岁》一片得名于世，作品甚多，近作是《民族精神》（*Abe Lineolmin in Illinois*）。一个中国人在好莱坞享有他似的名誉，是不容易的。

其次是黄柳霜（Auna May Wong）。这一位黄小姐曾演过有损祖国尊严的片子，但就她的表演天才说，无疑是值得在这里提到的。

另一位在美服务的粤人是李时敏（James Lee），数年前美高梅公司摄制赛珍珠夫人的《大地》（*Good Farta*）时，由他担任该片技术顾问。

此外如陆奇（Kele Lwke），我去美时他在雷电华当布景师，后来曾和华纳、夏能搭档合演过许多陈查理侦探片。较近的如李霞卿（即李旦旦，英文名字是Lee Iaching），都是粤人。

从上面的简单叙述，可以归纳成如下的三个要点：

（一）支持中国影业的始终是粤人，特别是发行方面。

（二）广东产生了大批女星，在“最”与“质”上为其他各省所不及。特别是阮玲玉的水平，至今尚未被人超过，甚至无人接近她。不幸的是她死得太早，一点私人恩怨竟使她行了短见，断送了她本人和她的前途。

（三）国外方面广东人包办一切，清一色。

这三点客观上说明了广东人才之盛，经济力之巨大。另一方面，这三点也说明了广东精神之一的创业精神。打先锋的一定是广东人，不论是在哪一方面。但在此广东人也发现了他们自己的一个大缺点：凡事只能倡之，不能定其成。有人评广东军队说：“叫他们攻城夺地是可以的，要他们守就不行了。”如果这话不是一个真理，至少也是一个事实，因为它针对着广东人的劣根性。

我奔走南北二十余年，发现许多这样的事实。在电影界是如此，在其他部门亦复如是。拿银行来说。我们的银行大半是由广东人创设的，但大半都先后失败了。失败的原因固然很多，广东人的自私心却是一个普遍的因素。当一个广东人经营的事业遇到困难时，当地的同乡不是帮助他渡过难关，而是投井下石，亟亟于“起而代之”。他们昧于“兔死狐悲”的事实，无视于集体力量之伟大，而斤斤计较于个人的暂时得失。结果自然是同归于尽。这个“各人自扫门前雪，莫管他人瓦上霜”的毛病，是各省人都有的，但我个人以为广东人患的最厉害。我服务社会二十余年的经验，使我得到这个惨痛的结论，是我们入社会时始料所不及的。

使广东械斗之风冠全国的是自私心，使华侨不能始终保持精诚团结的也是这自私心。这自私心使“保卫大广东”成为一个口号，使广东精神成为仇人的笑柄。凡广东人所兴办的一切事业，其卒告失败者，都可以归因于这个严重的因素。

广东人与中国电影有如上述的光荣的关系，但今日成为众矢之的，却是广东人拍、广东人看的广东影片。每个有良知的广东人，看了这个铁的事实当觉汗颜，当知改悔，当谋补救。支持粤片的是粤人，粤人应起而制裁，予玷辱吾粤人的败类以无情的打击！

还有一个重大的工作亟待广东人执行。那便是运用集体力量，挽回影院漏卮。

我们知道外国影片公司只有美国的八大公司（美高梅、华纳兄弟、环球、联美、哥伦比亚、派拉蒙、二十世纪霍士、雷电华）在中国设有发行机关。平、津、上海、香港这几个大城市的大戏院，完全是在这八大公司的直接控制之下，有的甚至在合同中明文规定院方不能放映中国影片。美片在华的市场，有百分之八九十是由这四个地方的戏院构成的。这些戏院的主持人，如前所说，十九是广东人。广东人为什么不联合起来组织一个代理外片在华发行的公司，来争取主动呢？照现在的情形，我们完全是被动的。我们对于外片事实上已无选择的权利。合同的约束使我们不能开映甚至自己很愿开映的国片。国片事实上居于绝对劣势，偶而有外片头轮戏院放映了国片，大家都认为“异数”，异口同声的引为谈资。然而院主是中国人，观众百分之八十以上是中国人；我们可以说主人已沦为奴隶，有义务而无权利。这个怪现象是这样的显著，可是认识的人又是那样的稀少，稀少得无人提及，好像这现象是理之当然似的。

广东人在我国的整个民族解放运动中始终扮着主角。初期中国电影院，完全是在外人的控制之下，首先起来和他们对抗，并且加以克服的是粤人。卢根、曾焕堂、何挺然诸人，都曾是电影的民族解放运动急先锋。我曾在平、津和哈尔滨击退了五个外国戏院的高级外国干部，其实他是依赖美国影片公司和中国观众的寄生虫。

事实如此，所以拥有大多数戏院的广东人应早日整齐步伐，以联营公司的方式，布成一道坚强的战线。我们的出发点是民族利益，并无丝毫的排外意味。而且，就外国影片公司的利益看来，我们收回发行权的计划，于他们是绝对有利的。他们现在必需在一个用银的国家供养一班用金元的干部。津、申、港三地外国影片公司每年的开支合国币在二百万以上。还有，他们的发行网只限于几个大都市，外商想到内地发展必须更依赖中国雇员，如果他们将发行权交与中国人办的发行组合，不但每年可以省去二百万的开支，更可较顺利的扩大市场——不仅仅是外片的，也包括着国片的。

政府现在忙于抗战，当然不遑及此，但我想上述的事实有加以调整的必要，必早在明达的当局洞鉴之中。迟早政府会采取措置的，如果做人民的我们，特别是最能"就近办理"的广东人何不肩起这个任务来。

我生而为中国人，很荣幸，因为有许多事情待我去做。我生而为广东人，更荣幸，因为我的许多同乡在国史上占了最重要的一页。但二十多年的经验告诉我，在我们当前的义务不是广东精神的吹捧，而是广东精神的实践，我们当前的急务不是和同乡作阋墙之斗，而是和同乡们加紧团结，加强合作，共同打倒一个共同的敌人。

○ 原载于《中国电影》1941 年第 1 卷第 2 期

悼念憾庐先生

1943

——冠荒

憾庐先生病逝了！两个多月来，在桂林一些朋友，为着他的病十分担心，却没有想到他终竟不起，老成凋谢，文化前辈又弱一个，这真使我们无限哀悼！

我认识憾庐先生是在抗战以后，那时上海沦陷，《宇宙风》由沪迁粤出版，他到粤主持，飞英兄介绍他来找我，原因是他向未到过广州，新人新地，也许须一位当地的朋友照应一下。当时宇宙风社在盐运西一巷，我住在财厅前光华社，相去不远，我们晤面的机会很多。

宇宙風社新創辦半月刊
見聞
林憾廬主編
陶亢德發行
第一期：轟炸特大號
紀述目睹耳聞身受事實
傳寫非常時代民族精神
發刊詞……編者
抗戰漫畫并題詞……豐子愷
在廣州……巴金
轟炸的話……憾廬
敵機大屠殺廣州寫實……李占標
敵機轟炸下的慘狀實錄……葉廣良
敵機大轟炸廣州日記……憾廬
血腥的一天日記……徐之奮
記「六七」……錢
夜談……肥伯
廣州在大轟炸下……葉桂良
在避難室的見聞……李惠
轟炸中別離南京……周雨復
敵機轟炸揭陽印象……老凸
敵機襲梅記……李發天
轟炸照片製圖……二十餘幅

①

他在广州的时间，惟时虽暂（他到广州后数月，广州即告沦陷），但那时《宇宙风》销路极好，业务欣欣向荣。在广州遭受敌人轰炸最凶时，他并于大轰炸期间，创刊一《见闻》半月刊，不因敌人的轰炸而稍弛他的出版工作。

及广州沦陷，他在广州经营的出版事业，虽随之而丧失，但在最后离开广

① 图注：《见闻》半月刊 1938 年创刊号，此为封面图片，林憾庐主编，陶亢德发行。

州的那天，他还是和平常一样的带着一脸笑容。在广州文化人中，他离开广州可说是最迟，他和巴金以及宇宙风社和文化生活出版社职员均于敌人的魔爪伸进广州前数小时，始乘一艘木船离去。事后我们每谈起他们这一次逃难，都说他们幸运。他逃出广州后便到桂林，我则于广州沦陷后往香港，此后这数年来我都困居在海隅。

翌年夏，《宇宙风》筹备在沪复版，他回沪主持，道经香港，我们又会晤一次。这是二十八年的六月。这以后恰巧一年，二十九年五月，因乃弟语堂先生由美返国，他为着候迎乃弟，又二次到港，他这次在港勾留了一个多月，住在九龙一家旅馆，我常常去那里访他。他这时正在筹划着《西洋文学》和《中国与世界》两个杂志的出版，会唔时我们大都谈着关于这两个杂志的话。我当时并曾写过一篇访问记，称扬他致力出版事业的忠诚，和对战时文化工作的劳续。我认为这是当时我对他所说的一句确切而中肯的说话。他近年来对文化事业积极的贡献，是应该得到社会一般人如上的同情和奖誉的。他回上海之后，不久《西洋文学》与《中国与世界》两个杂志相继刊行，深博一般读者的好评，销路颇广。

①

②

---

① 图注：《中国与世界》1940 年创刊号封面。

② 图注：《西洋文学》1940 年创刊号封面。

后来上海敌伪势力日张，他在沪的出版事业，大受影响。因是三十年秋，他又由沪到港，继续从事出版工作。经了数月的努力，事业刚刚现了蓬勃的气象，但是香港战事突然爆发，他在港的大量存书和文稿（存书数万册，共二千余斤）战后都给房东付之一炬，只有于战后运存在九龙我家里的三十二副纸型，去年秋我离港时，才设法托友人运出带到桂林。他去年三月脱险抵桂，又将《宇宙风》在桂复版，正拟重整旗鼓，不料刚于这时候，竟遭了失明之痛，这个打击，就把他这老人的心打碎了。

我认识他虽只这短短的五六年，我知他的人生观本甚豁达，如因战事的转移，上海、广州、香港的多次播迁，对他不能不算是大的打击——自己创来的事业，每随战事转移而毁灭，在精神和物质两方面，他受到损失当然很大！然而，我却没有听过他自己说过一句惋惜的话。相反地，每于遭受一次损失之后，他必又再鼓其勇气，旗鼓重张，因此《宇宙风》始能于这抗战后的五六年来维持不断，这是他一个对事业的精神。然而他的豁达的人生观，却终抵不住爱儿的死，悲伤哀悼蚕食着他的心灵，好像伐木一样，慢慢地竟把他老人家斫倒了！父子之爱，原属自然，然而，终竟我不能不说这是一幕悲剧！

他待人接物，常是保持着一个纯厚长者的风度，我们常感到他和善易亲。他这种风度，而临危难而不稍变，广州、香港两次的兵劫，我和他都恰巧在一起同患难共炮火，在这祸患的过程中，他必处之泰然。此次香港战后，当他离港前夕，我和一位朋友到尖沙咀送别时（香港战时他住在坚道宇宙风社，我因交通断绝后，不能回九龙，也住在他那里。在他离港前两天，他为避免两位台湾人的索扰，先迁居尖沙咀，以便遵陆离港）他曾向我诚挚的说过一番话，心长语重，劝我早日离开香港。我知他同情我的隐痛，他担心我不回来。的确，当时常常有这一个因私人仇恨而不想返国的阴影，罩在我的心上。长者爱人以德，临行还谆谆相劝，他这一番话，我至今还不能忘记。他待人态度心地宽厚，这是一辈朋友所称许的，但此种宽厚的心地，却包涵不了爱儿之死给他的哀伤，因此忧念而深种病根，直至他自己也一瞑不视！

他此次逝世，由于爱儿之丧，忧念过度，自是主因。我们读到他这两期在《宇宙风》写的哭他的爱儿的文章，可见他底忧伤忆念的程度，悲哀已深葬在他底心之深处！真的，悲忆的剑，已刺穿他的心了！他痛惜他爱儿的死，而感到自己的生存已再毫无价值；他痛惜他爱儿的死，而感到自己只余一个空虚的躯体；他痛惜他爱儿的死，而感到自己抱着终生的遗憾！

我知道，在他得到一位朋友间接告诉他的爱儿病逝的消息以后，痛楚折磨着他，而使他日呈病容，日渐衰老。连他平常和易的态度也大大的改变了！由和平的个性而动辄发怒，一些和他相处惯了的朋友，对他这一反常举动，都替他抱着一个隐忧，是的，这一改变，谁也知道是一个恶劣的征象！两个多月来，朋友们谈起他的病，多相向默然，似乎都预感到有一个不幸的征兆压在大家的心头里，不敢说出口。终于这不幸的征兆变为了事实！我们的心也伤了。

他写悼念他爱儿的文章，是一字一句的蘸满他老年人的血泪。去年十一月间我假他的寓所，写我的《香港特辑》时，他正在和血的写第三篇悼念他的爱儿的文章，每晚写一点，我白天到他的房间里，即见到他的文章摊放在他的桌面，这篇稿子写了半个多月，直至他的病使他支持不住时才停止。那篇稿子，现已成为他未完的遗稿。我当时自然想象得到他每晚要流过一回眼泪，我知道他的难过，但我除了心里无限同情之外，却不能向他说一句话。在他生病的时候，他竟拒绝服药，后来还是经过他的家属苦劝，才答应让医生来看脉。显然他自己已甘心放弃他的生的愿望了！这是一个多么凄惨的情景！

我真想不到，一个儿子的夭逝，会给这位老年人如此重大的创伤！

我和他有点像是忘年交的，他的岁数比我长大，但这几年来，我们却屡次逢于离乱之中，这却不因我们年岁的差异而把我们的感情拉近了！

我料想不到的，却是这次于数千里外逃难之后，再聚首异乡时，我竟然会亲手把他扶进棺木里，并眼看着一抔抔黄土把他掩埋，这是怎样的悲份！回溯这短短的几年间的遇合，悼念之余，我却禁不住热泪涔涔，夺眶而出了！

○ 原载于《宇宙风》1943 年第 131 期

PART 4

广州战记

1933 广州脱险记

——宋庆龄

民十一年陈炯明叛变，孙中山先生得报逃入军舰，时孙夫人同在，恐为其夫之累，请暂留寓，而劝中山先生先行。及至事发，始由枪林弹雨九死一生中逃出，其中所历艰险，及当时情形，外间少有详细记录。近见某报所载微有欠实，询之孙夫人，承夫人出示旧稿，读之凄惋动人，因亟为披露，以公同好。此篇系革命史中之最宝贵材料，亦系孙夫人将来自传中最动人之一章。

——记者

中山先生与我刚由桂边回来，因为此时中山先生正调大军北伐，在前线指挥战事。陈炯明乘虚率军潜入省城，复纵步队肆意抢掠，恫吓良民，断绝交通，扰乱秩序。中山闻信，乃不得不亟由前敌返驾。

①

我们到了广州以后，中山先生即令陆军退回原防，陈虽屡次答应，却不见兵队开调。这时，陈在名义上是退隐惠

① 图注：宋庆龄。刊载于《良友》1926 年《孙中山先生纪念特刊》。

州，口口声声仍是服从政府，与我们也时常往来。在叛变之前一星期，陈尚来电庆贺我军在前线的连次胜利。因为陈素来的地位军力皆由我党所畀与，且与我党提携合作多年，所以毫不怀疑他有异志。

这时陈军毫无纪律，肆意抢掠，愈觉不堪。然此时城中听陈指挥之步队达二万五千名，而我党大军皆开赴前敌，留驻后方只五百名，所以不能用武力解决，而且若诉之武力，酿成巷战，更必殃及居民。六月八日，中山先生乃召集新闻记者，思以舆论势力，迫陈军退回东江剿匪。

六月十五之夜二时，我正在酣梦中，忽被中山先生喊醒，并催速起整装同他逃出。他刚得一电话，谓陈军将来攻本宅，须即刻逃入战舰，由舰上可以指挥，剿平叛变。我求他先走，因为同行反使他行动不便，而且我觉得个人不致有何危险。再三婉求，他始允先行，但是先令五十名卫队全数留守府中，然后只身逃出。

他走了半小时以后，大约早晨两时半，忽有枪声四起，向本宅射击。我们所住的是前龙继光所筑私寓，位居一半山上，有一条桥梁式的过道，长一里许，蜿蜒由街道及住屋之上经过，直通观音山总统府。叛军占据山上，由高临下，左右夹击，向我们住宅射发，喊着“打死孙文！打死孙文！”我们的小卫队暂不反击，因为四围漆黑，看不出敌兵。我只看见黑夜中卫队蹲伏的影子。

黎明时，卫队开始用来复枪及机关枪与敌人对射。敌方却瞄准野炮向宅中射来，有一炮弹击毁我的澡房。卫队伤亡已有三分之一，但是其余的人仍英勇作战，毫不畏缩。有一位侍仆爬到高处，挺身而战，一连击毙不知多少敌人。到了八点，我们的军火几乎用完，卫队停止回击，只留几盒子弹，候着最后的决斗。

此时情势，勾留也没有意义了。队长劝我下山，为惟一安全之计。其余卫兵也劝我逃出，而且答应要留在后方防止敌人的追击……听说这五十名卫兵竟无一人幸免于难……

同我走的有二位卫兵及姚副官长。我们四人，手里带一点零碎，在地上循着那桥梁式的过道爬行。这条过道，正有枪火扫射，我们四面只听见流弹在空中飞鸣，有一二回正由我鬓边经过。我们受两旁夹板的掩护，匍匐而进，到了夹板已被击毁之处，没有掩护，只好挺身飞奔过去，跟着就是一阵哔剥的枪声。在经过这一段之后，姚副官长忽然高叫一声倒地，血流如注。一看，有一粒子弹穿过他的两腿，而伤中一条大血管。两位卫兵把他抬起走，经过似乎几个钟头，我们才走完这过道，而入总统府的后院。半小时后，我们看见火光一闪，那条过道的一段整个轰毁，交通遂断绝。这总统府四围也是炮火，而更不便的，就是因为邻近都是民屋，所以内里的兵士不能向外回击。

我们把姚副官长抬进一屋，而把他的伤痕随便绑起来。我不敢看他剧痛之苦，但是他反安慰我说："将来总有我们胜利的一天。"

①

自从八时至下午四时，我们无异葬身于炮火连天的地狱里。流弹不停的四射，有一次在我离一房间几分钟后，房顶中弹，整个陷下。这时我准备随时就要中弹毙命。到四时，向守中立的魏邦平师长派一军官来议条件。卫兵提出的第一条件就是保我平安出险，但是那位军官说他不能担保我的安全，因为袭击的不是他的军队，而且连他们自己的官长，都不能约束。正在说话之间，前面两层铁大门打开了。敌兵一轰进来。我们的兵士子弹已竭，只好将枪放下。我四围只见这些敌兵拿着手枪刺刀指向我们。登时就把我们手里的一些包裹抢去，用刺刀刺开，大家便拚命的乱抢东西。我们乘这机会逃开，正奔入两队对冲的人丛里，一队是逃出的士卒，又一队是由大门继续闯来抢掠的乱兵。幸而我头戴着姚副官的草帽，身上又披上中山先生的雨衣，由那混乱的人群里得脱险而出。

出大门后，又是一阵炮火，左边正来着一阵乱兵，要去抢财政部及海关监

① 图注：宋庆龄在黄花冈七十二烈士墓前献花致敬。刊载于《大美画报》1938年第2卷第2期。

督处。前后左右，都是乱兵在进击。他们一面进，我们一面穿东走西曲折的在巷里逃。我再也走不动了，凭两位卫兵一人抓住一边肩旁捺着走。我打算恐熬不过了，请他们把我枪毙。……四围横列着的都是死尸，有的是党员，有的是居民，胸部刺开，断腿失臂的横陈街上的血涡中。在这时我看见一极奇异的景象，就是两人在街房相对蹲着，我们奔过时，看见他们眼睛不动，才知道他们已死了，也许是同为一流弹所击毙的。

正走之时，忽有一队兵由小巷奔出，向我们一头射击。同行的人耳语叫大家伏在地上装死。那些乱兵居然跑过去，到别处去抢掠了。我们爬起又跑，卫兵劝我不要看路旁的死尸，怕我要昏倒。过了将半小时，进击的枪声渐少，我们跑到一座村屋，把那闩上的门推开躲入。屋中的老主人要赶我们出来，因为恐怕受累。正在此时我昏倒下去。醒回来时，两位卫兵正在给我浇冷水，把扇扇我。其一卫兵便偷出门外去观动静，而这刹那间，忽有一阵枪声，屋内的卫兵赶紧把门关闭，同时轻声报告我外边的卫兵已中弹而也许殒命了。

枪声沉寂之后，我化装为一村妪，而剩余的一卫兵扮作贩夫，离开这村屋。过了一两条街，我拾起一只菜篮及几根菜就拿着走。也不知走了多少路，经过触目惊心的街上，我们才到了一位同志的家中，就在这家过夜。这间屋于早间已被陈炯明的军队搜查过，因为有嫌疑，但是我再也无力前进，就此歇足。那夜通宵闻见炮声……再后才欣然听见战舰开火的声音，使我知道中山先生已安全无恙了……第二天，仍旧化装为村妪，我逃到沙面，在沙面由一位铁工同志替我找一小汽船。我与卫兵才到岭南，住友人家。

在河上，我们看见几船满载抢掠品及少女，被陈炯明的军队运往他处。后来听说有两位相貌与我相似的妇人被捕监禁。我离开广州真巧，因为那天下午，我所借宿的友人家又被搜查。那天晚上，我终于在舰上见到中山先生，真如死别重逢。后来我仍旧化装由香港搭轮来沪。

○ 原载于《论语》1933 年第 18 期

飞机翼下的广州

1937

—— 穆时英[①]

妇孺列车

接到了朋友郑君的信，我马上拎了一只轻便的旅行箱，挤上十二时五十分开往广州的中午快车里边了。居然能够找到一个座位，真是两年来最幸运的一件事。刚坐下来，并不短的一节车箱已经不可思议地装满了人。这些乘客里边，除了一部分只带了很少的行李的，像我那样的单身汉外，差不多全是大包小裹的妇女们和孩子们。妇孺列车！可是开往哪里去呢？开往在飞机翼下的广州。轰炸并不使人们抛弃家乡，反而使他们更留恋他们的生长地。刚在半个月前，她们仓皇地逃到香港，而在日本的航空母舰发现在唐家湾的现在，她们又雅兴勃发地赶回不久就会大规模地被轰炸的广州去了。这样的轰炸效果，我们的“皇道使者”是没有法子了解的吧！就是我自己在当时的确也有些诧异。

②

① 编者注：穆时英，浙江慈溪人，毕业于光华大学。1929 年开始小说创作，曾主办《中华日报》副刊《文艺周刊》和《华风》，主编《国民新闻》。1940 年在香港被暗杀。著有《咱们的世界》《黑旋风》《南北极》《公墓》《白金的女体塑像》《圣处女的感情》。

② 图注：穆时英。刊载于《光华年刊》1933 年第 8 卷。

风趣的插话

火车开行了以后，从坐在后面的少妇们的对话里边，我发现了一段颇为风趣的大时代里边的小插话。

她们是经过她们丈夫的敦劝和恫吓才勉强地离开“甜蜜的家”的，可是精细的太太们就是在这样危急的非常时里边，也没有给予她们的丈夫以过度的信任。她们走的时候曾经在丈夫身边布置了周密的情报网，而现在预料的消息真的传来了：男子们晚上回来得很迟，时常在可疑的地方出入之类。

“说什么男子是应当牺牲的，你们女人的责任却是抚养和教育小孩子使他们成为未来的战士，这一类好听的话，原来还是他们熟练的假公济私手段！”坐在我后面的一位有着很婉约的声音的少妇大声地说了这句话，使前半截车厢里的男子们都笑了起来。所以她们预备回去，像男子一样地，和她们丈夫肩并肩地死在亲爱的广州了。

绅士和侍役

在我斜对面，坐着一个穿得相当华贵的中年绅士。他手上的晶莹的钻石和胸前的沉重的金表链，在这样艰苦而流离的年代，使他成为全车厢里的刺激人物。

车过了深圳，离开了九龙半岛租借地，进入珠江冲积平原的时候，他渐渐不安起来。他好像在等待着什么，又好像想从喧嚣的轮声中听出什么来似地，紧张地坐着，不时探看窗外晴空下的白云。终于，他忍不住了，他拖住了一个冲茶的侍役，开始了底下那样的对话：

“如果飞机来了怎么样呢？”

“来了再说吧！”

“掉下一个炸弹来怎么办呢？”

“你也死，我也死，大家都死。”

“车上一点防空设备也没有吗？”

“从香港到省城，这样大的天空你防得了吗？”

“不是死得不值得么？”

“整千整万的人在死，有什么值得不值得。”

碰了一鼻子灰的绅士，有点生气的模样。那侍役却轻蔑地瞥了他一眼，“丢！中国人没那么衰的！”那样地，低低地唾骂着，走开去了。“衰”字的意义是起码、没用、懦弱、不要脸等等。倒是一个很可爱的家伙！

侍役走了以后，他静默了一回，忽然跟我说起话来：“不用说炸弹了，机关枪扫一下也不得了呵！躺下去吧，受弹的面积更大；坐在这里吧，子弹一定打在头上。”

我只笑了一下，对于这样的绅士，有什么话可以说呢？他有财产，有名誉，有地位，他的生命的确太珍贵了。他得保留他的生命来享受生活。

祖国的土地

列车终于到了大沙头。半月前来过一次，并不像意想中那样明朗，反而是笼罩着淡淡的悒郁的气氛的这荔枝和木棉的城市又展开在我眼前了。

走出车站，当面就是一颗大得可怕的炸弹模型，旁边是一架装着机关枪的钢甲车，和一小队矮小的广东省军。正和一切南方的出品一样，这些士兵都是那样小巧而精致得可爱，可是，冒险、热情、死拼，这些南方人的特性也清楚地刻划在他们脸上。

经过几次轰炸的广州和我上次来时情形没什么变动。街上触目都是匆匆来往的壮丁，不容易看到女人和小孩子。可是在这短促的时期内，广州的领导者却已经把广州用宣传品糊了起来。到处都可以看到日本兵士跪在拿着大刀的中国兵士前面的大幅漫画和白布标语。在半部论语的封建军阀统治下僵卧了八年的广州现在是突然醒来了！早几天，这里举行了一个三十万人的示威游行，在飞机的威胁下，集合在中山纪念堂前，向民族的敌人吼出他们的愤怒。

已经不是殖民地上的奴隶了，是踏在自己的国土上的中华民国的堂堂国民了，已经受着自己的军队的保护了……思想的断片迅速地涌上来。虽然也许马上会有一颗炸弹掉下来，把我炸成粉碎，可是在往郑君负责的某一救亡机关的途上，我依然有着一种古怪的安全感。

一个问题

在一间充满了紧张的工作空气的小房间里，我找到了郑君。他兴奋地告诉我，他们正在组织一个五万人的歌咏示威，预备用自己的歌声来唱出这伟大的民族的辉煌的明日，唱出自己的憎恨和喜悦。他又告诉我有很多很多的青年来要求分配工作，同时又有很多很多的工作没有人去做。问题是在这里：差不多所有的青年都有着太多的热情，而没有实际的工作经验和能力。他们希望做轰轰烈烈有速效的事，例如演讲、示威、演戏等等。他们缺乏冷静、坚忍和组织力，也没有专门技术。因此，有的方面人力供给太多，有的方面队伍又太少。

“在这样紧急的时期，我们却必须把他们重新训练，重新组织，而不能马上把他们动员。”最后郑君稍稍有点悲观地这样感慨着。

六年来，我们在许多方面飞跃地冲进，在另外一些方面却依旧是吴下阿蒙。我们的自我估计没有做到百分之百地正确。我们已经一致站起来了，可是我们却并没有动员。我们的力量还不能被充分地利用。我们还是没有经过组织的群众。这是一个很严重的问题，我们应该在斗争过程里边尽快解决它。

没有灯的都市

为了想瞧瞧这南国都市的晚装，八点钟左右，和郑君一同从明亮的拿坡伦咖啡座，走到黑暗的街头来了。习惯于电灯和霓虹灯的眼，一跨出咖啡座的台阶，马上像失了明似地什么都看不见。没有灯！完全没有灯！在无论如何都不应该没有灯的地方也没有灯！

街上，这里那里时常有一些强烈的光突然射出来，射到人的脸上，马上又消灭了。那是宪兵用手电筒在查察他认为可疑的人们。为了我的触目的非广东型的脸，和我的生硬的广州话，只走了二三十间门面，便受了七次严厉的盘诘。广东人有一种很天真的认识，他们以为江北人都是汉奸，而江北人和非广东人中间的区别他们是始终弄不清楚的。如果没有郑君，怕又会像上一次一样，整夜被监视着了。

“加拿大”和私家汽车的前灯明灭着，像田间的萤火一样。街道和行人的轮廓突然清楚起来，又突然消灭在不知那里。我们是用触角在走着路，车辆轰然地鸣叫着从身边擦过去，游人们从暗陬里面对着我们撞来。完全像鬼市一样，悄然地，一点声音没有地，无数的人在身旁憧憧地隐现。真是很有趣的景象。

十点钟的时候，我们站在海珠桥上了。珠江的确很俏丽，月色澄清得很，水面上笼罩着柔和的、黄昏样的薄明。从泊在桥下的珠艇上，睡熟了样的珠艇上，哀怨的粤讴在夜色中浮动着。

这样梦幻似的大月亮，可是珠江水面上的闪烁的反光，在空中看下来，不是非常清楚吗？也许五百公斤的炸弹会掉下来，消灭了这些精致的珠艇，可是汉民族却将像这静默的珠江一样地，永远地，永远地生存下去。我们也许会流血五十年甚至一百年，可是我们的自夸的敌人将一个没有遗留地粉碎在我们脚下。

①

夜　袭

郑君的屋子是一座很漂亮的别墅样的建筑，位置在东部的山坡上。我的卧室的窗外展开一片肥沃的平原，对面就是那永远缭绕着白云的白云山。因为疲倦和那张华贵的席梦思床褥的诱惑，我一下子就睡熟了。

不知道睡了多少时候，我突然醒来，而且在床上坐了起来。一种微妙的预

① 图注：珠江。刊载于《文华》1930 年第 15 期。

感突然浮了上来，觉得一定已经发生了什么事似的。就在这时候，我听见郑君正在敲着门，稍微有些匆惶地叫着我的名字。我跳下床，披了睡衣，去开门。

“飞机来了，我们到楼下去吧。”和他的声音相反地，站在门外的郑君却意外地有着安详的脸。

刚走到楼梯那儿，我们听见紧急警报。本来已经很静寂的空气，越加静寂起来，就像这二百万人口的喧嚣的城市突然变成了化石一样。窒息了似地呼吸着，我听到自己的和郑君的心脏跳动得难堪地响亮。

“生死关头的确不容易保持浩然之气！”我解嘲地说，郑君也会意地微笑了。“如果被炸死了，家族便会陷入更绝望的更悲惨的境地吧。”种种想象锐敏地，迅速地在意识上反复地泛滥开来，一面深深地厌恶自己的懦弱和无耻。

在半楼梯上，我忽然有了一个主意。“到三楼露台上去吧！无论如何，这是个难得的机会。”这样地向郑君提议，他马上同意了。

一大片夜云正在月亮底下浮过，广州和它的近郊差不多全给云影遮蔽着。可是月光却依旧透过了那片秋云洒落下来。在辽远的水平线上，庞大的，梦幻似的银云堆积着。轻倩的小云在天空里浮游着，那种潇洒使人联想起后期印象派的画。满天的星星晶莹得不像是现实的东西。

在我们的脚下，密密层层的万家脊檐漠然地融合在远山苍影里。这座古旧的中国城市仿佛能容受全世界所有的爆炸弹似地，茫然地躺在那里，像一个熟睡的巨人并不为了蚊蚋的侵扰而感到不安一样。

璀璨的夜空

正在感叹着我们民族的“深”和“大”，忽然听到了飞机马达的轰闹声。几乎是同时，机关枪声也从很远的地方，燥急地、不耐烦地，在静谧的夜空里蠢动起来。

“我们大概是在黄埔附近截击他们吧。”郑君像一个老练的空袭城市居民似地告诉我。

飞机的嗡嗡声和机关枪的达达声渐渐近来了。

越来越近……越来越近……几秒钟以后，我们四围的空间全是这压倒一切的，烦扰的声音，就像千万只夏日的金蝇在我们上下左右营营地缠绕着一样。

机关枪声也清切起来，尖锐起来。七十多颗红的和绿的星在空中晃摇着，流动着，那是飞机尾上的夜航灯。可是我们却瞧不到一只飞机，因为那片大浮云还遮蔽着月亮，只有机关枪的枪火在银灰的夜空下流星似地窜走着。

空中正在战斗着。

一瞬间，五十多盏探照的微青的光射透了夜空，交叉着，纵横着。一只单翼机突然在探照灯的光里，一颗银色的斑点似地闪烁起来。马上另外五条强烈的弧光扫过来，集中在那银色的斑点上。从六个不同的角度和地点射出来的青光把一只耀目的银飞机捕捉在交叉点上，一眼看来，好像是一颗拖了六条长尾的彗星。这样的彗星连续出现在夜空里。

同时，几乎会把人震倒似的，高射炮和高射机关枪从四面八方吼叫起来。火树银花在三千尺的高空开放了。有的是孤单的一朵，有的像三瓣的堇花，有的像五瓣的梅花。

云彩、探照灯和高射炮，在夜空里织着璀璨的图案，而成群的飞机就在这广漠的，瑰丽的画卷上冲刺着，回旋着。

描在夜空的霓虹灯

不知从哪里掉下一颗发白光的，摄影场里用的二千烛光的炭精灯灯泡样的东西来，在半空中燃烧着。突然，整个的天空和整个的广州都被照明了。大约过了三秒至五秒钟，这奇异的火炬又突然消灭。在这一明灭中间，我们看见了许多许多东西。

西壕口的竣削的 Skyscrappers 把贴在天边的云块做衬景，浮雕似地映现了出来……在那些浮游着的一片片小云中间，百架以上的飞机翻腾着，追逐着……高射炮的烟像是一朵朵透明的银云悬挂在半空……机关枪的断续的火焰吞吐着，划着不规则的弧线……一只庞大的单翼机垂直地掉下来，又垂直地冲上去，穿入云里……

就在我们头上，三只双翼机在围攻一只大得可怕的轰炸机，至少有十挺以上机关枪在放射着，那些飞机就像钻火圈的武士似地，在火网里边悠然地翱翔着……照明弹熄了以后，在东北方，五色的信号弹的霓虹灯便描在夜空了。忽然，一条探照灯的光横扫起来，直扫在一只正在向下扑的飞机上面。那只飞机已经跌得很低，好像里边的飞行员的轮廓都看清楚了的模样。我们没有看见炸弹掉下，可是就在这时候，轰的一声，一条巨大的火柱带着一大堆黑色的什么东西从那只飞机下面直冲上来，像是大地咆哮起来，伸出手来想抓住它一样。飞机惶急地升上去，好几条青色的弧光跟着扫上去，同时银色的烟一朵朵花似地散开在飞机的四围，火光闪射着。飞机抖了一下，古怪地翻了一个身，在空中熊熊地燃烧起来，变成一颗沉重的火球，迅速地跌下去，一面嘶嘶地叫着。

末　日

就在这短促的几分钟中间，广州市仿佛到了它的末日。差不多是同时地，几十条巨大的火柱在我们的前后左右跳了起来。大地像马上就要陷下去似地，呻吟着，颤抖着。那洪大的震声把我的知觉完全夺去了。我出神地站在那里，什么思想也没有，彻头彻尾被目前太瑰丽太神奇的景象所震慑。地上是火焰，空中也是火焰；地上的房屋燃烧着，空中的飞机也燃烧，连夜云，连月光都被烧成血色。

火在整个的空间里边泛滥着。

有五个用降落伞跳下来的飞行员在半空荡漾着。一架飞机在他们四围兜圈子，用机关枪扫射他们。两个爆炸起来，燃烧起来。还有三个却依旧那样逍遥地飘着，彳亍着。

两架飞机面对面飞来，滑稽地撞了一下，变成一团大火焰和无数小火星。在高空里盘旋着的一架轰炸机猛地掠下来，忽然另一架正在燃烧着的轰炸机莫明其妙地遮住了它的去路，前者也一点不加思索地窜进火焰里一同燃烧起来。

一切都是那样混乱，飞机混乱地飞，探照灯混乱地满天空横扫，火焰混乱地到处喷放，高射炮也混乱地号叫。

几分钟以后，高射炮突然停了下来。什么声音都没有了，只有飞机马达的低微的嗡声，正像它们来到时候一样。

全广州的汽笛同时响了起来，空袭已经过去了。

○ 原载于《宇宙风》1937 年第 51 期

文艺工作者在广州

1938

—— 适夷[1]

老舍、蓬子二兄：

接蓬子信，快慰。来广州已将一月，南国风光颇足留恋，气候并不如想象之热，最高不过九一度，且朝晚凉风习习，遍体快适。如遇雨天，则清凉有秋意，衣饰又简，一件衬衫一条长裤，即随处可去，途上亦几乎见不到穿长衫的人，文绉绉之风绝踪。市容的壮丽和道路的整洁只有上海租界可比。

我于上月十日晨四时余，在遭过几十次大轰炸之黄沙车站下车，驱车投宿，途中几不见轰炸痕迹，大出臆想。达旅舍仰眠片刻，警报声如鬼哭，起身走避，竟见行人熙熙攘攘，毫无异状，小贩依然高声叫卖，商店也门庭若市，在外来者心目中，自觉惊异，尤其是前一天刚刚狂炸市区，死伤百余人之后。此后虽在每条街上，都发现一堆瓦砾，一截颓垣，但颓垣与瓦砾之旁，依然热闹如故，营业如故，甚且游宴如故，广东精神真可欣羡。

对于抗救运动，亦一样显得热烈而紧张，接连着献金周、慰劳信周，全市轰动，热闹异常。虽然每天警报三四次，敌机清晨即来，入夜不去，有时头上嗡嗡之声，历时甚久，但在饱受经练之人，亦不过如蚊子之嗡嗡耳，日本仔真

① 编者注：楼适夷，原名楼锡春，浙江余姚人。1929 年去日本学习。1931 年回到上海，参加左联、文总工作，编辑左联机关刊《前哨》《文学导报》。抗日战争爆发后历任《新华日报》《抗战文艺》《文艺阵地》《时代日报》《作家》《小说》等刊物编辑。著有《挣扎》《病与梦》《第三时期》《四明山杂记》等作品。

可怜可笑。

文艺团体这里有两个。一个作家协进会，抗战前原已存在，今年四月间又经一度改组，由胡春冰、罗海沙等主持，会员约四五十人，大半皆原在广州者。在《中山日报》附刊一个《战时文艺》周刊，即该会编发。此外广东文学会是今年二月间成立的，有一百多会员，其中不少从外边来的，也包含了许多写鸳鸯蝴蝶派小说的旧作家，但对于抗战救亡的原则则完全一致，这会主持者为钟天心、夏衍、杨邨人、祝秀侠等人。

半年来做的工作：一、召开抗战文艺讲座；二、召开抗战文学座谈会；三、出版《人人看》大众周刊；四、主办文艺通讯员总站；五、慰劳伤兵及难民；六、发刊《抗战文学》；七、组织战时文艺工作队，参加文化界抗敌协会工作团。

①

讲座是短期的，现已结束。座谈会经常召开，《人人看》现在也停刊了。文艺通信员总站成绩很好，现有通讯员已发展二百余人，各地设分站，分站上再分支站。除广东各地外，通讯网遍布昆明、衡阳、长沙、武汉、延安等处。总站有一个独立的机构，但都是文学会的人，他们的出版物，本有一《抗战文艺》，现在《救亡日报》附刊《文艺通讯员》专页。文学会的机关纸《抗战文学》，每周一次，也附刊在《救亡日报》。

还有诗歌运动，大概全国没有一个地方能有如此热烈。组织有中国诗坛社，社员二百多人，广东诗人之多，真可惊人。看那些作品，虽大都流于感情的叫号，不免幼稚，但也有不少较好的，而且那些诗人都是青年英俊，有的投身从戎，大半都参加实际工作。上月献金周中，许多诗人出发街头咏诗，结果

① 图注：《人人看》杂志，1938 年第 3 期封面。

以唱小调最受欢迎，最高纪录，一人一天唱得六十几块。他们有一个诗歌出版社，有一个《中国诗坛》月刊，还出了几十本诗集。广东文学会在一般救亡运动中也很活跃，上月献金周中，在国民戏院举行了一次文艺献金晚会，观众一千余人，集金五百余元。

出版物，《新战线》由祝秀侠等主编，较好，但非文艺刊物。钱君匋及黄源夫人许粤华大轰炸时已去沪，君匋来信，现在沪办《文艺新潮》，《烽火》《文丛》均在出，不过印刷关系常常脱期。巴金近去武汉，不久即回。《文阵》此间见到八期。茅盾在港，尚未见过，常通信。《小战报》由第四战区政治部出版，是文学会的林娜主编，专门给士兵阅读，内容文艺占大部分，新颖而通俗。不过广州的报纸太落后，许多报纸的副刊满载四六文，鸳鸯蝴蝶派的小说大大流行，可见一般文化水平之低。此外新文艺的副刊亦几无一种可赞，《救亡日报》成为此地文化的中心。

本来我远应该顺便报告一点香港的情形，但我还没有去香港（不日打算去一次），现将所闻略谈一二。香港自然远是一个充满荒淫与无耻的殖民地，尤其高等难民云集以来，纸醉金迷的生活态的繁荣。但是在祖国血火斗争中，香港的祖国的儿女们也在成长着，近来各行小贩的义卖运动有风起云涌之势。所谓义卖，便是贩卖之物连本捐助，热心的买者便出高的价格。如果贩义卖，便有某先生购香蕉一扎，出洋十元，某太太购龙眼一篓，出洋百元，同时各商行响应义卖，便自动献金，在店门口挂出一块布帜，上写“本店响应义贩义卖献金 ×× 元”，有千元百元的，也有万元的。而且同街同行中还互相竞争，你出一千，我便出二千，互相比赛，甚至还把钞票整叠整叠的在橱窗里陈列起来，任人参观。这种豪情也恐怕只有广东人才有。听说二十几天来的成绩已近百万，如果全国各大都市都能响应举行，真有意思。

香港集中了好些文化人，学校和报馆的新创和迁来，使这里渐渐兴盛了文化的耕垦。《星岛日报》一天四大张，这么厚厚的一叠报纸，是久矣乎未见的盛况了。《大公报》也在“八一三”复刊，《申报》也出了香港版，以大众为对象的《立报》虽迁港以后颇受困难，但精神依然勃勃。《星岛》的副刊《星云》由戴望舒主编，甚热闹有生气。《大公报》副刊《文艺》，萧乾主编，文艺通信甚多，唯编排得总老实一点，大概是京派的缘故。

我写了许多南国情形，大抵有歌颂性质，为避免捧的嫌疑，说一些别的方面。广州至少我住的地方蚊子多得要命，简直比敌机还可怕。地方还有点潮湿，许多人都脚烂丫子。而且广州的贫富相去太远，市内虽这么壮丽，一近市外，贫民家室就显得那么褴褛，雇一只艇子在荔枝湾泛月，三四个钟头只要四五毛钱（毫洋约合七分），就是船户一家大小一天的生活费。路上盯着不肯走的乞丐也多得很，而巷子里的小贩，也是从清晨到夜半叫得头痛，满街都是茶店，无论谁似乎每天非上一次二次茶店不可。茶店的点心，总是那么一小碟一小碟的，吃不饱。港报载九龙茶室菜馆举行赈灾，每杯茶加一仙，一个星期的成绩，竟有三万多元，可见广东人饮茶的厉害。香港还有很多的小报，我买过一大叠来看过一次，里面尽是一些桃色新闻，而且每种都有三四种长篇小说，内容不是神怪剑侠、侦探黑幕，便是姨太太偷和尚、大小姐爱戏子，不说别的，单是想想坐在茶室看看这种小报，这生活也叫人不寒而栗了。

中華全國文藝界抗敵協會會報

抗戰文藝 三日刊

1

第一卷 第一號 二十七年五月四日出版

發刊詞

本期目錄

①

我的刊物《大地》一定要办，但我想办得出色一点，因此筹备得要特别慎密，故“九一八”创刊，自不得不展延了。希望你们竭力给我一点帮助，我现在除进行此事，便每天写一点文章。文学会的工作，参加了文艺通讯员总站。我觉得这一工作在今日的文学运动中有极大的意义，希望文协在四川也能建立起来。如需参考资料，可搜集寄奉，文协分会既不能成立，目前似乎只能加紧与文学会的联络，交换情报，交换经验，统一工

① 图注：《抗战文艺》创刊号封面，1938 年第 1 卷第 1 期。

作。要此间友人为《抗文》写文，我当经常催促。我自己呢，自然要写的，这封信中，也有点材料，蓬子如不怕麻烦，就摘一点算一篇通讯稿，登在《抗文》也好。

适夷

○ 原载于《抗战文艺》1938 年第 2 卷第 6 期

自广州至桂林（节选）

1939

——憾庐①

退出广州

这是十月十七日的午后一点多钟，在电话里，李君告诉我："我刚得一个消息，现在我告诉你一句话，我们今天晚上一定要全都退出广州。"

虽则我们甚么都准备好了，要运出的书籍都交给报关行了；第七十七期（那可说是在广州的最后一期）的《宇宙风》也在早上全都装订好了，午前已经打好蒲包，打算下午交报关行；我和本社同人的行李也已作退出准备，其余的东西都拼着放弃了。可是，我总存着或许不须要怎末急急，还能支持二三星期也不一定，这种万一的希冀在心中。现在，这"一句话"来得这末突然，真好像一盆冷水从背上浇下。

自从日军十二日在大鹏湾登陆以后，一切的消息都是出于意外地传来，使我啼笑不得。我有时几乎不相信那样的消息是真的。惠州的失守，使所有的人都惊愕不止，许多广东朋友见面时总是摇头，仿佛很惭愧似的。我和巴金先生在十五日还都不想走，十六日便不得不作退出的准备，而今日竟有这样的消息，真是变化得太快了！

---

① 编者注：林憾庐，本名林和清，福建人，为林语堂的三哥。曾主编《北京晨报》副刊及《宇宙风》《见闻》《西洋文学》《中国与世界》等刊物。

我并不怕甚么。因为，在过去几个月的大轰炸中，胆量似乎受了训练，觉得再没有甚么可怕的了。不过，我们所拼命维持的刊物必须求其能继续出版，我以为广州或许不至失陷，但在战事发动中，当然不能在广州排印，就使能够也不好寄邮包，与各地的交通成为问题，所以不能不想法迁移别处继续出版。桂林，我听说上海中国科学公司的分厂已经由汉口迁去，而交通方面，一边有湘桂铁路可通长沙、武汉（那时武汉还在坚守中），一方面公路通广州湾，可和国外来往，又一方面可通贵阳而达川滇陕甘等省——这样，我们就决定到桂林去了。

假如你问我，为甚么不迁香港，路又近，又便当，又安全，为甚么要跑那末远去桂林，将来还是有问题的。

这点可难于说明，总之，我们有一点苦衷，想尽可能地不在国外出版。大轰炸之后，语堂已经汇了钱来，准备必要时迁香港须缴交的保证金（香港的规例，一刊物登记时，必须缴交港政府三千港币），要是愿意迁香港，我们早已迁去了。我总不愿意一受威胁就逃避，所以大轰炸还未停止，我听说印刷厂已复工时，立即赶回去继续出版《宇宙风》，并创办《见闻》。此后的几个月里，我们在警报和机声底下，坚守我们的工作，也不敢说怎末努力辛苦，但保持一点不屈不挠的精神倒是有的。

现在，我们只好作退出的决定与准备了。虽则电话中简单一句话，不一定可信（我也仍然不着急，想要在当天晚上离开广州），但前线不稳是可以断定的。我只得去找朋友，请他极力为我们设法。

下午四点多钟，我再到文化生活出版社去看巴金先生，决定有船即走。坐谈一会儿，朋友李君跑来，告诉我刚才电话所说听来的消息不准确，他们学校的船今晚也不能走。我们到哥伦布餐室去喝咖啡，大家带着恍如《最后一课》的神气，在那里留恋了一点多钟才分手而散。

十八早上，叶君来告诉我，已经由船务局的陈君代我找到一艘木船，说是或许当天晚上就开船。但是，午后又来说不行了，因为那木船须用小轮船拖的，和小轮船没有讲妥之故。说不能走于我倒很惬意，因为现在对广州的一切，我都觉得有点恋恋不舍了。真的，单就住的地方而言，我对于这五六个月来工作和休息寝处的所在，觉得十分的眷恋。现在要和它诀别，好像很对不住了它，因为我仿佛当它是个共患难的朋友，曾在险恶的情境中共同度过生活。我那时还存着万一的希冀，梦想或许到了梧州，住一住，不久形势转变，我们就可回广州来。巴金先生也有同我一样的想法。

可是，现在必须快走了，不是为了安全与否的问题，而是为着工作（刊物继续出版）的问题。两天来的情势，已经是非迁移不可，那末还是早点到桂林去，早点复刊的为好。

十八日下午，同事邵君对我说，某某书店合雇一船到梧州去，本晚开行，要是我们三几人要搭，可以和他们商量。我因为先和巴金先生一行人约好结伴同行，若这样先走有点对不住朋友，所以答复邵君不要。然而，我心里也有点急，怕将来真的没有法子走，除非把行李甚么都丢掉，徒步跑出去。

打听来打听去，各路的车船都挤得要命，我们带许多行李和一些重要文件和纸型，一定没有法子可以挤上船的。李君十九日晚上要走，特为介绍一位朋友马君给我们，将来真地无法时，马君可带路领我们到僻静的乡村去逃避一下。

到了十九晚上十一点多钟，叶君来说，那条木船已经和轮船公司讲妥，或许本夜就开船了，特来叫我们准备，并等候友人来电话。我立刻叫人去通知巴金先生。等到十二点多钟，叶君和友人通电话后，告诉我们今夜不能开，准定明天晚上开行。

二十日上午，我到惠爱路汉民路那边的街上巡行一周，怀着惜别的心情，向几个月来跑熟了的街道看了看，念及不知道何时能再来，那时又是怎末样的光景（现在知道那一带的店屋全都烧光了），真使人不胜怅惘之至！

吃过午饭之后，我跑到巴金先生寓所去，打算请他们到新亚旅社去喝广州的最后一杯咖啡，因为哥伦布餐室已经关了门。不料一到他们那里时，巴金先生告诉我，叶君刚来过，现在就应当准备上船，把行李搬到邮政局对面的堤岸，船务局要派一人到那儿照应，那条船也有人来带我们下船。

我赶回本社时，同事已经雇好货车，把行李载上。然而我还特地到楼上去看看，然后锁上门，走出前面的园子，到惠福东路雇人力车。坐上车子，我回顾数月来工作住宿的房子，投下最后的一瞥，车子便飞跑了。

在邮局门口的阶上，巴金先生和几位友人都已先到，行李比我们简单些。我们等到快四点钟，木船上的伙计才来，叫他代雇小船。不意那时的小船很会居奇，还他们比平时三倍的钱还不肯答应。最后，费了一小时以上的工夫，花了十二元毫洋，才雇到两只小船，渡到对河的木船去。叶陈二君送我们到大船，还有一位孙君，是送他的妹妹的。

木船是载货的，原先行驶东江石龙一带，现在也一样的是在逃难中。不过，他们逃难却可兼做生意，载客人和一些货物上西江去。有些客人是从东江搭上他们的船，现在又跟着往西江去找一个地方栖身的。因为我们是船务局的科长介绍的，而又花了很高很高的船费给他们，我们占在上面一层，地位很好，也还宽敞，只是不容人直立而行。我们把行李搬上，打开铺盖，分占两边，大家坐下稍憩，仿佛数日的忙急零乱的生活，到此刻才告一段落而得到了暂时的安息。

晚上八点多钟，我们的船开了。

西江途中

我离别了广州，并没有多大的悲惜的心情，只是要走之前稍为有点依恋而已。而到了离开它时，心里却不感到悲哀，仅仅叹一口气说：好！我们离别了广州了！

奇怪！除了故乡漳州之外，广州是我最喜欢，或许说是爱好的城市，可是离开了它却不悲怅，这样的心理，要怎样解释法？

或许，我于过后想来，这是因为我怀着不久可以再来的念想，像我们现在抗战中对于放弃某城市不感悲痛，因为坚信不久可以收复之故。抑或，因为在这伟大的非常时代中，变乱迁移是太平常的了，我的意识中也就以为本社的迁移是当然的，很平常的小事情而已。

真地，我那时的确想念着，如桂林三数月后不能够出版，必须再迁重庆或昆明。前途究竟如何，有没有甚么危险困难横亘着，我都不管，准备坚苦维持下去。几个月来，《宇宙风》和《见闻》两个刊物的受到读者欢迎，使我觉得自己的工作不是徒然而感受欢慰，愈想尽力维持刊行不断。

我离开广州，觉得有点歉然，因为好像对它不住，在它危急时掉首不顾地走开。可是，我能够做甚么呢？连守土有责的广东省政府主席也是在二十晚上弃职而逃呢！（某报记者和他同行，后来在桂林对我说：“若不是廿一日早上有日军先头部队数十人冒冒失失地冲至距广州东郊十里许的石牌，吴氏的弃职私逃应受很严重的处分呢！”）

我们总算是幸运的，逃得恰当其时。第二天早上，许多人都是徒步跑出来，有些人步行数天，到三水才有船搭。后来我们到梧州时，听见人说，有的人带小孩逃跑，后来无法，只得把小孩弃置路边，不顾而去。我们可以推想，那为父母的人忍心出此，他们的心里何等苦痛难堪！而这种种惨痛事实，又“谁为为之，孰令致之”呢？

我们的船于二十日晚上离开广州，夜行昼泊（因为怕飞机投弹之故），走了六天才到都城粤省边界的一小镇，可说是慢极了，但却很安适。因为在内河，船行的很平稳，而我们占的位置又好，光线空气很充足，可以躺着看书，或到船头晒太阳，到岸上散步。此外，我因为喜欢喝茶，自己带了好茶叶和小茶壶，每天总泡了几回，大家喝喝茶，谈谈天，倒也容易把时间消遣过去。不过，我们似乎不能欢乐，心绪不佳之故。因为我们一到船上，过了这样的生活，而又没有报纸可看，战事时局怎样都不晓得，仿佛我们处于另一世界，和外间隔绝了，而现代的中国人却绝不能够这样的。

船行的第二天早上，停泊在距一小镇不远的地方。稍停，飞机便来了，轧轧的声响可以听到。我们一帮四只木船上许多人都跑上岸去躲避，最慌急的是一对老夫妇，看去似乎是乡下的有钱人，或许竟是华侨吧，那男人穿着缎短褂，搀扶着老婆乱跑乱窜，踏得污泥满脚，两个都跌了几跤，一爬起来又跑。我们因为在几个月的轰炸中生活惯了，看见这样的慌急，觉得有点可笑。我们一行人都不上岸去躲避，只是看着飞机，目送其来去而已。我于飞机声音听不到时，曾发出“日机看我们不起，不来投一弹”之叹。

真的，我似乎感到一种悲哀，仿佛我们是置身事外，和抗战无关，而在游历玩乐的人。假如日机来投个弹，我们虽或伤或亡，或幸而不被投中，但反而可使我们觉得和时代和抗战联在一起了，倒可叫我因而感受某种欣悦的心情。

依我看来，替我们传播抗战意识最有力的还是对方的飞机炸弹。他们的陆海军所到的地方有限的，而且迟慢，飞机炸弹却很快地遍及我国内地。所以，我颇希望他们的飞机炸弹再多几倍，来个到处乱投弹。可惜对方的飞机炸弹有限，而我国的土地太辽阔了。并且最近他们的经济力有点不行，所以用炸弹也节省了。

飞机倒是天天来的，但大都是沿西江上去，恐怕是侦察我方军事行动为主要目的。当然地，我们有时看见飞机，听见机声，有时却连听也听不见。每回听见时，各船上的人大都逃避到岸上蔗园里去，而我们总是不逃。我曾带着诙谐的态度，愤慨地说："大家不要看它！他们既不睬我们，不来投个弹，和我们打打招呼，那末，我们也不睬他们好了！"

我们最感到痛苦的是看不到报纸，不知道战事如何。到马口镇时，曾听人说，我方于廿一日自动退出广州，所有大建筑物、桥梁、大工厂，都自己炸毁了。然而，我却不大相信日人能够进展得这末快。我虽则看不起广东的官僚和那些统率军队的人，但对广东民众和兵士却颇为钦佩，认为"广东精神"正在下层，广东军队在前线不是打得很好很勇敢吗？所以我猜想到了广州近郊时会有一番的恶战，哪里晓得这回的"广州事变"真是"出人意表之外之表之外"！

我们每到一处，总希望能得到确实的消息，可是听到的老是模糊的断片，没有办法证实广州是否已经沦陷。到了廿五日，我们到达都城，到邮局去询问，仍然打听不出甚么来。

我们廿五日早上到了都城，等了一晚，才赶上轮渡，轮渡是从肇庆来，要到梧州去，满载逃难的人。我们上去，挤得无地容足，幸而巴金先生他们向别的搭客买到舱里的三张床位，而我在船边勉强放下行李，大家坐下，打算就这样坐几个钟头便可到梧州了。

轮渡白天不开，怕飞机之故。我们又花了一天工夫在岸上一个寺院前坐等。直到下午四点钟时，轮渡才开行。在轮渡上与到梧州时，我第一次吃过逃难的苦。因为那一天不曾休息过，而船上又那末拥挤，开行后仍不能得到一个位置，只能站立在船边。后来到巴金先生那边，得到一只椅子坐坐，可是坐太久了，我的身体仍觉得疲乏之至，因为那时我的病后衰弱的身体还未完全复原。本来以为很快就到梧州的，不料一直到半夜才到。

梧州以前不曾到过，大家都不晓得怎末办。看见人家都叫挑夫搬行李上岸，我们也只好叫挑夫来讲好带我们到旅馆去，给他们多一点的工钱。我们上岸时已经一点多钟，挑夫向几家旅馆叩门询问，都已经客满了，不能容纳我们。真的，那时候向梧州退却的人太多太多了，大小旅馆都住得满满的。

一位同事提议去投宿 × 书局，我们遂令挑夫向某街而走。可是，到了一个大的十字街头，我们便被警察挡住了。因为那时已经快两点钟了，而梧州已宣布戒严，所以不许通过。那警察还算客气，说了许多话，我们在人家店铺的骑楼下边的人行道上坐以待旦。

好了，我们真地成了难民了。我因为身体受不住，不管他怎样，铺下草席，打开铺盖，睡下去。几位同事也躺在行李上面，呼呼地睡去。我初时因为有蚊子睡不着，后来究竟因为太倦乏了，便也一梦酣憩地睡着了。

在梧州

我们在街上露宿了半夜。天还没有大亮，我就醒了。还好，手提箱和行李都没动，大家都睡得很熟。我醒了不久，同事也醒了，便商定两人去找旅馆，三个看守行李。

旅馆算是找到了，一家很小的，旧式的房屋，在一条巷里面。我们开了一间房间，但是两张不大的床最多可以挤四个人，我们一行却有五人。后来到了下午，× × 书店的朋友把在一间大旅馆定好的房间让给我们，住的问题才算解决。

巴金先生一行人的行李简单，所以上岸比我们早，找到一家小旅馆，但也没有房间，不过总算还好，没有像我们露宿。他来看我们，谈了一回之后，我和他们一道出去喝咖啡。

那时已经中午了，我们刚喝了咖啡出来，忽然间街上大乱，人们乱跑乱逃，使我们觉得很诧异。问了一下，原来是空袭警报，这在我们从广州来的人看去未免慌张得太甚。巴金先生他们跟着人群先走，我回旅馆去看同事们。刚到巷口，同事们已经出来，旅馆东家带路，于是同他们走去。可是他们走得快，我和我的小儿落后了。

在一个山的半腰里，挖了一个洞，洞口有许多警察，在赶着民众进去。我和小儿不想进去，便在外边竹林下站着。可是不行，一个穿米黄色制服的官长，对我说了土腔国语，听不大清楚，似乎是说："要进去现在必须进去，停一会飞机来了，不能进去。"我以为是好意，怕我临急时不能挤进洞里，便答复他说："不要紧，我们不怕。飞机来时，我们站在这里好了，我不要进洞去。"

那里晓得那官儿（后来我才分辨出来，是一个医官之类）勃然大怒起来，斥责我不听命令。他大声地喝道："进去！广州是广州，这里却是广西，你要服从命令！"他似乎看出我们是从广州来的，所以不怕轰炸，但却以为这样有点看不起他们广西，因而大发其脾气。

我和小儿不得已进去站在洞口——钢骨三和土（？）筑的一个城门式的甬道——以为这样总可以了。可是还不行，警察一定要我们进去。

飞机来了，警察似乎都很怕，马上挤进洞口，而且拼命赶我们走进里边。那医官又来干涉我，这显然是故意的了。

好罢！大概他们以花了很大很大的工夫，挖成这样大的工程，一定要我去参观，替他们喝几声彩。我如一定不进去，真有点辜负了。

我心里这样地想，也就慨然跟着他们进去。那时候电灯已经关熄了，洞里两边都是人，警察命令他们都要蹲下或坐下，不许站立。有许多都带着手电筒，警察也都带着照路并指挥监督民众。

洞是新挖的（或许还未完成的），里边非常潮湿，而且没有别的出入口，所以里面的空气非常恶劣。我走进去，在中途要停下来又不见许，只好跟他们到很深的地方。两旁的人很挤，有许多妇女怀抱着小孩，有的把婴孩放在身边地上睡着。这末多的人（大概有一千左右），挤在窄长的壕洞里，没有别的通气窗或孔穴，不晓得当初设计的人有没有想及空气的供给问题。

而且，凡防空壕都要多数的出入口，最少也要有三个，才没有被活埋的危险。这末长的壕洞却只有一个口，我真猜疑那些主持办理的人是否有常识。那山洞是费了很多的人工挖成的，为甚么不能多挖两三个出口？假如真的在洞口附近落个炸弹，把洞口封住，整千的人民不是都要被活埋了吗？

我受不住恶浊的空气，简直要晕倒。有几回飞机投弹的声音传来，里边的人都显示着非常地怕恐，连警察们也吓得赶快坐，屏着声息地等炸弹声没有了很久，才敢出声说话。我在一个手电筒的光线中，看见那位医官睁着双眼，露着非常惊恐的神气，不觉有点可怜他起来了。

幸而梧州的空袭只是一会儿便过去了，不然的话，我一定因为气闷而晕倒在里面。我分几回移出靠近洞口处，终于看见洞口，吸进清新的空气，精神胸臆为之一爽。后来警察出去了，许多人也跟着出去，我一到外边，真地深切感到“重见天日”这句话的意味了。

此后的数天中，警报来时，我不敢再去领教这梧州警察引以为豪的防空洞了。有一回和巴金先生他们在公园里半山间的竹林下站立，算是躲避空袭，以后索性在那大旅馆里不出来。

那时的梧州也是紧急状态中，当局极力劝告人民疏散人口，警察来旅馆查夜时，要我们预定甚么时候走。这有甚么办法，车是不会有的，船也没有定期，等着要搭的人又多极了，怎末能够预定行期呢？可是警察一定要我们说，原来这是他们的责任，一定要在表格填上走的日子，到那时走不走倒没有关系，所以听见我们说或许甚么时候可以走，便写上表册里，满意地走去了。

那几天我们的确天天在打听船期，可是没有办法确定。巴金先生托朋友设法，说是如有船要买票是可买到的，但船何时有却不知道。那时我们的书籍在广州运出的第一批到了梧州，便由同事领取，托 ×× 书店和他们的书一道配船运去桂林。但我们还有第二批的书和第三批的本刊（第七十七期的《宇宙风》，在广州刚刚印好的），据说是没有运出，恐怕已经付诸一炬了。

在几天的奔走而没有船可搭，正在想自己雇一小木船去的时候，那是三十日的晚上，巴金先生和他的令弟偶然想到码头上去看，竟然有一艘渡船刚刚从上游来到。那船的来到，船公司也没有预先知道，所以不曾卖这条船的票，因而使巴金先生他们买到票，也替我们买了五张，立刻来通知我准备下船。

在极匆促的半点钟里，我们收拾好行李，付了旅馆的账，雇人挑到船上，找到巴金先生他们，而后照我们船票上的号码，叫茶房带我们去找得我们的床位，于是我们离开了梧州。

○ 原载于《宇宙风 · 乙刊》1939 年 3 月 1 日创刊号

重入魔窟的广州

1939

——老震

避到香港来经有三月了。人虽是闲散，心情却无日能够宁静。在这华南唯一的避难场所，人事与天时，都没有一点哀亡之感的影迹。健忘的人们，已在熙熙攘攘的时日中消磨了苦难的记忆，对于远隔一岸的羊城，早已不大过问了。

我是寄食于一位疏亲之家，作为堂上的寄生虫。时日真是过得太寂寞，心头的积郁又难于排遣，白天为避免主人厌恶的眼光，只得逛逛街头，或到海滨去眺望对岸的大陆。晚上，很早便回来闭户睡觉。现在我是亡命之人了，抛了妻儿，离了故家，这样捱挨下去，何日是流落的尽头？对于这汹汹袭来的思潮，我真不敢再想下去，在无可奈何中，蒙被大睡。

我天天去打探落在难境里的家人，但总无下落。提到家人，我便抱怨自己太自误。当敌人在大鹏湾登陆的恶讯传来，广州市顿时咆哮，我向来是坚信广东是不轻易受挫的，虽恶讯逐日加紧，然我依旧自持镇静。那时刚是仲秋节后，月色尚好，每晚上我均与几位老友到荔枝湾去扒艇游河。刚巧到了十三晚，老友张君却咯血重病，要回故里罗定疗理。患难当头，我是不忍老友在这风雨飘摇的羊城任其自生自灭的，于是与母亲商量，先伴送张君返罗定，再回头来安置家人。事情决定后，我便于十四日早离广州。临行时，母亲曾叮嘱道："外面风声很紧，你须早去早回。"谁知开往罗定的民船人太挤拥了，路程跋涉，延搁时日过久，及到罗定，广州便告陷落了。我急急搭车到广州湾，再转轮到香港，满想回广州抢救家人，然而已不可能了。骨肉的亲情，鼓励我作魔窟的冒险。一个人到了一无所有的时候，会把他的生命当作最后的武器，我之重入沦陷后的广州，正是如此情境。

事前，我先从那些由广州避出来的难民的口里打听路线及进市的手续，把那些特别的暗号记在心头。到了临行的那天，我穿起海洋布衫裤，除了眼镜，换了布鞋，打扮成一个土气十足的小商人，背起了被袱，孤独地离开香港，向魔窟进行，开始“万里寻家”了。

从香港搭轮到石歧，仅经当地的自卫团很简便的检查，便放行了。再由石歧转搭民渡入大良，我已渐迫近虎穴，这时我的心中在寻思如何应付各关口的查问，如何走小径可以避免一切的麻烦，刚巧卧在我旁边有两个工人模样搭客在喁喁私语，我侧耳窃听，原来他俩是从广州逃出来的电气工人。

“老乡亲，你是从省城来的吗？”我问。

“怎么不是，妈的，日本兵简直不把中国人当做人看待，我们因省城失陷，逃不出来，被他们抓住，强迫到电灯厂做工，天天在皮鞭巴掌下过活，我们真受不住这气，前天才逃出来。朋友，你呢？”那位较为年青的问我。

“我是到省城去看看亲人的，真无可奈何，离家已有四个多月了，家人却没有来信，我记挂得很，故想带他们出来。老乡亲，从这里到省城有什么麻烦没有？”

“你有良民证吗？”

“我不高兴领良民证，因我不是到省城做良民的。”

“那便麻烦了。”那位较老成的工人插嘴说。

“请问你，没有良民证可以进市区吗？”我转问他道。

他低头想了一想说：“倒有一个办法，不知可以行得通否，但你不妨试试。你现时进去，可用一张纸写着‘回市复业’，到出来时改写为‘回乡携眷来市’，带在身上，到了检查的关口可取出来给他们看，或者能够通行。”

随后我又打探些广州市内的情形，他们所告诉我的，无非是日本兵的猖狂和我方游击队的活跃，到了傍晚时分，船已驶到大良了。

在大良过了一晚，第二天黎明便搭美国救世军的电船开往广州。天气是阴沉沉，好像将要下雨，向来绮丽的珠江，这时已消失了春的气息。两岸的田野望不到人，经过日兵洗劫的村落，只有颓垣败瓦，散落在这熹微的晨光中。船内几十位搭客默坐着，脸上一副苦相。我心中老是自问：别后的广州，你可无恙？

幸喜在程中没有碰到日本的驱逐艇，大约坐了四旬钟，电船便抵达沙面的西桥，停泊下来，搭客一个个登岸了。

春雨是丝丝的落下，天空格外惨黑，我上岸后便有两个日兵，背后跟着几个无赖的流氓走来检查登岸的搭客，我便把带在身上的“回市复业”的护身符取来给他们看，他们在我身上搜索了一下，点点头，挥手叫我走过去。

人像做梦般在街头彷徨了。这就是我别后的广州吗？一切已大异于往日，街上的行人，是闪闪缩缩的走着，寂寥得很。站街的宪兵，手臂挂着膏药的旗章，肃立着，虎视来往的人。骑楼下是堆塞着饥苦的难民，像腌过的咸鱼排挤着，这就是我们中华的儿女吗？我真不敢看下去，一掬的酸泪早已挂在眼睫。

何处是我投宿之所？何处是我家人的行踪？我这鬼窟彷徨的无依人，如今真如一条丧家之狗。

到了上灯的时分，我还找不到住宿的地方，旅店虽然还有几间继续开业，但没有良民证是住不得的。偶然走过长堤的青年会，我顿省觉自己是回教徒，于是便托我主的福荫，到教堂投宿去了。

谢谢天地！我在这火坑中终于捱过了黑暗的长夜，并且打听出我家人的行踪。据一位熟知的教友的告诉，我的家人已于半月前迁到离开广州市外三十余里的平州了。本来我是可以于第二天离广州的，但我一想：千辛万苦跑到这魔窟，正可趁此时机看看这世界中最黑暗的一角落是什么情状？于是动了兴头，作魔窟的巡礼。

我由西关出发，经过上九甫、下九甫、十八甫，纵横四十条马路，都被烧成废墟，瓦烁铺路，人烟稀绝。面对着这荒凉的情状，我只能默默哀感。向南行，到了长堤、大新公司，邮局、海关，几许琦玮的建筑物，亦付之一炬。西濠口因没有船只来往，已不像往日车如流水马如龙了。虽有一两驾风驰电掣的太阳牌汽车掠过，然车内多坐着被押赴刑场的同胞。从幽禁的囚车中还送来

“起来！不愿做奴隶的人们”的壮歌，这歌声激荡着每位行人，除了死心塌地的汉奸外，一切的灾民会给这最后的悲壮的歌声感动到激昂流泪。

①

再到海珠路去看看。因教友事前曾对我说：“今日的海珠路和大市街，其热闹与往日的汉民路一般。”真的，海珠路在以前是冷落的，现在却不同了。人潮汹涌，摆摊的、卖杂食的、赶市的，挤得水泄不通。然而所有都是流氓的集合，贩卖的对象都是抢来的赃品。这里有古董、书籍、估衣、家具，行人虽是挤拥，但是扒手和抢劫的事情特多。我亲眼看见一个流氓用手枪指着一个挑盐的苦工迫他把盐放下，苦工不肯依从，但流氓的帮手却从背后把盐抢过来，扬长而去。

经过惠福东路的大佛寺，望进去，里面是粥粥群雌的日本妓女，穿着粉红的底衣裤，在招待过街的行人。在异地操持皮肉生涯，或许是岛国人的良风吧！但何必选这往昔清净的大佛寺来作临时的阳台呢？真令人厌恶之至。盐运西在惠福东路的转角，我想看看宇宙风社的旧址，可是日本宪兵却挡住去路，因里面住着日本的高级军官。

到了汉民路，又展开一幅颓垣废瓦的惨景。左边从拱北楼烧到哥伦布，右边从中华书局烧到汉民戏院，两旁的店户是半开半闭，这是受迫的店户在不得已中来支持其门面，因日本军人曾威吓店户要继续复业，不然就要充公（？）

① 图注：准备飞往虎门要塞海口轰炸敌舰的广州航空队。刊载于《中华》1937年第57期“中日战事专号”。

或烧毁的。在汉民路中大展鸿图的是日本商店，但生意却冷落得很，而且时常受我们的游击队的捣毁。

提到游击队，真令日兵胆寒，他们英勇的精神是世人罕见的。当我走到汉民路，看见许多行人围成一堆，我以为是汽车肇事，走上去一看，原来是游击队员当街宣传，一个高个子的队员站在桌上，手中执着一面青天白日的国旗在扬着。他先把外衣的纽扣打开，底衣的胸前很鲜明的刺着“敢死队”三个大红字，然后把国旗展开给听众，滔滔地说：“诸位！你们不见这面旗已有四个多月了，当我军退出广州以来，诸君便陷在悲惨的世界，过着牛马的生活。然而，我要对大家说，我们是迟早要光复广州，诸君，你们总有一天在青天白日的旗帜下，做中华民国的国民！”接着是一片喧天的拍掌声，人潮在涌着，人声在咆哮。

站街的警察懒洋洋地跑来干涉，但散布在街口放哨的游击队员却把短枪指着警察的屁股，跟在背后，厉声说：“走狗，不要多事，不然请你吃这橄榄丸。”警察无可奈何地说：“不关我事，不关我事，你们尽管讲吧！”于是又低着头踱开了。

汉民南路是日本海军队部，听说海军部是与陆军部向来是火拼的。陆军部强迫市民都要佩带良民证，如果发见不佩良民证的市民，便把市民缚起来，执着脚，高高的擎起，如打麦穗般摔在地面，摔得头破血流，脑汁涂地；倘市民佩良民证经过海军部时，他们却把良民证撕烂，大骂市民不该佩带陆军的良民证。

我在这昏天黑地的魔窟闯了整天，见了许多陆离光怪的丑状，听了许多笑破肚子的怪闻，这里一切的一切，都是世界任何角落所罕见的。广州现时虽落在敌人手里，然而中华民族的气尚存，我是深信在不久的将来，终有光复的一天。

因为家人在平州，我不能在这魔窟再逗留了。当晚，又写好了“回乡携眷来市”的鬼字，与我们的广州暂时告别，转轮到平州寻亲了。

○ 原载于《宇宙风》1939年第83期

从南京到香港（节选）

1939

——梦殊

这是一束“明日黄花”，说起来是“过时之物”，但不能让它老蕴在心头，为的是不吐不快：

从去年七月初起，开始疏散的车马络绎不绝，尤其京沪车站给拥挤得水泄不通，因而引起民众的惊惶，亦随之四散逃窜，这样连续纷扰了两个星期，才稍许见到点儿和缓的状态。因为，走得动的都差不多走完了。我那时正害着前所未有的胃病，一切中西胃药都收不到多大的效果，担忧一家幼弱到临了不能走避，白牺牲，也不能使我的病得到精神治疗、心理治疗的作用。于是我就不顾惜自己病得厉害，立即设法遣点儿路费，把他们在八月十日送上三等客车到上海去，再转乘海轮回广东的故乡。不想他们才到得上海，却乘不到海船，给他们阻留在一家亲眷的阁楼里。

①

① 图注：卢梦殊。刊载于《良友》1926 年第 4 期。

"八一三"既已吼起了全民族复兴抗战的炮声，六岁小儿又病得水米不入，益发阻留住他们的行程。我在南京接了电报干着急，想奔到上海去看看他们，无奈自己的病不曾好，交通又非常困难而且危险，两地之间彼此牵挂着，惶急忧煎的心情，说它像热油锅的蚂蚁罢，不过是外相的形容而已。后来彼此都得到安全的消息了，才把破碎的心收拾好了一半；但，我的胃病依还不见得好，每日两餐只吃五个铜子面条，连汤带面恰好一碗，多些也会感到不舒服，要是勉强吃下半碗饭，那就胀痛得简直要命。家人去后感到一身的孑然，但没有儿女哭闹的声音倒也觉得清静，只是不能让我长远清静下去而已。南京在"八一五"首次遭遇到空袭之后，马路上驶着许多搬场汽车，市面变成了夏历元旦的景象，全市商店没有一家不闭上门来，有时大胆地开了，不久又跟着"拉呜"而慌忙打烊。好在人心振奋，抗敌情绪也见得异样地高涨。尤其壮丁每一次遇到空袭和宪警合作之下，忠勇振发，十分地表现了不怕死的精神。至于留京民众呢，一听到解除警报就立刻奔到外面或者报馆去打听这一回又打落了多少敌机。"八一五"以后，我的胃病因了努力的调治，一天一天地有了起色，可是给敌机空袭打破我的饭碗，便日日在吊儿郎当的悠闲里面做了一个生活在重重压迫下的无业的中年人。

侥幸经收房租的那位大嘴钩鼻南京人积攒了几个冤枉钱，怕死，把全家搬到离城八十里的乡间去，放弃这一带的房租不来经收，我才得坦坦然少却一点困难，不然这一个偌大的城池是没有我插足的所在的。这时，朋友当中如李宾泉、陆小洛、卜少夫、陈昱光等，离了南京，田汉、沙雁等现也少晤谈，就连日常见面的曹志远、沈铁如都不上门来，除了偶然和施白芜、许君武、黄锡琴等见见面之外，日惟读书、种花和避空袭。

南京避空袭的地方很多，有防空壕、防空室，又有建筑坚固如新都、大华等影戏院的娱乐场所，但我除了偶尔一去新都之外，多半躲在家里睡觉。我的见解是南京这么大的城池，防空网的组织又异常严密，不见得敌机就会炸着我住的小房子，所以，虽然高射枪炮声、机声、炸弹声震得双耳要聋，无法入睡，却非常镇定。

有一回，是八月十七的黄昏，我和李福凌在家里在听无线电报告前方战事，忽然空袭来了，火箭似的高射炮弹满天乱飞，红的绿的信号参加去组织成一天的美丽的火焰，突的“轰……轰……”几声，门窗玻璃震得乱响，厨房的纱窗给扯成一个大窟洞，李福浚给吓得呆了，躲在扶梯下面抖得索索地。等到解除警报之后，他就不再到我家来了。

又有一次是八月二十七日夜里，也可以说是二十八的上午，我还在聚精会神地临柳公权的《玄秘塔》，防空处“拉呜”了，接着灯火管制，我便上楼开了后门，拿把藤椅坐在后门口的篱笆下，篱笆外面是一个大水塘，前面后面都是空地和花园，我认为这是一个无上的不必加以人工设备的安全避难所，坐在那儿听敌机的行凶，其实是想看高射炮打下一架给我开开眼界，但我那夜的希望终于没有实现。飞机好几次在我的头上打旋，四围炮声大作，一团一团的烈火望上冲，冲向探照灯搜寻到的目的物去，敌机是给照着了，却射程不及，没打下来，只是大地映得通红，连我也给映得毫发毕现。我想：假使我给敌机瞥见的话，一轮机关枪向下扫射，岂不教我不曾上得前线冲锋也会带花了吗？然我并不着慌，随听见“轰轰”几声之后南面起着大火。这一次空袭足足四个钟点，天方微曙，敌机才鼠窜而去。

事后听说八府塘给炸得稀烂，平民死伤不知多少，我于愤恨之余，坐了一辆黄包车到灾区去视察了一下。救护队的工作异常神速，火场已经救熄了，烧死的尸体像焦炭似地排列着，等待土工的掩埋，气味异样难闻，形状之惨，令人酸鼻。我偶一回头，啊！树上还挂几支残骸，狼藉而有余血的滴沥着。这一页惨无人道的血债，我们前线去取偿吧！死者家属的惨厉的哭声使我不忍再闻，便转身踱了回去。满街都是担负儿女到城外难避去的平民。

南京自那天起益发萧条得可怕。叶浅予、梁白波、胡考等一班漫画家回京了。他们回来是做漫画宣传抗敌工作。白波告诉我，她们从上海来的困难和劳苦。然而困难与劳苦是威胁不倒他们的，因为他们像没有事似地大家在谈笑自如，浅予还讪笑胡老穿短裤“有伤风化”。

这里虽因他们来了热闹许多，可是，我却一天一天地加紧狼狈，原因，十五日的竭业的那最后半个月的薪水，已经花费得所余无几了。虽则住的房子不用花钱，胃病所耗的医药费，计算起来，恰好如两月房租之数，这一笔例外的开销，使我意识到“有病方知健是仙”的一句话。由是感到没钱时候的彷徨，同时料到这死气沉沉的石头城，不能让我再住下去的了。然而，不住下去又向哪里走呢？回乡吧，而一切交通都不如战前那么便利，非打汉口经过不行。那末，船钱呢？车费呢？这种种就非我的能力所能办到了。因此，左思右想起来，一个整夜不曾合眼。

在九月五日早上，我硬着头皮写信差人到下关跟林善臣去商量一百块钱。善臣本来是我的同乡，但因祖居南京就做了南京人了。他接了我的信，很慷慨地借给一百块钱，我又托黄锡琴辗转替我汇款，才在洋行“武陵”船的甲板上占了一个帆布床空位。这空位的代价真是不少，要花到三十七块五毛钱，还要有面子的人才能商量得到。战乱的时候，一切都已违反常例，一个船位的事本来很少，但也可概其余了。

船在九月八日的子夜开行，我在那天一早就来收拾行李，只取些衣物装了两只皮箱，其他的东西一概不动，满以为一两个月之后能够重回南京的。房子交给一位姓安的忠实老头看守，还关照他无论如何要等我回来。他的胆子比我还要强些，每次遇到空袭老是在床上挺着打呼，高射炮声不会给他闹醒，而人又挺忠厚，我因此放心把房子交给他。大南京失陷的时候，恐怕他已经葬身在那一带的火场里了。屡次想起他时心里一阵一阵地难过。

行李收拾停当之后，突然有一位憔悴不堪的青年跑来，细认之下，才认出是我的老友徐公使的儿子志浩。他告诉我，经过了许多苦难才从上海跑到南京来，疲倦尚是小事，性命几乎不保，肚子已饿了三天，身上一个子儿都没有，想回到广东或汉口投身队伍去参加抗敌的工作。他又说他这回能够逃出虎口是天教他留得生命去打东洋人。他来找我的目的是要钱，往西去。我叫老头开饭给他吃，又从箱子里取出一身夜服给他换，告诉他，今天有船到汉口，要去时得赶快去设法船票，我说了，就从袋里取五十块钱给他，并说“我也是乘船到汉口去”。

他吃过饭，临走时对我说：“叔叔，我不向你多谢了，今晚在船上会面罢。”八日的晚上，我登上武陵船，黄锡琴请我吃饭，还送我上船。在船中遇到了空袭，我们在甲板上黑暗中细谈了两小时。在警报解除，他才和我握手道别。接着便是浩志来见我，说在房舱里打到了一个床铺，是向茶房用了十五块黑钱得来的。我听了连连摇头，心里就生起了不可名状的感慨。船在十二时启程，我受了一夜的江风，就病倒了。

武陵船的乘客异常拥挤，胡适之也在里面，常常和一位少女说英语，少女的英语比他还流利。少女老是戴着太阳眼镜，穿短裙的西装，露着两条健美的大腿。跟着胡博士一起的有好几个人，时常拿出稿子来互相传视。

船到九江，又上来了许多乘客，罗宋女人也不少，据说都是得到当地政府劝告离境的通知，特地赴汉乘粤汉车到香港去。白俄人对于中国的抗战不表示甚么同情，也许会替中国的敌人充当间谍，当地政府劝告他们离境，便是一个两全其美的办法。

我在南京平时喜到中山东路的礼查饭店去饮咖啡，老板娘跟我很谈得来。她是说话同情我国的抗战，但行为如何却不得而知。八月二十九日那一天，我又踱进礼查去，她的店已关门了。问她怎地，只是摇头。后来，有人告诉我，市政府劝告白俄人民一律要在八月底以前离境。是否？我是没有实在的打听。

长江两岸，风景很好，沿江一带的房屋都半没水中，只是禾穗压枝，秋收一是很定好的。过了九江，我的头痛也好了，但便秘不通，异常苦恼。不惯行旅的人，出门吃亏，总是应该的吧？到汉口，暂住璇宫饭店，候车回粤。到饭店里之后，就写信通知世界影戏院的总经理陈立夫，他接到信立刻来见我。他像知道我没钱似的拿来二百块钱，并且，又极度的尽地主之谊，招待盛馔以外，并陪游武汉三镇，上蛇山、登黄鹤、参观孔明灯、买苏东坡的石刻拓本，情致优渥。

那时的武汉很不像一个抗敌的后方，京沪一带流亡而来的居民很多，满街色情气氛，比之上海，不相上下。饭店里面随便可以叫姑娘，坐谈片刻，代价是一块钱，一夜呢，十块十五块不等，拉马足茶房，都与上海一样规矩。但要防宪兵检查，却又和南京一样。现在，想想都把那些颓废风气扫得干干净净了。

汉口住了两天，不曾遇到空袭，问问茶房，据说几日前曾来过一次，路程太远，不见得再敢来，来也不能够回去的。他说时满有神气，好像敌机是怕到汉口似的。

一个大雨的早上，我由汉口过徐家棚，登上南下的客车，人挤得和我的家人前月乘京沪客车一样，车厢里人气郁蒸，加上淋漓的雨水，更使人感到刺激。好容易找到了铺位，安顿了行李，才奔出来吐了一口恶气。立夫因趁送他母亲回粤之便，也来送我登程，并嘱我沿途招呼他的老太太。我自然是答应下来的。等到火车开行，他还立在雨下向我招手，我感到这位朋友的热情，打进我的肺腑里了。车在雨中由徐而急地奔，一转眼就离开徐家棚了。我在车厢里望着沿途的风景，烟雨迷蒙，只见路旁的电线杆往后急倒而已，车在夜里到长沙，次日到衡阳，在黄昏到坪石，已是广东的地界了。又经过一夜的疾驶终于到了广州，计行四十六小时，奔驶了一千多里，侥幸不曾遇到敌机。

在广州，感到广州的市政很好，但卫生却欠努力。第一个给我不良的印象是店员坐在板凳上的扦脚，差不多每家都是如此，我心疑这是广州人的习俗。第二是食物摊和小贩的众多，大概这就是所谓“吃在广州”吧！第三是岗警和路警太没精神，人既猥琐又像没有受过训练，殊失视瞻。现在已经和前的大不相同，一律都是精神抖擞了。

夜的广州，最使我诧异的是有人拿着连串好几十个小铁环在噪噪地颤抖

①

① 图注：海珠大铁桥。刊载于《良友》1936 年第 122 期。

着。我问饭店的侍者是甚么玩意儿？他答是“松骨”。松骨等于上海的按摩，但在广州的完全是男人，没有一个女的。

在十一点钟的时候，电灯突然闪了三闪，马路上接着人声鼎沸，说是空袭来了。接着灯火管制，又接着高空有了轧轧的机声和轰轰的高射炮声。我虽在南京已习惯了不以为可怕，不想广州的民众比我的胆子更大，老在马路上往来蹀躞，翘首望空，把双眼去搜索敌机的踪迹。我因为在车上受了两日两夜的疲劳，等不得空袭解除就已睡着了。

第二天在省府遇着黄苗子，大家谈了好些抗战以来京粤的现象。虽然将近中秋，但南国的天气还很燠热，我逛了几条马路就感到有点头晕，便回到饭店里去睡了两个钟点。在四时以后才独自一个沿堤闲逛，不觉到了海珠桥。

海珠桥和中山纪念堂一样，是广州仅有的大建筑，桥横跨着珠江，为沟通河南与广州的要道，当中的一段是用电力开辟的，并不阻碍巨船的往来。我在桥上细细的领略一回，给守军走上跟前问话。我立刻将态度表明，他劝告我不要这样的详细看着，教人见了怀疑。我谢了他的好意，便走下桥去。上午茶房替我买到一份《国华报》，折开一看，知道前日敌舰曾炮轰虎门，结果被炮台的大炮轰沉敌舰一艘，伤数艘。大字的标题，很是刺目。敌人想到处惹起火头，但能力又殊薄弱，对华南决无力侵，只是用飞机炮火骚扰而已。又在报上见到敌舰骚扰省港往来船只的消息，我便决计由陆路去香港。在车上拿起《国华报》细细地瞧，觉得它的编制都欠整齐、醒目，印刷也欠高明，听说它还是广州很有名誉的一家，但在我看来，却一切都是落伍。我于是发觉到广州文化水平比较地低，而且，无聊文章又几乎占了整个副刊的篇幅，思想尤其腐败，犹之走在市面上观察一样，丝毫没有给你见到革命策源地的精神。现实的广州，和我理想的广州，恰成一个反比例。

广州到九龙，是足三个钟点的路程。深涌地见客籍妇女所戴的遮阳竹笠，至为美观别致，如果为加以改造，可以当大灯罩用。心想，回南京时不妨买一件回去，以为书斋里点缀。但，这想念终于使我现在也不能够实现，不禁怃然！

到大埔，车行很慢。因为路轨给大风吹毁了好几里长，为了军运的重要，关系抗战不少，当局于风退之后，立刻征募民工，日夜赶修，不上几日，居然能够通车，只有长约二里的路基，还没修理竣事。但我所见到的修路工人，不是民夫而是民妇。广东妇人勇健耐苦，跟男人一样，只可惜历任地方长官，不向发动民力建设大广东那面去努力，一味上行下效，搜刮民脂，致使素称富当庶之区以至农村破产，民不生聊，而且，一切都显着落后。

十一时到九龙，乘小火轮到香港，寄寓六国饭店。午后，往访黄锡琴夫人，她是在八月十五那天带领儿女离开南京到香港来的。在她那知道我的妻子已于八月三十一日离沪，九月三日到港，并已回去了中山的故乡，寸心为之一懋。

香港，还是我孩童时所见的一样，除了汇丰一家矗然大物之外，其他建筑都古旧地显示着英国式建筑的整齐，俨然有绅士模样。行人道更便利行人。电车两层，马路很修洁，位斜路总得留心，不滑跌也会走得腿酸气喘。然住在香港的人是惯了的，尤其是女人穿着一双木履的往来自如，不由得使我望而兴叹。虽然马路和房子建筑得整齐，但行人是横冲直撞，谈不上纪律，比之广州更糟。

广州的市政是仿照香港的。然香港马路上的食物担比较广州的少些，而卖东洋货的小贩却触目皆是。凉茶店也甚为不少，大约是气候的关系，市民要多饮凉茶，说饮水也有燥质，需要凉茶来解，不然，就会肝阳上升，大便秘结。

香港市民的服装以西装为漂亮，长衣是老古董，短衣是下层市民和一部分学生穿的，但有些富翁也穿短衣。这部分的富翁，香港人叫他做“暗稔财主”。女人习染到上海、南京的风气，喜穿旗袍，短衣长裤通行于女招待和女工之间，女学生的制服也是如此，但有分别。拷绸衫裤行于佣工之流，名之为“酸枝家伙”，因为酸枝的色素和拷绸相似。

香港报纸大小不下数十种，以《星岛日报》较有朝气，在香港可说是赶得上时代的刊物，印刷很好，但思想仍不能够前进，听说是怕华民政务司检查爷的朱笔。新闻电讯时时开天窗，时评也不免。暴日的“日”字则代以 ×，多数开天窗的地方满排着 × 或者口，文化更比广州低下，根本香港就以英文为中心，所以，贩夫走卒也能够说两句英语。报纸副刊十九文言，腐化无比，充满篇幅。但对于抗战宣传，却一致地努力，这是值得赞美的。

现在，《申报》《立报》相继在港复版，《星报》《中国晚报》也相继在港成立，新文化已经立好了基础，我相信香港文化不久总有转变的可能，希望港大小中各报一致地提高文化水平，挽救危亡，发扬民族意识，以副报纸的使命。

我在香港一连住了四日，日日忙于探亲访友，也日日忙于上馆子，吃西餐。西餐以香港大酒店、半岛、××× 为佳，中菜以金龙、大同、新纪元为最，亦乐以粥著名，饮茶吃点心的地方要算萨羽。但中式茶馆不免嘈杂，招待不周。娱乐、思豪比较舒适。饮咖啡以 ××× 最佳，环境清幽，超尘绝俗。香港是高级享受，“加拿大”“中华”大可坐坐。下焉的是五先（五分）一杯咖啡，三先一件西饼，二先一盎茶。那是高等华人所唾弃的了。

○ 原载于《文艺月刊》1939 年《战时特刊》第 2 卷第 11/12 期

广州逃难两年间

1940

——冠荒

广州沦陷两周年纪念日这一天，我在香港曾去看一部怀念广州的影片。影片的内容虽尚多未称人意的地方，不过在这个什九都是广东人的香港，这部影片的名字却很震动人心。影片是在上午十时半试影，两年前这时候，我尚在广州财政厅前一间四层楼的晒台上，凝神在听郊外的炮声，目睹这快将沦陷的危城的惨劫！可是，两年后这时，我却在电影院里作着这苦涩的回忆！不是在做梦罢？我自已怀疑着。两年了！时间跑得多么快！

广州沦陷得这么急促，这么糊涂！当时真正令人感到遭遇着一个噩梦的一般。记得在沦陷前的一天晚上（二十日晚上），我还陪几位去广西的朋友，乘一叶小舟到白鹅潭，送朋友们上船。朋友们还在嘱我快些走，在应该离开的时候就应该快些离开。我当时回答他们，说是要等待城里准备巷战，我才愿意走。在日军登陆大亚湾时，我心里即每这样想：我是广东人，在这民族伟大斗争的场面上，个人虽无力参加，也应该看看保卫这革命策源地广州的壮剧。可是这一点小小的愿望终竟未能达到，而广州反在无声无息中陷落在日人手上，这是怎么悲愤的一回事！

去广西的朋友都是写文章的朋友，因为大家不会听与说广东话，这对于逃难增加不少麻烦。在当时留居广州的文化人中，他们可算是最后跑开的几位了。朋友的工作才是重要，他们才应该早一点走，在情势日趋危劣时，我曾屡次这样的向他们劝告。但谁也不会想到，在他们上船后，船刚驶离省河，而日人的铁蹄就会踏进来！

在送朋友上船前数小时，我还在西濠口一家酒店里和香港报馆两位同业作了一点多钟的长谈，消息虽然都感到恶劣，但总不会想到沦陷就在明天。从白鹅潭送船回来，一艘小艇在夜静的水面中，棹我和另一位回去送船的朋友返西濠口，这时这几天来正嘈闹不堪的所在，也呈现异样的荒凉。但高耸的洋房，如爱群大厦、广州戏院、大新公司、海珠桥、机器工会等，这些庞大建筑物的黑影仍在矗立着，珠江两岸的灯光，上下流咿呀的橹声，这古城的轮廓，尚没有异样。

这天上午我本来已有点不舒服。从西濠口坐车回到财厅前，已是夜后九时多了，一日来东奔西跑的劳顿和发烧，我是感到十二分的疲倦，催促我马上睡觉。不料迨至翌日（廿一）早上醒来，床上已频闻炮声，然而，这炮声我当时还未想及已是敌人迫近市郊，我还在幻想着这是我军的演习，因当时在广州是经常的听到郊外我军操演的炮声。九点钟后，一位工友从外面回来，带着无限惊惶和不安的神色，向我们述说马路上凄清的景象，谓附近所有店房都已关上门，行人几乎已绝迹市面（财厅前附近当时是这样的，但西濠口和河南一带，昨天上午还有不少广东人悠闲地在茶楼上喝着茶），我心里这时也顿起凄凉之感，和大家走到晒台上看望行人，的确已远远看不到人的影子了。近看财政厅大门的铁闸也下了锁，守卫的壮丁队已不见了，这情景，我当时才警悟到这炮声似非我军的演习。我走近电话机，举起电话听筒，打电话拟向朋友探询一点消息，但每个电话都只听到对方的铃响，终久未听到有接电话的人。多次都是这样。我凄然地放下电筒，悲哀的摇着头，在想象着这古城的命运，广东人的悲剧，浩劫就在目前。

通讯社的同事都在默默的盯住我，我遂催促着他们收拾逃难的行装。我知道负有防守责任的人们这时候谅已逃光，这城的不守不过是瞬间的事了！过后约十多分钟，忽然电话铃声在激动，一位同事接下交给我，即听到对方急促的话语，似乎以命令式的一样，着我于十分钟内即须离开我所住的地方，十五分钟后要会齐他们一齐跑。我放下听筒后，来回的踱着，心上在盘算着所要带走的东西——好在一些信件等物早已在两天前焚毁。但后来终于什么东西也没有携带，尽身上所穿的衣服，空着两手和大家下楼。

由财政厅前跑到惠爱路，不过十多丈，那时已发现了逃难者大队的行列，分向西、南两方快跑，大家都在无声地、急促地背负肩挑着他们所有的行装，离开这个快将沉沦毁灭的城！

向南走！我们想象到海珠桥即将爆炸，乃尽可能的先渡过海珠桥。江水悠悠的在我们脚下滑过，江中的船艇亦纷向西开，江面在无声中反显得平静。海珠桥正中放着一只大木箱，宪兵在指挥着逃难者由两旁走过去，木箱外边露出一些电线似的东西，在暗示着这木箱的用途，这座华南历史名胜工程宏伟的大桥，即将毁灭在顷刻间。在海珠桥上，我们回望河北，一阵阵强烈的爆炸声，远近传来，市东北郊火烟一柱一柱的突起，浓密的枪声，亦在那方面拉锯似的响着。而在我们刚离开大桥附近不及十分钟，桥上的木箱，即在发出它的吼声，轰然的替这大桥记上一笔历史的创痕！大桥的命运，也即将随这古五羊城同样的受到敌人羞辱的践踏！

①

---

① 图注：广州被炸后的广卫路岭南大酒店，工人正在整理街道。刊载于《中华》1938 年第 68 期。

渡过海珠桥后，在不远的地方，我们再会齐市商会的一位朋友，继续南跑。路上，逃难的人群像被一条绳贯着的前后不绝。日人的飞机故意低飞威吓着，高射炮已寂然不闻，人们蜷伏在田中以隐蔽自己的目标。救火车从广州市内逃出来的，也同样的睡在田上，但都已倾倒或仰卧的了。行李一包一扎的抛在路边，跟不上的孩子们来回的在打转，张皇地纠缠在人群的脚跟下。经过南石头，从惩教场“解放”出来的囚徒，铁锁琅珰地，他们却和我们相反的向北走。他们是去发洋财了！

路上的万千逃难者，大家都相向默然，说不尽无限的痛苦与悲哀，无可诉说，只有咽在各人肚子里。

我们由河南徒步至宝璧，在宝璧雇小艇一艘，一行五人往大石，住在那位商会朋友的朋友，当地一家茶楼的老板家里。大石距离河南大约三十华里，但隔着大小三道河，日人一时不会窜到这地方来的。当地这时也顿增不少的难民，乡公所在筹备施粥。难民们在咒骂着食肉者来泄愤，怨恨涌塞着各人心头，痛愤广州失落得如此糊涂。在大石可以看到广州大火，浓烟烈焰，日以继夜，数十里外，白昼也清楚可见。炮声、爆炸声远近频传，日人的飞机亦往复出现。并常听到一些乡民和散兵闹事的消息，这原因由于一般乡民憎恨心理，痛愤守土长官的不济，而及于此辈落伍散兵身上。当地也完全陷于恐怖慌乱中。乡民中又流传不少神话，无限离奇可怕的恶谣，尤其对当时失职长官，提出不少裁判的意见，极度表现当时人心的痛愤！

在大石住了三天，第四天的早晨，我个人乃先和大石告别，取道市桥转往珠江口一个鱼游鹤立之区，打算从这里渡过珠江口，回我的故乡，参加我二哥的游击队行列。讵料抵达珠江口岸时，日舰已窜入虎门，在焚烧扫射两岸的乡村船艇，无法偷渡，我过珠江口的计划，遂感此路不通，后来竟在这地方，被困留四十多天，才间道大良、容奇，转江门而抵香港。这沙田之区，和虎门要塞紧邻，在这里，我却目睹这华南唯一要塞，未闻一炮，拱手让敌！

广州当时失落得是太急促，糊涂，悲痛了！粤人至今尚多一头雾水，疑惑莫释。计日军十二日在大亚湾登陆，十三日陷淡水，十五日抵惠阳，十六日突至博罗，十七日渡东江，十九日晚窜入增城，廿一日下午广州我军阵地转移，前后不过十日，此革命策源地乃沦敌手，这是一个震惊世界的巨变，一个广东人最坏的恶梦。广东人从此蒙上一层说不出的耻辱，开始其家园破碎、流亡挣扎、凄凉哀愤的生活！

广州沦陷后，负责军民两政当局当时曾发出一联名通电，谓当时军事急激的变化，系因“防线过广，一时难以集结兵力。惠阳一失，此后遂由广泛的运动战之中，更形成阵地之争奋战。十九日起至廿一日止，日更集中陆空军力量，袭我增城阵地，正在西北战酣之际，二十日夜间，日车一纵队已进出我阵地后之仙村车站。我以歼灭日军之时间既成过去，至是只得退出广州”，这样不知是否已足作诿卸广州不守的罪责。

其实，广州失陷得如此糊涂，粤人怨愤达于沸点，然而，两年来却始终未闻谁在追问过一句不守的责任。这比照欧战近事，德舰斯比上将自沉于乌拉圭海面后，舰长鲁伦道夫即以之而自裁；法国于败亡之余，仍在追究战争责任，达拉第、甘茂林、莱诺、台芒尔，现仍拘囚在夏士龙的古堡中，听候国家审判。这其间东西相去，公私表现的不同，竟差得这么远！

在沦陷前的一刹那，新闻从业员中，我已算最后退出的了。我们通讯社发稿至二十日（沦陷前的一日）。自十二日日军登陆的消息公布后，其实自始至终我们所感到的：当时广州上下所表现的只有一个恐怖的阴影，“肉食者”流根本没有与广州共存亡这意念。在秋气萧萧的夜午，眼看着官中人悄悄的撤退，这悲哀景象，即令人日在感到这大城的危急与不幸，而心头顿起无名的哀愤！

然而，而今广州沦陷已是两年了，个人流亡也已两年了，但时间还好像不过一瞬间。记得和我当时从广州一道逃出来的这几位朋友，在我由江门间道抵香港时，其中三位却已回广州去了，现在都已变作了广州那边二三等的要人。有一次在香港过海的小轮船上，也曾偶遇一位曾任广州社会局交化股主任姓范的同乡，招呼之下，他随即“声惊四座”的诅咒抗战，其后不久，我才知道他也上了广州，出任汪家班粤省党常委，和汪家班宣传部的什么编纂参事，现且在南京、上海之间跳跃着。这真使我感到人兽的分野，人心之不同，各如其面了！

在珠江附近栖留过四十多天这地方，在我离开后的一年多，当地的农友，有时到香港也来看望我，告诉我以当地的种种消息。一年多以来，当地的农友不断的和日阀虎伥在战斗着。有一次剧战一星期，竟歼杀日阀虎伥三百多人，日阀虎伥伤者死者一船船的运走。这事迹，人们却湮没无闻，而报章日夕所载的一些什么军、游击队的虚伪功绩却连篇累牍。然而，而今这地方也终于给日阀虎伥摧毁了，农友多已作了血红红的牺牲。经江门到香港的途中时，曾在新会银洲湖畔，和当地朋友谈及一点希望的事业，而在我离开江门不久，江会也相继沦亡，曾经住过的这些乡村，现在也多变成了一片焦土，朋友们东逃西散，且不少已血肉涂地了！

我预备回乡参加游击行列的计划，因当时联络断绝，后来亦无法回乡。在前年冬末，我的二哥因他的司令在港，来港请示，始在路隅和我的二哥相遇，我才知道他这时正于战败之后，率领一些残余于冬节这天晚上，在榴花塔对面偷过敌人的封锁线，突围抵达东江南岸。这次来港是请示他的残余队伍的处置问题。这一次我能够和我的二哥见面，我自然是异样的欢喜，但因他的队伍放不下，翌日清晨就赶往回乡去了。

此后我曾多次介绍一些青年到他队里去参加政治工作，但每每大病回来。原因是在这半沦区中医药缺乏，营养不足，流动的生活不安无常，队里的人员时常的生病，这些刚出校门的青年更捱不惯了。青年们回来时都对我说，司令部对我二哥这大队人，上下都特别歧视，并向上头散播着不少最坏的谣言。青年们自然有些忍不住了！因不只在待遇方面的歧视，而这些恶谣实在有点使他们难堪。他们之去参加这游击行列的工作，原是出自一片赤诚，却不会想到这些小军阀们手段如此卑劣，良心如此黑漆。我每次和他们谈过话后，都认为在这抗战时候，应以民族国家前提为重，劝他们忍耐，并写信给我二哥，同样的劝告。我的二哥自然和他们比较起来是冷静一些。然而，后来不久，终于我二哥一个不幸的消息传来给我了。一天晚上，当我深夜回到我的寓所时，我介绍去我二哥处参加政治工作的一位中年朋友，由乡下徒步三天赶到香港来见我，报告说我的二哥已于赴司令部途中给司令部扣留，司令部并不许泄漏消息，我家里是从一位前在我的二哥处当过小队长后来撤了差的密报才知道。此后半年来我的二哥仍被押在惠阳，从不讯问，终于在今年八月十二日这天的下午，给这辈小军阀杀害了！

人的生死本来没有什么问题，这一如我的二哥临刑时所说的话一样。对抱着一个理想和个人信念而死，在一个具有思想的人更是甘之如饴。这是一种高尚的花，在他本人当自意愿。不过在一个未死者，对于死掉的人总抱着无限的怀念伤痛！死者受屈愈甚，生者心坎的仇恨亦愈深。我痛感我的二哥死得太冤了！

一位写文章的朋友，他对这事认为应该提起向社会公开控诉——向上峰自然是不中用的！——可使世人知道事情的冤屈，然而这所谓“控诉”只是写写文章，有什么用？人已死掉了，写写文章能使死者复活吗？而其实，数千年来统治者已是如此狠毒的了！自古冤狱，已是无可昭雪的，我二哥这一次惨死亦将是冤埋千古罢！

广州沦陷已两年了，时间也不算短了，然而，一切矛盾残酷的现实，仇恨、悲哀、可怕的阴影还是萦绕着，我只觉得一如昨日。

一九四〇十月初深夜于香港

○ 原载于《宇宙风》1940 年第 111 期

记轿夫李七

1941

——林焕平

把广州失守两年多以后的今日的轿夫李七，也列为“多余的人”，是有点冤枉的。

我从什么根据来下这个判断呢?

也是以他的非意识的，向时又近于牢骚的，坦率的自白为根据的。

我以后还有没有机会碰到轿夫李七，那不知道（也许是再没有机会了），但到今天为止，我也只不过和他相叙一天，和凌晨中几秒钟的话别。

也许因为白土是小镇，昨夜没有军警老爷来打扰清梦，凌晨起床，精神爽朗，立刻坐轿子上苍城去。希望这一天能赶到苍城，第二天就可以到广海了。走了约三十五里，在一处山岗上的茶亭里，轿子停下来，轿夫和我都吃了早饭。轿子转驳了，我坐了另外一乘轿子。这两个轿夫，一个是土头土脑的大笨伯，我且搁下不提他。另一个，却很引起我的注意。他是瘦高个子，乍看去似乎不很健康，但两年来在日雨风霜中的辛苦劳动，已把他锻炼成出乎意外的结实。这在以后这大半天的时间中，他能走一百二十里，和他自己说的“现在一天走一百五十里，是很平常的了”得到了证明。他的眼睛长而尖，特别的锐利和狡猾，他的皮肤虽然很粗黑，但他脸部的表情一弛一张，都完全和他的眼睛的转动相配合。他的眼睛和表情，就是没有声音的说话。我在上轿的瞬间，就起了内心的恐怖：这个家伙似乎很鬼怪，万一在路上有不轨的行动……

这并不是过虑。因为这时正是废历新年，路上来往商旅很少，假如身上带的三两百块钱的旅费和两件御寒衣服都被抢光了，那真是天晓得我的命运……

使我起这种恐怖的那位轿夫，就是我所要记的李七。

他们抬轿一步步走得很踏实，不快也不慢，心里异常着急的我，却觉得很慢。我催促他们说："喂！请走快一点，我是要赶路的。"

"唉！先生！"我所疑惧的轿夫，语气却意外温和地说，"你不知道了。走长路，重在走得匀，不在走得快。要是开始走得快，一下把力气用完了，以后的路就无法赶了。"

这又很奇怪：他说话的态度颇斯文，而他的话也满合理。我正想再同他说话，他却争先说："先生！您贵姓？往那儿去？"

"我姓林，"我说，"是上苍城去的，今晚要赶到。你贵姓？你能给我赶到吗？"

"小姓李，叫李七。"这时我才知道他是李七。他继续说："到苍城，大概可以吧。到了矮岭，我们再驳轿便是了。"

他又默默的走着。我坐在轿里，看着他的背脊。

近几天都下微雨，但这一天却没有下。天阴。也不很冷。轿夫才只穿着两件单衣，还流汗呢。从轿里展望四野，远山层峦，清幽如画；田亩阡陌，点缀着碧绿的蔬菜片片；村妇三两，提筐絜篮，来去其间。一股恬静的空气沁进心头，啊，优美的南国之冬！

在一个茶亭之前，轿子停了下来。茶亭是供路人休息、喝茶和抽抽烟的小棚子，在公路和交通线路上多得很。从白土到苍城这条路上，还算是顶少的了。在这种茶亭喝茶，或者兼吃一两块饼干儿，如非事前与轿夫讲好不包茶水，照例是要客人付钱的。

轿夫泡了一壶茶，酌满了三杯，李七才微露笑容，客气地对我说："林先生！请喝茶。"

他们倒似乎并非需要怎样休息，茶喝得很快。茶将喝完，李七又不好意思似地说："林先生！我们都没有烟了。请给我们代付两包烟钱吧。"

几毛钱，当然无所谓，茶钱烟钱我都给了。

他拿过烟，立刻就用纸卷起来抽。他烟瘾似乎颇重。我已经看到他抽过好几次的烟了，就在走着的路上，有两次，没有火柴，还借过路人的火来驳的。

抽着烟，我们又动身了。这时候，他们和我已经比较熟，拘束的藩篱渐渐的被撤除了。

“林先生！”李七嘴里衔着烟卷说，“您是有公事赶到苍城去的吗？”

“不，”我颇为淡漠地说，“因为我母亲在家里害病，我赶回去的。”我编造了一个这样的故事，撒了谎。

“那么，”李七又说，“林先生是在韶关做官的？”

“也不是，”我说，“我是教书的。”

“教书？”李七似乎有一点不相信，有一点惊疑。

我给他搭讪了一番，他却说：“教书的生活的确像林先生所讲一样，很苦很苦。我知道，广州没有失守的时候，做市立中学的教务主任，才不过两百块，有屁用！”

到这时候我才明白他惊疑的原因，因为现在国内的教书佬很少穿得像我这样漂亮（？）的，而他又不知道我是从香港去的，这时正要赶回香港。同时，我可又惊疑起他来了。如果他是农民出身的轿夫，说话当然不会这样斯文，更不会知道广州市立中学教职员的薪额。抗战以来，特别在广州失守之后，单以广东省来说，从前的中小学教员转业为小贩，骑脚踏车载客轿夫的多得很。莫非他就是这样的角色罢？

“你从前是在广州教书的吗？”我有点儿莽撞地单刀直入的问他。

“不，”他想说，又停了下来，很像逗起了他的回忆似的，“广州没有失守之前，我是在高等法院做传票的，干了十三年啦，唉！……”他叹了一口长气，不胜感慨似地。我想，从前他必定相当得意，否则，他为什么会这样容易动感情，而起今昔之感呢？我正苦索话题来逗他自剖，他却已抑压不住，自己又说起来了：“那个时候，我的薪水虽然只有六七十块钱，但我每月的收入，却至少在二百块钱以上。”

“怎么样会弄到这么多的钱呢？”我也是性急得很，抢先追问他。

“送传票，”他沉着地说，“每次总有些酒钱。法官、书记和我合作，给打官司的人办案，每月的收入也相当多。譬如我送传票的时候，跟被告的家属说明案情，或者给他偷抄口供出来，或者代他去请书记们写呈文，这种报酬是不小的。尤其是给人家包案担保，搅钱最易。我们有三家商店专给人家担保，这种商店其实都是假的，不过租了三个地方，租赁一批台椅，挂一个空招牌，雇一两个工人在那里看门而已。有人要保释，我就给他讲价钱，讲妥了，就给他带路，找这些假商店盖章担保，法官见到是自己弄的商店保的，当然批准，所以一定是公事一到，必可放人。这种生意，不客气是要先交款，后放人的。假如是严重案件，保释有碍于商店的生存的，也无妨，收了钱，放了人，立刻把商店的招牌拆下来，退了房，另外搬一个地方，把旧招牌给油漆匠换成一个新招牌，挂起来，又做生意了。曾经有一次，收五千块钱保释一个杀人犯，保释后他就逃往南洋，听说现在都还没有回来呢。”

他滔滔不绝地说到这里，似乎是非停一下不可似地停下来了。他这一番话，使我对于他的过去顿然起了憎恶的情绪。我隔了好一会儿都没有开口。但是我回头一想，他们这一种的腐烂，正是我所要深入了解的，我为什么使这样的癖性呢？我又想觅取话头来跟他说。他刚才这一番话，也显然希望得到反应似的。我可以从心理测定：他简单的直觉是以为我对他有点失望是显而易见的，但话既已说到这里，已逗起了他的无限感慨，他不把牢骚发完，是不能抑止的。他并没有等我逗他，他自己已继续说下去了：“那时候，我眼见有些中山大学、国民大学的法律系毕业生初进法院，一个月也才不过是六七十块薪水哪。所以那时我觉得满过得去。广州东西又便宜，房子也便宜，我和我的老婆在莲塘路。莲塘路你知道吗？就在观音山脚中山纪念堂旁边，租一间满好的房子住着，生活过得满舒适，还有钱存。我一共积了几千块钱。他妈的！广州一掉，什么都完了！”

显然，他是有一点儿愤怒了。甚至我觉察到他顿脚的比较重的脚步声。火怎样烧上他那粗黑的脸孔，是可以想象的，只可惜他行前，我只看到他那在一顶蔑帽笠罩下的身背。我多少恢复了一点儿对同胞流难的怜悯，对他说：“那以后怎么样呢？”

“以后我带着一两千块钱，和我的老婆逃难回来乡下。俗话说，坐吃山崩。用呀，用呀，这笔钱很快就用光了。还有一千块钱存在国华银行，它搬去了香港，我不能去取。没有法子，自己还有几斤力，就出来抬轿子了。”

“抬轿子是一种苦生活，”我说，“你能够捱得过吗？”

“唉！”他叹了一口长气，哀怨似地说，“开始的时候，当然很辛苦咯，不过以后捱惯了，也就不觉得了。现在一天走一百四五十里路，都满不在乎了。”

“那么，”我又问他说，“现在抬轿，可以维持生活吗？”

“唉！”他又是叹气，“现在东西什么都贵得骇人，怎么能够维持呢？只是不能够维持也得要捱下去吧了……”

他说到这里就沉默下来，不再说话。也许他是沉浸在痛苦的回忆里。他垂着头，两眼凝望着地下，一步一步踏实地往前走。

我也沉默着。我也有我自己沉淀的思想。

这样不知过了多少时间，走了多少路。我像在朦朦胧胧中作了一场假寐。醒来，睁目一看，已走进了鹤山、高要、开平交界的一丛山沟中。他忽然掉转头来对我说：“林先生！请你下来走一段路吧，平常土匪打劫，尽是在这一带山谷中的。”

轿子已卸了下来，不管我愿意不愿意，都得下轿子了。我心里又恢复了初坐他们这辆轿子时的恐怖。在这层峦山谷中，别说土匪，就是他们两个大汉强迫你拿出袋子里的旅费，你已无法抵抗。好在这时路上还有几个行人，稍微使我放心。李七却又向我解释：“林先生！土匪大概是不会有的，不过我们不能不预防。下了轿子容易走呀。”

这样说来也有一点道理。但我只是唯唯诺诺，没有怎样应他，也没有怎样答他。只是注意着李七的眉目传意，警戒着他们两人的动静。我自己飞快的走，也催促着他们飞快的走，连他们想停下来卷纸烟吃都不准，屏着呼吸一口气走过了这丛山沟。李七说：“林先生！危险地带过了，请你上轿子吧。”

我才放心了下来，抹了一身汗，身体像轻几百磅。

我坐在轿子里向前进发时，我以宗教家的心理暗想道：“也许过去的罪恶使你如今在苦难中恢复了一点天良。愿你在艰苦的劳动里，发展你的人性罢。”

六月三日，一九四一年

○ 原载于《笔谈》1941 年第 5 期

——周为

一想起望哲叔公，眼前就即刻现出了一个面孔干枯、头发蓬松的影像。而他那背着两手，踱来踱去，那副无限焦灼、无限烦燥的神情，更在我的脑中留下深刻的印象。

论辈分，我是比他卑得多，可是论年纪，他只比我大几个月。这是因为他是三太公（我曾祖父的弟弟）的晚年的独子的缘故。我和他从私塾到小学都同在一个地方读书，而且自小玩在一起，所以辈分虽大有悬殊，可是并不能使我们的感情隔阂。我们差不多好像是兄弟似的。

广州失陷前两天，我在四战区战工队报了名，因为当时报“战地勤务”的连我也只有三个人，未能成队，因之出发也就无期。我就把放在广州的东西收拾好，回乡下去向家庭办理交代。父亲和母亲知道我性子硬，听到我要到战地去，也只在心里难过而已。可是望哲叔公，却并不赞成我在这个风声鹤唳的时候离开家庭。他的理由是我一走开了，我家里的大大小小的人就没有了头，一旦事变来临，就会搅得星散道乱，而又断定我父亲是一个打不定主意的人，所以劝我无论如何先把家庭安顿下来，然后再做其他的工作。可是我却不以为然，我是认为几个人在家并不见得有办法把这个男女大小九口之家好好的处理，反不如自己去做一些工作，把能发挥的一点绵薄发挥。他的看法是先求保存，而我的看法却近乎孤注一掷。最终我当然没有听他的话。

那时候，广州虽然吃紧，但大家都预想不到在两天之后就居然撤守的，所以乡间的情形仍是相当平静，亦可以说是因为大家想到这个问题太大，想不到什么办法出来，所以沉在一种无可奈何的沉默里面。只是那时候，望哲叔公和乡村小学校里的几位教员，却有着他们的梦想（我当时并没有说他们是梦想，因为我不愿意有伤他们的可敬的本意），他们想到万一有事，走哪一条路最稳妥，到哪一处最安全。而且他们还估计到哪些地方可以耕田，可以做做小生息。计划推展开去，甚至说整个村庄都可以有计划的走，每人应该带些什么东西，人可扛犁，人可背米，预备浩浩荡荡到哪里去开辟一个新天地：耕田的仍然可以靠天吃饭，教书的仍然可以教他的书。我一面听着，一面想着望哲叔公有一次看见敌机飞过他头顶的高空，慌忙中跳到一个旧棺材洞里去。等到敌机过了，才知道这棺洞原来很深，差不多爬不上来。另一位当教员的同学，怕敌机甚至从岗顶滚下岗边，而且用泥浆涂污了自己那套灰色的衣服。心底里觉得他们又是可怜又是可笑。而尤其是望哲叔公，那时候已经在督促家人烘着炒米饼，预备作为干粮，且检点着必要的东西，预备随时起旱。他一面把战争的来临想象得非常可怕，另一方面却把处理现实问题看得过分的容易。

就在十月三十一日那天，我一早就从西江的北岸过了南岸，打算是看了一些朋友，便回广州去等候出发了。可是说起来，真该感谢那时候我们的通讯，因此我的故乡虽然紧贴着那条广三铁路，可是等到那天傍晚我走到西江南岸的桑林，才知道北岸已泊满了敌人的汽艇。回广州的梦变成碎片了。于是便间道西上广西，在另一个更有组织、更为庞大的集团里满足了我的工作的欲望。这期间我知道故乡已经沦陷，我苦念着家人的遭遇及事变时望哲叔公他们的计划竟如何，可是都无法得到消息。后来在一个滨江的小市偶然碰到一个熟人，才晓得望哲叔公他们那几个移村计划的起草人，在敌人到来的时候，都一同走了出来，走得非常狼狈，中途还被人当作汉奸看待，拘留了一天一夜。及后，那个怕飞机而用泥浆涂污衣服的同学，是躲到四会的一个亲人那里去了。另一个入了盐务机关。而望哲叔公则带着他生身的母亲（他此外还有两个母亲），带着那个并不为他喜欢的妻和那个未足周岁的孩子，和另一对夫妻和孩子，走到一个接近广西的地方，像一个青蛙在泥土里冬藏似的，在那深僻的地方住下来了。而生活的依据，就是靠教着一所只有十几个乡野顽皮的孩子的所谓小学校。那边待遇每月只有十多块钱，大概他逃出来的时候身边还带着一些，就这样他一家四口在阴黯里捱下去。

记得接到他第一封信的时候，他为我描写着出走时的狼狈情形。至于在那山窝里的生活，他只说得很简单，说是待遇薄少，很难维持，但语气内并未流露愁苦。这一点却出乎我的想象之外。他平日是多思柔懦而又烦燥的，且自己娇养惯了，对于处理杂务应该不能耐烦才是，可是在信里他却表现得如此平淡，难道生活已把他的柔懦磨碎，把一切耐心都磨了出来了么？这是因为悲哀过甚变成冷淡？还是因为刺激过多变成麻木？

后来，我有一个机会到广东沦陷区去采访，顺道去看了他一次。他住的地方叫做水松村。这地方名符其实，村的周围都种满了松树。此外是田畴或池塘，风景是很不错的。他住在一个村边的炮楼（堡垒）上，这是在广东乡下常见的建筑物。它是一个高可三丈、宽可丈许的青砖建筑，一入门口，便看见一把扶梯。这扶梯是通到楼上去的。楼上的四边都有一些一尺长两寸宽的小窗，那原是一些枪眼。因为光线不入，所以就是白天也差不多如黑夜一样黑暗。一个人站在这里，就感到四围都是压力似的，很容易沉闷起来。望哲叔公的一家，就是住在那个黑窟里，让日子一天天爬过的。

他带我去看他的学校，这是在一所祠堂里的。正中的神座上摆着不少神牌，神牌的面前就是课堂，摆着十多张红漆桌子。神前大柱上贴着他撰写的红纸长联，旧形式中含着抗战内容。墙上呢，“新春大吉”之类的红字帖和“抗战必胜”之类的标语，成了很好的对比。这所祠堂里面充溢着学塾的气氛，可是时间表上所列的课程，凡是一个初级小学应有的都尽有。看完之后，他随手把那贴着文丞武尉的两扇破敝的大门掩起来，随着又上了锁。掩门时那种咿哑的声音，就好像是一种太息。

那时候他正背着两手，穿着木屐，迟慢的拖着。我走在他的旁边，看见他比十个月以前，已经多了不少白头发了。不白的也一派衰枯，像是一丛乱草堆在头顶上。满脸都是苍灰，下巴上的胡髭，或短或长，都作了零零落落的点缀。眼睛也失去了光华，眼角上更有数痕皱褶。只有声音仍似是二十多岁的，其余的一切都应该属于中年。

我和他站在那所学校门前的石阶上。时候已是秋尽，田畴上铺着一片衰黄。夕阳淡淡的射在村庄的四周，晚鸟一群群的向松林归宿。这一切都把黄昏渲染得哀愁，使我心里非常难过。望哲叔公也只是冥冥地望着田野，没有作声。大概是所欲说的实在太多，而又不知应该从何处说起。至于我，这次去看他本来是去看看他的生活，既然看到了他那摆在炮楼上的家，看到他母亲和妻的愁容，听到他孩子的哭声，还看到这个消耗他精力的学校，已经感到够了，难于担负了，就再不想再问他，再翻视的伤痕，因此也就沉默着。一个黄昏就在这沉默中过去了。

晚饭时他杀了那个唯一的母鸡，我一边吃着，一边想到那母鸡如果不是因为我来，怕可以负责生一些蛋，最终还可以卖一点钱，给他的生活以一点之帮助，而现在却因为我这么一来，便吃掉了，所以吃得非常不痛快。

那天晚上，我就睡在那个炮楼上，在一滴微弱的灯光之下，他才慢慢地把些生活细节向我说出来。一面又把一些与亲戚朋友有关的信一封封的扯出来，把许多由人由信带来的乡里亲邻的消息告诉我。又说到有一个地方有比较目前他那里更好的待遇，而且顺带的，他的母亲和妻子也有找到工作的可能。因此他想去了。可是那地方较他目前所在的地方与前线的距离更近，目前虽然平静，但将来战事变动，恐怕麻烦。其次是妻又有了身孕，想到那个将来的日子，就更不能不大费踌躇。我听到他的妻又怀孕了的消息，暗里为他打颤，因为这将在他那破敝的生活之中，再投下一块无情的大石。这将是一汪泪海的来源，一段伤心的碑记。可是他并没有表示他的担忧。我想，命运的足音他已经不听不闻，什么要来便只好让他来了。那天晚上，我在那个炮楼上，盖着一张军毡、一件雨衣，听着他、他的母亲和妻的鼾声，和他的孩子半夜醒来的哭声……无法睡得着。

我因为精神上受不了，所以第二天中午，就冒着蒙蒙的秋雨走了。他打着雨伞，把我送到村前的小河道边，又特别找了一个人撑我渡河。当我已过了河，回头望望那边，见他还在站着。我扬了一扬手，向他喊了一声“回去吧！”便头也不敢再回地走了。

及后他有信来，说是兼了乡公所的书记，这一来，却在他沉闷的四壁开了一个小窗。他信上说，他一面在写着“干干净净”的公文，一面听着乡长在房里与乡下人（这些到现在还是可怜的材料）争论着准予顶替壮丁的代价，他觉得非常愤慨。而那时候，西江沿岸的粮价正在突飞猛涨，他又看见了一些县城里的官儿一边在恐吓愚民将谷子出粜，一边自己又在吸收，就更在他的心头上加上一些暗影，因此他辞掉了书记的兼职。因为他认为再做下去，就是同流合污。而且写了一封长信给我，由当国者骂到基层工作人员，由一般现象骂到新闻记者，说他们天天只是在做着麻醉人心的功夫，把乐观当作假药出卖。而且点出了一些做了顺民的人的名字，说他们才是聪明人，而像他这种将妻挈子远走他乡捱饿抵冷的是天字第一号的笨伯。所以说不管乡下情形如何恶劣，也决定找点盘缠，举家回去当顺民算了。这样的波浪，对于他这沉淀的心情的影响，真不算小！而对于我，也不无一些刺激。我写了一封信去安慰他，同时对于他的灰色的思想也大大的打击了一下。不过我也并不反对他把那些缠着他的家人搬回乡下附近去，可让他撇开手足上的藤藤蔓蔓，走出来见见阳光，换换空气。

可是结果他回信说，在目前家乡这种情况之下，放她们回去万万不能放心。他自己解嘲，说是前信所云都是一时愤慨而已。好像是一个被烘得要爆炸的橡皮球，一下子也泄了气，软了，瘪了。及后他又想过跟人到军队去，跟朋友办报去，可是结果仍然是钉在原地方一步也没有动。到最近才带着那个家，沿着西江搬下了一点，到一个乡下做中心小学校校长去了。每一封信差不多都有这样的字句：“生活无甚可告，可告者，想为仍能一样生活下去而已。”其次就是告诉我一点听到的乡情和对家人的挂心与怀念。

他好像一只蜗牛一样，披着那个由家累、柔懦等等东西造成的硬壳，永远在阴暗的墙根吸着少量的水分。有时候也把两根触角伸出来接触一下阳光，摸索一下烟雾，可是只要有一点点震颤或声响，它们又缩回去了。他的力量有限，要它跑路，是迟缓的。除非有一场大雨，把它从这墙根冲开，使它无可如何的被带走。要不，怕就只有仍在阴暗的墙根下钉着了。

三一，五，七

○ 原载于《野草》1942 年第 4 卷第 4/5 期

劫后羊城

——冯明之[1]

离开广州的时候，差不多没有一个人不深深地想念着这一个南方的大城。想起了它，差不多没有一个逗留在西南大后方的朋友不神魄飞越的。

广州是一个迷人的城市，在南中国的海边，放着异彩，吐出光芒，吸引着一切到过的和未到过的人，使悠然神往。最近，有一位广洲朋友，参加了贵阳新闻界华南访问团到广州来，小住半月，临走留给我们一首诗，说："休夸山国的阳春好，羊城有她不逝的春天。"

这一个南中国的大都会，就以这种不逝的春天来吸引每一个过客。然而，广州的自然环境虽则四季如春，它本身却是一个曾经屈辱的城市。七年多的沦陷岁月，使它长期地为严寒所禁锢，霜深雪重，遍地是无声的冻馁与死亡。这一次从大后方抱着满腔热情归来的朋友，没有一个不感到余寒尚在，春讯难寻，身边仅有的一点热情，差不多就要为周遭的冰霜所冷却了。

踏上广州，第一个使人听来毛骨悚然的字眼，是一个"滚"字。这一个字，是沦陷期间广州紊乱无常的写照，也是今日广州社会光怪陆离的一大表征。八年前的广州，社会上流行的是一个"捞"字，大家熙来攘往，混混日子，骗点饭吃，无所谓理想，无所讲目的，广州人名之曰"捞"。但是，从

① 编者注：冯明之，广东鹤州人，笔名"怀紫"等。曾任《南侨日报》《循环日报》《立报》主笔，执教香港培道女中，著有《李师师》《红拂女》等。

"捞"一变而为"滚"，那就非同小可了。"捞"是消极的混混而已，"滚"却是积极的攘夺。只要有财可发，无事不可为。但计目的，不择手段。从作奸犯科到蝇营狗苟，无以名之，名之曰"滚"。朋友见面开口便问近来有些甚么可"滚"。"滚红滚绿""滚东滚西"，变成了一般的口头禅，意义无他，用尽一切手段和心计法达到自肥的目的而已。

社会上，道德意识荡然无存，"滚"的作风从上而下，从下而上，到处播传，有若风行草偃。结果，举目所见的无非是关金的跳舞，魑魅的画行。每一件事都有幕后新闻，也都有黑市，无论谈接收，谈救济，谈复员，谈建设，一切都不过是属于第二义的事，第一件事仍然是"滚"，所不同者，路数各殊，方式各异而已。

各种各样的离奇故事，流行在人与人之间。比方说接收吧，这是一个接收的故事！一家附逆的商号被查封了，大门锁上，铁闸关起，外面加了封条，显然是凛凛然不可侵犯的。谁知晚上给小偷从上面撬开了屋顶的门，进去偷了几件东西，正想挟赃而逃，不料给巡夜的警察拿住。赃物没收之后，还要追问来源，结果知道这是无主之物，第二天大批的窃匪就源源而入，轻车熟道，很快的就把店里的东西搬得七七八八了。负责当局一看情形不对，立刻加派警兵进去看守，但是看守的警兵是要换班的，你去我来，随手拿一两件也不为过，结果不到几天，这家店号也就用不着派人看守了。

另外还有一个故事：一个平日无恶不作的敌伪探长私下开设了一家电料行，给人告密了，于是立即查封。查封的手续，首先是清点一应财产和存货，开具清册。这一批清点的人，在百忙之中，自然不免有点挂漏，或者五件变成两件，二件变成一件，这样把册子列好，过几天，做完一翻手续之后，便把它照数点交给后手。后手"依册点收无误"之后，看看东西都是簇新的，觉得如果放着让它发霉，未免可惜，便拿钱到旧货摊上另外买一批破烂烂的回来给它掉调。这样各得其所之后，本来也就可以安然。但是还有第三手，他们对着册子看看，既不能动，又无可换，便干脆拆除零件，比方写字桌电灯一盏，便把灯罩除下，电线割去，灯泡拿走，让它胜下光秃秃的电灯一盏，不过仍然不碍其为"写字桌电灯"。这样一来，留下的故事就交给上面那些小偷之流去续完了。

有一天在路上碰到一位朋友，他是经济部特派员办事处里面的接收委员，提着一个大皮包，样很匆忙，问他有些甚么公干，他说刚才去接收一家工厂，册子上明明写着有七部机器，怎知到那儿一看，只剩下两部残破不全的，连皮带也给人拿走，只有装设在地上笨重不能动的东西才留在那里。言下不胜慨惜，作了一个世故的苦笑。

偌大的一个广州市，就不知有多少这样的工厂、这样的行号接收过来之后，给人“滚”得零零落落、空空洞洞。欲要复工，欲要利用，必须再由政府花一笔极大的本钱。偏偏政府又到处闹穷，拿不出这一笔钱。于是那些主管和负责人碰到工作报告或是见了新闻记者，便只好满口“困难”，甚么事情都“没有办清”，眼看着货弃于地，物废于室，而人无所用，才无所施，整个社会，除了二三角落还有一些狡诈的笑声之外，便到处都是愁眉苦脸。

广州在光复之初，原本有过一个时期是非常繁荣的。大后方归来的游子一天天地增多，他们阔别了广州七年，都希望重享一下优裕的物质生活，于是商品畅销，娱乐饮食两业经常客满。然而，好景不常，经济上没有出路的社会，始终无法维持久远的繁荣。曾几何时，后方来客带回来的钞票用得差不多了，职业还是无着，事业依旧无成，大家的购买力和消费力也就不能不收缩。看一看去年废历年底市场上那种萧条景况，真使人不寒而栗！废历年底本来是商业上最鼎盛的一个时期，然而百业的萧条竟居于最近五年间的首位。元宵的花市，价贱如泥，高达寻丈的桃花、梅花，每枝只卖国币一百元或五十元。我们五六个朋友，在除夕小饮之后，到花市去趁热闹，也买了一枝回来，一边走一边盛道花价之廉，心里不免要为广州的经济前途捏一把汗。像这种民穷财尽的样子，再没有方法来加以挽回，终将伊于胡底呢？

社会上愈是没有出路，良心与道德也就愈加荡然，秩序与安宁也就愈加无从保证。晚上一过十点钟，走在路上就只觉人心惶惶，说不定迎面来几个歹徒，后面响几声冷枪，而那些疏疏落落的警察，既然吃不饱，也就无精打彩，做不了甚么用场。歹徒们愈弄愈凶，连公共场所也搜劫起来了。报上载过几次这样的消息：四五个匪徒，两个把着厕门，两个指吓群众，来一个，劫一个，把所有入厕者的衣服财物搜掠一空，每人只准留回内裤一条，然后呼啸而去。

这种情形，真使人有几分谈虎色变。

然则警察究竟拿来做甚么呢？那也难怪他们，他们的经费还没有着落，到处要想办法自筹自给，有些忙于到米行里去借米，有些忙于去派捐，牵萝补屋，挖肉医疮，从上至下忙个不了，己且不立，何以立人？他们自己的吃饭还成问题，教他们还有甚么精神去维持治安呢？只要他们不出花样，不添麻烦，已是难得了。可惜的是这种“难得”的机会也委实难得。一般的广州人，提到警察，没有不感到几分头痛的。比如说，最近西关有一户人家失了窃，事主到警察分局里去报失，谁知不报则已，一报就给值星官制造了好机会，糊里糊涂的被敲去国币二千元，回来徒呼负负。这是一件小事，然而从小事之中我们看到了严重的问题。

一个社会，腐烂起来是到处溃疡的，从最易于败坏的地方起，罪恶的阴影会蔓延到最神圣的地方。目前的广州，最成问题的就是一个“滚”字，这种“滚”的作风，不只流行于有权有势的特殊人物间，而且连平常以清高自许的文化界人士也往往会“贤者不免”。在凯旋之初，有一位新闻记者曾经穿了一身美军装备，驶了卡车，想去接收一家印刷厂的机器，闹成笑话。现在第二方面军的军法监狱里面，有几位犯罪的官佐，他们之所以坐牢，就是因为跟这一类的文化界朋友通同合作，弄得太凶所致。不过，他们自己代人受过，而他们的朋友却在外面逍遥自在，安享繁华，未免觉得上帝有点不公平罢了！

这一切，使人痛感到今日的中国和今日的广州，的确需要一服严峻的药剂来加以治疗。寄语千里外的朋友，寄语一切将要回来或是业已回来的朋友：这就是今日的广州，请不要对它存着过高的希望！

一九四六年二月十五日于广州

○ 原载于《宇宙风》1946 年第 142 期

黄坑避难记

1946

——冼玉清[1]

打通粤汉铁路之说，已甚嚣尘上，初不意其如是之速也。一月十七日下午，余方在课室讲诗史，有高射炮营营长王君以小汽车来接吴姓女生，谓消息极劣，粟源堡已失，来者系日本正规军，确有南犯计划，不即避地，迟恐无及。吴生整装行，问余去否？余谓报纸并未登疏散消息，学校亦无停课布告，先去以为民望，呜呼可者，遂送吴生登车。

十八日，有一中山大学学生陈某自坪石仓皇逃来，谓粟源堡（中大农学院）、管埠（中大师范学院）、坪石（中大校本部）相继失陷，员生仅以身免。焦头烂额，苦不可言。学校乃立一紧急委员会，分头派人至邻乡觅疏散地点。

十九、廿两日，员生皆检点行装。其有家或亲属在曲江者，或步行六十五里至曲江，或北上乐昌。余以踉跄奔窜，非所能堪，遂决意随学校疏散。连夜衣不解带，学生自卫队终夕逡巡，嘱闻枪声即向横冈小路走。女生有饮泣者，有废寝食者，真有草木皆兵之象。

廿一，早，见男女生之昨日赴乐昌者，皆狼狈折回。据谓有行至半路闻枪声，遂不敢前进。有放胆趋城，到城亦不许入，城内火光烛天云。已而得学校通告，谓准今日疏散至黄坑村（离学校二十里），每人可带行李三十五斤。余遂

① 编者注：冼玉清，广东南海人，毕业于岭南大学文学院。曾任岭南大学教授，著有《广东印谱考》《招子庸研究》《更生记》等。

于正午十二时与同事眷属启行。沿途山路岩巉，高低碍履。同行有六十七龄之老妪，亦有手拖背负之孩提。陌上累累，皆现可怜之色。回顾郁郁樟林之岭大村，不知何时再见也。

一路经溪头乡及上塘乡，至下午三时乃抵黄坑，村仅十一户，八十余人，地极僻陋。幸乡长区林清君，明敏忠厚，即拨屋十三间暂供栖止。屋皆泥地泥墙，湫隘难状，以求过于供，于是畜鸡养牛之屋，皆作人居矣。黄坑分旧村、新村，凡十一户八十余人。新村建筑刚完，爽垲胜旧村。余所居为王、蒋、庞、黄四家，王家有十八月之女孩，蒋家有二龄之女孩，庞家有四龄之男孩，黄家有二十月及八龄之女孩，除余为单身之外，余皆夫妇儿女。同居五家凡十五人，男啼女哭之声，昼夜不已。屋无厨房无浴室，各家皆以砖数块结一活炉，故余卧铺前后皆炉。家有孩提者，煮炙不歇。又烧木柴，飞灰四起。故余之被席衣发，无时不满布灰尘。且客居无床板，我辈只有购禾秆席地而卧，真有寝苫枕块之叹。非丁父母之艰，乃丁国艰，遂不得不备尝酸苦矣。

廿二早偕乡长区林清及上塘乡乡长张汝涛往踏勘此乡险隘，知有一路可通仁化，一路可通乐昌。以为布哨当紧守此两路口，则歹人不得入村云。

廿三日至上塘一行，上塘离黄坑约五里。屋宇稠密胜黄坑。岭南农学院同人、协和神学院同人皆住于此。山半有会泉庵，风景颇好。庵建于明万历八年，乾隆五十八年重修，嘉庆十一年重修，道光七年重修，神学院院长龙约翰夫妇、钟爱华牧师及自卫队皆下榻于庵内。

初岭大疏散，止于妇孺。其男教职员仍留岭大村校本部，谓非日军占领，不敢擅离。庵校舍及公物，所值不赀也。至廿四日，教务长至，谓官坝马坝炮战。昨日中、中、交、农四行[1]已迁东江，省府及省行迁龙川，曲江旦夕可失，仲元中学已被占。我校学生之留守校本部者，即夕须离开。是晚，留守全体教职员皆来，谓本晚恐有事，盖日间走动易于夜间，故不得不先避云。

廿五下午四时，协和神学院留守学生四人皆撤退，谓曲江已失，日军已至桂头。五时岭南最后留守之庶务员四人亦撤退，面面相觑，绝无欢容，知情形

---

① 编者注：指民国四大银行之中央银行、中国银行、交通银行和中国农业银行。

十分严重。我辈和衣而睡，大有釜底游魂之慨。现在留守校本部者，只有工人数十名而已。廿六、廿七下雨，余枕席皆湿。置面盆于床头，亦无补救。杜甫所谓“床床屋漏无干处，雨脚如麻未断绝。自经丧乱少睡眠，长夜沾湿何由彻”，仿佛似之。

廿八有人来报谓留守大村工人，盗去校长及各住宅衣物甚多。教职员既全部撤退，则彼辈有此举动，亦意中事。余留校之书籍家具衣物，存亡如何，殊足虑也。是夕，区林清乡长请晚饭。彼谓曾劝导乡人，嘱勿利用我辈之来，而发国难财，总要保护我辈，至安全离开此地为止。其义气可敬也。

三十日，旧学生李兆英、谷庆福从乐昌东庄来，两生在广东省银行农场畜牧组任职。据云：日军不入乐昌城而去东乡，东乡之游击队已退去瓦片岭。瓦片岭邻近东乡，故不得不牵猪牛等逃避来此。是夕闻炮声，恐东乡军队退来，耿耿待旦。

一月三日，余返岭大村一看所存衣物。房门已撬开，而一切整然不动，只失去冰糖一瓶，工友亦算赏脸。逡巡室内，抚摩卧榻之温软，轩窗之朗彻，几桌之整齐，较黄坑寝苫枕块之生涯，真有天渊之别。乃留居五日，耳目宁静，心境清闲，胆气之□，闻者无不咋舌。

十一日即阴历廿八，乡人家家制粢粑，种式不一。有以糯米粉搓艾叶作皮，以蓉麻为馅，包起如拳大者；有以芋头切丝和糯米粉捻成如牛舌形者；有以糯米粉包花生粒者，皆下镬用油炸。又有炒米作小饼者，亦有以碱水搓占米粉，以粽叶垫底全盘蒸熟，然后切开蘸糖胶食之。闻每家用米七八十斤，另油不计，所费逾四五千元云。

十二日，乡人团年忙极，家家自制豆腐，以油炸之，留供岁朝之用。门前亦有贴春联者，孩子则挝鼓舞狮为乐，成人则祈谷迎神为事。乡村生活，质朴有趣。

十三为乙酉年元旦，乡人来往贺年。有一事可纪者，则客籍妇女，勤苦耐劳，以线织红带束腰，乌布裹发。耕田、种菜、担水、斩柴、挑粪、弄爨等，无不躬亲自任。见其荷锄，则知务田也。见其持刀，则知入山斩柴也。终岁跣足，独新年始穿自制布履耳。余有诗咏之云：

把锄健臂羡村娃，

种菜芟茅采涧柴。

红带束腰乌裹发，

新年才着硬帮鞋。

乡居极朴俭，无几桌之设，亦不多置衣服，寒则炙火。元旦余至各家贺年，乡人倒置木桶为桌。上放一小竹箩，箩内载炒米饼、生烟丝、花生、糖橘皮。家家以此奉客。我辈之攒盒顶盘，彼辈嫌其多事矣。

十四日，仲元学校学生徐志泉自曲江来，以一惊心动魄之消息相告，则校长故人梁镜尧之殉难也。一月廿三日，长官部两次电话至仲元中学，嘱其撤退，梁校长宣布学生谓明晨启行。是夕十一时，日军疏疏落落进校园。学生之站岗者，闻其步履声及服装，即走报校长。校长嘱其坚守岗位，乃自持枪衣军服出巡，长子铁随之。日军迎面来一枪中其双目，再发二枪胸腹受创，父子同时殉难。教职员学生死者约六七人，尸堆置课室中，仲元中学遂被占据。梁夫人携次子三女仓皇出走。伤哉！梁校长童年住澳门，与余同受业于新会陈子褒先生。其后梁毕业于北京大学，任职军政界约廿年，以奉公守法耿介努力闻于时，待余亲爱逾于骨肉。余每次至仲元相访，梁校长必举家行四五里路至车站来接，送亦如之。此种友情，末世罕觏。故余赠诗有“迎送回回尽室行，汪伦哪有此深情”之句。其死，余为之寝食不宁者累日。

以后僻处荒村，外间消息，完全隔绝。至廿六日，有人来报，谓日军九六百人已驻桂头文理学院，并搭稳桥梁，以备来往。桂头离黄坑三十里，马队半小时可达，人人皆怀戒惧。至廿八日上午十一时，情报谓日军逼近岭大村，于是上塘乡妇孺，皆担行李来黄坑。女生等则入山逃匿，余亦同行。从此风声日紧，余等每日七时食饭，饭后则背负行李入山。山无正路，披荆拨棘，手足为伤，辛苦不堪言状，自后日日如常上山。

三月七日午，有急报谓日骑兵已抵上塘，余即负被铺与同居诸人上山。有某太太者命仆人挑行李一担前行，着其夫捧一面盆，盆内有食盐一斤，米三斤，菜刀一柄。渠自携一篮，篮有猪肉一斤及碗碟等，尚大呼忘带水煲。傍晚归来，夫骂其不顾男人生命，在生死关头，仍斤斤于无用之物，遂相吵闹，此亦逃难中之趣闻也。其实某太太此时已失去主宰，千忙百乱之中，不免轻重倒置耳。

回忆日间上山，手足抵地，攀爬如走兽，辛苦过数山，女生中有泣下者，有恐惧至面如白纸者，有窜至崖下，伏于溪流石罅者，如是又十余日。余有诗云：

传来风鹤紧声声，

日日重山襆被行。

披棘入林嫌不密，

崖阴蜷伏水流坑。

二十日，教务长在上塘李树林中召集会议。谓三四百人日处恐慌中，终非久计。且目标太大，恐惹人注意，疏散站限本月底结束，校长已抵梅县，各同事如去梅县，可得校长接济。至于各学生，去汝城仁化东江均听其便。

廿一日，协和神学院全体赴连县。闻沿途被劫四次，衣物一空。

同事辈困处荒村，生活日窘，于是多暂作盐商。日间到犁市或溪头买盐，至墟日则担往乐昌之廊田墟出卖，每斤可赢利十元至廿元。于是黄坑至田廊之间，盐客往来，络绎不绝。然利为祸本，于是溪头至岭大村之间有截劫，黄坑至廊田之间有截劫，荆棘载途，遂一步不可行矣。

四月一日以后，农学院同事全体赴乐昌之五山，校本部同事多赴仁化转梅县。周君郁文，湖北人，任粤岭垦殖公司技正，现挈眷居五山，专函邀余赴藤洞同住，风谊可感。黄君锡凌，任教中山大学师范学院，屡函慰问，廿一日亲从仁化来黄坑，专为接余同赴东江者。患难流离，见面悲喜交集。晚近人心日漓，知有势利而不知有道义，若周、黄二君者，可以纪矣。然余以五山离家日远，岭南亦无在东江复课之明文，若为啖饭而往就校长，实非所愿。故终负二君嘉招，仍留黄坑暂住。劫掠频仍，置之不理。然行止问题，终萦心曲。有诗云：

掠货前村复后墟，

东西奔命各分裾。

孤蓬踪迹原难定，

日日回肠读卜居。

至九月十四日，同事几尽离黄坑。余以仁化为自由区，且省府同人有留此者，亦多熟人，乃于是日偕省银行同人来仁化。回首避难黄坑，不觉一百一十三日。前尘往事，如在梦中，遂泚笔记之。

○ 原载于《宇宙风》1946 年第 141 期

饥饿是天带来的么

1946

——宜闲

饥饿跟着胜利的脚步到来，现在到处是饥饿了。我是在乡村听到胜利的爆竹响的。在这以前，米价虽也总是步步涨，但涨得还稳。到三天一转的墟市买米，碰到涨风，每担米比上市贵出那么两三百元来，就急得了不得。哪知道敌人投降以后，一批军容壮盛的国军过路到光复的都市去接防了，米价反而五百一千的狂跳起来。当时我们共同生活的一伙难友是靠一家有关的商业机关暂借的一笔款子，按照早经拟定的预算来开伙食的。有一次，我们大家把所有手头的钱并在一起盘算起来，不够买十天吃的米或是维持最低限度的必要开销五天了，可是立即派一个人爬山过岭到机关那里去求接济，来回也得花掉七天。怎么办呢？急来智生，我们学邻居们的办法，买了十来斤红薯和南瓜代饭，度了几餐。

我们这一伙总算是叨了胜利的光的。各地的邮信通了，亲友们寄钱来，无条件地借给我们用。而且靠着似是而非的封建关系裙带关系之类，暂借的数目随着米价的高涨大起来，似乎也尽可以变通了，我们每个人都还没有学过一天甘地。

从乡村到梧州经过了十余天，在这期间米价从八九千跳到一万四五，又从一万四五跳到两万以上。一切的物价跟着跳。我们这一伙深刻地感觉着债务的担子重起来重起来。唯一的关心就是早些找到了工作，使担子不再重起来。

到广州去！广州是南中国的中心都市，工商业的发展可能性大得很。我们相信凭着自己的经验和能力，总可以在那里自食其力来工作，无须再借钱买米了。

在广州住下来一个月以上了。我们的信念至少可以说打了一个大折扣。这一大都市是有着表面的繁荣的。文具铺的玻璃柜里陈列着美国新到的原子笔，各色各样舶来的罐头食品也堆满了食物店的铺面。西装革履是市上流行的服装。一到晚，霓虹灯和电光管到处耀着眼。然而这一种眼福的享受，徒然使我们平凡的小市民无形中增加了生活的负担，表面的繁荣必然只有弄得都市的生活程度远比乡村高。我们躲在乡村里，衣服是可以随便将就的，一到大都市，为了朋友们的体面，不得不借钱添补衣服了。借来的钱往往不经用，凭劳力来赚钱罢，可是任何工作的报酬，在这大都市总可怜到万分不合理。

譬如说，在过去排字工价一角六分的时候，正经出版商付出的最低稿费是二元。今天的广州呢，排字工价在一千五到二千五之间，一般的稿费是一千到两千。印刷所应该大大地沾光了罢，但我们知道，每家的印刷所的老板都叫苦连天，说是每个月收进的钱不够买米和还债，印刷工人更苦得不得了。

再说烧饭大司务的报酬罢。我亲眼看到一家新开商店招雇大司务的情景。纸条贴出去，一下子来了十多个。问他们每人要多少工钱，都说不计较，有的老实讲，现在生活难，只要一个子吃得饱就心满意足了。劳心的、劳力的，没有官势和财力可靠，只想凭自己的经验和能力来生活的，几乎个个都叫苦。朋友们中间有在中学教书的，每月拿那么两万元三万元，十分疲倦地上完了课回家来，只有望着天天瘦下去的亲生小孩大发呆。

又有相识的一对年青夫妇，生活能力都很强，而且都有适当的职业。可是两口儿的收入并起来，还应付不了逐日柴米油盐账。有一天他们接到了故乡来的挂号快信，说是老父亲生了重病快死了，这一来真把他们急得发昏了。那丈夫跑了两天，总算从朋友方面借了五万元汇回老家去，做医药费或是买棺材。万一老父亲归天去了，他们是花不起成十万元的旅费去奔丧的。现在他们日夜愁着的是怎么还得出那一笔过一两月就要到期的新债。相识的朋友们个个在叹气。家属负担重的叹气叹得更厉害。但是朋友们虽然苦，苦得还在水平线之上。

我不想做贫民窟的调查员，单只在闹市上行行街，就知道不相识的无数的市民苦得怎么了。马路旁边有着好多雏型的卷烟厂。一个男工或是女工靠着一张小板台，用木制的卷烟工具，一枝复一枝卷着香烟。一面在制成的香烟上标着“十元两口”“十元一口”等等字样，招揽过客的生意。这一种谋生新法是失业大众所发明的。

在惠福西路，在长寿西路，满目全是故衣摊、什物摊。各色各样的衣服和货物，讨价都不高，如果买的人有着识货的眼力，就可以成交得十分便宜。那些摆摊的大部分是过埠的难民和当地的穷人，他们没有钱回家乡去或是没有钱买当天的柴米，只得把藏着的衣物忍痛割爱来卖掉，但也有一部分是买进卖出，做旧货生意的。这一种下层的市面也正象征着当今失业大众的生活挣扎吧。

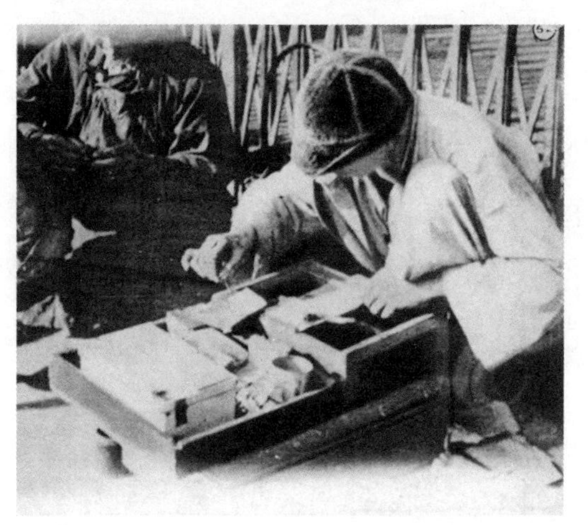
①

无论手工香烟的制卖也罢，摆摊生意也罢，总之今日失业大众的生活挣扎看表面已经够凄凉了，如果再考究一下底细，就会引得心慈的人们掉眼泪的。摆摊的卖掉了仅有的一些旧衣服换柴米，只有愈来愈狼狈。这是可想而知的。手工香烟呢，据我所知，烟叶和卷烟纸等等原料的市价一天天高涨着，但是手工香烟的零售价一个月来简直没有变动。因为制卖者的人数多，竞争得厉害，他们是要靠每天的营业来维持每天的伙食的，如果制成品跟着原料叫高了售价，就要做不到生意了。失业大众在挣扎中，广州的一般工商业其实也在挣扎中。各人商店每日的营业数字，听法币的数额，似乎比战前大到了几百倍，但是估量一下进出的货物单位，可就往往叫经理先生皱起眉头来。我来广州之前做过的胜利的繁华梦终于不得不破灭了。

---

① 图注：广州街头做香烟。刊载于《中华》1936 年第 44 期。

人在世界上，正同一只猪一头羊一样，在生理上是非吃不可的。但是世界文明的进步早就奠定了分工的社会。城市把工业品和文化供给着乡村，乡村呢，把粮食供给着城市。无论中外，历来都如此。中国的士大夫阶级曾经认为一个人的生活目的如果只在吃就十分可耻，这不是没有几分理由的。因为“人之异于禽兽者几希”，如果说生活目的应当只在吃，那么人和禽兽有什么差别呢。然而在今日的中国，且不说一般自叹命苦的老百姓罢，就是受着社会的尊敬的有些大学教授也没有能力使自己的儿女进正式的学校去读书，只得把生活目的退化为只在吃了。而且这所谓吃不是吃得好吃得够营养，只是吃得饱罢了。米铺子的米箩里插着的标签，几天之间从每百元七两余改到五两余，又从五两余改到四两三两了。经过了战争的洗礼，没有黄金和外币的积蓄，又没有发行钞票征税征实的老爷特权的一般忠厚老实的小百姓用什么方法来保障自己的一家老小吃得饱呢？社会的安全是靠文明所给予人的尊严的自觉来维持的。如果大多数的人们连大学教授在内，都被逼得要来要求吃得饱的保障了，难道寡头支配的社会现秩序还能继续下去么？

在广州，在各地，饥饿线一天天扩大着。看报纸，产米的湖南和贫瘠的桂北都闹着饥荒，老百姓吃草根吃观音土、树皮。广州本市呢，慈善机关掩埋的饿死的无名尸，不久以前听得十天中间有二百余人。最近听说，某一天掩埋了百余具。政府当局对于当前的粮荒是表示着极大的关心的，杯水车薪的救济工作已经做得不少了，现在还在继续做。可是事实很显然，因米贵而饿死的老百姓远多于因救济而存活的。市民不由得问道，政府怎么任凭粮价狂涨上去呢？回答有米的来源实在太缺少，因为好多产地都经过天灾，这就是说你要怨，怨天罢。

但是作为一个小百姓，我却还是觉得我们的政府当局对于当前又普遍又深刻的饥饿现象断然逃避不了严重的责任。一方面印刷机上大量印出的钞票源源不绝泛滥到商场里；一方面政府机关呀，军队呀，银行呀，派员到各县各乡去，永不足地搜购着、征发着民间的米粮，大量堆在仓库里。商人们的买办和运输也非有官势作背景领护照不可。米粮在实际上是被统制着。正惟如此，我们不妨说，米价的步步狂涨是得到统治者们的默契的。

如果政府当局真正感觉到由于天灾的粮荒，那就应该首先第一利用国家银行的外汇力量，向南洋、向美国，甚而至于向苏联购办大批的米麦进口来救荒（看日前香港西报所载的英国会的记事，暹罗有着过剩的米，连古巴政府也在采办呢！）同时又应该尽快使退伍情切的士兵复员种田，增加粮食的生产，决不应该还把过去杀害过我们同胞的成千成万投降的日兵留下来，养得胖胖的，反叫我们有些穷苦难胞向他们要残羹冷饭吃。然而我们认为应该做的事，政府当局偏偏喜欢搁起来，实际上可以说，他们是用十分冷淡的态度应付着民食问题的，他们宁愿花费一大笔国库的外汇收买美国海外剩余的军事器材，不肯在民间征粮政策上松一松手。好比一户人家没有夜饭米下锅了，丈夫把袋里的钱从玩具铺买了鸟枪来，给自己偏爱的一个小儿子呀，不管老婆和全体儿女会不会挨饿。这是疯狂么？不！这正是今日的政治问题。

在不景气的年代，开厂的资本家利用着饥饿和失业是容易招募和维持低工资的驯顺的一帮工人的。同样，有些野心勃勃的吃政治饭的人物也会利用饥饿和失业来巩固来扩张自己方面的势力。墨索里尼如此，希特勒如此，日本的东条也如此。记得希特勒说过一句有名的告人民的话：大炮代奶油。他叫人民吃一种拗味的人造奶油来代替真奶油，把省下来的钱交给他去造大炮。德国人民仅仅没有真奶油吃，就够叫希特勒吃败仗倒下去了。同一作风的墨索里尼和东条也都失掉了人民的心倒下去了。中国人民有不少部分是早已给军备负担弄得连米饭也不得不用别的什么来代替的。过去的政治作风，还可以任它再维持下去么？希特勒的路走不通是明明白白的，今后中国政治的大道只有一条，就是真正的民主。大家努力罢。

○ 原载于《国民》1946 年第新 3/ 新 4 期

无限辛酸话故乡

1947

——邓重炽

近来广州人似乎变得更麻木无情了，不管内战的烽火在北方燃烧得多厉害，同胞们每天多少成了炮灰，这在他们全是无关系的，酒楼、戏院、舞厅、冻品饮店，像长堤的爱群十一楼、大同酒家、大三元、金仑等，新华戏院、广州大戏院等，整天贵客常满，当然门口也站满很多衣衫褴褛的乞丐、童乞们，贪馋地注视着里面的人们慢慢地将东西往嘴里送。只隔一扇门，就似乎形成两个世界一样，里边是骄奢淫逸、挥金如土、酒肉成臭，外面还有很多整天没有半粒米进去的空肚子忍隐着。不管在一百六十多万的人口中还有近几十万的失业者，好几万没有饭吃的人，几万躺在街边的乞丐，享受阶级仍照样享受。虽然政府天天大叫着为老百姓的生活着想，但是，挨饿者并没有因之迟点死去，失业的人们还一样地彷徨在街头。

也许战争的痛苦今天并没有直接去烧灼本地人吧！大部分的人觉得内战并不算一回事，尤其是有些大官们，简直绝对迷信武力，口口声声也说共军几个月便会消灭完了，那时候谁也可以过太平日子了，这差不多连大部分的学生和知识阶级也相信无疑。近几日来正开展一个“收回澳门”运动，如火如涛，报纸上天天叫嚣，大事宣传，还不知什么人发起一个“收回澳门后援会”的机关，拍电至中央要求立刻采取行动，这些一切在广州人的眼中，似乎比停止内战，比收回香港更重要。澳门这弹丸之地像比每天无辜地送几千万同胞进坟墓来得迫切，比收回每月流出亿万元外汇的香港也更具价值，真叫人不解。

尽管政府老板们宣传广州怎样太平，治安怎样好，广东怎样平静，可是，铁一样的现实来了：距今只半月左右，广东南部的遂溪、廉江等等几县，由一个叫郑坤廉的女子领导着已成立什么南路解放委员会了，另一边，前东江纵队的干部曾生已返，在东江附近有惠东宝人民护乡团、闽粤赣边区人民义勇队及东江人民自卫总队等，名目繁多，势力已波及粤北的新丰、龙门、河源、惠阳等县，政府当然是说那些“土匪”，他们住的是“匪区”。但勿管那是真正八路也好，是真土匪也好，究竟这是给与广东的统治者一种打击，一阵暗影。假如这里的政治还是那么昏庸下去，还是那样腐败下去的话，广东有会变成两个的可能。

可怜的出版界

据最近统计，广州目前官商办的大小报纸达二十一份之多，主要的有《中正日报》《中山》《广州》《建国》《西南》《和平》《越华》《大光》等日报。这些大都是替国民党吹嘘的报纸，每份都差不多出纸两大张，不过，这上面很少能找到一些公正的消息和言论，闪看之下，会使人怀疑到这里还有新闻检查制度存在，当然事实上有没有就不得而知了。但，各报上对内战的报道似乎都是千篇一律，总是打胜仗，败了也是胜，有时还有大号字登出某地某地又消灭了多少“共匪”。然而，很少有人想到那些也是黄面孔的中国人。而本地新闻栏呢，则每天总令有几宗情杀、自杀、抢劫、勒索的事发生，要不就是说政府又办了些什么好事，救济了多少人，又颁布些什么德政的命令。然而，事实上怎样，那老百姓的眼也并未全瞎呢。只有一个《每日评论报》稍微有些真确的消息和较好的言论，可是，听说前月不知为了些什么莫须有的原因给当局罚关了几天门，以后虽然《评论报》还一样上市，但已不敢再“每日评论”一下了，于是，这最后一张肯为人民说话的嘴也给闭上了。黄色刊物充满街口，加之从香港每日进口的低级小报充斥市面，所言无非都是些某某大人的姨太太怎样，某人又有些什么风流艳事，极尽猥狎之能事，但在正当刊物奇缺的今日，这些下流读品居然连学生、知识阶级及公务员们也差不多人手一纸了。儿童读物更无，小孩子们大都醉心在广州特有的下级连环图书上，里面甚至于有些描画飞剑奇侠，什么升仙的故事也有。该项书摊设在街边，可以花很少的钱就租来看，政府也不过问，更不查禁，长此下去，真不敢设想我们的下一代将会变成怎样。

[①]

破！破！到处都破！

今日，广州的马路的破烂程度是全国各大城市之冠了，光复以来，没有谁来过问，原先是破的马路随它自己破下去，本来是平坦的多了几个洞也无人填补，于是，弄得简直不像样子。虽然现在主要的几条繁盛路已开始重补，像汉民路、惠爱路、长堤及西关的上下九路等，但照他们目前工作的慢度来推测，则在最后一条还未开始修理以前，先前修的又要开始破了。还有昔日雄伟美观的海珠大铁桥，今日已像一条垂死的巨龙一样，满身创痕地躺在珠江上了，这么下去，广州永远不会恢复战前的美，其他的公共事业更不必说。也许有人又会找政府穷来做托辞吧！可是奇怪得很，小北德宣路中，主席行辕正用近十亿元的巨款来做一间非常大、很辉煌的建筑物做总部，我怀疑这些钱从什么地方来？现在这所庞大的官府已完成在粉饰中了，看上去委实美丽，可是和它门口

---

① 图注：广州街边的小作品画店。刊载于《中华》1936 年第 44 期。

的那一条疮痍满目、洞穴累千的德宣路比起来，恰成很可怕的对照。

公共汽车并不是为老百姓的便利而设的，路线虽密如蛛纲，共有十二路之多，内中还有些路线极长，从西郊直至东郊，全线也只收五百元，本来是很平直，可是车之破旧，使人咋舌，爬起来发出一阵摇摇欲坠声，加之马路破洞多，常常跳起来半尺，看那样子随时还会有散开可能，但不管这些，搭客们仍像沙汀鱼一样挤进去。虽然近日已装好十几部较好看的车子行驶了，可是在那十几路所须的二百多辆车实有杯水车薪之感，而且这是商办的，只要华南公司的大老板喜欢怎样办就怎样办。譬如有些路线搭客少，路线又长，来回要三个多钟头，他老板居然每天只派四五辆车行驶，这么一来，有时站在车站要等一个多钟头它才姗姗而来的也是常事。如果老板认为什么路线赚钱不多，于是随时改改路，连“长途汽车上落站”的那个牌有时也生了脚，不知跑到哪里。这些一切真成了大部分没有一九四七年的福特轿车的老百姓们一件大苦事。

①

生活程度似较别的地方低，米才卖到十四五万元一担，不过公务员的待遇就比较差多了，一个普通的省府、市府职员，在未正式调整前，每月才共拿十几万元薪金，还扣了六万元的两石公价谷，若家中还有两口的话，这已经很够他瞧了。还好，报上已然登出了行政院通过调整公教人员待遇的办法，广州被划为第二区，于是这里的人们大大高兴了，似乎从此可以安居乐业，什么别的事也不须过问了。呜呼，广州为何生出这么多阿 Q 后代呢！

夜禁是早就解除了，但如你不怕抢劫，半夜也随便来往，惟谋财害命、抢

① 图注：广州德宣中路思思中学被炸，全校尽成焦土。刊载于《中华》1938 年第 68 期。

劫、偷窃的事几无日无之，情杀和自杀的事也特别多，更有强奸、通奸等事差不多一日数起。一打开报纸，多得使你害怕。这些责任大概应该归咎于那些引人犯罪的不正当读物吧！长此下去，道德将要整个破产了。

电灯公司的老板似乎还算留情，虽然停电的事常有，不过不会很长，每次只二三十分钟便了。然而，在那些离发电厂较远的区域则大苦，灯光暗晦，有时甚至于只剩了两条黄线，开了电灯还要点油灯。

在今天，广州市还有随意捕人的事，当然这是不公开的，静静地派来几个人，不管在黑夜或是在光天白日下也一样抓人，失踪者也许就此去了，永不见回来。啊！这是民主，这是保障人身自由么？天！

一个插曲，据我亲眼所见，本地某省隶的大机关里，主管官是广东东面某一县的人，于是在他的“王国”下，从 × 长以下的科长、组长、职员以至杂役们，几全是乡里，整个机关中都全是说他们土话的，这里广州人入去也如进异国，正所谓“一人得道，九犬升仙”了。当然，现在我还未胆敢道出这位大官的贵姓名，因为我还在广州，而自己这颗头颅还未想掉得那么快。

最后，谨寄语怀念“白云故乡”的读者们，广州仍是一团糟，一塌糊涂，老百姓仍未真正见到天日，在那一种昏庸的、腐败的官吏政治下，老百姓唯有等死！

○ 原载于《太平洋》1947 年第 1 卷第 6 期

逼迁记 1947

——洪成章

前　序

自本年二月，经过经济狂飙的肆虐以后，几乎把全国人心的希望吹卷一空，连抗战以来树立起的胜利和平、国富民康的信念，也全数吹坍、连根拔除了。中央政府为平抑物价，颁行经济紧急措施方案，期望能遏止涨风。虽然用尽了九牛二虎的气力，去应付、去压制，而结果，好像风停雨至，到了四月间，那经济的暴雨连绵，河海江湖四下横流，加上神话似的妖精——金龙、银龙在金融界兴风作浪，推波助澜，搅得全国各大小商埠、农村，无一不受到灾害，而政府亦只有气穷力竭疲于奔命，能够头痛医头、脚痛医脚也就算是“贤明”的了。

物价像脱缰的野马，每个人的生活，绝无把握抓定。另有小数平日有经济力的人们，或许是豪富巨商，趁着时机大买黄金、炒外币、抢洋货、囤土产，大有视国币等于当年的马克，存着轻鄙的心理，甚至还杞忧着有一天不能使用。这忧愁或许不是过虑，自抗战到复员，铜仙、分币、镍币以及角币，一元、五元、十元、五十元……的钞票，都不是逐渐“道不拾遗”证明“在上有善政”吗？作者不是经济专家，也不想去探讨关于经济上的种种问题，而所要写出来给读者看的，是在广州市内一对夫妻，都是公务员，不谈衣食，单以住房子一件事，已受尽房东种种威胁的痛苦。这住居问题，广州市房屋管理委员会管理不了，至今仍留存着若干悬案，天天在演变着，恶化着。下面是那位朋友对我的叙述。惜我的笔笨拙，没有把他的愤懑、失望、忧郁的心情完全描述出来，但自信记得还算忠实：

我是住在市中心区的。那屋主，起初确是一等的好人，他住在西关，每三个月或两个月才来收一次房租，而且是笑容满面。到去年冬间，收租的期限缩短了，除了要我增加两倍资金外，每月到期即来催收，态度是沉默寡言，仿佛有无限感慨和许多心事似的。今年二月以后，又好久不来，到了四月梢，他来时，说要将房租升算黄金或港币，至少要折合白米，要不然则不敢勉强，请我另觅高馆。我和他说了许多人情他都不依，最后我决计搬出。我的太太菲也同意着。

为了找房子，一天下午，我从 ×× 街双喜坊——低头蹙额，想到薪水才二十八万，租房入伙就要五十多万——怀着一肚子闷气出来，蓦然肩胛上给一只手抓住，不等到我回头，已听到陌生的声音问我："吴先生，上哪儿去？"侧转身子，瞧见一副笑嘻嘻的脸，而且因为笑意过浓，那双颊的皮肉已被扯拢在两眼四周，挤得眼睛仅有两条缝，这更使我对这副脸孔益发生疏起来。

我正在向旧忆的片子上找寻那位先生的脸谱，一时间又找不出头绪，只好顺水推舟的说："我来探你呢！"

"真的吗？"他过分的惊喜，又十分认真的说，"那末请到我那儿坐坐。"

"哪有不真！"我满脸正经，因为我知道办公的时间尚未到，也就弄假成真地承认着。

"我是住在隔坊的三楼，欢迎，欢迎！"如是他把抓我肩胛的手，插进臂弯里，挽着就走，我也莫明其妙的跟着跑。

"我们好久没有见面了！"他一边走一边挺热情地说。

"是的，时间过得真快。"我茫然地像下注释般回答着。

"要不是听朋友说起你在这里，我真不敢认你了。"

"我还认得你，但你仿佛比以前更结实健旺了！"为了要证明刚才说是"我来探你"不是谎话。

“不，我老得多了！”说时用手摸了摸胡子。

“你现在还不够三十岁，哪会就老？如果这样年纪就说老，那太多老、太快老了！”我仍然不知他是谁，在什么时候见过，只是不着边际，找些约摸不会说错的话来搭讪。

“到了，我就住在这儿三楼！”

“我到隔邻的巷子里去找你，哪里找得到你呀！——这儿是好地方呀。”

“不见得好，不过是亲戚让给我的，马马虎虎就是了！”他叫女工开了门，我们给引到客厅里。当经过甬道时，我瞧见地板的花砖，朱红而绘制深绿的图案，铺镶得好雅致，且抹得很清净。而青玻璃窗上的浮花，精致的细纹构成毛玻璃，也显得光线很柔和，不禁再说道：“这是好住所，还不是好地方嘛！”

“可以住就是了，当然不像战时茅棚竹笪那个样子了。”他指着沙发说，“坐坐！”

我的目的原是要找房子，所以对住所的环境特别注意。瞧这所房子客厅朝南，另一面向西，接隔客厅的是木屏的房子，空气好，阳光足。我瞧见他在那东壁窗下有一张书桌，上面堆着报纸和书籍，如是像老朋友一样走过去，随意取出一本书来，目的是想从书中认到他的名字。抽出一本《人生的体验》，封面上没有签署，连扉页里也没有。

“你喜欢看哲学书吗？”他走过来问，“现在，买书真不容易。”

“有时也翻翻，实在现在没有闲钱买书，也无心情读书，大概人生的体验太苦了的缘故……”随手又改抽出一本《妇女与家庭》，又照样的翻着。他瞧见了又问：“你的太太在这儿吧！”

“是的。”心却想着：又是没有签名的，“两人办公，皮鞋穿洞！”如是又再抽出一本《我的心呀，在高原》译诗集，里面有一颗印鉴，可是，那字迹是古篆字，我左瞧右瞧，仿佛是“张”什么，不管他的名字是什么，只消叫他“张先生”也就可以应付得下场了。我逼出一串苦笑，正要说“老张！你住的地方真不错”而引入本题时，他却说话了：“我的心呀，在桂林，我却尚不知怎样渡过这证书关。这本书就是女友从桂林寄给我的！”

“那是你的未婚妻吗？”

“是的。”他又眯着眼睛笑着，“未婚何时结，空待年复月！”

“你的结婚戒指打好了？”我瞧见他的戒指有姓名的。

“没有，我这个指环是象牙的！”他随即从指上褪了出来。我认出他的名字，恨命的把右手拍着大腿！原来这是“莫寿年”！莫寿年是我民国十八年到上海投考 ×× 大学时编为同席的一位应试生，当时我很自负，以为各种功课准备得好，试题能答得对，便一定可以取录的一个不知天高地厚的纯洁青年，而他则是除了缴试卷以外，还呈送了两封中央要员的八行书的。结果，他抄了我的答题送卷，在榜示上他便正取为第五名，而我名落孙山之外，连备取试读的资格也没有。

我不提往事，只把为何要搬家要租房的问题跟他说，并问他有无可租赁的。他说他还是在亲戚的房子。他有一位朋友曾说过，他那儿有房子相让，礼拜天下午同到那儿去看看，租金不是说黄金、港币，也不是白米，听说那是从敌产处理局租过来的，可担保在短期内不会加租，就是加租也不会像其他屋主那样凶狠……我听了很高兴，如是约定星期天到那儿去看。

我和莫寿年到了那位朋友家里。“这是钱庄先生。”他向我介绍，然后又把我的姓名介绍给他朋友。莫寿年还没有坐下来，便叫了钱庄往门外去谈话了。我坐在长条凳上，瞧见这厅子的地板肮脏得很，在墙根处因地基不实，给压得凹陷低些，所以那大块方砖也朝墙翘起，越显得地板不平了。南窗向街，东窗有条巷，是二楼上楼的甬道，光线尚好。隔厅的前房是用木屏，上面的方格也给墙重压歪了。屏中镶黄色的毛玻璃，有一块是打破了，糊了一块旧报纸，而且还黏得不牢，微风吹来不住地翕动着。楼板是钢骨水泥建的，还算坚固。装置的电灯线已拆毁。莫寿年已对我说过“可保最近不会加租，除非是敌产处理局要加租的时候”，但，政府机关租出的房子，不比其他的屋主，加租也必然是合理合法的……我向有利方面想着。

一会他俩进来，莫寿年很坦率地说：“我已对钱先生说过了，这个厅子和前房可以相让，他也不想赚你的钱，不过他进来时已付了租金，如果你要长住，则进伙时缴交四个月，每月七万元，四七二十八万元，一厅一房，与外头比较起来，是不算贵的。如果你不打算长住，那就每月七万元，不过，钱先生自己要住的时候，则随时可以收回。你的意思怎样？”

“你先看看房子和全屋的环境吧，看到合意了才说。”钱庄的吵哑的嗓音这样说着，随即开了房门，“这是我的卧房，行李多两天便要搬了。”

我一口答应要长住，心想比原来住的地方总算便宜。再看房子不算小，摆床、放置台椅外，尚有些余地方，还可以搁些其他的用具。地板不好，墙壁倒还洁白。以后，钱庄又引我到后面，指行人道旁的房子，说是他的妹妹居住，她在附近读书，后房是姓唐的夫妇居住，丈夫是经商的，白天很少回来，其他厨房、浴室，俱一齐备，电灯则小事修理便可以照常点燃。

“二楼住的是二房东，琼崖人，她的丈夫是在高等法院任首席检察官，以后，不知为什么到南京去了，到现在还没有回来。现在那位是她的姨太太，我和姓唐的夫妇搬进来时，已经言明，敌产处理局不加租，她也不加我们的租的！”钱庄说得笑容可掬。

“我们搬进来前，要跟她见见面嘛？”

“不用的，我和莫先生是朋友，我们青年人一见如故，我们现在也就是朋友了，譬如，我对莫先生说以后每月房租七万元，你来也是一样。”

“我和你租赁，是要立租簿吧？”

“不用的。根本，我们向她租，她也不敢发租簿，因为敌产处理局规定只能自己住，转租给人便违法喃！”

跟着他问我什么时候要搬进来？我想着现在是廿五号了，下月一号也不到一星期，就决定了从下月一号开始。我交了一个月定钱给钱庄。回来后，告知了菲，说那房子还可以住，最合算的便是不以黄金、港币、白米计租，无论如何都不会受金潮、外币、粮食的变动而被卷入漩涡里。我又说现在市府颁布了房屋租赁办法及处罚规则，并且还成立了房产管理委员会，至少不会受到巧立名目增加我们的负担了。

“好了，你真是太天真了，办法规则，你还迷信它们吗？”菲摇了摇不信任的脑袋。

“我们的生命、财产都是靠政府法律来保障的，”我解释着说，“现在的政府一切措施，老百姓们对它都失了信仰，如果政府有力量，复员了将近两年，不会把样样事弄到这田地了！

“市府变成了‘市虎’，法律也早变成了毫不灵验的‘符箓’了。”菲说得黯然起来。

我没有再说什么，心里总以为菲的话过激了些。

交足了廿八万元，我们搬进去了。电灯不能用，叫电工修接好了。铁闸断了黄鳝头，也叫过街的整好，同时还配了锁钥。房屏的玻璃破了一块，也叫木工用薄板钉好，髹了仿佛相同的油料。而地板、门窗都叫女工抹拭过，把家俬用器陈列起来，虽不能说是焕然一新，至少可以说是改观了。

①

钱庄的妹妹是一个跛脚的学生，每天一早大摇着去上学，晚上才大摆着回来。后房的唐氏夫妇：唐太太矮小而懒散，又怀了七八个月身孕，更显出腌臜和臃肿。每一件小事，也十分严重似的，如果她一说话，仿佛燃着一串小爆竹，劈劈拍拍，闹嘈嘈的。不过，她和我们说话的时候很少，和女工谈话接触多，还不至十分吵闹。而她的丈夫每天深夜回来，不喜多谈，进了房子却很少出现了。只有每天早晚在二楼的一支比男人更粗豪的声音骂工人，喝儿女，却要使全街坊的人都听见似的。

我自迁入以后，我和菲为了办公，白天很少在家，直到晚上才有多余的时间在寓所里。大概经过了一星期，一天在晚饭时，女工告诉二楼的屋主进来问后房的唐太，最近谁搬了进来，为什么不告知她，唐太和她谈了好久，临去时还怒气冲冲的。

---

① 图注：广州市大新街。刊载于《良友》1936 年第 118 期。

“大概是不会来闹我们的？”我不以为意地说。

“我一听到这些事就头痛！”菲预感到又有麻烦叹息着。

饭后菲打算去找唐太来问，我还禁止住她，说他们收了我们的四个月的钱，我们尽可以不去过问这些事。又过了几天的一个清晨，我还未起床，又听见楼上的女人粗声大气的说着话，好像骂谁似的。

一会，我听见有敲门声，女工开了门，说话的是女孩子的声音，说是要找唐先生到楼上去说话。唐先生说话怕痛似的，是个很怕惹事的人，只听他的女人回复她，说明唐先生有事，她会上来跟她的妈妈说。

“你听，这还不是房子的问题吗？”菲推着我说。

那时，我也晓得是为了这事，不过，我还持着“事非干己莫当头”的态度，叫菲如果钱庄和他们不说，我们便不提此事，当作不知。唐太开始对菲说起了二楼的房东要加租的事。钱庄当天回来便对我说：“真对不住你，现在楼上的要叫我们加租了，我决计不理她，这是敌产处理局租过来的房子，并且她以前已对我说过，局不加租，她也不向我加的，我已经调查过了，她从局里租过来，全座每月才五万元，去年我们搬进来时，房租十万,四十万入伙，她已赚了一笔钱，现在又要加租，我决计不依，瞧她怎样？”

“你和她租赁时，为什不立租簿？”

“就因为喃。当初她说得蛮好，我太相信了她好的缘故！不过，她现在无理要求，我们不理，将来她向法庭起诉，我们如果失败了，起码有三个月的时间白住！现在你暂时可无需再缴房租了，瞧以后的情形如何再说！”

“你说这儿不会加租？”我有点失望的口气。

“这是她当初对我说的。总之，就是要加，我们也要依照市政府公布的办法，不能让它超过百分之三十！如果不合理的要求，非法的要挟，我们坚持不缴，瞧她怎样？”

瞧她怎样？那二房东每天早晚吩咐她的女工，或女儿，来催促姓唐的上去说话，而姓唐的却次次躲避，出头应付的都是他的女人。据钱庄说，他为避免当面冲突，好几次用电话对她商谈，但毫无结果。以后二房东一听到是他的电话，就挂起了听筒。一天清早，二房东亲自出马来找姓唐的，他尚未起床，虽托言头痛，终给她吵闹着叫上楼去，好久才下来，我听见他对他的女人说：“她说要我们每月缴纳三担米，我想，现在每担米不过十二三万元，三担自然太多，我们负不少，如是我只应允她二担！”

“你答应了她二担吗？怎么办呢？还没有跟钱先生、吴先生等人商量，将来怎样分配？”他的女人不同意起来，“你一出头就误事！”

“我说过，要跟他们商量，我是不能全权代表的。”

果然，我起床梳洗刚完，那楼上的房东便到厅子里，唐太在招呼她，说是要跟我商谈！我住在这儿已有一个多月，碰见她的时候虽有两三次，但是都是在巷头街口，或是我走得快抢过了她，今天，一看见也并不生疏：两眼深陷而滚圆，脸庞阔大而平扁，穿一衣黑胶绸的短衫裤，有几分像猫头鹰。我和菲有一次在外面碰见，曾对菲说：“这是满脸煞气的女人，眼露凶光，一看见就令人害怕！”菲说：“是住在我们那条巷子里，我好几次也碰过她，仿佛她一看见就像有什么仇恨似的！”原来这位就是我们的二房东。

她盛气凌人的端坐大椅上，我很有礼貌的坐在她的对方，奉她一枝烟，她说“不抽”，一点客气话也不说。我们坐下，她对斜角坐的唐太说：“你们怎样？这是我的房子，当初我的阿符向敌产处理局租过来，是用了多少钱，请了几次酒你们知道？局里的朋友们瞧我们阿符在法院里做首席检察官为人公正，没有其他旁的收入，特租这座房子，好让我每月减少一点耗支，同时……”

“这些事我早明白了的。”我听她声音粗大聒耳，想打断她的无谓的叙述。

“你在什么地方办公，做些什么事？”

“广州市内，擎笔。有时红的，有时黑的。”

“呵，呵！我问你，你和钱庄有什么关系，为什么迁进来住不通知我？你来到这儿居住，有没有报户口？……”像考试一样出了许多题目，企图来难为我。

“没有关系是不会搬迁来住，这些是我们的事，警局不会来干扰你！请你不要劳心！”

“你知我是房东嘿？如果有不正当的人住在这里，将来是累及我的，他们由我代报户口，你可以随便搬进来吗？”

“要怎样吗？你说。”我不想听她许多话，瞧瞧表，办公的时间已过去了半小时了。

“今天就是为了这事，早上已和唐先生说过了，他答应了，说是还要跟你们商量。”随即对唐太说，“去年十月，你们搬进来时，十万元租金可以籴到三担半上白米，我也知道你们的艰难，外头租房子也不容易，不要这样去计算，减少至二担半上白米，老秤计算。他已答应了，你的意见怎样？”眼睛温和了许多，等待我的答复。

“你有没有瞧过房屋租赁办法，广州市政府公布施行的？”我一个一个字念出来。

“本年三月廿九日各报刊过了。我试问你，国家颁布了多少法令，有哪几种实行了？这些都是官样文章，你别以为我是女人。如果政府的法令能够雷厉风行，根本到现在物价早已平复，我不特不要你们加租，你们还可以向我提出减租了。试想，战前十万八万可以买一座房子了，你还肯出这些钱来租人的房子？”

“我们不是不愿加租，不过要有个分寸！”唐太插口说。

“我不要求多，二担半，老秤，实在已打了一个大折扣！”

“现在不是原始时代，以货易货，我们的国币流通，应以国币为基准呐！”

“我不是真的要你的米，只是每月终看报纸上的米价，折合国币缴交。如果米价跌啦，跌回三万元或二万元一担时，我宁愿收你们七八万元，甚至一二万元也可以。”

“为什么现在不说国币？”

“说国币亦可。现在每担米十三万元左右，预缴半年的，国币八十万元！可以的，我不一定要每月麻烦你们，这样，最好，最好！”

“你跟钱先生商量，他答应了，我们自会有办法。”我感到，这是无可商谈，起身出门，出了门，还听她说：“我的丈夫就是法院检察官，现在在南京国防部，高高在上，你们还想以法来吓我吗？嚇！！”

过了一个多月，钱庄不加租，也不叫她的妹妹等搬出，姓唐的已到潮汕方面去做盐生意了。一次非从外面回来时，在门前碰见了二房东，她却对她骂道：“真是好不知丑，住人家的房子不用交租吗？又不是你的契爷做的房子。”这些话，我也听见了。

“你听见吗？居然当面骂起我来了，像这样下去，哪能住得安？”

“别理她！”

“这样的泼妇婆，她又住在二楼，天天像轰雷似的，我是吃不消的！”

“钱庄回来，我劝他，加她一点租金吧！我们吃亏点，平均分摊！别惹得那么多啰苏！”

钱庄总算负责，他要我们把什么责任都推卸到他的身上。以后他找到一位以前是她的丈夫的上司，写了一张咭片，叫姓唐的女人送上楼去，她一看到更加气忿，骂钱庄想恃势凌人，而且很不恭敬的，辱骂了许多那咭片上姓名的人的不是……大概是她恐怕一时过激的话会引起若干麻烦来吧，以后，房东叫唐太前去，说是限我们定期迁出，在未迁出以前，每月暂缴廿五万元，而我为了避免吵闹，甘愿负担百分之六十，这样，才算暂时的安定下来。

这样，缴纳了二个月，可是六月物价的涨风又来拜访这城市，故第三个月到期汇送的租金她也拒收了。旧事重提，要我们“两担半米、老秤计算”，除了这八个字的要求以外，否则就是“搬出”！

米是涨至二十七八万元，我们划算起来，每月的收入才四十多万元，决不肯从廿五万元增至六七十万而缴纳。在那个时候，唐太分娩了。唐太的内兄从军队遣散回来，每天来的人特别生杂，而且那些军人说话吵架似的，行动举止又欠文雅，把厅子里弄得肮脏，连茶具桌布也常给沾污。加上钱庄的妹妹放了暑假，每天的男女同学拥进挤出，有时在房子里唱歌、玩耍，乒乒乓乓，啦啦哩哩，一直到深夜不散，一点安静都得不到。他们己不自重，我们又不便禁止。而二楼的又每晚搓麻将，劈劈拍拍，谈牌理，讲赢风输势，有时正昏昏欲睡，忽然拍台徙凳，一阵呼喝，几乎每晚都如是，仿佛把我的脑子装上了一副打字机。

为了夜求一宿安，决定要早日搬开这地方。菲声言在这儿住下去，要短命十年，她说：“有几次我发恶梦！烧屋，土匪打劫，给强盗扫射机关枪……醒来才知道都是打牌声入梦！”

一天，我办公回来，一开门，瞧见窗前的台上堆满着垃圾，叫女工来一问，才知道是楼上从窗口倾下来的。又一天，女工讨厌而畏葸的告诉我：“吴先生，今天掠在门外竹竿子上的白西装，给楼上的泻了好几处墨水，洗也洗不干净。”气不过来，欲叫警察登楼上去问罪。菲说：“还是不说好了，你跟她斗气，下次更多麻烦，现在，她赶我们迁出，已不惜卑劣的手段了！”

再一天，唐太从外头回来，给二楼的茶水泼得满头满脸，也含污忍辱的自己洗去算了。钱庄的妹妹比较幸运，却只给香蕉皮打过一下面颊。居高临下的卑劣攻势，得不到反应，逼迫又停了下来，我知道这沉默是更积极的准备。果然，一天午后二时，来了一个声称是警局里派来的便衣，说是他是奉局长的命来调查的，问我们有没有报户口，有没有租簿，告诉我这里的房东有公事呈到局里。……唐太听了战栗起来，我反问他知不知道有房屋租赁办法，说黄金、港纸、白米计租合不合理？述说因为没有租簿，又时时逼迁所以没有报户口的理由。我问他：“你即是奉命来的，请你把公事拿出来看。”那时刚巧钱庄也回来，我们的声势无形中增大了。我瞧见对方支吾，神色仓皇，钱庄马上把门关住，我却马上吩咐女工要叫警察，吓得来人坦白招供：“我是符太的亲戚，她叫我来威胁你们的。”讨了许多人情，赔了许多不是，我才把他放出去，并且训诫他：“人不是狗，应该有理智，不能让人唆使吠或咬……”

警察局长是二房东的同乡，所以警局里唯是有许多她的亲友，这事“威逼”失利以后，她觉得非给我们脸色看看不能维持她房东的尊严了。一天晚上，果然冲进了不少警局的职员，我以为有什么行动，只听笑闹了一回，大概是请他们宴饮的。三天以后，由警总局送来一张传票，传钱庄于明日到总局第二科去谈话。那时我不在家，唐太等也出去了，只剩女工在那里，没有签收，直等到我回来了，我问：“什么事？”那传达说：“你们霸住人家房子，发生纠纷，传去问问的！”我把钱庄到香港未回的理由填上去。第二天一早又送来了传票，传钱庄的妹妹钱金英了。钱金英踌躇而惶惧着问我怎么办？

“不到，瞧它怎样？现在的广州市，房东逼迁的凶狠已是人所共知的事了。就说是霸住吧，这房子原是敌产处理局的，她简直无权起诉！”我对她打气似的启示她。以后我对她说应该把房租交到市府管理委员会去，由它通知她收取。如是，我便把应缴纳的租钱交给钱金英要她交去。姓唐的是经营盐生意的，前因潦水为患，复因夏雨时行，潮汕方面以及沿海的盐町多被冲毁，无生意可做，加上女人又生产开支浩繁，不得要改图别业，结果把女婴送给朋友抚养，他和太太先后赴港……

钱金英把租金交回给我说：“真令人失望，我送到房产评价委员的会去，等了好半天，把理由说明了以后，会里的职员说，近来房产纠纷案条太多，都无法调处，叫我自己设法去处理喔……”

“低能！饭桶！单行法等于废纸，难怪三四个月以前马路上许多售卖，不久便销声匿迹，根本就连糊来吓麻雀也不中用的。”

又过了几天，那二房东发现姓唐的夫妻迁出以后，便声称全座屋子要粉刷石灰水。果然买了一包石灰回来，先礼而后兵的着女工来通知：如到期限不迁出，即叫泥水工来粉刷，别怪骚扰你们！可是，很凑巧，那石灰包放在甬道旁接近楼梯处，她的用意是给我们瞧见明白的。哪知第三天早上，她便发现石灰包不见了，又粗声地咒骂着：“哪个手间无 × 玩的，把我的石灰包拿去了？试看，给我查到了以后，你就知死！”走登楼上去问工人，又找上三楼去，结果，谁也没有见。

“多行不义！”菲对我说出这句成语后，又说，“她一定又会埋怨我们，再找些事来麻烦我们了！”

那天中午我和朋友在外头吃饭，晚上回来，女工报告：“二楼的房东下来东张西望，叫我通知你们，作速找房子搬迁。以后她走进唐先生房间，说房租也没有清付什么的，啰嗦了一大遍。”

钱金英见姓唐的搬去了以后，便将她小房子的一切器物转移到后房里去，不但不准备迁出，甚有欲长住下去的模样。这样顽抗的结果，是不会有好收场的。钱庄许久也不见再来，房东转移了方向找起菲来了。菲被叫去回来的回复，千言万语仍是“二担半米，老秤计算”八个字，不过附一条注释，如果我们承租她可以立租簿，而且她会把钱金英的东西搬出门外去，整个地下的房间由我们处理。

“米价有涨无落，现在七十万，将来不知多少，以我们一个月薪水，还不够付房租，况且我们又住不了这么多地方！”我是不赞成这妥协的。

“我们的同乡亲友多，可以分租分担的。”这是菲迁就的意见。

“不成，以米计租，同乡们谁也没有这胆量的，我们到逼得凶时，还是另找房子吧！”

“怎样回复她，现在？”菲想到眼前的困难，向我讨主意。

“说是等他们搬了，或是你把他们的东西搬了再谈吧！”

这“缓兵计”是不能挡住二房东的贪婪以及她精密的算盘的。到了租期时（每月十七日），又叫菲去，要菲先将旧欠的房租付清，如是我把分内的租金再交给钱金英，她也很快的送上去，哪知收了租金以后，便下最后的通牒：限月底迁出，她自己要住！

菲对我说：“现在省政府改租了，一朝天子一朝臣，省政府有变动，住房的臣子也有变动，打听打听，设法另找房子吧！住在这里，几个月太不安了。”我和菲四下里去探访，房子是有，不过都是以白米或港币来做本位，而且还要先缴足五个月的租金才准迁入。光是一间房子，折合国币就要一百万元以上。

“我们依靠薪水阶级的人，真是没法子住房子了。”菲看屋子回来对我说，“我今天看的房子，附带许多条件，是要顶他全部的家俬，计算起来，又是两三百万。”

这样，我和菲分头觅访，都没有适当的地点和适当租金的房子，有时翻阅房屋租赁办法，愈看愈加生气，觉得满纸荒唐：什么六个月内不准加租，限制不能无理收回房屋，什么收回自住一年内不能改租……还有什么处罪规则，说得堂皇，写得漂亮，定得官冕，可惜自公布尔日以后便变为废纸了。立法严，行法宽，执法弛，这是公文政治的通病。

到了月底，房东忙了数天，分明是在调兵遣将。终于在卅日那天，邀来了一批男亲女戚、同乡邻里，声势浩大的搬进了许多粗破家俬器物来，她像统率三军的将军，把钱金英原住小房子内的剩余物，都搬在屋内通道上，把厅子里属于我的家具，都堆叠起来，或吩咐女工塞进房子里，在厅子打了一张古老的大床。我办公回来，瞧见了这情形，便摇头暗恨，他们大概是窗口看见了我，蜂拥而下，如临大敌似的。那位房东平日说话已比男子汉粗大，现在却如狮子吼叫起来：“限你月底搬，你却以为老虎不作威是猫，以为我女人家好欺负！”从来不会有回声的屋子，也像有了回声。

“我们从南京回来，因为找不到房子，便住在旅馆里，一天要花十万多元，符先生已对我说过，他那边可住，所以，我才搬进了来！”一个穿短西裤的做好人的说。

“符太太说你们多两天就迁出了，我的先搬进来，等你们的搬清了以后再安置！”一位三十岁左右女的说。

“你什么时候搬，要定一个期限！”又是二房东粗大吼声征询着。

“找到房子就搬。”我怪生气的说。

“你不能遥遥无期！你想霸住人家的屋子？”

“老实说，像你这座屋子也不值得霸，不像你那么蛮不讲理。这幸亏不是你的产业，要不然，恐怕许多人都要住天了！”

“我没有那么长的命来跟你说许多不等使的话，什么时候搬，请快告诉我！”她倚势咆哮着喊。

“我已告诉了你，找到房子就搬。”

“你是吴先生？我劝你，吴先生，还是搬开好了，这房子并不好，还是另找较舒适的吧！”另一位穿着西装的说。

“几天来我都在寻觅。我们都不是蜗牛，谁也没有背着屋子走！”

“是的，这儿可以通融一个时候的！”那女的接着说。以后他们谈论了一回，又运来一抵行李家具，简直把我住房的门也将堵塞住了。

菲回来对我说，她的朋友介绍一间屋子，一厅一房四十斤白米，纳三个月便可以迁入，折合国币约四十五万元左右。不过，现在还要待人引看。我没有反对的意思，只认为这结冤结仇的地方，再住下去只有破坏愉快的心情的……

钱庄没有回来，他的妹妹仍仿佛若无其事一般。在双十节的前二天晚上，二房东又着女工来向她取房租，她却在门外窃听，钱金英说了几句抗缴的愤激话，她听见了又如打伤的老虎，直冲进去，要搬她的家具，大吵大嚷，想得到的恶毒语俱骂出了口，差点儿打起架来。那二房东泄了气后出来，随即在门上贴了一张广州市警察局的信笺写的字“本局职员眷属住宅”，贴时巴掌打得门板嘭嘭地狂响。

钱金英受了这污辱，去投诉了她的母舅，第二天晚上率领两个彪形大汉前来，要找二房东算账，不知她真的外去了，还是躲了不敢下来。因为那时请来的亲邻又散去了。结果把贴在门上的笺纸撕光了，算是消了一口气。

我为了找屋子的事，又想起了莫寿年来，亲自去找到了他，对他说知几个月来的经过。他告诉我，他又有一位朋友，多两天要到南洋经商去，他有一个房子是他的姨妈的，光线、地板都蛮好，也不用上期租什么的。说完他和我同去，一切很顺遂的，马上决定了下来。他不敢开口，由我答应每月缴十五万元给他的姨妈。

我回来，菲告知刚才钱金英母舅等来闹的事件，我觉到人世间还有同情与温暖，决计双十节搬家。今年的双十节，是复员后第三度的国庆，而我在满街国旗的招展中，马路上各学校的学生，排着队伍，奏着军乐行进时，我却护送了三部猪笼车，空隆，空隆……我第三次搬屋子了。

我听见学生们唱歌声，宛如听见胜利的幻灭，与“国庆的悲歌”……

尾　声

“吴仁兄，现在省政改组了，这是给广东人民一个新的希望。我们无妨希望，希望以后大家都能够渐渐地安居乐业！”记者结束了逼迁的叙述，走到窗前，指着高耸入云的牌楼，发出茫然的苦笑！

脱稿于三十六年国庆后二天

○ 原载于《文坛》1947 年第 6 卷第 5 期